みんなCM音楽を歌っていた

大森昭男ともうひとつのJ-POP

田家秀樹
TAKE HIDEKI

みんなCM音楽を歌っていた

大森昭男ともうひとつのJ-POP

田家秀樹
TAKE HIDEKI

みんなCM音楽を歌っていた

大森昭男ともうひとつのJ-POP

目次

第2章 CM黄金期へ

第3章 CM音楽史のキーパーソン達

第4章 クリエイターの肖像

第5章　再び三木鶏郎のこと、そして未来へ

第6章「三ツ矢サイダー」での出会いから「熱き心に」まで

対談　大瀧詠一VS大森昭男（司会・構成　田家秀樹）

プロローグ

J－POPという言葉が使われるようになったのは80年代の後半だったと思う。

最初は外資系のレコード店が洋楽と区別するために使ったという説が有力になっているが、確固とした証拠があるわけではない。とはいうものの、日本語のポップスという意味を端的に表している言葉という意味では、従来の歌謡曲やニューミュージックという言葉よりも的確と言って良さそうだ。

何がJ－POPなのかと言われる方も多いだろう。個人的には、アメリカやイギリスなど西洋のポップミュージックの影響を受けて生まれた日本語の音楽と理解している。

そういう意味で言えば、戦後の日本の大衆音楽の大半がそうやって生まれたものでもあるわけで、従来、歌謡曲というジャンルに入れられていたものも、かなりの割合でJ－POPということになる。

同じようなとらえ方をすれば、CM音楽というのは、紛れもないJ－POPということになるのではないだろうか。コマーシャルという言葉にせよアドバタイジングという言葉にせよ海の向こうからやってきたものであり、業界自体がアメリカナイズされた中にあったと言って良い。それどころか日本の社会全体が、欧米を指針に動いてきたと言って過言ではない。CM音楽が誕生したのは民間放送が開局した1951年、それ以来、生活に密着した音楽として浸透してきた。

言うまでもなくCM音楽は、企業や商品の宣伝という大前提の中で作られる。

従って、独立した作品として評価される機会も少なく、ヒットチャートでランキングされ、歌い手が脚光を浴びるレコード音楽とは違う。中には誰もが知っている曲であっても、作者や歌い手を知らないという〝ヒット曲〟も少なくない。そして、従来の音楽史では、ほとんど顧みられることのなかったジャンルでもある。

より新しく、より新鮮で、そして、限られた時間の中でどこまで印象的足りうるか。ＣＭ音楽は、制作者たちのそんな創意工夫の産物でもある。

この本は、大森昭男という一人のＣＭ音楽プロデューサーが軸になっている。

１９５９年、日本が高度成長の扉を開けようとする時に、ＣＭ音楽の父と呼ばれている三木鶏郎の門を叩いてＣＭ音楽の世界に入って以来、すでに50年近く。未だに現役の制作者として仕事をしている。彼が手がけた作品や、クリエイターたちはそのまま日本の戦後のカルチャー史でもある。彼の仕事を辿りつつＣＭ音楽の歩みと関わった人たちの人物像を通して、ＣＭ音楽の持つドラマを再認識してみようというものだ。

２００６年が戦後60年だったこともあり、昭和の生活風景や当時の風俗が再び注目されている。お茶の間で口ずさまれてきた曲を通して、きっと思いがけない事実に出逢うのではないだろうか。

この本は、スタジオジブリの機関誌『熱風』に２００４年1月10日号から２００６年2月10日号まで連載されたものだ。長期に亘る連載でもあり、事実関係の推移には手を入れたが、それ以外はほとんどそのままを収録している。連載読み物ならではの厚みと流れを味わって頂ければ幸いに思う。

第1章

三木鶏郎の弟子として

CMソングの誕生

三木鶏郎という傑出した存在

いまから始めようとしているのは、コマーシャル音楽の50年間の歩みである。

いまでこそ、さほどの影響力はなくなってしまったものの、ほんの10年ほど前まではポップスと呼ばれる音楽のかなりの割合にコマーシャルが関係していた。

もっとさかのぼれば、団塊の世代の前後数年生まれの人達にとって、コマーシャルとして流れていた音楽がそのまま生活の記憶になっている例も少なくないはずだ。コマーシャル音楽は、日常生活のBGMであり、身近に親しまれていた愛唱歌だった。

ここ数年、ポップミュージックと呼ばれる音楽には、顕著な傾向がある。

それは〝新しい〟という概念が以前のような意味を失ってきているということだ。

最新のポップス、最先端のロック、アメリカで最も流行っている音楽。ずっと、盲目的に信奉されてきたそんな形容詞が効力を持たなくなっている。それよりも過去に埋もれてしまっていたり忘れられている名曲が掘り起こされるようになっている。ここ数年のカバーブームはまさしくそんな傾向を反映しているだろう。

ひるがえってコマーシャル音楽はどうだろうか。

それぞれの時代の茶の間の風景を彩ってきたにもかかわらず、それらが検証される機会は多くない。テレビコマーシャルの映像的な面白さが紹介されることはあっても〝音楽〟がクローズアップされることは殆どない。

この連載は、音楽がテーマになる。

僕らが親しんできたあのコマーシャル音楽は、どんな背景とどんな意図の下に、どういう人達が作っていたのだろうか。そして、そうやって生まれた音楽は、あの時代の何を物語っているのだろうか。

いまからそれを辿ってゆきたいと思う。

コマーシャルソングの歴史――。

その第一号が何だったのか記憶している人はどのくらいいるだろうか。

コマーシャルソングであるから当然のことながら、NHKで生まれたわけではない。民間放送の開始がその幕開けだった。

1951年9月1日、日本で最初の民間放送ラジオが開局した。NJBとCBCの二局である。前者は当時は新日本放送と呼ばれ後に毎日放送になった。後者は現在の中部日本放送である。その頃は民間放送と呼ばずに商業放送と呼んだという。

その第一週からコマーシャルソングが流れている。その両方の局でオンエアされていた「冗談ウエスタン」という番組で流れた「僕はアマチュアカメラマン」という曲だ。番組の提供は小西六写真工業。こんな詞だった。

〝僕はアマチュア　カメラマン

素敵なカメラを　ぶらさげて
可愛い娘を　日向に立たせ
前から　横から　斜めから
あっち向いて　こっち向いて
ハイ　パチリは　いいけれど
写真が出来たら　みんなピンボケだ
アラ　ピンボケだ
オヤ　ピンボケだ
あゝ　ピンボケだ〟

企業名や商品名は入っていない。アマチュアカメラマンの撮影の失敗がコミカルに歌われているだけだ。これが一番から五番まで続いている。歌っていたのは灰田勝彦。ハワイの出身で立教大のハワイアンクラブで歌っていて歌謡曲に進出、その年の5月に「アルプスの牧場」をヒットさせていた人気歌手だ。作詞作曲は、三木鶏郎である。番組の構成も彼が手がけていた。

何はともあれこの連載も彼の話から始めなければならない。三木鶏郎こそ「コマーシャルソングの創始者であり、日本のCMの形を作った人」（広告研究家・山川浩二）だからだ。「ワ・ワ・ワとワが三つ」（ミツワ石鹸・'54年）、「明るいナショナル明るいナショナル」（松下電器・'55年）、「カンカン鐘紡」（鐘紡化粧品・'56年）、「ジンジン仁丹ジンタカタッタターター」（森下仁丹・'57年）、「くしゃみ三回ルル三錠」（三共製薬・'57年）など、1950年代を代表するコマソンは全て彼の手によるものだ。

三木鶏郎は、1914年、大正3年の1月に東京・飯田橋に生まれた。本名は、繁田裕司。鶏郎という名前は、戦後の混乱の中で、米軍相手のバンド演奏をしていた時に、「名前は」と聞かれて、尊敬していたディズニーの象徴、ミッキー・マウスから、ミッキー・マウス＆ヒズ オーケストラとしたもののマウスは変だと、TRILLERにした。音楽用語のTRILLから来て、音を細かく弾くという意味がある。NHKに出た時に、それを漢字にして三木鶏郎になった。本人は〝トリオ〟と読ませたかったもののルビをふっていなかったためにアナウンサーが〝トリロウ〟と読み、そのまま定着したという。

三木鶏郎の父親は裁判官から弁護士になった法律家で母方は大きな料亭を営んでいた。彼自身、東大法学部に進んでいる。6歳の時からオルガンを弾き始め、暁星中学ではハモニカバンドに加入、旧制浦和高校では寮歌を作曲、東大では音楽部で委員長を務め、オーケストラの中心を担うと同時にその一方でジャズに傾倒し、ジャズバンドを組んでいる。26歳で卒業し、一旦は富山の日産化学という会社に就職、そこでも社員を集めてブラスバンドを結成した。入隊のために富山を離れる日、仲間と一睡もせずに36時間ジャズを演奏し続けたというエピソードは、その後の彼の活動を予感させる。

戦争中は敵国音楽として禁止されていたジャズ。そして、戦後の大衆音楽を担ったのも、戦時中禁断状態にあったジャズ系のミュージシャンである。彼らは、戦争の合間を縫うように演奏出来る場所を求めていた。

例えば「東京ブギウギ」や「青い山脈」をはじめ、戦後の日本のポップスの土台を作り上げた作曲家・服部良一もそんな一人だ。彼は、戦時中唯一西洋音楽を演奏出来る場所だった上海に陸軍報道部員として渡り現地のオーケストラを指揮しつつ〝文化工作〟を行っていた。一方、習志野の陸軍部隊に入隊した繁田裕司は、軍隊でもブラスバンドや演劇活動で頭角を現し、それでいて軍隊生活を風刺した笑いは、上官の顰蹙《ひんしゅく》を買っていたという。服部良一は戦時中に軍歌を書くことを拒否していた数少ない作曲家だった。

「鶏郎さんは、それまでの日本の歌謡曲にあったようなお涙モノはいかん。メジャーコードの明るい曲をやりたい、明るくて家中で歌える唄を流行らせたいという話はよくしてましたよね。そういう意味では服部良一さんと共通しているところはあると思う。でも、服部さんは作詞はしてませんから、そこは大きな違いじゃないでしょうか。僕は日本のシンガーソングライターの第一号は三木鶏郎だと思う」(山川浩二)

広告研究家の山川浩二は、初期の三木鶏郎と組んで仕事をしている数少ない当事者でもある。

東京経済大学を卒業後「ドラマを作りたくて」電通に入った彼は、ラジオ制作のプロデューサー兼ディレクターをしていた。電通は当時、ラジオ番組の制作も行っていた。1956年4月から1961年一杯続いたニッポン放送の「トリローサンドイッチ」と文化放送からTBSへ移りながら1957年4月から1960年4月まで続いた「仁丹一粒エチケット」は、彼が手がけていた。三木鶏郎が、最も精力的にコマソンを量産していた時期だ。

「電通の中にはまだCMだけを作る部門がなかったんですよ、番組もCMもごっちゃに作っていた。『トリローサンドイッチ』と同時にトリローブームが来て全国から注文が殺到するんですけど、毎週出会う僕が自然に発注窓口のようになっていた時期もありましたね」(山川浩二)

手元に、1960年に全日本放送広告会がまとめたコマソンの作家のランキングがある。コマソン初期から中期にかけての状況が見て取れる。

それによると、民間放送開局以降のコマーシャルソング全558篇中、作詞作曲はともに三木鶏郎が一位で、それぞれ130曲・134曲とある。二位にランキングされているのは作詞が野坂昭如・76曲、作曲がいずみたく・102曲となっている。ちなみに野坂昭如は作詞のみ、いずみたくは作詞は4曲しかない。1959年のキスミー化粧品の「セクシーピンク」や、「伊東に行くならハトヤ」は、野坂昭如・いずみたくのコンビによるものだ。ともあれ全てのコマソンの四分の一が三木鶏郎の作詞作曲というのは彼がいかに傑出していた存在だったか窺えるのではないだろうか。

〝冗談工房〟への参加

「三木鶏郎氏自身たいへんな才能だけれど、磁石のように各方面のタレントを周辺に集める、あの力は、不思議としかいいようがなくて、これは他に例をみないのではないか」

これは、1970年に出た作家・野坂昭如のエッセイ集『風狂の思想』(中央公論社)の中の「冗談工房の才人たち」と題された文の抜粋である。

コマソンに限らず、戦後のエンターテインメントの歴史の中で三木鶏郎が果たした役割は、野坂昭如が書いているように、彼自身の才能だけに留まらない。

戦後、復員兵だった三木鶏郎が、1946年からNHKで始めたのが「歌の新聞」と題された番組だった。世の中を風刺するような自作の歌をピアノを弾きながら歌う15分番組は1947年10月から30分番組「日曜娯楽版」へと発展した。構成と音楽は彼で自ら出演もしていた。聴取率が80%と言われている風刺的コント中心のその番組の中にあったのが「冗談音楽」のコーナーだった。

「日曜娯楽版」は、日本に進駐していた米軍司令部や政府の風当たりを受けながら形を変えつつ7年間続いた。

「昭和31年4月2日に、有限会社冗談工房が発足し、社長永六輔、専務阿木由紀夫、常務宇野誠一郎、監査役繁田裕司で、これはその日からニッポン放送ではじまった『トリローサンドイッチ』企画制作のためのプロダクションである」

野坂昭如はやはり『風狂の思想』で、そう書いている。阿木由紀夫というのは野坂昭如自身である。彼は、そこに集まってくる若い才能たちが書くコントを電通のプロデューサーである山川浩二に持ってゆく役割でもあった。〝冗談工房〟には、この時すでに野坂昭如や永六輔、いずみたく、神吉拓郎、キノ・トール、桜井順、吉岡治、五木寛之などといった作曲家や作家がきら星のように集まっていた。先のランキングの中に名前の挙がっている大半の作家が、三木鶏郎のもとにいた。

「文芸部と音楽部と分かれていたんですけど、音楽の制作をやる人間がいなかったんですね。しかもちょうどコマーシャルソングの仕事が急激に増えてきている時だったんです。まだCM音楽専門のディレクターという人がいない時代でしたから、多分、私が日本で最初のCM音楽専門のディレクターになるんだと思います」

そう言うのは、現在ON・アソシエイツ音楽出版を主宰する音楽プロデューサー、大森昭男である。彼が冗談工房に加わったのは、1959年の終わり頃だった。冗談工房から分かれた音楽工房のたった一人の制作部員としてだ。

前置きが長くなっているかも知れないが、このCM音楽50年史の主人公が彼である。

山梨県の身延町の出身だった彼は、クラシックの勉強をしたいと東京にやってきた。出版社でアルバイトをしながら、現在の昭和音楽大学の夜学に通っていた。声楽家になることを夢見ていたものの、父を亡くし、その道を断念せざるを得なくなっていた。音楽仲間から知ったシャンソンに惹かれ、銀座の「銀巴里」に出入りする中でポピュラー音楽に触れていった。彼を冗談工房に紹介したのは作曲家の広瀬量平だった。

「自分で声楽の勉強はしてきてましたけど、その時点で歌うことは封印して演奏家に自分の歌心を託すという風に変わったんだと思います。でも、いきなりでしたね。入った次の日から一日二本録音するという状態でした」

なぜ彼が主人公なのか説明の必要があるかもしれない。

日本のコマーシャルソングにはいくつかのエポックメイキングな転機がある。

例えば、三木鶏郎がそうやって君臨していた時代から、60年代後半、つまり昭和40年代にはテレビの映像が音楽を主導してゆく時代が来る。さらに、グループサウンズやフォークソングというそれまでの歌謡曲と違う新しい音楽が台頭してくる。70年代にはそんな音楽がコマーシャルと手を携えてヒット曲作りにエネルギーを注ぎ込む時代が始まる。80年代には、それまでのコマーシャル制作者と違う意識を持った新世代が登場する――。

そんないくつもの時代を経る中で、その時代の新しい才能をコマーシャル音楽に結びつけてきたプロデューサーが彼だからだ。その当時から現場を経験しつつなおかつ現役でいるコマーシャル音楽制作者はもはや数えるほどしかいない。彼の手がけた数千という作品をたどることはそのままコマーシャル音楽の50年を知ることになるからだ。

〝詩〟ではなく〝詞〟の誕生

1960年2月、三木鶏郎は、冗談工房・音楽工房・テレビ工房と三つに分かれていたそれぞれの部門を合わせて有限会社三芸社を設立した。大森昭男は〝音楽工房〟のディレクターだった。コマーシャル専門のディレクターである。

「大学の掲示板に〝冗談工房研究生募集〟の張り紙があったんですよ。都内の大学から70名くらい集まりましたね。四谷の文化放送の近くの材木屋の二階に凡天寮という大広間のような部屋があって、そこに集められて講義があったんですけど、その第一回目の講師が鶏郎さんでした」

と言うのは、やはりその当時を知っている数少ない現役コマーシャルソング制作者、作詞家の伊藤アキラである。彼は、自分のことを〝唯一のコマーシャルソング作詞家〟と呼ぶ。彼が凡天寮でそんな一人になったのは、東京教育大二年の時だった。ちなみに凡天寮というのは〝凡人と天才が一緒〟という意味があった。彼は、そのまま、「トリローサンドイッチ」などの番組のコントを書くグループに加わり、大学卒業後に学士入学で再入学するものの、一年して中退、三芸の作家に名を連ねるようになった。コマーシャルを書くようになったのはそれからだ。

「その第一回目の講義で、彼から、コマーシャルソングとは、キャッチフレーズ・ウィズ・ミュージックである、といきなり定義がありましたね」

キャッチフレーズ・ウィズ・ミュージック。つまり、メロディー付きのキャッチフレーズ。伊藤アキラはそれが三木鶏郎のコマソンのスタイルだと言う。

「まずキャッチフレーズをひねり出すんですね。そこに朝・昼・晩とか春・夏・秋・冬とか場面を設定して情景を書き込んでゆく。作り方は、フルコーラスが基本でした」

山川浩二はこう言う。

「四行詩でそれぞれの物語や情景は完結するんですよ。そこにキャッチフレーズ・ウィズ・ミュージックのリフレインが乗るんです。レコードにする時にはフルサイズで入れる。その作り方は、普通のポップスと一緒だった」

三木鶏郎が全コマソンの四分の一を作っていた昭和30年代半ばのヒット曲にはどういうものがあったのだろうか。

1960年、昭和35年のレコード大賞は松尾和子とマヒナスターズの「誰よりも君を愛す」だった。日本を二分し東大生の死者を出した六〇年安保闘争の後に若者たちの間で流行ったのは西田佐知子の「アカシアの雨がやむとき」だ。戦後の混乱から復興へ。地方都市から東京へと若者達の移動が始まり、集団就職で上野駅に到着する中卒の少年少女は〝金の卵〟と歓迎されていた。春日八郎の「別れの一本杉」や三橋美智也の「リンゴ村から」など、そうやって都会に出てくる若者の望郷の念を歌う歌謡曲がヒットしていた。

平易な日本語で歌われるお茶の間の風景、誰もが口ずさめる覚えやすい明るいメロディー。三木鶏郎が作り出すコマーシャルソングは、確かに一連の歌謡曲とは違う馴染みやすさを持っていた。伊藤アキラはこう分析する。

「それまでの歌謡曲は文語体が多かったですからね。歌謡曲を書いている作詞家の人達も、元々は文芸詩の出でしょう。〝詩人〟であろうとした。鶏郎さんは、そこにこだわりはなかったですからね。歌の言葉ですよね。〝詩〟じゃない〝詞〟があそこから誕生したんだと思う」

生活ソング、あるいはホームソングとしてのコマーシャルソング。伊藤アキラは、そんなスタイルは、70年代のフォークソングと共通していると指摘する。

三木鶏郎は、平成6年、1994年に80歳でこの世を去った。

日本で最初のシンガーソングライター、三木鶏郎。彼は、レコード音楽ということについてどう思っていたのだろうか。1983年に講談社から出た『CM25年史』の中に、1960年に彼が書いたこんな文章が残っている。

「当時のボクはNHKで日曜娯楽版を毎週放送している傍、新しい流行歌を作るのに夢中になっていた」

「毎週の連続放送に印象のつよいテーマ曲を繰り返し放送するとヒットする可能性が判って来たので、民放第一声で新番組（冗談ウエスタン）を始めたいという委嘱を小西六のT宣伝課長から受けた時、このCMソングを提案してみたのがキッカケである」

「当時のボクの考えでは会社名や商品名を露骨に出して聴取者の抵抗にあったらヒットし損うはずであった。そこでヒット第一主義ときめて、思い切って『小西六』も『さくらフィルム』も読み込まず、初心カメラマン心得五ヶ条をコミックにして、歌としても実用性をもたせることにした」

コマーシャルソング第一号は〝ヒット曲狙い〟として誕生したことになる。〝キャッチフレーズ・ウィズ・ミュージック〟というスタイルはその後、彼が経験で探り当てたスタイルと言って良いのだろう。

でも、それだけの存在でありながら彼の作品が当時殆どレコードになっていないのはなぜなのだろうか。

山川浩二はこう言った。

「鶏郎さんはフリーでしたから。レコード会社は作家や歌手の専属制を取っていたんで、彼らから見ると厄介で嫌な存在だったんだと思いますね」

もうひとつのJ－POP。コマーシャルソングは、そんなレコード業界の思惑とは別に日本に定着しているポップスの歴史ではないのだろうか。

三木鶏郎事務所からの独立

ラジオからテレビへ

コマーシャルソングという音楽がいわゆるレコード音楽と最も異なっているのはその成り立ち方だろう。通常のレコード音楽は送り手と受け手、つまり、作詞家や作曲家、歌手という制作者たちとレコード、あるいはCDを買って聴くという二つの立場の当事者で完結する。

コマーシャルソングはそうではない。そこにはもう一つの重要な当事者が介在してくる。それがクライアントと呼ばれる発注者であり、音楽より以前に彼らの意図や思惑が前提としてある。制作者たちは、その枠の中で音楽を作り、受け手は、音楽そのものを買うのではなく商品や企業への印象を求められる。つまり音楽は直接の商品ではない。

音楽が直接の商品ではないということは、言い換えれば、レコード音楽の最大の評価基準である、〝売れるか売れないか〟という優劣は問われないことになる。レコードにならなくても、あるいは、レコードになったとしてたとえ売れなくとも、受け手がその企業や商品に好感を持ったりしさえすれば、その役割は果たしたことになる。

「コマーシャルソングを作っていて一番やりがいがあるのは新しい才能と出会うことでしょうね。そういう人達と組んで新しい実験が出来る。そういう音楽的な環境がなかったら、きっといままでこういうことはやってきていないと思います」

音楽制作プロダクション、ON・アソシエイツを主宰する大森昭男が、コマーシャルソングの制作に携わるようになったのが、1959年、昭和34年の終わり頃。〝黄金の60年代〟と呼ばれる直前だった。戦後エンターテインメント業界の巨人・三木鶏郎が率いていた才能集団〝冗談工房〟から分かれた〝音楽工房〟のたった一人の制作部員としてそのキャリアをスタートさせた。1960年、三木鶏郎は冗談工房・音楽工房・テレビ工房と三つに分かれていた部門を併せて、有限会社三芸社を設立、大森昭男は、音楽工房の制作部員としてコマーシャルソングを作っていたことは前項でふれた。

「三芸の時代は、二日に一本くらいは作ってましたから月に15本くらいはやっていたと思います。全部がそうだったわけじゃないですが、鶏郎先生の作り方というのは音楽が先にあって、映像表現はその後に音楽にあわせてつけていたんですね。それはいまとはっきり違うと思います。いまは最後に音楽を、という順が多いですから」

初めに音楽ありき。コマーシャルソングの創成期はそうだった。やはり三芸からそのキャリアをスタートしている作詞家の伊藤アキラもこう言う。

「CMソングを一本作ると、それをもとに何種類かのCFを作るのがふつうでしたね。鶏郎さんにも『絵を固定するような言葉は使うな』と言われましたから。音楽が主導権を持っていた。絵コンテが先に来るようになったのは70年代になってからだと思います」

音楽がそこまで重視されていたのはメディア環境と密接な関係がある。コマーシャルソングが1951年の民間放送のラジオ開局と同時に生まれたように、メディアの進歩や変化はそのまま音楽のありようにも関わっていた。とくに1953年の民放テレビの開局はエポックな出来事であった。

ラジオからテレビへ。

音から絵へ。

映像のないラジオでは、当然のことながら音楽が直接的な意味を持ってくる。テレビはそうではない。映像との相乗効果をどこまで高めるか。それも音楽の役割となる。伊藤アキラはこう続ける。

「60年代終わりに、それまでのラジオ主導の牧歌的な時代は終わりましたね。テレビ主導になって初めに映像ありきになった」

テレビの普及台数。1958年に100万台だったNHKの受信契約は1960年には500万台、1963年には1500万台を突破と飛躍的に増加している。1964年、東京オリンピック開会式の視聴率は90・8%。家庭のテレビがカラーになっていったのもこの年を境にしてだ。

三木鶏郎は1968年に三洋電機のCMソングとして「うちのテレビにゃ色がない」という歌を作っている。歌っていたのは榎本健一。エノケンである。カラー化が進む中で、モノクロテレビを置いている家をテーマにしたユーモラスな曲だった。

三木鶏郎は、60年代半ばからCMにとどまらず舞台や映画、テレビ番組、オーケストラの指揮などと活躍の分野を広げ、三洋電機や田辺製薬の広告顧問的存在として関わるようにもなっていた。広告研究家の山川浩二は、メディアの寵児でもあった三木鶏郎のそんな風刺的CMソングについてこう言う。

「あのコマソンは鶏さんの後期の傑作とも言える曲でしょう。ラジオからテレビという時代の流れを的確にとらえていた。でも、その頃から彼はCMソングとは距離を置くようになって行きましたね」

サウンドロゴCM

映像化時代。そんな新しいメディアは、コマーシャルソングのスタイルも変えた。それまでの〝ジンギングコマーシャル〟と言われていたものとは違うタイプの音楽が生まれていった。

その一つがサウンドロゴと呼ばれるコマーシャルだろう。

ロゴタイプというのは「二つ以上の文字を組み合わせてマークとしたもの」という定義がある。それを音で出来ないかという発想から生まれたものがサウンドロゴだった。テレビCMの普及と軌を一にしていた広告時間枠の細分化。短い時間内でどこまで印象の強いコマーシャルを作れるか。それまで、60秒か30秒だったCMに5秒のものが登場したのが1963年だった。植木等の「なんであるアイデアル」という傘会社、アイデアルのCMが話題になったのもそんな背景があった。〝ピポピポ〟という音の組み合わせで、いまも使われている森永製菓のCMも、その代表的なものだ。三芸時代の大森昭男が担当していた。

「大森さんからの説明は単純明快だったんですよ。音を聞いて何かの商品をすぐに思い出す。そう言った音を作りましょうと。やってみたらそれが一番大変でした（笑）」

音を考えたのは作曲家の嵐野英彦である。1935年、京都の生まれだ。東京芸大の作曲科の学生だった時に、三木鶏郎が大阪の朝日放送でやっていた「クレハホームソングコンテスト」に応募して「ウチにこないか」と誘われ、コマーシャルの世界に入った。ちなみに、いずみたくも同じコンテストで三木鶏郎に誘われた一人で、当時、作曲家、芥川也寸志のお抱え運転手をしながら作曲を勉強していた。嵐野英彦は、高校の時にジャズに惹かれ、京都のジャズ専門の喫茶店でレコードを聴きあさるところから音楽に入っていった。

コンテストで彼が書いたのは「当時の歌謡曲のようなポップスにドビッシーやラヴェルら、フランス近代の響きをちょいちょいと混ぜた」（嵐野）ものだった。「ホームソングには難しすぎる」と言われたものの、それからは三木鶏郎の直属の編曲家として深い関係を持つようになった。

「仕上がりを先生のところに持って行くと『僕はこれが楽しみなんだよ』とかおっしゃりながら、スコアの上にもう一枚表紙をつけられて、そこに日付と商品名と作詞作曲・三木鶏郎と書いて、その下に必ず編曲として僕の名前を入れてくださるんですよ。まだ歌謡曲の世界には編曲、アレンジャーという概念がなかった時代にですよ」

古い歌謡曲のレコードには、アレンジャーというクレジットはほとんど入っていない。アレンジという考え方がなかった。作曲家はメロディーを書くことで終わっていた。大森昭男はこう言う。

「映像的な音楽が求められるようになりましたからアレンジの重要性が増して行った。メロディーメーカーという意味の作曲家よりはオーケストレーションをちゃんと身につけた人じゃないと出来ないという意識はありましたね」

そういう意味で言えば〝ピポピポ〟は、正反対のスタイルということになる。メロディーもオーケストレーションも入り込みようがない。作曲家にとってはどういう対象だったのだろう。嵐野はこう言って笑う。

「あれは拍子抜けしましたねえ（笑）。いろんな知恵を働かせて、それこそ毎回20〜30曲録音して、聞いてもらった。一回に20は作りました。20〜30人のオーケストラを使ったり、合唱団もありましたから。そういうものが通らずに、オカリナ一本の音でしょ。こけました（笑）。何をやってもうまく行かず、偶然いたオカリナの人でやけくそみたいに録ったものでしたから（笑）。でも、音が持つイメージ訴求の強さとシンプル・イズ・ザ・ベストということを改めて教えられましたね」

インフォマティブ・ソング

昭和30年代に嵐野英彦が作り出したスタイルに〝インフォマティブ・ソング〟がある。日本語にすると〝知識を与える、有益な歌〟という意味だ。東京ガスのガス湯沸かし器の使用説明書、取り扱い説明書をほとんどそのままにメロディーをつけるというCMがそれだ。〝月に一度はお手入れを〟というフレーズを覚えている方も多いだろう。

「広告研究家の山川（浩二）さんがネーミングしたんだと思います。作っている本人にはそういう意識はなくて、どうすればメッセージが伝わるか。非常に実用的なメソッドを歌にしたんですね」

コマーシャルソングとは、メッセージ・ウィズ・ミュージックである。三木鶏郎が定義したそのスタイルの延長線上にあるのが〝インフォマティブ・ソング〟だった。

映像化時代と資生堂のCM

森永の〝ピポピポ〟が、テレビ化が生んだトリッキーな意味での一方の極だったとしたら、もう一方には真っ正面からそれに対応しようとしたクライアントがあった。

映像化時代のコマーシャル表現とは何か。そんな斬新さを追求していたクライアントが化粧品会社、中でも資生堂だった。大森昭男は、三芸の中で資生堂も担当していた。

「資生堂の仕事で最初にやらせていただいたのは1960年に『ティーンズ』化粧品を発売した時だったと思います。吉永小百合さんが出てました」

高校三年生の卒業間近になると資生堂のスタッフが学校を訪れて女子生徒だけ集めて行っていたお化粧教室を覚えている世代もいるだろう。専属モデルとなった吉永小百合は15歳だった。

資生堂がテレビ番組を提供するようになるのは1956年のことだ。日本テレビで毎朝10分間放送されていた「テレビ体操」が二年間続いた。やはり日本テレビで始まりテレビ番組としては初のミュージカルとして画期的となった「光子の窓」が1958年。現在のワイドショーの原型とも言われるフジテレビのバラエティー番組「花椿ショー」が1960年。乙羽信子が主演した日本テレビのホームドラマ「ちょっと来てママ」が1962年、この年には、東京放送では野際陽子がインタビュアーとなる月~金15分のトーク番組「女性専科」も始まっている。つまり、資生堂が急速にテレビに接近していたのが、60年代前半だった。CMソングもそんな一連の流れの中にあった。

「資生堂の果たした役割で一番大きかったのは映像音楽というスタイルを作り上げたことでしょうね。テレビ映像に一体となった音楽。映画音楽のように映像に従属しているわけでもないし、従来のコマーシャルソングとも違う。もっとグラフィック的な映像感のある音楽。映像も音楽もスタッフが一堂に会してミーティングもしてましたから。同等な扱いでしたね」(大森)

手元に「昭和のCF秀作200選」というビデオがある。JAC=日本テレビコマーシャル制作者連盟がテレビCFコマーシャルの名作と呼ばれた作品を選んだ選集の中で、資生堂の作品では1963年の「ファッションベイル」が最初に選ばれている。

化粧品のCFでありながら、商品は最後にしか出てこない。サイコロのような立方体を使ってモデルの表情をアップにして行く映像は確かにそれまでのCFとは映像テンポやアングルが明らかに違う。フランス映画のような小粋なインスツルメンタルが、女性コーラス、スリーグレイセスの〝ファッションベイル〟という流れるようなハーモニーに変わって行く。

作曲は桜井順。後に能《ノー》吉利人《キリスト》のペンネームで野坂昭如と組んだ「黒の舟唄」や「マリリンモンロー・ノーリターン」などの作詞作曲でも知られる才人である。映像監督は杉山登志。「ファッションベイル」は、その後の一連の資生堂CF作品を生み出す歴史的コンビの初期の名作と呼ばれている。桜井順はこう言う。

「確かに絵にきれいな音楽が付いているという点では映画に似ているとも言えますが、基本的な作り方が違ってましたね。映画はまず画面を作ってから音楽を作りましたけど、そうじゃなかった。イメージを話し合って音楽を作って、絵はそれに合わせて細かく編集してましたから」

桜井順は1934年、東京、麻布に生まれた。慶應大学在学中に音楽に目覚めたものの、経済学部を卒業後、「海外勤務がしたい」と一年間商社で働いていた。その夢が叶わないことを知った彼は、冗談工房の門を叩き、三木鶏郎門下生になった。昭和33年、1958年のことだ。

彼が冗談工房に加わることになったきっかけも、やはり、朝日放送が年に二回行っていた〝ABCミュージカルスポット・コンクール〟というコンテストだった。その時に若手ライターの一人として詞を書いていたのが伊藤アキラである。彼はその時のことをこう言う。

「一律30万でスポンサーに参加してもらってCMソングのコンクールをやるんですよ。桜井さんがその時書いた一つがエースコックの『ブタブタコブタ』だった」

資生堂の「ファッションベイル」は、昭和38年、1963年のカンヌ国際広告映画祭で日本の作品としては初めて、銀賞を受賞している。桜井順は、その翌年、映像監督の杉山登志と資生堂の担当だった金子秀之とともにカンヌの広告映画祭に出かけていった。大森昭男は、カンヌの桜井順から手紙をもらっている。それは、「三芸から独立して一緒にやらないか」という誘いの手紙だった。

「その前から何となくそういう空気はあったんですよ。桜井さんのものはだいたい私が担当するという関係にはなってましたし。それまでのコマーシャルソングとは違う質のものも増えてきてましたから。そこへあの事件があったんで、引き金を引いたという感じじゃなかったでしょうか」

あの事件――。

それはきっと関係者にとっては思い出したくない出来事ではないだろうか。三木鶏郎の公式ホームページである三木鶏郎資料館にもそのことに関しての記述はない。

「1964年4月24日だった」

伊藤アキラはその日の日付まで記憶している。有限会社三芸社の専務が刺客を雇って社長を殺害するという衝撃的な事件が起きた。仕事を終えた大森昭男が自宅でその知らせを受けたのは桜井順からの電話だった。

「夜の一時頃でしたか。桜井さんから電話をいただいた時はクルマのトラブルでも起きたのかなと思ったんですよ。すぐに高輪署に駆けつけて事件を知りました。まず社員に知らせないとと思って、そこから電話したと思いますね」

桜井順のカンヌ行きは6月に予定されていた。彼は、犯人が分からなかったら取り調べのためにカンヌ行きは取り消しになると警察からお達しを受けていた。経理担当が逮捕され、桜井順は、無事旅立つことが出来た。大森昭男が受け取った手紙にはそんな背景があった。

「あうんの呼吸みたいな形でそうなった気がします。桜井さんが帰ってからは、すぐにその方に動き出しましたね」

ブレーン・JACK設立

有限会社三芸社は1964年7月に解散、所属していたスタッフはそれまで仕事をしていたクライアントを継続する形でそれぞれの道を選ぶことになった。

三木鶏郎は〝新TV工房〟を発足、彼について行ったのが嵐野英彦。東芝電気やハウス食品などを手がけていた越部信義が音楽企画センター、そして、桜井順と大森昭男が資生堂をメインクライアントに、ブレーン・JACKという新会社を発足させていった。営業的なマネージメントを大森昭男が行い桜井順が作曲をするという二人三脚のオフィスだった。

「桜井さんにも勢いがありましたし資生堂の仕事は面白いなあと思いつつやってましたね。コマーシャルの仕事としても音楽の仕事としても、世の中に新しいもの、美しいものを提示しているという実感がありましたから」

先の「昭和のCF秀作200選」のビデオには、1964年に「チェリーピンク」、1965年に「サンオイル」と資生堂の作品が選ばれている。前者は、女の子の躍動的な動きと表情のアップが大胆なアングルでとらえられ、後者は、プールサイドの女性の心理がしなやかに切り取られている。音楽はきらめくようなインスツルメンタル。ジングルは入っているがコマーシャルメッセージはない。その二作はいずれもモノクロで撮影されている。日本のコマーシャル界にとっても初の海外ロケであり、モデルの前田美波里がハワイの海辺で日焼けした肢体を誇示するかのような日本のテレビ界に衝撃を与えたカラーCF「ビューティケイク」が登場するのは1966年のキャンペーンからだ。映像監督はいずれも杉山登志である。桜井順は彼のことをこう言う。

「彼の閃きのような一言から企画が始まることが多かったですね。当時のCM監督はニュースや教育映画、撮影所の助監督出身が多くて、オーソドックスな長尺ものは撮れても30秒、60秒の経験はなかったんですよ。特に音楽に関しては全くと言っていいほど対応出来なかった。杉山登志はCMから映像を始めていたんで音楽の知識もありましたし。彼の前にCMの監督と呼ばれる人はいませんね」

1965年の「タンゴ」と呼ばれている作品がある。商品は「口紅&プレストパウダー」だった。タンゴ特有のリズムに合わせて絵が動いて行く。それは、明らかにCMならではのリズム感の映像だった。その年のベニスの国際広告映画祭でTV部門の銀賞を受賞している。

「杉山部隊の最盛期は昭和40年あたりから5、6年の間といったところだろうか」

桜井順は、杉山登志を追悼した『CMにチャンネルをあわせた日』（PARCO出版）でそう書いている。

1965年、全米TVCMフェスティバル外国部門優秀賞、アジア広告会議アイデア賞、1966年、全米TVCMフェスティバル国際部門優秀賞、国際広告映画祭劇場部門秀作賞――。国際的な賞の受賞作は枚挙にいとまがない。

杉山登志は、1973年12月13日、マンションの自室で首をつって死んだ。

〝リッチでないのに
リッチな世界などわかりません
ハッピーでないのに
ハッピーな世界などえがけません
「夢」がないのに
「夢」をうることなどは……とても
嘘をついてもばれるものです〟

彼は、そんな言葉を残していた。

昭和30年代から40年代へ。

大森昭男は昭和40（1965）年の初夏、三芸時代の仕事仲間でもあったのぶ・ひろしから挨拶状をもらっている。そこには、横浜からバイカル号でソ連、北欧に向けて旅立つことが知らされていた。大森昭男は「のぶさんはこれまでの何年かに別れを告げようとしている」と直感した。のぶ・ひろしが、〝五木寛之〟として文壇に登場するのは、一年後のことだ。

大森昭男がブレーン・JACK時代に桜井順と組んで作ったCMは1000本を数える。それでも彼は「三芸とブレーン・JACKは、修業時代だった」と述懐する。

1972年、彼が、ON・アソシエイツとして独立する際に、少なからぬ影響を及ぼしていたのが杉山登志だった。

ビートルズ以後の新しい波

ブレーン・JACKからの独立

「スタートした時は、周りでは一年持たないのではないかと言ってたみたいですよ。裸の出発に近かったですね」

CM音楽制作プロダクション、ON・アソシエイツの代表、大森昭男は、1972年の発足を振り返ってそう言う。

1972年、昭和47年である。

大森昭男は、1964年に三木鶏郎が主宰していた三芸を離れ、作曲家の桜井順と組んでブレーン・JACKを発足させた。資生堂を中心に「1000曲は作ったと思う」8年間を過ごした後、個人で独立した。

「ブレーン・JACK時代は、桜井さんと組んだ仕事が多かったですけど、それ以外の作家の方ともお仕事をしていたんですね。このテーマはこの人という具合に。そのうちに新しい才能の持ち主がかなり登場してきて、そういう人達と組んでみたい、そういう人達を世に出したいと思うようになったんでしょうね。桜井さんも同じようなことをお感じになっていて、自然にそうなりましたね」

西暦で言えば1960年代前半とそれ以降の後半から1970年代。日本風に言えば昭和30年代と40年代。

そんな二つの時代は大きな違いがある。特に音楽をはじめとして、ファッションや文化では様相が一変している。

音楽の面で言えば、大きく分けて二つの変化があった。

一つはビートルズである。

もちろん彼らだけではない。同じ頃にイギリスから上陸してきたローリング・ストーンズやザ・フーといったバンド達も含めたムーブメントがある。それらを代表する意味でもビートルズの登場が流れを変えた。

1966年、ビートルズがやってきた。

彼らのレコードが日本で発売されたのは、イギリスでのデビューから一年半遅れた1964年3月だ。それ以降10代を中心に広がっていた人気が社会現象として決定的になったのが1966年の来日だった。初めてコンサートに使われた日本武道館は一万人の機動隊で包囲され、彼らが滞在していた五日間で6500人の10代が補導された。〝非行〟と見なされたのである。

ビートルズの影響で日本でも雨後の竹の子のように誕生したのがグループサウンズと呼ばれた〝バンドブーム〟だった。

1966年、スパイダース、ブルー・コメッツ、1967年、タイガース、テンプターズ。そんなグループがデビューすることでブームは頂点に達した。

それまでの歌謡曲やポップスは、歌手はたいてい一人で、それ以外のバンドは〝バック〟という存在でしかなかった。

グループサウンズはそうではなかった。ドラム、ベース、ギター。バンドのメンバーにはボーカリストより人気のあるミュージシャンがいたり、ミュージシャンもコーラスに参加したり、中にはドラムを叩いたりしながら歌うメンバーもいた。それぞれが対等に参加している。それが〝バンド〟だった。

ビートルズがもたらした変化は音楽面に限らなかった。

60年代後半、アメリカではベトナム戦争に反対する若者たちが〝LOVE&PEACE〟をスローガンにした〝フラワームーブメント〟が広がり、イギリスでは〝サイケデリック・ファッション〟が流行の先端を彩っていた。

若者達のそんな風俗は当然ながらコマーシャルにも反映されていた。1967年、当時のコマーシャル関係者を驚かせたのがレナウンの「イエイエ」だった。8ビートをR&B風にアレンジした新しいリズム。コマーシャルメッセージも歌詞もなく、〝イエイエイ〟というリフが繰り返される。作曲は小林亜星である。桜井順の慶應大学の一年年下にあたっていた。演奏はグループサウンズの中でも実力派と言われていたシャープホークスだった。

「イエイエ」のインパクトはその映像にもあった。〝ピーコック革命〟と呼ばれたカラフルなファッション。1968年版は、ミニスカートの女の子がギャングを相手にマシンガンを撃ちまくり、彼女たちの背後に原色の蝶が舞うという衝撃的なイラストレーションだった。

「亜星さんもご自分のスタッフをお持ちでしたから挨拶する程度で直接のおつきあいはなかったですけど、桜井さんとも違う才能が現れたなと思いましたね。見事なものだと思ってました」（大森）

グループサウンズの起用ということで言えば、大森昭男は、ブレーン・JACK時代に、桜井順の曲で、やはり「亜麻色の髪の乙女」や「バラ色の雲」などのヒット曲を持つビレッジ・シンガーズを起用してゼブラのボールペンの音楽を作っている。

「MG5」、クニ河内、岡林信康

大森昭男が独立を決めたいきさつには二人のアーティストが関係している。彼らと出会ったことが、自分のオフィスを作るというきっかけとなった。

一人が、クニ河内である。

「日本天然色映画で杉山登志さんの後輩だった結城臣雄さんという演出家が一人立ちして資生堂の『MG5』をおやりになった。その時に結城さんが、クニさんを推薦したんです。それは発端になりましたね」

クニ河内は、1967年に「あなたが欲しい」という曲でデビューしたグループサウンズ、ハプニングス・フォーのリーダーだった。

一口にグループサウンズと言ってもそれぞれのバンドにはかなり個性の違いがあった。タイガースのようなアイドル人気のバンドもあれば、玄人受けする音楽的なバンドもいた。ハプニングス・フォーは、後者の典型的な例だった。

クニ河内は、キーボードを担当していた。他のメンバーは、ドラムとベース、そしてボーカルという編成だった。つまり、ほとんどのバンドの花だったギタリストがいないという変則的な編成になる。キーボードとリズム隊という音の隙間に、不思議なファンタジーが潜んでいるようで、コンサートなどでも独特の浮遊感を醸しだしていた。

「日比谷の野音のコンサートで見たんだと思いますね。こういうバンドもいるんだなあと思ったのが最初だと思います」（大森）

ただ、ハプニングス・フォーは、一般的な人気に恵まれたバンドではなかった。シングルヒットがあったわけではない。それでも彼らの作品には、他のバンドにはない特徴が多く残されている。1969年の彼らのアルバム「クラシカルエレガンス～バロック&ロール」は、そんな一枚だった。ビートルズやサイモン&ガーファンクルの曲をバロック風にアレンジしたインスツルメンタル。ロックとバロックを融合したのは彼らが最初だろう。ファッションメーカーのJUNが彼らを起用していた。アレンジを手がけていたのがクニ河内だった。

そういう視点で言えば、「MG5」という商品は、資生堂の中でも異色だったと言えるのではないだろうか。1963年に発売された男性化粧品「MG5」は、1967年から新シリーズとして拡大発売されていた。クニ河内の前はやはりグループサウンズの中でもサイケデリック・サウンドを売りものにしていたモップスを起用していた。

「新『MG5』は、昭和40年代に入って男のおしゃれ意識が高まってきていること、また需要層も確実に若年化してきていることを背景に、思い切ったイメージチェンジがはかられたものであった」

「『MG5』は若者の行動感覚に合致させたもので、従来の男性化粧品のイメージを一変させたと言っていいだろう。広告デザインも、二十代前後の若者の躍動感をシンプルに強調した。従来の男性用化粧品が持ち続けてきていた、紳士のみだしなみといった、とりすました地味なありかたを大きくゆさぶり、それを払拭した」

1979年に資生堂が発行した『資生堂宣伝史』にはそんなふうに書かれている。

大森昭男が独立してプロデュース・オフィスを設立しようと決めたもう一人のアーティストがいる。それが岡林信康だった。商品はやはり「MG5」だった。

60年代後半から70年代の音楽シーンを語る時に岡林信康について触れないわけにはいかない。ビートルズとほぼ同時期に日本の大衆音楽、とくにポップミュージックを変えたもう一つのムーブメント。それがフォークソングである。

1969年2月、従来の流通システムを通さないレコード販売レコード会社が発足した。会員をつのり彼らに向けて通信販売する。アングラ・レコード・クラブというのがその名称だった。通称URCと言った。

「私達は、現状では、日本のレコード界は民衆への音楽文化の一方通行の役割しか果たしていないと考えます。民衆の中から生まれ、民衆自身がつくり出したすぐれた歌が数多くあるにもかかわらず、さまざまな制約から、商業ベースにのり得る歌や、歌い手は、そのごく一部です。

そこで私達は、すぐれてはいても商業ベースにのり得ないものを集めて、私達自身の手でレコード化し、クラブ会員のみを対象として、レコードを配布します」

URCが発行した「URCとは」というパンフレットには、そんな説明が載っていた。

中心となって運営していたのは大阪にある高石音楽事務所だった。1967年に「帰ってきたヨッパライ」で社会現象となったフォーク・クルセダーズや、翌年に「受験生ブルース」をヒットさせた高石友也が所属していた。

自分の言葉で自分の生き方をメッセージする。そんなスタイルは、作詞家・作曲家・歌手という分業で成立する従来の歌謡曲の対極にあった。関西のフォークシンガーは、ベトナム戦争への反戦メッセージも含め、社会性の強いアーティストが主流だった。

1968年から1969年にかけて、全国の大学は、学生運動の波に洗われていた。ベトナム反戦運動と学園闘争の合体。フォークソングはそんな若者たちの意識を反映していた。岡林信康は、その旗手として〝フォークの神様〟とすら呼ばれていた。1969年の彼のデビューアルバム「私を断絶せよ」はURCから出た。

「大森ちゃん、岡林でやるから、ちょっと来て」

大森昭男が、そう言われたのは1971年のことだ。商品は「MG5」だった。声をかけたのは演出家の結城臣雄である。大森は彼に誘われる形でスタジオに行った。

「アオイスタジオというところでしたね。スタジオには髪の毛の長い人たちがたくさんいて。録音したのは『自由への長い旅』という曲でしたけど、その時のバックが『はっぴいえんど』だった。まだその時には彼らのことは知りませんでした。その作品では私はオブザーバー的な立場でしたけど、資生堂もこれからこういう音楽もやって行くことになるんだろうなと。レコーディングを見ながら、こういう人達と仕事をしていきたい、こういう人達を生かしていきたいと思ったんですね」

「自由への長い旅」は1970年にURCから出た二枚目のアルバムに入っている。テレビの歌番組にも出ない反商業主義を旗印にしたフォークの旗手と商業主義そのものでもあるコマーシャル音楽。オシャレの代名詞でもあった〝資生堂〟と反体制フォークのシンボル・岡林信康の組み合わせ。その接点になっていたのが結城臣雄の〝師匠〟格だった杉山登志でもあった。

「彼は野音なんかにはよく行ってましたね。デモなんかにも行っていたんじゃないかな。僕もしょうがないから一緒に野音のコンサートに行ったことがあるの。誰々が良いとか言われても、僕は分からないし彼らに対してシンパシーはあっても一緒にやるのはちょっと無理だなという感じでしたけど」

資生堂のCMで、またプライベートでも杉山と深くつきあっていた作曲家桜井順は、当時の杉山登志についてそう言った。彼は、杉山登志と組んで作った反戦歌をコマーシャルで流したことがあると言う。

「キレイ綺麗な仕事をしていることに、杉山登志も僕もちょっと寒かった。気持ち悪いところがあった。キレイ綺麗ばっかりで社会性がなくてどっかでイヤだなと思っていたんだろうね。彼もそういう正反対なことは好きでしたよ」

広告制作者たちの時代感覚のバランスとでも言えば良いのだろうか。1970年に桜井順は野坂昭如と組んで「マリリンモンロー・ノー・リターン」を発表している。

「きっとキレイ綺麗の仕事をずっとしていた埋め合わせだったんだと思う。そうやってバランスを取ろうとしたんだね」

その時に、杉山登志は、銀座の街頭でPRを買って出たのだそうだ。彼が自ら命を絶つのはその三年後だった。

新旧の才能の両立

ON・アソシエイツは、1972年5月、青山のワンルーム・マンションの一室でスタートした。

その年、彼が手がけた主な作品はこういうものがあった。
○資生堂「MG5　オオ兄弟」作詞・作曲・編曲・クニ河内　アーティスト・上條恒彦
○資生堂「'72秋の化粧品デー」作曲・編曲・嵐野英彦　アーティスト・スリーグレイセス
○マルマンTIMEX「約束」作詞・及川恒平　作曲・小室等　編曲・青木望　アーティスト・南こうせつ&かぐや姫
○松坂屋「ケネスピリー　雨傘篇」作曲・編曲・広瀬量平
○不二家「ルックチョコレート」作詞・伊藤アキラ　作曲・編曲・樋口康雄　アーティスト・樋口康雄
○住友金属「夜明け」作詞・岡田冨美子　作曲・編曲・瀬尾一三　アーティスト・オフコース
○味の素「ドレッシング・僕の贈りもの」作詞・作曲・編曲・小田和正　アーティスト・オフコース
クニ河内や伊藤アキラ、嵐野英彦らはすでに以前からの仕事仲間である。広瀬量平は、彼が冗談工房に入るきっかけを作った作曲家だ。樋口康雄は、NHKの「ステージ101」で活躍していた。瀬尾一三は現在も中島みゆきや吉田拓郎のプロデューサーとして活躍している。当時はフリーになったばかりのアレンジャーだった。小室等は、前の年に「出発の歌」で世界歌謡祭グランプリを獲得している。かぐや姫は、デビューアルバム「はじめまして」が出たばかりでまだ海のものとも山のものともつかない状態だった。1970年に三人組でデビューしたオフコースは、「僕の贈りもの」で小田和正と鈴木康博の二人組として本格的に活動を開始した。まだワンマンコンサートすらやったことがなかった。

そんな顔ぶれは、ON・アソシエイツの一年目が、独立の挨拶とこれまでのお礼も兼ねたいままでの仕事仲間と、新たに起用した新しい才能の発掘を両立させようとした年だったことを物語っている。

1972年という年は70年代という時代を決定づけた年だった。グループサウンズのブームはわずか数年で崩壊し、その後に若者達の音楽として定着したのがフォークソングだった。吉田拓郎の「結婚しようよ」が、チャートの上位を席巻し、それまで長髪・反体制というイメージのあったフォークが〝売れる音楽〟として脚光を浴びた。その一方で、連合赤軍事件は、政治の季節にピリオドを打ち、若者達の間に〝音楽の季節〟が到来した。吉田拓郎が、手がけた富士フイルムの「HAVE A NICE DAY」がテレビから流れたのがこの年だった。

名作「三ツ矢サイダー'73」のCM

ただ、吉田拓郎はすでに〝時の人〟だった。「結婚しようよ」で爆発的に火がついた〝フォークの貴公子〟が作ったコマーシャルソングというだけで話題性は十分だった。

そういう流れで言えば、ポップスとコマーシャルソングという関係で決定的な意味を持っていたのは、1973年に大森昭男が手がけたアサヒビールの「三ツ矢サイダー'73」だと言って間違いない。作詞・伊藤アキラ、作曲は大瀧詠一（ペンネーム多羅尾伴内で作曲）である。彼は、〝日本語のロックの元祖〟と言われたバンド、はっぴいえんどの一員だった。

「演出家の結城臣雄さんと新しい人を起用しようということでいろんな音楽を聴いたりしていたんですよ。その中ではっぴいえんどに出会った。どうやら解散するらしい、メンバーの大瀧詠一はソロアルバムを出す、そんな状況でしたね」

はっぴいえんどがアルバム「はっぴいえんど」でデビューしたのは1970年8月。レコード会社はURCだった。デビューする直前まで岡林信康のバックバンドをつとめていた。

大瀧詠一（G・VO）、細野晴臣（B・VO）、松本隆（D）、鈴木茂（G）という4人。粘りつくようなリズムと湿った情感、日常会話の平易さと文学的な難解さが混在した日本語の詩情。4人の個性が強烈に主張し合うようなアンサンブルはそれまでのグループサウンズともフォークソングとも違う音の厚みと世界観を持っていた。

1972年、彼らは、10月に三枚目のアルバムのレコーディングをロサンジェルスで行い、その過程で解散を決めた。「HAPPY END」と題されたそのアルバムが発売されるのは1973年1月。大瀧詠一はそれに先駆けて1972年12月にソロアルバムを発表した。大森昭男が彼に「コマーシャルソングをやりませんか」と持ちかけたのはそんな時だった。

「朝11時ぐらいだったと思います。コマーシャルソングをお願いしたいんですけど、って大瀧さんの自宅に電話をしましたね。『何でしょう』『三ツ矢サイダーです』。ちょっと間があって『分かりました』と。『で、詞はどなたが』『鶏郎門下の伊藤アキラさんです』っていう話をしました」

伊藤アキラは、広告関係者の中でもフォークに理解を示していた一人だった。

「フォークのコンセプトは〝生活歌〟だと思ってましたからね。鶏郎さんの作っていたコマソンも生活歌でしたから、全く違和感なかったですよ」

そういう伊藤アキラも、大森昭男から「大瀧詠一です」と言われた時、彼の名前も知らなかった。とはいうものの、彼も「どういう人ですか」とは聞かなかった。大森昭男は「色々注文を出すと思いますけど」とだけ付け加えた。そして、伊藤アキラは二回目に大森昭男から電話を受けた時、大瀧詠一からの〝注文〟を聞かされた。

「始まりの音は母音の〝あ〟で始めてくれということでしたね。三音四音の組み合わせで最初は〝あ〟。自分でも歌う人ですからイメージがあったんでしょうけど、かなり厳しい注文でした（笑）」

なぜ〝あ〟だったのか。

2000年に『コマーシャルフォト』で掲載した「日本のCM音楽50年」の取材で会った大瀧詠一はそんな質問に、「まだ現役を続けるつもりだから」と笑って明かそうとしなかった。

ただ、ヒントは残されている。彼は、「サイダー」の話が来た時の彼の状況を「解散は決めたものの次の仕事は決まっておらず、しかも子供が生まれるという大変な状況で、解散決定後、最初の仕事だった」と言った。

はっぴいえんどの傑作であり日本のロック史上の名盤とされている二枚目のアルバム「風街ろまん」には、大瀧詠一が初めて書いたオリジナルという「愛餓を」という曲が入っている。そして、一曲目の「抱きしめたい」は〝淡い光が　吹き込む窓を〟という歌詞で始まっている。はっぴいえんどの言葉を書いていたのは松本隆だった。彼は、1983年に音楽評論家、萩原健太が書いた『はっぴいえんど伝説』（八曜社）の中で、「見破られない形で七五調をやる」と自分の手法を語っていた。

解散後の初仕事を〝あ〟で始まる三音四音の組み合わせにする。

それは、彼の第一歩という意識の表れであり、はっぴいえんどで摑んだ方法論の実践だったのではないだろうか。

〝あなたがジンと来る時は
私もジンと来るんです〟

伊藤アキラが書いた歌詞は、見事にそんな条件を満たしている。

1973年2月26日、青山のKRCスタジオ。大森昭男の手元には「サイダー'73」のそんなレコーディングデータが残されている。

一年持たないのではないか——。

発足二年目。CMソングの歴史に残る名作「サイダー'73」が、ON・アソシエイツのその後を決定づけたと言って過言ではないだろう。

タイアップ戦争の渦中へ

「はっぴいえんど」の大瀧詠一との仕事

CM音楽は日本の大衆音楽の歴史の中で、必ずしも正当な評価を受けているとは言い難いのではないだろうか。

少なくともポップミュージックというジャンルの中ではCM音楽を無視することは出来ない。そのアーティストのキャリアの中で、CM音楽に関わっていたということが、その後の彼らの活動にかなりの影響を及ぼしていることも少なくないからだ。

その典型的な例が、大森昭男がプロデュースした、アサヒビールの人気商品「三ツ矢サイダー」の「サイダー'73」だろう。作曲は大瀧詠一である。

彼が、大森昭男から「サイダー'73」を依頼された時、日本語のロックの元祖と言われたはっぴいえんどを解散することに決めたものの次の仕事も決まらず、子供も生まれたばかりで大変な状況だった、という話はすでに触れた。

70年代の前半。まだ歌謡曲が全盛だった。吉田拓郎をはじめとするフォーク系のシンガーソングライターが、ようやく台頭し新しい音楽の波が注目されはじめたばかりだった。「サイダー'73」がオンエアされた1973年の前年、1972年の年間ヒットチャートの一位はぴんからトリオの「おんなのみち」である。3

50万枚という大ヒットはいまの時代に換算すれば500万枚はくだらない。二位になった小柳ルミ子のデビュー曲「瀬戸の花嫁」が80万枚に過ぎないから、どのくらいのぶっちぎりだったかが想像がつくだろう。四位に吉田拓郎の「旅の宿」、五位にビリーバンバンの「さよならをするために」が入っているだけで、他は、天地真理が二曲、小柳ルミ子が二曲。シンガーソングライターも洋楽的なポップスも見あたらない。

1973年のチャートでかぐや姫の「神田川」が一位になり、かすかに流れが変わったかに見えるものの、1974年の年間チャートの一位は再び、殿様キングスの「なみだの操」である。

1973年、1974年、大瀧詠一は、自分のアルバムを一枚も出していない。つまり、自分の音楽活動の全精力をCM音楽に注ぎ込んでいたと言って過言ではない。

「サイダー'73」「リンレイジャック『若返り』」「資生堂ディスカラー『足』」「資生堂サマーローション」「日立キドカラー　ポンパ」「グリコ　コメッコ」「ブルボン　ココナッツコーン」「三菱電機　JEAGAM」——。

大森昭男は1973年だけで大瀧詠一にそれだけのCM音楽を依頼している。

ただ、クライアント側にとって大瀧詠一は、特に知られた存在というわけではなかった。

「『サイダー'73』は、実は一旦はボツになったんですよ」

大森昭男は、話題が大瀧詠一とのことになると表情が変わる。なつかしさと愛情とプライドのような、さまざまな感慨がこもっているように見える。

「担当の方の上司が、サイダーの透明感を生かすには女性コーラスにすべきだ、と言われたらしく、作り替え命令が出た。大瀧さんでは駄目だということになったんです」

それでも代理店の電通とアサヒビールの担当の課長は大瀧詠一の作品を気に入っていた。彼らは、言われたように急遽女性コーラスで他の曲を制作することにするものの、それが完成するまでの間に、時間がないという理由で何とか一回だけでも大瀧詠一作品をオンエアするという作戦をとった。

「そうしたら、当日から電話で問い合わせがあったり手紙が来たりしたんですね。あれは大瀧詠一ではないのかとか。何日かしてそんなデータを束にして持って行って説得してもらったんです」

若者の気持ちはよう分からん。まかせる。上司はそんな風に答えたのだそうだ。

大森昭男が大瀧詠一に依頼した作品で、実際にボツになった曲もある。1973年の資生堂「サマーローション」がそれだ。作詞をしたのは演出の杉山登志である。

「登志さんは大瀧さんの音楽を好きでしたね。作詞も杉山さんが自分でされて。でも、声が暗いとボツになったんです」

大森昭男が代わりに起用したのがイルカだった。彼女はまだソロとしてはデビューしておらず、シュリークスというフォークグループにいた。作曲は瀬尾一三。演出は杉山登志があたった。

「イルカさんもコマーシャルの経験があんまりなくて、表情も声も硬いんですよ。登志さんがイルカさんをくすぐってくれと言うんで、歌っている彼女の後ろから脇をくすぐりましたね。それでとってもほほえましい歌が録れたのを覚えてます」

それが大森昭男が杉山登志と組んだ最後の仕事となった。

CM音楽と山下達郎

サイダーのシリーズは、「'74」「'75」「'76」「'77」と5年間に亘って続いた。「'76」のみが山下達郎で他は全て大瀧詠一である。

二年目の「サイダー'74」のレコーディングは、1974年1月16日、17日と二日間、大橋にあるポリドールの第二スタジオで行われている。17日は、夜に場所を変えて目黒のモーリスタジオでトラックダウンも済ませている。ミキサーは笛吹童子、大瀧詠一が自分でエンジニアをする時の別名である。その最初の試みが「サイダー」だった。作詞や作曲は多羅尾伴内の名前で大瀧が担当した。これは60年代の東映の探偵映画「七つの顔を持つ男」で片岡千恵蔵が扮した探偵の名前だった。

この時のレコーディングで、後に荒井由実と結婚するキーボーディスト、松任谷正隆、はっぴいえんどのメンバーだった細野晴臣、後にソロで活動し、佐野元春のプロデューサーにもなる伊藤銀次らに交じってハモニカを吹いていたのが山下達郎である。彼が自分のバンド、シュガー・ベイブでレコードデビューするのは1975年のことだ。1973年12月17日に青山タワーホールで東京でのデビューコンサートを開いたばかりだった。

「山下さんにシュガー・ベイブとして会ったのは大瀧さんにお願いした三菱のオーディオ『JEAGAM』のコマーシャルの時だと思います。渋谷のジァン・ジァンの横にあったエンジニアの吉野金次さんのスタジオ。みんなでコードを見ながらほとんど顔を寄せ合って熱心にハーモニーを作る。そんな光景が印象的でしたね」

シュガー・ベイブは、日本のポップスグループの草分けであり、スタンダードな形を作ったグループだった。

都会的で洗練されたビートとコーラス。70年代の主流だった生ギターのフォークやブルース、ハードロックが多かったロックバンドとも違っていた。

50年代や60年代のアメリカンポップスや黒人のコーラスグループを消化したバンドは当時は、彼らくらいしかいなかった。

日比谷の野外音楽堂などで行われていたロックコンサートでは、〝軟弱〟という批判も飛び、実際に客席から投石を受けたこともある。それでも他に、歌う場所がなかった。彼らは、たいていのコンサートで、最初の出演者として登場し、数曲を歌って帰るというのが約束事のようになっていた。つまり、〝受けない〟のである。

「コマーシャル音楽がなかったら、音楽活動を続けられなかったと思う」

山下達郎がインタビューでそう言うのを何度となく耳にしている。

「三愛バーゲンフェスティバル」「三ツ矢フルーツソーダ」「資生堂バスボン」「資生堂MG5'76」「不二家ハートチョコレート」「サイダー'76」「VAN Cap篇」。

1974年から1975年にかけて大森昭男は山下達郎にそんなCM音楽を依頼している。

ちなみにシュガー・ベイブとして参加した「フルーツソーダ」で彼らが手にしたギャランティーは、シュガー・ベイブとして一人2万円、山下達郎には作曲料として7万円が支払われている。双方を合わせればサラリーマンの大卒初任給の倍にはなる。

「三愛」のレコーディングがされた1974年6月。シュガー・ベイブのコンサート記録に残っているのは三本だけだ。レコードデビューもしておらずライブの本数も数えるほどだったバンドにとってCM音楽が支えにならなかったはずがない。大森昭男は、その頃の彼らのことをこう言う。

「もちろんそういう生活面のこともあったでしょうけど、それよりは、CM音楽はオンエアがすぐにありますからラジオやテレビから流れてきた自分達の音楽がどんな風に受け入れられるかが分かりますからね。レコードを出していないバンドにとっては　それが嬉しかったんじゃないでしょうか」

CM音楽のレコード化

山下達郎が音楽活動を始めるきっかけになったのは、学生時代に自主制作で作ったアルバムだった。都内の二カ所のロック喫茶に置かれたそのアルバムが大瀧詠一の手に渡った。シュガー・ベイブが音楽ファンの前に登場したのは1973年9月21日。文京公会堂で行われたはっぴいえんどの解散コンサートだった。

大瀧詠一がバンド解散後初めてソロのアルバムを出すのは、1975年5月になる。前述したように1973年、1974年は自分のレコードは一枚も出なかった。出せなかったわけではない。彼の求めているものと違った。

大瀧詠一は、CM音楽をレコードにしようとしていた。具体的に言えば「サイダー'73」「'74」である。彼は、2000年に『コマーシャルフォト』に連載された「日本のCM音楽50年」の取材の中でこんな話をしていた。

「全く相手にされない状態でしたね。CMそのままじゃ商品にならないと思ったんでしょうね。長さも一曲30秒だし、商品名も入っている。鶏郎さんのような広告の世界の人の作品集としてはありましたけど、シンガー&ソングライターの作品としては前例がなかったんでしょう」

CMソングがレコードになる例はまれではあるがすでにあった。1967年の大ヒット曲、いずみたくが作曲し佐良直美が歌った「世界は二人のために」は明治製菓のCMソングだったし、1972年にBUZZが歌ったスカイラインのCMソング「ケンとメリー～愛は風のように」などだ。しかし、それは〝CM臭を抜いたCMソング〟のレコード化でもあった。吉田拓郎の「HAVE A NICEDAY」は、レコードになっていない。ユーザーサービスとして無料配布するためにソノシート化されただけだ。

大瀧詠一は違った。30秒のCMソングをそのままレコードにしようというのである。そんな企画に乗ってきた唯一のレコード会社が吉田拓郎や泉谷しげるらフォーク系のアーティストを抱えていたエレックレコードだった。フォーク全盛の中でロックバンド不遇を身にしみて体験していた彼にとっては「一番嫌いだったレコード会社」である。

「サイダー'73」「'74」「'75」は1975年5月に出た彼のバンド解散後初のソロアルバム「NIAGARA MOON」に収録された。

山下達郎のデビューアルバムでもあるシュガー・ベイブのアルバム「SONGS」は、その一ヵ月前、1975年4月に同じくエレックレコードの大瀧詠一のレーベル、ナイアガラ・レーベルの一枚目として発売された。エレックでの彼らのアルバムはそれぞれがその一枚だけだ。翌年エレックは放漫経営が原因で倒産してしまった。
——この作品は、大瀧ポップスの最初の完成形。ここには、はっぴいえんどや「夢で逢えたら」も「ロング・バケイション」も全てが含まれている——
大瀧詠一が念願としていたCM音楽ばかりを集めたアルバム「NIAGARA CM SPECIAL」が出たのは1977年である。その解説の中で「サイダー'74」について大瀧は自らそう書いている。
大森昭男の仕事がいまになって注目を集めているのは、そんな風にまだ陽の目を見ていない新しい才能をいち早く評価してきたということだけではない。彼の主宰するON・アソシエイツには、これまでに制作してきたほとんどの音源のマザーテープが残されている。それもスタジオのレコーディング・データなどとともにだ。そうしたことも、大森の仕事がいま、貴重とされている理由である。
〝'76年1月10日・音響ハウス2ST
プロデューサー・ディレクター／大森昭男
ミキサー／松本裕
作詞者／伊藤アキラ
作曲者／山下達郎〟
大瀧詠一から山下達郎にバトンタッチされた「サイダー'76」のレコーディング・データにはそう記されている。
ミュージシャン名はない。〝タレント〟の項には、Solo・山下達郎とあるだけだ。他にはClappingとして、山下・大貫・関口と書かれている。大貫は、シュガー・ベイブの仲間だった大貫妙子で、関口というのはO

N・アソシエイツのスタッフだった関口直人である。

山下達郎自身がボーカルを重ねて行くアカペラ・コーラス。それが「'76」だった。彼のそんなアイディアがアルバム「ON THE STREET CORNER」として形になるのは1980年のことだ。

もし大森昭男が声をかけていなかったら、少なくとも「CM SPECIAL」は存在していなかっただろうし、ひょっとしていまの大瀧詠一や山下達郎もいなかったのかもしれない。

CMソングからイメージソングへ

「レコード会社は、概して冷ややかでした。CMソングを〝シャリコマ〟と呼んだりしてましたし。一段下に見ていたと思いますね」

大森昭男は、その頃のレコード会社とCMソングとの関係についてそう言う。シャリ、つまりお鮨で言うお米のご飯。不本意ながらメシのためにやる音楽という芸能界風隠語だ。

彼が、自分の作ったCM音楽をレコード化しようと動いたのは、1974年のことだ。曲はりりィの「春早朝」だった。資生堂の「スプリングキャンペーン'75」の「ナチュラルグロウ　彼女はフレッシュジュース」用に作られた曲だった。

「キャンペーンは三カ月くらいで終わってしまったんですよ。でも、良い曲だったんで、彼女のレコードを出していた東芝レコードに売り込みに行ったんです。『コマーシャルですか?』って言われてやんわり断られたんですね。でも、彼女の事務所のプロデューサーが気に入ってくれていてB面に入れてくれまして。そうしたらそっちの方が良いという評判が立って、A面にして発売し直したという経緯がありました」

世の中の反応がレコード会社を動かして行く。りりィは、翌1975年に作られた「'76資生堂春のキャンペーン」にも起用されている。その時の曲が「オレンジ村から春へ」だった。その時は、最初からレコードにするということが決まっていた。

'75年春の『彼女はフレッシュジュース』からCFにおける音楽の役割が、従来とは異なった方向に傾いていく。本来CMソングとは言うまでもなくそのCFに付随して存在するものであるが、これがCFから独立したかたちでレコード会社から市販され、ヒットした時、そこにもう一つの宣伝手段としての役割が発見される」

「オリジナルの新曲として人々の耳にスムースに吹き込まれることが、おのずからプロモーションの宣伝効果へとつながってゆく」

「〝CMソング〟から〝イメージソング〟と呼ばれるようになった、この独特の音楽の誕生は、この時期の大きな事件と言って良いであろう」

資生堂が1979年6月に発行した上下巻『資生堂宣伝史』には、こんな風に書かれている。

CMソングからイメージソングへ——。

そんなネーミングの変化はCM音楽だけでなくレコード業界の発想も大きく変えた。

CMソングとして作られた曲がレコード化されるというのではない。当初からレコード化を前提とした形で制作される。企業名や商品名が織り込まれているわけではない。歌を聴いただけでは何のCMか判別できない曲が、大量に流されてヒットチャートを席巻してゆく。そんな現象が起きた。

イメージソング戦争、あるいはタイアップ戦争。それが70年代後半の特徴となった。その最大の激戦業界が化粧品だった。

具体的には〝資生堂対カネボウ〟である。

口火を切ったのは資生堂だった。

「それまではCM音楽はBGMでした。CMソングはNHKも流さなかったしどんなにヒットしても紅白では歌えませんでしたから、レコード会社も関心が薄かったと思います。でも『オレンジ村から春へ』がヒットして制作者の意識も変わりましたね」

というのは当時の資生堂宣伝部プロデューサーでもあった田代勝彦である。

きっかけは1976年秋の「揺れるまなざし」だった。歌っていたのは小椋佳である。後に資生堂の社長になる当時の宣伝部長が財務担当時代に第一勧銀の銀行員だった小椋佳と知り合いだった。〝顧客〟の頼みを断ることも出来ず、小椋佳が手がけることになった。銀行員アーティスト・小椋佳。カネボウ化粧品が「ワインカラーのときめき」に起用したのはやはり電通の社員でもあった〝二足のワラジ〟的シンガーソングライター、新井満だった。

田代勝彦は続ける。

「カネボウさんは基本的に資生堂のやり方を踏襲してましたから。でも、こちらも一社でやっても世の中は動かないと、敢えて競り合ったところはあったかもしれません」

’77年春　「マイピュアレディ」／尾崎亜美

'77年夏「サクセス、サクセス、」／宇崎竜童&ダウン・タウン・ブギウギ・バンド
'78年夏「時間よ止まれ」／矢沢永吉
'78年秋「君のひとみは10000ボルト」／堀内孝雄
'78年冬「夢一夜」／南こうせつ
'79年夏「燃えろいい女」／ツイスト
'79年秋「微笑の法則」／柳ジョージ&レイニーウッド

70年代後半の資生堂のイメージソングはそんな風に続いている。

その中で大森昭男が手がけたのが「サクセス、サクセス、」「時間よ止まれ」「君のひとみは10000ボルト」「夢一夜」である。

彼は、そんな一連の曲を振り返る。

「でも、その頃はタイアップというより、コラボレーションという関係だったと思いますね。〝共作〟です。物理的な意味よりクリエイティブな面でのタイアップ。キャンペーンのテーマやキャッチコピーが先にあって、それに合わせて曲を作ってもらうというやり方でしたから。イニシアティブは、広告サイドが握っていました」

「'77年度の資生堂の売り上げが2700億円。その内宣伝広告費が4～5%として100億円前後。レコード業界の一年間の生産実績が2300億円。宣伝広告費が100億円前後」(『月刊ペン』1980年10月号)

早い話が全レコード会社の売り上げが資生堂一社の売り上げに及ばない。全レコード会社の宣伝費が資生堂一社の規模に過ぎなかったのだから、レコード業界が色めき立ったのも無理はなかった。

'76年11曲。'77年10曲。'78年15曲。'79年17曲。『サンデー毎日』1980年10月5日号には〝売れたイメージソング〟としてそんなリストが載った。

イメージソングでないとヒットしない。

大森昭男は、そんな激動の渦中にいた。

タイアップ戦争の終焉

「もうここまでかもしれない」

「コマーシャルソングがあんな風に音楽の流行に強い影響力を持つことはもうないのではないだろうか」

資生堂宣伝部のプロデューサーだった田代勝彦は、70年代から80年代にかけてのCM音楽について、いま、そんな風に述懐する。

彼が資生堂に入社したのは、1963年のことだ。宣伝部の独自採用という形だった。

「1969年まではそういう形が続いてましたね。その後は一般職の中から希望で宣伝部に行くということになりましたが。宣伝部の独自採用というのは他の企業と比べても珍しかったと思います。これからテレビ時代が来るという認識だったんでしょう」

彼が宣伝部でコマーシャルの制作に関わっていたのは入社から15年間。1978年までだ。作品で言うと1978年の冬のキャンペーンで流れた「夢一夜」までにあたる。作詞・阿木燿子、作曲・南こうせつ。歌っているのもこうせつ自身だった。プロデューサーは大森昭男である。彼は、「夢一夜」について、こう言う。

「あの曲を作った時に、CMソングとして出来ることはここまでかなってふっと思ったことがあったんですよ。ここまでよくやったなという達成感と同時に、一方でこれ以上やれるのかなっていう感慨のようなものでしょうか」

それは具体的な根拠に基づいたものでもなく単なる直感に過ぎなかったのかもしれない。1959年からコマーシャル音楽の制作に携わってきた人間にとって、70年代後半に訪れた〝タイアップ戦争〟は予測もしない状況でもあった。制作現場も含めて戦場のように過熱していた中で、ふっと我に返った瞬間だったのかもしれない。

「これは何だろう、確かにレコードは売れたけどこれ以上やるのならコマーシャルではないかもしれないっていう気がしたんですよ」

資生堂と宇崎竜童＆阿木燿子

コマーシャルソングは売れる。

70年代後半のタイアップ戦争はそこから始まっていた。そのきっかけとなったのがやはり大森昭男がプロデュースした1976年の資生堂の「オレンジ村から春へ」だったことは前項で触れた。歌っていたのはりりィだった。

「CM業界って何が新しくて何が本物かということについては貪よくなんですよ。時代を一歩先に行っている人たちとの異種交配。それが出来ている時が一番の妙だと思います」

大森昭男はCM音楽の面白さについて常々そう話している。

資生堂という化粧品会社とサングラスのロックンローラーという異種交配――。

70年代の資生堂は、そんな試みを可能にする舞台でもあったのだろう。キャスティングの妙。その口火を切ったのがやはり大森昭男が手がけた1977年の「サクセス、サクセス、」だった。作詞・阿木燿子、作曲・宇崎竜童、歌っているのも宇崎竜童だった。

「あのコマーシャルのコピーはコピーライターの小野田隆雄さんでした。夏でしたから、ダウン・タウン・ブギウギ・バンドの持っていた情熱的な強さというのを引き出せたらということだったんですけど、あの時は田代さんも社内で苦労されたと思いますよ。上の人たちの中ではサングラスはまだ反社会的なイメージで御法度でしたし。バンドとしてでなく宇崎さん個人になったのもそういういきさつがあったと思います」

ダウン・タウン・ブギウギ・バンドがデビューしたのは1973年。デビューアルバム「脱・どん底」は収録曲の中に放送禁止曲が入っていたためにいきなり発売が延期になるというつまずきからスタートした。ガソリンスタンドの従業員が着ているようなツナギ・ルックとサングラスにリーゼントというツッパリ・イメージになったのは二枚目のアルバムからだ。最初のヒット曲「スモーキン・ブギ」は、未成年にとって禁じられている喫煙がテーマだったし、続けざまにヒットさせた「港のヨーコ・ヨコハマ・ヨコスカ」も、行方不明の酒場の女を捜すという、オシャレとはおよそ縁のない設定の歌だった。異色のツッパリ・ロックバンド。ダウン・タウン・ブギウギ・バンドは、そんな風に見られていた。

〝ここまで来たらサクセス〟――

歌の中で彼らはそう歌っていた。世の中に対して斜に構えつつヒットを飛ばしてきた彼らが、いま、堂々とサクセスを宣言する。〝ここまで〟という言葉はそう言っているように聞こえた。

宇崎竜童はバンドとは違うメジャーな存在としてお茶の間に認知された。

キャロルからの脱皮、矢沢永吉

「実は宇崎さんは好評だったんで翌年もお願いしようということになっていたんですよ。でも、それが出来なくなったんですね」

〝化粧品タイアップ戦争〟が始まっていた。資生堂は先発メーカーとして注目されていた。一躍ファッション的イメージを獲得したダウン・タウン・ブギウギ・バンドには後発のコーセー化粧品がすでに話を持ちかけていた。同業他社のCMに出演している人間を起用することはあり得ない。それ以上のインパクトのあるキャラクターを起用しなければいけない。その中で出てきた名前が矢沢永吉だった。資生堂側の担当が田代勝彦だった。

「宇崎さんよりもっとリスキーな感じはしましたね。みんなで彼の武道館コンサートを見に行きましたから」

矢沢永吉の武道館公演は1977年8月26日に行われている。彼にとって初めての武道館であり、日本のロックアーティストにとっても初めての公演だった。客席には立ち見を入れて13211人。約2000人が入場できず外で歓声を上げていた。

「このライブでのヴォーカリストとバックバンドとのタイトな一体感はテクニカルな限界を超え、〝暴走族〟と呼ばれていたティーンエイジャーのファンが過半数を占めるオーディエンスをも巻き込んだ独自の世界を作り上げている」

この日の模様を記録したライブアルバム「スーパーライブ・日本武道館」について、ファンクラブが監修している資料にはそう書かれている。

矢沢永吉が彼のバンド、キャロルでデビューしたのは1972年のことだ。革ジャンにリーゼントのロックン・ロール・バンドは、フォークソングが全盛だった当時のシーンでも強烈なインパクトを持っていた。

彼らのコンサートでは興奮した観客が客席で喧嘩を始めたり、会場の椅子を壊すなどの暴力行為が絶えなかった。1975年4月15日の日比谷野音での解散コンサートの模様を収めたビデオでは、その頃の彼らのコンサートの雰囲気を感じ取ることが出来る。ステージの上には日本酒の瓶が置かれ、興奮した観客がステージの上に登ろうとする。

矢沢永吉がソロ・アーティストとしてデビューしたのは1975年の9月だった。バンド時代の革ジャン・リーゼントとは一線を引いたスーツ姿のステージ。でも、客席にはまだそうしたバンド時代のイメージを求めるファンが多かった。

〝暴走族〟。身内のファンクラブでさえ、そんな用語を使っているのが象徴している。この年のコンサートツアーは、地方で、何度となく〝会場拒否〟に遭っている。つまり、矢沢のコンサートは危険だから貸さない、という会場が少なくなかった。当然の事ながらテレビの歌番組に出たことはなかった。

確かにインパクトはダウン・タウン・ブギウギ・バンド以上だった。

田代勝彦はこう言う。

「最終的に決めたのは演出の黒田明ですね。ただ、僕はその当時、彼がどこかの新聞のコマーシャルでテレビに出ていたのを見たんですよ。そうなのか、テレビで歌ったりはしないけど、出ることは出るんだなって思った。それなら大丈夫かもしれないと思ったことがありましたね」

「時間よ止まれ」というキャッチコピーはコピーライターの小野田隆雄による。資生堂側が考えたものだ。矢沢永吉のところには、絵コンテとともにそのコピーが届けられた。大森昭男のところには矢沢自身のメッセージの入ったカセットテープが送られてきた。彼の印象はこうだった。

「ギター一本で自分でメロディーを歌われていたんです。作詞は山川啓介さんにしてほしいと指定もされていて、テープの最初の部分で作詞のイメージを言葉で話してるんですよ。絵コンテから想像して、こういうイメージなんだって。その中にパシフィックという言葉はもうあったと思いますね。プロデューサー感覚のある人なんだなってちょっと驚いた記憶があります」

「時間よ止まれ」のレコーディングは1978年1月7日に行われている。

資生堂サイドのプロデューサーが田代勝彦、制作側のプロデューサー・ディレクターが大森昭男、エンジニアが吉野金次。ミュージシャンは、坂本龍一（KEY）、後藤次利（B）、高橋幸宏（DR）、斉藤ノブ（PER）、木原敏夫（FG）、相沢行夫（G）という顔ぶれとなっている。

「あのスタジオはよく覚えてますね。矢沢さんは当時住まわれていた山中湖の方から出てこられて。毛糸の帽子をかぶっていて、かなり素な感じでした。吉野さんがヘッドアレンジで色々意見を言って、坂本さんが突然フレーズを思いついて弾いてみたり。相当クリエイティブな空気でした」

「時間よ止まれ」は、1978年3月21日に発売された。オリコンのヒットチャートでは6月12日付けから三週間、一位を続けている。彼にとっては初めての一位であり、その後もそれ以上のヒットは出ていない。年間チャートでも12位にランクされている。

この年のシングルチャートの一位は、一年間のうち30週をピンクレディーが独占している。曲は「UF

O」「サウスポー」「モンスター」「透明人間」である。ちなみに「時間よ止まれ」の前の週の一位は沢田研二の「ダーリン」だった。

ピンクレディーの独走を阻み、沢田研二を凌ぐ人気の男性ボーカリスト。「時間よ止まれ」は、矢沢にそれまでにまつわりついていた〝暴走族のヒーロー〟というイメージを一掃したと言って過言ではないだろう。

「君のひとみは10000ボルト」の堀内孝雄

1978年のシングルチャートの一位になった男性アーティストは5人いる。

一人は沢田研二、もう一人は矢沢永吉であることは言うまでもない。

他は、「銃爪」の世良正則とツイスト。「季節の中で」の松山千春だ。

そして、もう一人が堀内孝雄だった。

曲は「君のひとみは10000ボルト」である。「時間よ止まれ」の10週後、9月11日から三週間一位になっている。これも大森昭男の手によるものだ。

「最初はアリスにお願いしようということだったと思います。並木通りの資生堂本社で打ち合わせをした時は谷村さんと堀内さんとお二人ともいらしてましたし、並木通りで手を振って別れたシーンは覚えてますから。堀内さん一人になったのは先方の考えだった気がしますね」

アリスは70年代のバンドの中でもソロ活動を意識的に行っていたバンドだった。

アリスがデビューしたのは1972年3月だ。初めての大ヒットが出たのは1975年の「今はもう誰も」である。その時点ですでに谷村新司はソロアルバムを二枚、堀内孝雄も一枚出していた。「君のひとみは10000ボルト」の話が起きた時には谷村新司が4枚になっており、一方、堀内孝雄はまだ一枚のままだった。アリスとしてはその年に「冬の稲妻」のヒットも飛ばしている。資生堂というこれ以上ない援軍を得て堀内孝雄の独り立ちを算段する。それも理にかなった選択だったのだろう。「君のひとみは10000ボルト」は、アリス本体を凌ぐ年間チャートの4位にランクされる大ヒットになった。「冬の稲妻」は、16位だった。

音楽雑誌『THE MUSIC』の1977年8月号は、「特別企画コマソン専科」という企画ページを組んでいる。〝エーコマソンでござーい〟というサブタイトルにあるように半ば揶揄するような文体には「本来なら扱うテーマではないものの、これだけ話題になっているのだから仕方ない」という本音が見えるようだ。

その中の〝この頼もしいコマソン作り人〟というページには、誰がどういうコマーシャルを作っているか一覧表がついている。そこに載っているのはこんな人たちだ。

吉田拓郎、大瀧詠一、山下達郎、森田公一、鈴木茂、イルカ、松任谷由実、尾崎亜美、ダウン・タウン・ブギウギ・バンド、アリス、ハイ・ファイ・セット、加藤和彦、高石ともやとナターシャ・セブン、フラワートラベリンバンド、杉田二郎、矢野顕子、小坂忠、細野晴臣、つのだ☆ひろ、高中正義、小椋佳、河島英伍、ダ・カーポ、ムーンライダーズ、チューリップ、ゴダイゴ、山田パンダ、トランザム。

その中には矢沢永吉も堀内孝雄も入っていない。つまりいずれも〝CM童貞〟だったことになる。そうやって起用された彼らが、そこまでの大ヒットを記録したことがどういう波紋を呼んだか想像するのは容易だろう。

ＣＭ音楽をどう効果的に使うか。

「あの頃でＧＲＰ３０００％ぐらいだったでしょうか」

田代勝彦は、その頃の資生堂の宣伝量についてそんな表現をする。その数字はスポットを放送する番組の視聴率の合計なんだそうだ。期間は二週間。その間にどの番組にどのくらい打つか。たとえば、３０００％の宣伝量とは、視聴率20％の番組ならば１５０回スポットが流れることだという。昼間や深夜の視聴率の低い時間帯ならもっと本数は打てることになる。それを組み合わせるのが宣伝計画でもある。

「中にはレコード会社がテレビスポットを打つというようなこともありましたからね。一緒になって売ろうという機運になったんだと思います」

とはいうものの、「レコード会社と話し合ったりした記憶は全くない」のだそうだ。「つきあいもなかったし、直接やりとりしたこともない。人選での売り込みも私達のところまでは来なかった」と言う。

大森昭男は、「君のひとみは１０ ０００ボルト」がヒットした後に、「君のひとみは１０ ０００ボルト」というコピーを作ったコピーライターの土屋耕一にエレベーターで乗り合わせた時に、「私には作詞の著作権はないんですかね」と冗談めかして聞かれたことがあるという。大森昭男も含めて少なくとも資生堂の関係者はそこまで考えていなかった。大森昭男は、いまだったら、何らかの措置は取っていたと思うと言いながら「牧歌的な時代だったのかもしれませんね」と笑った。

南こうせつと阿木燿子という異種交配

有り体な言い方をすれば、1977年の時点で、南こうせつも〝残された大物〟の一人だったと言えるのだろう。

ただ、厳密に言えば、まだ売れる前、1972年、かぐや姫の時代にマルマンTIMEXのコマーシャルソングを歌っている。その時のプロデューサーが大森昭男だった。

日本人のソロ・アーティストで初めて武道館コンサートを成功させているのは南こうせつである。矢沢永吉の一年前の1976年のことだ。1973年に「神田川」を大ヒットさせたかぐや姫は、1975年解散、彼はソロになった。実家が九州のお寺という生い立ちならではの陽気なキャラクターで、彼は〝おいちゃん〟というニックネームで親しまれていた。

ジーンズ姿が定着している庶民的なフォークシンガーと資生堂。大森昭男の言葉を借りれば、それも〝異種交配〟だったのかもしれない。

「〝夢一夜〟というコピーは小野田（隆雄）さんのもので、先にありました。作詞を阿木燿子さんにお願いしようということが決まって、曲と歌のこうせつさんが最後になったんです」

小野田隆雄のコピーのイメージは画家の竹久夢二だったのだそうだ。幻のようなはかない美しさ。それも阿木燿子にとっては格好の題材でもあった。問題はこうせつだった。

「実を言うと、歌詞は二種類あったんです」

大森昭男は、「時効でしょうか」と言ってそんなエピソードを明かした。

こうせつ側は当初、〝竹久夢二〟というイメージに異論を唱えたのだそうだ。もう少しポップな世界にはならないだろうか。阿木燿子はそんな要望に応える形でもう一案を書いた。

「でも、それは資生堂さんには見せなかったんですね。明らかに〝竹久夢二〟の方が良かったんで。そっちで行ったということがありました」

〝素肌に片袖通しただけで
色とりどりに脱ぎ散らかした
床に広がる絹の海〟

「夢一夜」はそんな歌詞で始まっていた。

ジーンズの似合う庶民的な〝おいちゃん〟の対極にある女性の微妙な心の揺れを描いた日本画のような世界は、CM音楽だからこそ彼が歌えたと言って良いのではないだろうか。

「夢一夜」は、1978年10月にシングルとして発売され、彼にとって最大のヒットになった。

「もうここまでかもしれない」――。

大森昭男のそんな漠然とした想いは何だったのだろう。

それは〝異種交配〟という本来クリエイティブであるべき冒険が商業的に肥大化して行く結末に対しての危機感でもあったのかもしれない。

'79年「燃えろいい女」／ツイスト
'79年「微笑の法則」／柳ジョージ&レイニーウッド

'80年　「不思議なピーチパイ」／竹内まりや
'81年　「サマーピープル」／吉田拓郎
'81年　「A面で恋をして」／大瀧詠一
'82年　「い・け・な・いルージュマジック」／忌野清志郎＋坂本龍一
'82年　「ラハイナ」／矢沢永吉
'83年　「め組のひと」／RATS & STAR

資生堂のCM音楽は80年代に入りそんな風に続いている。

ただ、誰もが知っているヒット曲の数は年々少なくなり〝異種交配〟の衝撃度は薄まって行く。

その中で大森昭男が手がけていたのは、大瀧詠一の「A面で恋をして」一曲だけだ。

資生堂から撤退してしまったわけではない。'81年8本、'82年6本、'83年9本、'84年12本と作り続けている。

店頭のBGMや歌のないインスツルメンタルもあった。それは、一連のタイアップソングとは一線を引いた「CM音楽らしい作品」だった。

田代勝彦は言う。

「資生堂自体がそういう傾向に向かってましたね。イメージではすまないという認識。花王がそういう化粧品販売の方法を採り始めていったんですけど、それに影響されていた時期がありましたね」

イメージより商品特性を生かした化粧品販売。家庭用の洗剤から化粧品に進出してきた花王は、タイアップ戦争の外で確実に成長を遂げていた。

もはやタイアップでヒットを競っている時代ではないのかもしれない。

タイアップ戦争の終焉――。

レコードのセールスを意識した大物同士の〝異種交配〟からCM音楽ならではの新しい才能の発掘。大森昭男の目はそっちに向いているようだった。

理想のタイアップとは？

注視箱

タイアップの時代は終わったのではないだろうか――。

大森昭男の予感にもかかわらず、音楽業界にとっては〝ヒットの法則〟としてタイアップは欠かせないものとして一層重要視されるようになっていた。

「良質なタイアップというのは、どういうものなんでしょうね」

大森昭男が、そんな質問を受けたのは１９８３年の正月明けだった。彼もそんな風に面と向かって聞かれたのは初めてだった。

彼の答えはこうだった。

「やっぱり私はアーティストの個性が最終的に反映したものが生まれるといいなという考え方です。アーティストを尊重したい。もし、そのアーティストのメロディー、あるいは詞みたいなものが独自に生まれていて、それを私のところに来たテーマと結びつけ生かすことができたら、それも一つの作り方ですねとお答えしましたね」

彼にそんな質問をぶつけたのは当時KITTYレコードの編成制作担当役員、田中裕だった。

「特に具体的なテーマがあってお邪魔したわけじゃないんです。おそらくずっとそういうことを考えていたんでしょうね。それが雑談の中でふっと口をついて出たんだと思います」

彼は、70年代の後半には小椋佳を担当していた。1976年7月に発売、資生堂のCMソングとして大ヒットした「揺れるまなざし」も彼の手による。1975年、小椋佳は、布施明が歌った「シクラメンのかほり」でレコード大賞を受賞、この年の年間アルバムチャート30位までに彼の作品が三枚もランクされるというブームになっていた。ただ、その時、小椋佳自身は日本にはいなかった。第一勧業銀行の銀行員だった彼は、ニューヨークのメリルリンチ本社に出向していた。

「ですから、彼は『シクラメンのかほり』のレコード大賞受賞とか『揺れるまなざし』の大ヒットをリアルタイムには知らないんですよ。『すごいことになってるよ』とエアメールで書き送りましたから（笑）」

小椋佳は、1976年に日産自動車のCMソングで「道草」をシングルカットしている。そういう点で言えば、〝タイアップ戦争〟と呼ばれる前からCMを効果的に使っているアーティストだったと言って良いだろう。本人が全く登場しないで曲だけが巷に流れてゆく。それこそが〝タイアップ〟の持つ戦略的な最大の効果でもあった。

大森昭男が資生堂のCMソングを初期から手がけていたことはすでに何度となく触れている。ただ、田中裕が大森昭男のオフィスを訪れた時、仕事で一緒になったことは一度もないという関係だった。

「いまでもそうなんですけれど、音楽にしても映像にしても、写真でも絵画でも文章でも、ある作品に、一定の状況とか一定の場面とか環境を与えてあげるのは、その作品を理解してもらうのにものすごく良い手段と考えていたんです。コマーシャルのタイアップについてもそういう視点から見ていた。ですから大森さんが作ってこられてきたCM音楽というのは、映像と音楽との結びつきという面でとても気に入っていたし、プロデューサーとして尊敬も申し上げていたので、いつか仕事でご一緒させて頂きたいと思っていたのは事実です。時々、といってもさほど頻繁でもなく、用事もないのに伺っていたりしていた。あの年の正月も、そういう時間だったと思います」

その日はそれで終わっている。じゃ、今年もよろしくお願いします。具体的にそんなやりとりがあったかどうか定かではないが、きっとそういう雰囲気だったのだろう。そして、その後の展開がなければ、その日の会話は年初めの雑談に過ぎなかっただろうし。二人の記憶にも残っていなかったに違いない。

それから三カ月後、田中裕は、再び大森昭男の元を訪れた。

「3月くらいでしたね。田中さんが目を輝かせながら『いやあ、玉置が秀逸なメロディーを書きました』ってカセットテープを持ってきてくれたんですよ」

玉置というのは安全地帯の玉置浩二である。その前の年にデビューしたばかりだった。

「まだ歌詞も何もついてなくて、スキャット風の英語でそれなりに雰囲気を出しながら歌ってましたけど、なかなか良いメロディーだったんですよ。その時はお預かりしますって受け取っただけなんですけどね。私はそれを注視箱と自分で呼んでいたケースに入れておいたんです」

〝注視箱〟――。

常に視線を注いでいる箱。彼がそう名付けていたケースは、彼がまだ形になっていない気になる作品を入れておくものだった。

大森昭男が、その箱の中に入れておいたテープを思い出して、田中裕に「あれはまだそのままですか」という電話をかけたのはそれから半年後、9月のことだった。

玉置浩二のメロディーの行方

田中裕は、1970年にレコード会社ポリドールに入社している。早大政経学部の政治学科を卒業した。学生時代はビートルズのコピーバンドに始まり、ミュージカル音楽を作曲編曲するなどの音楽活動をしていた。当時の早稲田にはその後、音楽業界に入った人が少なくない。「海は恋してる」などのヒット曲で知られているキャンパス・フォークのグループ、ザ・リガニーズのボーカリスト、新田和長は、東芝レコードで荒井由実やオフコース、チューリップなどを擁していたエキスプレス・レーベルのプロデューサーであり、後にレコード会社ファンハウスの社長になった。田中裕は彼の一年後輩だった。

「新田さんはフォークソングクラブを作って、僕らはロックバンドを組んでいたんですけれど、そのフォークソングクラブが大隈講堂で開いた第一回定期演奏会にはご一緒しました。どうやらメンバーが足りなかったみたいで（笑）」

入社した時に音楽出版部門で制作を担当していた彼が最初に手がけたのは加藤登紀子だった。1972年、彼は同じレコード会社の制作マンたち5人と新しい会社を立ち上げた。KITTYという会社名は、その5人の頭文字である。その会社の柱が小椋佳と井上陽水だった。

小椋佳は、東大在学中に劇団天井桟敷に自分の詩を持ち込んで、主宰者の寺山修司の目に止まり、彼が脚本を書いた映画「初恋地獄編」の挿入歌を歌った。KITTYレコードの中心になっていた多賀英典は、その曲に惹かれて小椋佳をデビューさせたポリドールのディレクターだった。

フォーク系の新しい音楽を送り出していたKITTYに1974年に加わったロック・ボーカリストがカル

メン・マキである。

彼女が組んでいたバンド、カルメン・マキ＆ＯＺは、本格的な女性ボーカルのロックバンドのパイオニアだった。田中裕が初めて安全地帯に出逢ったのも、彼女たちのコンサートツアーの最中だった。

「１９７９年ですね、ウォークマンが出た年でしたから。小川春美さんという僕の師匠みたいな方から、札幌のコンサートに前座で出してやってくれないかと頼まれた、それが彼らだったんです。その頃の浩二君は長髪のアフロヘアーで、あの独特の声でレッド・ツェッペリンを歌い倒してました。すごく面白そうな連中だと思って、コンサートが終わってから、カルメン・マキ＆ＯＺをそのままにして、彼らを誘って飲みに行ったんです。その席で、彼らに『これ知ってますか？』って聞かれたのが発売されたばかりの初代ウォークマンだったんでよく覚えてます（笑）」

安全地帯は１９７３年に中学生だった玉置浩二とギターの武沢豊が旭川で結成したバンドである。１９７６年には当時のポプコン、ポピュラーソングコンテストで北海道代表にもなっている。その前年の代表が中島みゆきだった。１９７８年には牧場のサイロを寝室付きスタジオに改造、ＭＦＰ、ミュージック・ファーマーズ・プロダクションと名付け、そこを拠点に練習しながらコンテストに出場するという、北海道では知られた存在だった。〝音楽を耕す農夫の集団〟である。

東京の音楽シーンで注目されるのは１９８１年９月にスタートした井上陽水のツアーのバックバンドに起用されてからだ。田中は、その年の７月に自ら旭川のＭＦＰに足を運んでいる。

「旭川で頑張っていてもなかなか展望が開けないだろうから、苦労する覚悟があるなら東京に出てこないか、と誘ったんですよ。本当に旅費だけ渡して、という状態でした。でも、半年、一年と無名のバンドに生活費を渡し続けるだけの余裕はありませんから、リハーサルを続けながら、次から次へ曲を作らせていました。そんな中、陽水君が久々にツアーに出るというので、頼み込んでバックバンドに使って貰ったんです。大森さんに持って行ったテープは、そうやって生まれた曲の中から僕が初めて文句なしのOKを出した曲だったんです」

大森昭男が注視箱に入れた「あの曲」を思い出したのは、サントリーから依頼された赤玉ポートワインのCM制作のミーティングの最中だった。場所は青山にある彼のオフィスである。出席していたのは演出家の岩下俊夫をはじめ、グラフィックのコピーライター、フィルムプロダクションのプロデューサーなど主要制作スタッフ4、5人。岩下俊夫は、すでにミノルタカメラの「今の君はピカピカに光って」などで一緒に仕事をしている、気の合った相手でもあった。

「その時にすでにもうパイロットフィルムも出来上がってたんです。今度は本格的に撮影に行くと。しかも場所はパリなんですね。彼が、大森さん、ひょっとしたら、パリまで行って向こうのミュージシャンを起用してやってもらうことになるかもしれないと言われて。なんでパリなんですか、と聞いたら、ロジェ・バディムとカトリーヌ・ドヌーブの息子クリスチャン・バディムが出演すると。フィルムは、セーヌ川のほとりを彼、クリスチャン・バディムが走ってる映像でした。私はクリスチャンが走っているシーンを見ているうち、突然ハッと閃き、注視箱の中の玉置さんのメロディー、声が、この映像に合うのではと思い、直ぐそれを合わせてみました。スタッフ一同『いいね！』と」

大森昭男は、その場で田中裕に電話をした。

「あれはまだそのままですか」

デスクで電話を受けた田中裕は、その質問にこう答えている。
「まだそのままです。やっぱり待っていて良かった」

「ワインレッドの心」

大森昭男と田中裕。CM音楽とレコード制作という違いこそあれ、プロデューサーという立場で音楽に関わっていることには変わりがない。とはいうものの、二人の方法論は少し違う。大森昭男が、アーティストの個性を生かすというアプローチだとしたら、この時、田中裕が安全地帯に試みていたのは、もう少し踏み込んだものだった。

安全地帯は二枚目のアルバムのレコーディングを控えていた。
「その時点である方向性が見えてきていたんですね。彼らがアマチュア時代からやっていたアメリカン・ロックやブリティッシュ・ハードロックは違うんじゃないか。むしろヨーロッパ的な香りを感じさせるような方向が良いんじゃないかと。今でもその手のバンドは少ないですし、この方向づけには結構自信があった。で、大森さんに『どんなお話ですか』と聞いて行くうちに、二人のコンセプトが同じ方向を向いていることが分かってきて、大森さんがすぐに飛んできて下さったんです。二人であのテープを何度も聞きながら、あしようこうしようというディスカッションに突入して行きました」

その時に、大森昭男は一つの条件を出している。それは、作詞を井上陽水に依頼できないだろうかということだった。安全地帯が陽水のツアーのバックバンドに起用されたことは願ってもないプラス材料でもあった。演出家の岩下俊夫はじめ、クリエイティブ・スタッフが実績のある顔ぶれだったとしても安全地帯がまだ無名であることは間違いない。サントリーは大企業である。

「そういう意味では異例ですよね。クライアントがあのデモテープを聞いてくれたのかどうかは分かりませんけど、スタッフを信頼してくれたんでしょうね。岩下さんの判断は確かでしたし、彼がイケルっておっしゃってくれましたから。そこに陽水さんの詞が来ましたし、それで安心という感じでした」

井上陽水は、70年代に日本の音楽を大きく変えた立役者の一人である。

1973年12月に発売された彼の通算4枚目、スタジオ録音では3枚目となる「氷の世界」は、翌年、日本の音楽業界で初めてとなるミリオンセラー・アルバムになり、吉田拓郎と並んで新しい時代の象徴的な存在となった。1975年には拓郎や泉谷しげる、小室等とともに現役ミュージシャンが経営者となる日本で初めてのレコード会社、フォーライフレコードを設立した。

井上陽水は、当時、CM音楽には無縁の存在でもあった。それは、彼がテレビに出たことがないというメディアと距離を置いた活動をしていただけではない。傷つきやすい繊細な感受性と叙情的なメロディーは、内向的な音楽というイメージも持たれていた。そして、1977年には、大麻問題で一年近く活動を休止もしている。80年代初めには、まだその記憶が残っていたはずだった。陽水起用は、冒険ではなかったのだろうか。大森昭男は「そう言えばそうですね」と振り返りつつこう言った。

「そのことは全然問題にならなかったですね。クライアントをはじめ誰からもそんな話は出ませんでした」

田中裕は、違うことで心配していた。「CMソングは嫌だよ、と言われることを懸念してました。彼にすればCM音楽を作らねばならない理由はないわけですから。後輩の安全地帯のために一肌脱いでやろうよ、という風に持ちかけました」

作詞・井上陽水、作曲・玉置浩二、演奏・安全地帯。それが安全地帯4枚目のシングル「ワインレッドの心」である。「ワインレッドの心」というタイトルは井上陽水が書いてきたものだった。

「理想のタイアップとは？」への答え

レコーディングが行われたのは1983年10月7日、スタジオはKRSスタジオだった。ディレクターには田中と早稲田同期の金子章平、ミュージシャンは安全地帯のメンバーとアレンジャーの星勝だけである。田中裕は、この日のことをこう記憶していた。

「あのシングルは北海道地区からプロモーションを開始しようと決めていたので、札幌の放送局など6社ぐらいアポを取ってあったんです。でも、なかなかマスターテープが仕上がらない。出発の前の日でした。スタジオに行ったらまだミックスダウンの真っ最中で、しかもテイクナンバーが12とか15とかになっている。もう入り込み過ぎていて、自分たちでは選べないんです。そこへ僕が行ったものですから、田中さんに決めて貰おう（笑）。その場で星君が選んだ三テイクを聞いて、その中から一つを選んで、これをいまここで10本カセットにコピーして欲しい、明日、札幌に持って行くって。それをカバンに詰め込んで、翌朝一番の便で札幌に飛びました」

シングルの発売は11月25日だった。でも、世の中に広まるにはもう少し時間がかかった。「赤玉ポートワイン」は、当時のサントリーの中では主力商品ではない。その分、テレビやラジオのスポットなどのオンエアが少なかった。厳密に言えば北海道を除いて、ということになる。札幌に出来上がったばかりの10本のカセットテープを持って行った田中裕は、その場でラジオスポットの出稿を50万円分決めた。

「なぜその金額だったかと言うと、僕が持っていた別のプロジェクトの予算がたまたまそれだけ余っていたんです（笑）。それを全部北海道のスポット出稿に使おうと。普通は最低でもその三倍は必要ですけれど、そこまでの余裕はなかったですから」

タイアップの効用、ということで言えば、クライアントがテレビやラジオに大量に出稿するスポットの威力があることは言うまでもない。でも、少なくとも「ワインレッドの心」に関しては、その要件は満たしていなかったということになりそうだ。それでも曲はじわじわと浸透していった。田中裕は「全国区にまで拡大するのに、春先までかかりました。決して速くないけれど、強く確実にね」と言った。大森昭男は、1984年の一月に、スキーに行った北海道でラジオから流れてくるのを聞いている。

「富良野に行って、帰りのバスの中でポカンとしていたら、突然ラジオから流れてきたんです。パッチリと目が覚めましたね。いやあ、流れてるなと思って」

「ワインレッドの心」は、1984年の3月にオリコンチャートの一位を獲得した。田中裕が、大森昭男に英語交じりのデモテープを持ってきてからちょうど一年後だった。

「ワインレッドの心」は、その年の日本有線大賞の1984年上半期のベスト・ヒット賞、全日本有線放送大賞では上半期のグランプリを受賞、年末には作曲大賞の最優秀曲、レコード大賞の金賞を受賞、この年最もヒットした曲の一曲となった。

「長い時間がかかりました。田中さんとの正月会談、自主的に生まれた玉置メロディー、サントリーCM映像との出会い、陽水さんの詞。『ワインレッドの心』が世にでて行くためには必要な貴い時間でした」

大森昭男は「ワインレッドの心」についてそう言う。タイアップ戦争の末期に生まれた「良質なタイアップとは何か」という質問の答えである。田中裕は、これが現場での最後の仕事となった。その後、彼はKITTYの専務になり副社長となり、社長になった。

彼が再びプロデューサーとして現場に出たのは、1986年8月20・21日の二日間、神宮球場が初めてコンサートに使われた井上陽水と安全地帯のジョイントコンサートだった。フィナーレで両者が一緒に歌ったのが、この日のために書き下ろされた「夏の終わりのハーモニー」だった。

「僕はあの曲に関しては何も関与してなかったんです。彼ら二人が作ってくれたんですね。ラブソングの形になってはいますけれど、僕には友情の歌、感謝の歌、仲間たちへのメッセージに聞こえた。いい仕事ができたんだなって、その時あらためて思いました」

彼は、現在、DVDだけのレコード会社、ドリームタイムエンターテインメントを主宰している。70年代、80年代のロックやポップスのアーカイブをCDではなくDVDで商品化し、大人の音楽ファンのための市場を開拓するための場だと言う。

「残念ながら、最近のCMソングはほとんど聞いてないし、もはや関心もあまりないんです」

それは、あの時に、「理想とするタイアップ」としてやるべきことをやり終えてしまったということでもあるのかもしれない。

第２章

ＣＭ黄金期へ

地殻変動の時代

ＹＭＯそれぞれのメンバーとの仕事

雑誌『宝島』の1983年8月号で広告評論家の天野祐吉は、こんな話をしている。

「いま広告は乱世なんですよ。壊れる前兆には、70年代のパルコの石岡瑛子さんなんかがいたんだけど、その新しいコミュニケーションを探す乱世の中で、糸井（重里）さん、川崎（徹）さんなんかが出てきたんだと思うんです。

その地殻変動みたいなものは他の領域でも起こってると思うんですけど、広告はお金も使うしハデだし目立つ。で、時代に受けなきゃならないキワドイ場面にいるわけでしょう。だから〝広告がいま一番面白い〟ってことなんでしょうけど。

ある人に聞いたんですけど、時代と時代の大きな裂け目に道化が出現するんですって（笑）。いい意味であの人たちはそんな出方をしたなあって思うんです」

雑誌の特集は「広告狂時代」というものだ。表紙にも〝時代を演出する超広告時代をクールに楽しむ〟というサブコピーがついている。ちなみに特集は他に二つある。それぞれが人物クローズアップであり一つは佐野元春のインタビューでもう一つは川崎徹だ。佐野元春の方には〝ニューエイジ宣言〟とあり、川崎徹には〝おもしろまじめに〟というタイトルがついている。80年代前半という時代をこんな風に切り取ってみせた表紙はサブカルチャーマガジンならではだろう。

乱世・地殻変動・裂け目。その発信源となっていた街が原宿だった。

「落ちこぼれなんですよ、原宿の広告屋なんて。広告業界からすると離れ小島なんです。やっぱり銀座なんですよ。本丸は銀座だった。でも、僕らのやり方は銀座から発信出来ないような前衛的なものだったんで、向こうがビックリしたんでしょうね」

というのは当時、原宿の〝セントラルマンション〟に事務所を構えていたコピーライターの糸井重里である。同じ建物の中には雑誌『話の特集』の編集室や写真家の浅井慎平の事務所、鋤田正義や宮原哲夫らを擁し、糸井重里も在籍していた広告制作会社デルタモンドなども入っていた。『話の詩集』は、カメラマンやデザイナーが参加、寄稿することで活気づいていたカルチャーマガジンだった。糸井重里はこう言う。

「雑誌のサブカルチャーの本丸と広告のサブカルの気配が一致したんですね。僕があの会社に入ったのも久保田宣伝研究所に行ってた時、髪が長かったんで、お前の行くところはあそこだ、って言われたんです(笑)。つまり、銀座には入れませんよ、ということなんですよ。大森さんは、その中にいて、本流じゃないけど、アメリカ本土とつながっているというか、銀座出入り自由だったんです。そういう人は珍しかったですよ」

大森昭男の仕事の流れは、そのままジャパニーズポップスの軌跡と重なり合う。一人のプロデューサーが、しかもレコード業界の〝本丸〟とは距離を置いたコマーシャル音楽という分野でそれだけの業績を残しているのは彼だけだろう。その歩みをたどってみようというのがこの連載でもある。

レコード業界も巻き込んで過熱した〝タイアップ戦争〟の余熱が冷めない70年代後半、音楽の分野でも新しい方法論が芽生えていた。

1978年2月19日、新しいアルバムをレコーディング中の細野晴臣は、自宅にキーボーディスト・坂本龍一とドラマーの高橋幸宏を呼び、新しいレコーディングの方法論から来るユニットの構想を話している。シンセサイザーを使ったダンスミュージック。賛同した二人を交えてその日に誕生したのがYMO。つまり、イエロー・マジック・オーケストラだった。デビューアルバム「イエロー・マジック・オーケストラ」が発売されたのは1978年7月だった。糸井重里は原宿界隈のクリエイター仲間として彼らのジャケットなどを手がけたデザイナー・奥村靫正とも交流があった。

「YMOも最初は貧乏でしたからね。適当にいろんな知り合いを集めて都合がつくヤツに頼んでいたんですよ」

1978年、大森昭男は、細野晴臣、坂本龍一の二人にそれぞれ別の作品で依頼している。坂本龍一は、「資生堂'78PR映画」、細野晴臣は、「資生堂Fressy」である。資生堂は〝東京・銀座〟が売り物だった。レコーディングが行われたのはそれぞれ1978年1月11日と1978年5月18日だ。「Fressy」の作詞は松本隆である。

70年代の日本のロックの源流となったのが70年にデビューした、はっぴいえんどであることは以前に触れた。メンバーは、細野晴臣（B）、大瀧詠一（G）、鈴木茂（G）、松本隆（D）。1973年に解散し、ソロになった。大森昭男は、すでに1973年に大瀧詠一を「サイダー'73」で起用し、細野晴臣は、1976年に「リーガルスニーカー」で起用している。この時の演出家が川崎徹だった。鈴木茂は、1976年の「不二家チョコスナック　ピッキー」で作詞作曲を手がけている。つまり大森昭男を軸にはっぴいえんど全員が関わっている。そんな風に仕事をしてきたプロデューサーは彼だけだろう。大森自身はこういう認識だった。

「でも、そういう意識はあんまりなかったと思いますよ。これは松本さんに書いてもらいたいなあとか、細野さんに遊んでもらおうとか、茂さんのかわいい部分が欲しいとか、そういうことだったんでしょうけど。そういう人たちを生かせるバイタリティーがコマーシャル音楽にあったということじゃないでしょうか」

彼が、レコーディングに参加するミュージシャンとしてつきあいのあった坂本龍一を、単独の作曲者として起用したのが1977年の日立家電販売の「〝伝統美〟センサー『中村吉右衛門』編」だった。

「まだシンセサイザーがそんなに発達していなくて、教授が使いたいと言ったシークエンサーがなかなか見つからなくて、秋葉原の知り合いが持っているのを探して借りに行きましたね。いまだったら一時間くらいで出来ちゃう音像感を一日がかりでやったのを覚えてますね」

その時、レコーディングの機材を扱ったマニピュレーターが松武秀樹だった。もう一人のYMOと呼ばれたエンジニアである。

YMOは、1979年、アメリカやヨーロッパで評判になり、逆輸入される形で日本で広まっていった。あえて自分たちを〝イエロー〟と呼び外人から見た日本を逆手に取ったようなカルチャーギャップとマジックという言葉が醸し出すオリエンタルなイメージ。中国を意識したメロディーと最先端のテクノロジーを駆使したダンスミュージックは世界でも前例がなかった。従来のような国内のデビューでは、きっと受け入れられるのに時間がかかったに違いない。

〝知る人ぞ知る〟糸井重里の作詞

そういう意味で言えば、大森昭男の仕事にとっても1979年が転機になったと言って良いのではないだろうか。その後の80年代を決定づけた仕事が並んでいる。

○日立家電「手伝える日立」作詞・矢野顕子　作曲・矢野顕子　編曲・矢野顕子　アーティスト・矢野顕子

○松下電器「ナショナル自転車・僕の弟」作詞・糸井重里　作曲・瀬尾一三　編曲・瀬尾一三　アーティスト・細坪基佳

○トヨタ企業CM「燃える大地」作曲・坂本龍一　編曲・坂本龍一

○緑屋「amsオープン」作詞・糸井重里　作曲・矢野顕子　編曲・矢野顕子　アーティスト・矢野顕子

○オリンパス光学工業「オリンパスOM　TAKE IT EASY」作詞・糸井重里・（CD＋矢野顕子）作曲・矢野顕子　編曲・矢野顕子・（CD＋坂本龍一）アーティスト・鈴木慶一・（CD　矢野顕子）

などである。

大森昭男が、初めて糸井重里に詞を依頼したのが、1979年の「ナショナル自転車」だった。糸井自身「僕はまだ有名じゃなかった。知る人ぞ知る程度だった」という頃だ。矢沢永吉の『成りあがり』（小学館）を糸井がまとめたのが1978年だった。

彼はその時の経緯をこう言う。

「『自転車』は、弟に自転車の練習をさせるという兄弟もののストーリーが最初にあったんですよ。それを見た時、糸井さんにお願いしようと思いました。紹介してくれたのは川崎さんだと思います。彼はりりィの作詞をしていたんでコピーライターというよりは、新しい歌の詞を書ける人、という認識でした。『ams』は詞が先でした。すでにあったキャッチフレーズを見て、アッコちゃんとのコンビがいいんじゃないかと思ってご紹介したんです」

1979年は糸井重里にとってとても決定的な一年だった。

1979年11月、沢田研二のアルバム「TOKIO」が発売された。その一曲目が「TOKIO」である。作詞・糸井重里、作曲・加瀬邦彦。アルバムのトータルなテーマも糸井重里の手によっていた。シングルで発売されるのは1980年1月1日だ。シングルよりアルバムが先に発売されること自体異例だった。80年代の幕開けを飾る曲として送り出された。糸井重里はこう述懐する。

「いまでも覚えてますけど、さあ正月が始まるという暮れに、ジュリーがパラシュートをつけて歌ったんですよ。それをテレビで見て本当にショックだったんです。つまり、自分でやった仕事なのに、『あ、俺はなんか違うところに行っちゃったな』と思ったの。行っちゃったという根拠は何にもないんだけど、80年代が始まる、00と数字が並ぶ年が変わるその瞬間にテレビで歌うジュリーを見て『俺、運命は変わるかもしれない』なんてドラマティックなことを思った。同時にその反面、どうかなという懐疑的なものもあったりもしましたけど」

1979年、東京はテレビゲーム〝スペースインベーダー〟のピコピコという音で埋まり、新発売されたウォークマンは、音楽の聴き方を変えた。パソコンの本格普及型PC8001が登場し、初めての電子キーボード、カシオトーンも出た。ハイテク都市東京は、まさに〝TOKIO〟だった。ロンドン、パリ、ワシントンDC、ニューヨークとワールドツアーを行っているYMOがツアー中の10月に発売した一枚目のシングルは「テクノポリス」。「TOKIO」の発売はその一カ月後だった。東京を〝TOKIO〟と呼び、スーパースターの沢田研二が電飾をちりばめたパラシュートを背負って空を飛ぶ。それは象徴的なシーンだった。

〝地殻変動〟が起きていたのは、広告の世界だけではなかった。日常生活の様々な局面での変化。糸井重里は、それらを言葉を通して遊んでいるように見えた。それまで〝裏方〟として扱われていたコピーライターのイメージを変えた。

「コピーライターがこれだけもてはやされるようになったきっかけは糸井重里の登場であると言える。従来、企業の代弁者的存在とみられていたコピーライターの位置を、広告の枠を取り去ることによって大きく変えた。この人のコピーは、ただ、単に商品を売れば良いということより、生活とか物の価値みたいなモノを日常のコトバの中で言おうとする」

前述の『宝島』の中の「いま、世の中の注目を一身に集めるコピーライター10人衆」では、糸井重里についてこう書いている。大森昭男はこう言う。

「楽しみながら言葉を作っている感じでしたね。単に技術的な意味の詞のうまさに留まっていない。企業や商品と人間との関わりみたいなことや時代の本質を洞察して、その上で楽しんでいる。そんなフットワークの軽さは三木鶏郎という人と通じる気はしてました」

ただ、糸井重里自身は、大森昭男のそれまでの仕事などについてほとんど知らないまま臨んでいた。

「生意気だったんでしょうね。それはいまもそうですけど。その人がどういうことをやってきたとかあんまり興味がない。お互いが伸び伸び出来る組み合わせが好きなんですよ。大森さんは何よりも伸び伸びさせてくれた。多分、その向こうにはこれは良くないとか言う人もいたんだと思うんですけど、その存在を感じさせないんですよ」

糸井重里は、1948年生まれだ。コピーライターの仕事を始めたのは20歳の時だった。大学を中退して入った事務所が広告制作会社だった。月給は2万9800円。「食えないから」実家から二年間仕送りをしてもらっていた。

1975年に東京コピーライターズ・クラブの新人賞を取った時は、中野の「公団住宅みたいなマンション」に住んでいた。

「当時ホームレスすれすれみたいな生活をしてましたからね。きっと食いっぱぐれるに違いないと思って始めたのが食えてるって思えたのがちょっと不思議でしたね。あれ、こんなに食えてるんだって。エネルギーは余ってますし、お釣りで食っているような気もしてたし。だから面白く出来ることは何でもやっちゃったんでしょうね」

彼は大学時代に一時、全共闘運動に関わっていたことがある。そこから離れるようにして大学を中退して始めた長髪のロック少年にとって広告の世界はどんな風に見えていたのだろうか。たとえば、1973年に花形クリエイターの名をほしいままにしつつも広告の世界に身をもって問題提起するかのように自らの生命を絶った杉山登志についてはどう感じていたのだろうか。

「そんな大したもんじゃないだろって思った。僕は生意気ですし、『お前そんな大したヤツか』って思った。だから一生お前には触らないぞって。それは正しい判断をしたと思いますね」

西武百貨店のCM

80年代の幕開け。

当然の事ながらそれとともに登場したいくつもの新しい才能があった。

佐野元春もそんな一人だった。

それまでの演歌や歌謡曲とは無縁のスピード感豊かなビート。都会のアスファルトの上のドラマを切り取ったような英語交じりの歌詞。彼は1956年生まれだった。『宝島』の〝ニューエイジ宣言〟で、彼は、こんな世代観を話している。

「今ぼくはぼくよりひとつ上の世代に対してとても異議申し立てをしたい気持ちで一杯なんだ。

ぼくが10代のころ、異議申し立てをしたくてもどうしていいかわからない。上の世代はとてもうちひしがれていた。戦い疲れてどうにもならなかった」

「ぼくは今ある表現の道具、たとえばビデオ、パフォーマンス、ドローイング、写真、サウンド、そういったいままでまがりなりに進歩してきたメディアの道具を使って、もう一度、80年代型の、というか現代のヒューマニズムというのはどういうものか表現してゆきたいんです」

上の世代とは違う方法論。同じ『宝島』の中で、川崎徹はこう言っている。

「自分がやろうとしていることとって、あんまり完成度とは関係ないなって思ったわけです。で、一生懸命考えつつ、完成度を落とす——なんていう変なことを心がけ始めたんです——ようするに〝変なもの〟ですよね。変なものの方が伝わってしまうんです。広告っていうのは、効率よくコミュニケートしてゆく商売でしょ。とにかくまず商売なんです。広告が文化なんて、僕はまったく思ってないし興味もありません」

変なモノ、そして不思議な感覚の面白さ。

1980年の西武百貨店のコマーシャルは、時代そのものだった。

不思議、大好き。

「ちょっとオーバーに言っちゃうと高度成長で浮き足立ってると思ったら、エネルギーショックでしょげかえったり、なにかいつも物理的な条件で動かされていた時代への『アカンベー』みたいな感じ。アイマイなものというのはいままでいつも退けられてきたでしょう。だけどそれがあるからいいんだ、というかな」

1983年10月に出た『広告批評』の別冊「糸井重里全仕事」の中で彼は「不思議、大好き。」についてそう話している。

CM音楽「不思議、大好き。」がレコーディングされたのは、1980年12月28日。作詞・糸井重里、作曲・矢野顕子、編曲・坂本龍一、アーティスト・矢野顕子。レコーディングに関わっているのはピアノとボーカルの矢野顕子とシンセサイザーとドラムの坂本龍一、マニピュレーターの松武秀樹の三人だけだ。シンセサイザーの音像感と矢野顕子の声を生かした音作りは、YMOとはまた違う〝不思議感覚〟に満ちている。のびのびと作らせてくれる――。

糸井重里がそう評した、大森昭男ならではの作品が、「不思議、大好き。」に続く1981年の西武百貨店の「おいしい生活。」だろう。作曲・矢野顕子、編曲・矢野顕子・坂本龍一、アーティスト・矢野顕子、演出は川崎徹、作詞は糸井重里である。

彼が書いている詞はこうだ。

〝たたみいわし　ひざまくら
プラモデル　散歩てくてく
大きいテレビ
ブリキのバッジ
いいお天気
白たき　ホームラン　ラン
ピンクのひろがり
耳そうじ　新しいシャツ
夕焼け　小焼け
口づけ　ウーン　ごちそうさま〟

大森昭男はこの詞が生まれた時のことをこう言う。
「私の狭い事務所に集まって打ち合わせしたんですけど、その光景は覚えてますね。テーブルを囲んでお茶を飲みながら矢野さんと糸井さんと川崎さんと。糸井さんが、おいしい生活なんだから、たたみいわし好きなんだけど、って言うと、矢野さんがじゃ、歌い込みましょうよって。全然大げさな感じじゃなかったですね」

ちなみに当時のＯＮ・アソシエイツは、青山三丁目を墓地の方に下りていったところにあるワンルームマンションだった。どちらかと言えば原宿文化圏である。

「糸井さんの『おいしい生活。』にしても、ああいう風に書いたということは、ある意味で言うと西武にそうなってないぞっていう批評でもあるとも言えますね。今度は企業はそこに実態をあわせていかないといけなきゃならなくなる。そこでぐるぐる回って行くんだと思うんですよ。広告は資本の手の中にあるという批判がありますけど、いまはそんな時代じゃないし、的がハズレてるって思うんです」

『宝島』の中で天野祐吉はそう書いている。

従来のジャーナリズムともエンターテインメントとも違う、新感覚世代の登場。マスコミは彼らを〝軽薄短小〟と評した。

「それは嬉しかったです。はっきり嬉しかった。やっと憎まれるくらいまで来たなって思った」

糸井重里はそう言った。

糸井重里は大森昭男プロデュースで1986年までで24本のコマーシャル音楽を書いている。彼が、印象深いというのが、1986年に3本書いている浅草ROXのものだ。浅草のショッピングセンターである。

その中の一つ「じてんしゃでおいで」は当初、キャッチコピーしかなかったのだそうだ。

「大森さんからフルサイズにしませんかって言われた時、エーって思ったもの。出来るかなって。でも、ほんとに困ったからぶっ飛べた。早く出来ましたもん。あの人は、出来るよって言ってくれるんですよね」

作曲は矢野顕子。歌も彼女だ。そのコーラスの中には佐野元春も参加していた。彼は、1981年に、「WALKMAN」のコマーシャル音楽を依頼されてから大森昭男とコミュニケーションが出来上がっていた。彼の事務所も青山通りの原宿表参道寄りにあった。

「本職の場所で居心地悪い想いをしていた人が集まったんではないか」

糸井重里は、そうやって集まった人達についてそう言った。

新しい才能はいつの時代でもそれまでの物差しからははみだしている。そんな才能を結びつけて自分も楽しんでいた。それが、プロデューサー・大森昭男の方法論だったのかもしれない。

プロデューサーの時代へ

演出家の役割——川崎徹の場合

言うまでもなく広告音楽というのは音楽だけで成り立っているわけではない。

ラジオが主体だった時代は別として、テレビが中心になって以降は、映像と一体になって流れてくることがほとんどだろう。

そういう意味では、演出家の存在を忘れることは出来ない。映像をつくり出すだけでなく、演出家によっては音楽に対しての決定権も持ち、実際に音楽の知識や造詣も深かったりする。

大森昭男の仕事をたどる時に欠かせない演出家が少なくとも二人いる。

一人は「資生堂ＭＧ５」や一連の「サイダー」、ＪＲ東日本「その先の日本へ」などを手がけた結城臣雄であり、もう一人が「おいしい生活。」や「不思議、大好き。」など西武百貨店のシリーズやソニーWALKMANなどで知られている川崎徹である。本数で言えば、結城臣雄が約70本で川崎徹が約１３０本となっている。大森昭男は、川崎徹との関係についてこう言う。

「川崎さんには啓発されることが多かったんですね。彼が描いた絵コンテを見たり、説明を受けたりすると自分でも思いつかなかったことが浮かんだりする。彼の言葉はとっても的確で、それが刺激だったんだと思います」

ちなみに川崎徹と組んだ100本を超える作品に関わっている作曲家は多彩だ。

たとえば、初めて組んだ1974年の髙島屋では井上鑑。その後は瀬尾一三、嵐野英彦、樋口康雄、山下達郎、木田高介、前田憲男、鈴木慶一、佐野元春、矢野顕子、坂本龍一、伊藤銀次、うじきつよし、多羅尾伴内、惣領泰則、鈴木さえ子、斎藤毅、白井良明、井上大輔、立花ハジメ、三木たかし、外間隆史、鈴木キサブロー、谷山浩子……。ざっとピックアップしてもそんな名前が並んでいる。クラシックありポップスあり、そしてテクノやロック。中には演歌系の作曲家まで入っている。

「でも、僕の方から作曲家の指定をしたことは多分ないと思うんです。全部大森さんにお任せしていたと思います。作詞家の方もそうだったでしょうね」

川崎徹は、大森の事務所であるON・アソシエイツに残されている約130本のリストを見ながらそう言った。

「広告というのは映像で語られることが多いですけど、僕の中では四分六くらいでやっぱり〝音〟なんですよ。映像はいろんな監督がいてプランナーがいて、みんなそれぞれの個性でそこそこには撮れちゃうわけです。もちろん撮れない人もいますけど（笑）。ところが音はそうは行かない。音で全然変わってしまう。だから、映像が良くて今回はうまく撮れたな、うまく編集できたなと思っても録音スタジオで音楽が鳴った時に、『あー』っと落胆する時と、『得した！』って思うことが結構あるんです。つまり自分でも思ってもみなかった方向に育ててくれたということと、もう一つは、思っていた方向でそれ以上になったという。大森さんとの仕事は『得した』が多かったですね」

音楽だけでなく音。川崎徹の作品が、お茶の間に注目されるようになったのは、1975年の松下電器の「冷蔵庫電気なければただの箱」だろう。1978年のフジカラーの「それなりに美しく」にしろ、1980年のキンチョールの「ハエハエカカカ」にしろ、音としての言葉の響きはインパクトがあった。

広告表現における音と映像。川崎徹はこう続ける。

「たとえばテレビで見ていてもどっちが視聴者にとって簡単に抵抗なく入って行くかというと音なんですね。画は下を向いているともちろん入ってこないし画は音より理性に近い。音の方が情緒的なんですよ。人に説明する時も、画よりも音楽やコピーの方がすぐ伝わる。広告が話題になる時って口コミからスタートすると思うんですけど、その時は映像よりも音だろうと、ある時期から考えるようになりましたね。初めからじゃないですよ」

その時期はいつ頃からだったんだろうか。そんな質問に、彼は「意外と早かったですね」と答えた。

彼は1948年生まれである。コピーライターの糸井重里と同じだ。早稲田の政経学部を出て電通映画社に入社した。学生時代には、ハワイアンやジャズのプロをたくさん輩出している音楽サークル、ナレオハワイアンに所属していた。その頃はハワイアンだけでは物足りないとジャズもやるサークルになっていた。

早稲田にはフルバンド・ジャズ、デキシーランド・ジャズ、タンゴ、モダンジャズと四つのサークルがあり、それらが軽音楽連盟を結成していた。そこのモダンジャズのサークルにいたのがタモリだった。川崎徹は、彼と「仲が良くて毎日お茶を飲んでいる」関係だった。

広告と音楽、あるいは音。彼が、自分の作品で、そんな関係を意識するようになったのは、自分のそうした音楽のキャリアから来ているのだろうか。彼は「全く関係なかったですね」と即座に否定した。

「電通映画社にはあの頃、ディレクターが20～30人いたんですよ。その中にも音楽好きがたくさんいた。レコードをたくさん聴いていて音楽の造詣も深かった。でも、そういう人達の音楽の使い方は全く駄目だと思ったの。そういう冷めた目は結構早い時期から持ってましたね」

それは何故だったのだろうか。川崎徹が電通映画社に入ったのは、1970年である。ディレクターとしての最初の仕事が1971年のゼロックスの「モーレツからビューティフルへ」の末期の作品だった。物離れ広告のはしり。音楽がメッセージとして意味を持つようになった例でもある。洋楽のロックがコマーシャル音楽として使われるようになったのもその頃からだろう。ロック好きな映像ディレクターは少なくなかったはずだ。

「僕は、そうならなかったですね。自分の好きな音楽とか好きなミュージシャンを起用するとか、その時流行っているものを使えばそれで済むという話ではないわけですから。そういう作品は画とのすりあわせが全く出来ていない。音楽に耽溺しているだけだと思った。音と映像の距離感、位置関係を考えればもっと有効に活かせるのにって。その人達は最後までそこに目を開こうとしなかったし、その人達が一緒に仕事をした音楽プロデューサーもそこには目が行かなかった。画と音のダイナミズムがない。いまもそういうコマーシャルはだいぶありますけどね。西武の仕事なんか、いまでもよく覚えているんですけど、フィルムと音が画と一緒になって付かず離れずの距離を保っているんです。おそらく大森さんがそういう作り方をしていたんだと思いますね」

ＭＴＶの登場と既成洋楽曲の使用

広告音楽が一番エネルギッシュだったのはいつ頃になるのだろう。

そんな質問に対しての答えは、世代によっても様々なのかもしれない。

三木鶏郎を中核とした作家達が作りだしていたオリジナルのコマーシャルソングが一世を風靡していた60年代前半が、まずある。広告クライアントもレコード会社もタイアップに血道をあげた70年代半ばも、見方によってはそういう時代になるだろう。

ただ、広告音楽が対象にした音楽のジャンルが最も広がったという意味で言えば、80年代前半ではないだろうか。

『月刊ＣＲ』１９８2年10月号の「キラキラＣＭソング大行進」は、リードにこんなコピーをつけていた。

――18インチカラーテレビは、スイッチを押せば音の洪水でありやや分裂症気味に、かなりムセキニンに15秒刻みで提供される音楽のテンポの速さにしばしば息など切れてしまい、画面の片隅のグループを覚えるひまもない。

――ロック、ジャズ、ニューウェイブ、演歌、昔懐かしフィフティーズ、歌謡曲、フュージョン、ビートルズ、坂本龍一……。

――かつて人々のおもちゃ箱であったＴＶは、今ではすべての音楽が楽しめるＣＭ音楽の詰まったジュークボックスになりつつある。

テレビがジュークボックスになる。

そんな表現が、その頃のテレビCMの状況を象徴しているのではないだろうか。

70年代のタイアップ戦争とは違う音楽漬けのテレビCMの時代。その違いを作りだしていたのが洋楽、つまり外国曲だった。それまでコマーシャルとは無縁だった洋楽のバンドやアーティストが、コマーシャルに起用される。

先の特集の中で、音楽プロデューサーの内田英樹はこんな話をしていた。

「去年（1981年）あたりからCMにイギリスのロックがボチボチ出始めたわけだけど、日本のアーティストをほぼ使い切ったという感じがあった」

その典型的な例が1982年の冒頭から流れ始めたホンダのコマーシャルソング「ホンダ　シティ」だろう。

歌っていたのはイギリスのロックバンド、マッドネスだった。まだ日本でさほど人気にもなっていなかったイギリスのマイナーグループの起用。そんな背景にあったのがMTVの発足だった。

アメリカで音楽専門チャンネルMTVが始まったのは1981年である。

音楽の伝わり方の革命――。

アメリカの音楽ジャーナリズムでは、MTVの登場をそう記述している。

音楽とメディア。

たとえば50年代はジュークボックスが象徴的だろう。60年代は映画がそれに代わった。ポップスターがこぞって映画に出演したのが60年代だ。70年代は雑誌だった。ロック評論誌が影響力を持ったのは70年代である。

そんな変化は大なり小なり日本でも共通していた。そして、その根底にしっかりと存在していたのがラジオだった。

テレビはどうだったのか。

確かに70年代のタイアップ戦争は、コマーシャル音楽としてロック系ミュージシャンを茶の間に送り込むことに多大の力を発揮した。とはいうものの、当時ベストテン番組を除けば純粋な音楽番組は皆無だった。演歌やアイドル歌謡曲は別としてテレビは、音楽好きな若者たちにほとんど影響力を持たなかったと言って良いだろう。

それが一大変動を遂げたのが80年代。MTV登場以降だった。

MTVがもたらした変化には二つあった。

一つは情報の同時伝達である。

音と映像が同時に享受出来る。それは音楽の伝わり方のタイムラグをなくした。

コンサートでアメリカ全土を回るには少なくとも一年は必要だった。それが瞬時にして世界中に映像が流れて行く。

「それまでデビッド・ボウイをナマで見るには何カ月も待たないといけなかった。いまは、レコードが出てすぐに飽きるほど見ることが出来る」

MTVの申し子と言われたイギリスのロックバンド、カルチャークラブのボーイ・ジョージは、1995年にタイムライフが制作したロックヒストリー・ビデオでそう発言している。

それは日本でも例外ではなかった。「ベストヒットUSA」がそんな役割を果たすようになった。洋楽がリアルタイムの映像とともに茶の間に入ってくる。

「MTVがなかったら彼らを知ることもなかったでしょうし起用はしなかったと思う」

当時、音楽制作プロダクション・蛙プロで「ホンダ　シティ」を制作したプロデューサー、豊原真士はその特集の中でそう話している。

「ホンダ　シティ」が、象徴していたのは、そんな風にそれまでコマーシャルとは無縁に見えた海外の新しいロックバンドが起用されたということだけではない。彼らが歌っていた曲は、日本のオリジナル楽曲だった。作曲は元ブルー・コメッツの井上大輔だった。

「著作権のことも考えると、アリ物を使うのとオリジナルを作るのとそんなに制作費は変わらない。それなら新しいものを作った方が良い」

内田英樹は、その特集の中でそうも言っている。

「基本的にCM音楽の制作には三つのタイプある」

雑誌『宝島』1983年8月号「広告狂時代」で、電通のプロデューサー、加藤秀文はこう言っている。

「まず第一にCMだけのために音楽を制作するいわゆるCMソング。第二にCMのために曲を作って、それをレコード化してタイアップして売る方法。そして第三に、これが僕のやり方なんだけど良い既成のレコードを見つけたら強引にビジュアルにくっつけてしまう方法。（中略）この方法は〝選曲〟という方法で昔からあった方法なんです。でも、それは主に制作予算の少ない時にあり合わせの音をくっつけるというやり方だったからマイナーなイメージがつきまとって、あまり良い顔をされなかったわけです」

カルチャークラブ、マッドネス、クラフトワーク、ABC……。イギリスのニューウェイブ系のロックをコマーシャルに次々と起用し、ブームを起こしていった〝仕掛け人〟として加藤は紹介されていた。

〝海外〟には保守的だった

洋楽曲の使用、洋楽アーティストの起用、そして、海外でのコマーシャルソングのレコーディング。80年代前半の〝おもちゃ箱〟のような広告音楽の状況はそんな現象を生んでいった。

当時、大森昭男は、そうした海外のミュージシャンの起用や海外録音ということに関してどう思っていたのだろうか。

「外国録音は皆無ではありませんが、保守的ということもあるんでしょうけど、どこかで主義としてやらなかったというのもありましたね」

外国人俳優を起用しているということでいえば川崎徹の作品の中にも当然のことながらある。大森昭男とのコンビでは、1981年の「おいしい生活。」がその代表作と言って良い。出演していたのはニューヨークを象徴する個性派俳優、ウッディ・アレンだった。コピーはもちろん糸井重里である。川崎徹は言う。

「一回、僕と糸井さんと浅葉克己さんと出演交渉に行って駄目だったんですよ。広告には出ないって。あきらめて帰ってきたらやってもいいという返事が来ていた。仕事としては苦労しなかったですね。糸井さんにコピーをもらった時点で、あのコピーとウッディ・アレンで十分だと思いましたから。何かを読み解くように、こちらが表現する必要は一切ないなって。表現しないということも自分の表現の中にあったということだと思いますね」

音楽は矢野顕子だった。糸井重里が書いた歌詞は前項で紹介した〝たたみいわし〟で始まるものである。ウッディ・アレンとたたみいわし。そんな組み合わせこそ〝音楽に耽溺しない画と音楽のすりあわせ〟なのではないだろうか。大森昭男はこう言う。

「その位置関係というのを考えるのが刺激的だったんでしょうね。川崎さんの欲する世界には誰を起用したら良いだろうとか、そういうことを考えてましたね」

もし、その頃のニューヨークの音楽に傾倒していた音楽プロデューサー、あるいは演出家だったら、少なくとも〝たたみいわし〟にはならなかったのではないだろうか。川崎徹は、こう繰り返した。

「自分の好きなミュージシャンを自分のコマーシャルに頼むということは皆無なわけです。どの人に音楽プロデュースを頼むかという時点で半分以上決まっている。そういう意味では運命共同体ですね。大森さんの人選は意外だらけでしたから。でも、例え望んだような結果にならなくても大森さんがキチッとやったんだからしょうがないかって思えたんですね」

「禁煙パイポ」の作詞家は吉岡治

大森と川崎徹との作品の中で意外な人選ということで言えば、1987年の「禁煙パイポ」だろうか。作詞・吉岡治、作曲・三木たかし。歌はなんと藤圭子である。70年代初期の演歌の女王。不幸を背負ったような地の底をはうような歌声を作家の五木寛之は〝怨歌〟と呼んだ。

ただ、70年代の半ばからのニューミュージックの定着は、彼女の歌う場所を奪っていった。80年代に入り彼女は日本を捨てるようにニューヨークに渡った。向こうで結婚し家庭を持ち、一旦帰国していたのがその時期だった。

「藤圭子は、僕の方でキャスティングしたんです。画面でも出てるんですけどね。これは藤圭子で行こうって思った。その頃、彼女は忘れられていた存在ですから」

川崎徹は「あれは好きな仕事でした」と言いつつそう言った。

作詞・吉岡治は、美空ひばりの「真っ赤な太陽」でレコード大賞を受賞したことのある作詞家である。都はるみや島倉千代子など演歌系の歌手で彼の詞を歌っていない人はいないだろう。元々は三木鶏郎の下でコントを書いていた。当時の同僚だった作家の野坂昭如が詞を書いた「オモチャのチャチャチャ」の共同作詞者は吉岡治である。

つまり、吉岡治は大森昭男と同じところからスタートした先輩クリエイターと言うことになる。彼に詞を依頼したのは、二人が三木鶏郎の元を離れてから初めてだった。

「お仕事お願いしますって、初めて頼みに行きましたね」

大森はそう言って笑った。

吉岡治と同じように、三木鶏郎の下で作曲家のキャリアをスタートさせた作曲家の桜井順は、1984年11月号の『広告批評』でこんな話をしている。

「前はどこからどこまでというのがはっきりしていたけど、いまはコマーシャルだか何だかわからないものがウワーッと周辺に広がってるでしょ。生活BGMみたいに。それで回りを囲まれているのは確かだけど、それをCM音楽って言っていいのかなあ。わかんないですよ。ホント」

「CMプロパーというのはもう僕らの世代しかいないんですよ。あとの世代は、音楽をやってきてたまたまCMに使いたいという話がきた、それじゃこれでどうだ、そのかわり、細かいことは面倒だから、そのへんはプロデューサーなりプロダクションにまかせる、みたいな仕事の仕方なのね。僕らみたいに何秒単位で細かく職人的にやるのはもうはやらない。その音楽が売れればパッとその人を使う、しかも作った人のイメージも一緒にひっぱりこんで使う。そうしないと〝イメージソング〟として弱いでしょう。音楽の力だけじゃなくて、いろんな要素が入り込んでいる。だからプロデューサーの時代なんですね」

プロデューサーの時代。70年代と80年代の変化。洋楽も邦楽も、ロックも演歌も取り入れる。広告音楽が何でもありになった時代は、広告音楽が初めて迎えた本格的なプロデューサーの時代だったと言えるのではないだろうか。

ただ、そんな風に広告音楽があらゆるジャンルの音楽を網羅していた〝おもちゃ箱〟のような時代は長くなかった。

それはなぜだったのだろうか。

そして、〝プロデューサーの時代〟はどういう制作者たちが支えていたのだろうか。

次項は、大森昭男を取り巻いていた広告音楽制作者たちの状況も俯瞰しつつ書いてみようと思う。

広告音楽制作者の第二世代——吉江一男

目標

「いまはそんなことはどうでもいいと思えるんですけど、当時は、どうやったら向こうに行けるんだろう、あの人を抜けるんだろうかって正直思ってましたね」

音楽制作プロダクション、ミスターミュージックの代表取締役社長、吉江一男は、ON・アソシエイツの大森昭男について、そう言った。

手元にJAM（日本広告音楽制作者連盟）が主催する〝CM音楽コンテスト〟の受賞リストがある。

1972年から始まったそのコンテストの主な賞を受賞している制作会社にはこんな名前がある。

1972年、1976年、1977年に小林亜星が書いた「レナウン　ダーバン」で作曲賞、金賞と受賞しているアストロミュージック出版であり、1980年に「コカ・コーラ」で山下達郎を起用して金賞を獲得しているプロダクションNOVAであり、1977年に「ネスカフェ　ゴールドブレンド」で銅賞、1978年「サントリー角瓶」で銀賞、1980年に「キリンレモンの青い風」で銅賞となったA・R・A、1980年、1982年と松下電器で名を連ねているオールスタッフニューサウンドなどだ。

大森昭男のON・アソシエイツは、1977年「三ツ矢サイダー」、1978年「資生堂　サクセス、サピカ」、1979年「資生堂　君のひとみは10000ボルト」、1981年「ミノルタ　今の君はピカピカに光って」で金賞を受賞している。金賞受賞の回数としては、最も多い。

ただ、そんな制作会社の様相は90年代に入ると大きく変わる。たとえば1993年は、全11の賞のうち10を、1994年は全12の賞の11をミスターミュージックが占めている。つまり、90年代に最も精力的に作品を作り続けている制作会社がミスターミュージックになる。設立は1978年。吉江一男は設立者でもある。彼は、大森昭男について、こう続ける。

「やっぱり1978年にミスターミュージックを作る時の大きな目標でしたね。オールスタッフとか、サウンド出版とかもそうでしたけど、コマーシャルでありながらレコードになるとか、シングルヒットになったりするのをうらやましく見てましたよね。大森さんの仕事は、人選から仕上がりまで全てが『目の付け所が違うな』って思わされてました。山下達郎さんや大瀧詠一さんの起用の仕方とか、りりィにしてもいろんな意味で新しかったし。CMの中でよくこういうものを通してくるなと。アーティストとしても相当タフな人達でしたし。また、こういうものを作ろうという人達、クライアントを説得する人達もタフな人達で作ってましたからね。もっとタフな状況を作って行かないと勝てないだろうし、それには何をやればいいんだろうと探しましたよ」

吉江一男は、1948年生まれである。広告音楽制作者の第二世代とでも言えばよいのだろうか。彼が広告音楽の現場にかかわるようになったのは17歳の時からだ。高校生だった。ブラスバンドがやりたいと、ブラスバンドが全国でも一、二を争っていた埼玉の高校に入学、高校一年の時に、すでに自分でビッグバンドを作ってパーティーなどで活動していた。演奏するのはグレン・ミラーなどのカバーだった。彼は全ての木管楽器を自ら演奏していた。彼の通っていた高校には、グループサウンズの人気バンドだったテンプターズの萩原健一もいた。彼のビッグバンドは、文化祭などでテンプターズと同じステージに立ったりしていた。「もっとちゃんと音楽やりたい、ちゃんと勉強したいと思っていた時に、ボストンのバークレー音楽大学に行っていた渡辺貞夫さんが帰国してピアニストの八木正生さんと銀座で学校を始めたんですよ。そこに通っているうちに、八木さんに、家に来い、みたいな形で誘われて。丁稚みたいな格好でしたね（笑）」

そのクラスには、トランペットの日野皓正やベーシストの稲葉国光らもいた。もちろん高校生は彼一人だった。彼は、八木正生のもとで勉強しながら作曲も行っていた。

八木正生は、戦後のジャズシーンを支えていたピアニストの一人である。一方で映画音楽を数多く手がけ、60年代は東映の「網走番外地」シリーズや日活の「不良番長」シリーズ、テレビでは「あしたのジョー」などで知られ、1991年に亡くなるまでに200本近くを残している。サザンオールスターズの桑田佳祐はアルバム「ステレオ太陽族」の中で彼へのリスペクト・ソングも書いている。

「八木さんは、ジャズの人ですから、演歌みたいなメロディーが書けなくて、そういう仕事が僕のところに回ってきた。21歳くらいまでそういうことをやっていたんですけど、才能ないなと思って、僕、ディレクターになります、プロデューサーになりますって宣言したんです。僕がディレクションすれば八木さんももっといいコマーシャルソングが書けるだろうと思ったんですね」

そうやって彼が当時属していた音楽制作プロダクション、A・R・Aの社長、杉井修とともに制作したのが「ネスカフェ　ゴールドブレンド」だった。〝ダバダ・ダバダ〜〟で知られているあの曲だ。すでに制作されてから30年は経過しているにもかかわらず、新しい歌い手によって歌われ続けている。

「あの曲のヒントはFM東京でやっていた『ジェットストリーム』なんですよ。あの番組のテーマを聞いていて、スキャットのコマーシャルソングがあってもおかしくないよね、というところから始まりましたね」

八木正生が専属として所属していたA・R・Aの社長、杉井修は、三木鶏郎の〝三芸〟の最後の新入社員としてそのキャリアをスタートさせている、生粋の広告音楽制作者でもあった。クニ河内も、同じようにA・R・Aの専属作家だった。吉江一男が、そうやってディレクターに転身した当時の代表作が、クニ河内が作曲したサントリーのデリカワイン用のCM音楽「金曜日はワインで」だった。

クニ河内は、大森昭男が、ON・アソシエイツを発足させた時の重要な作曲者の一人だったことは以前触れた。資生堂の「MG5」もクニ河内の作品でもある。

「大森さんがどうしてもクニさんでやりたいってA・R・Aの社長の杉井さんのところにみえて。演出家もそう言っていると言うんで、貸し出す形にしたんですね。大森さんはクニさんが好きだったんでしょうね。結構渋いライブまで顔出していて『あれ、大森さん、またいる』っていう感じでしたから」

作曲者、まぶたひとえ

広告音楽のみならず、音楽の制作者には二つのタイプがある。

一つは自分が作り手として表に出ることを避ける形で仕事をするタイプ。そして、もう一つは、制作者でありつつ、作家としても関わるというスタンスの持ち主だろう。

そんな分け方で言えば大森昭男は前者である。自分も声楽家になりたいというところから音楽への関心が始まり音楽学校にも通っているものの、プロデューサーになって以降は、自分の欲求は封印したまま〝裏方〟に徹している。

吉江一男は後者になる。

ミスターミュージックの設立第一号は「小学館」の「小学一年生」だった。〝ピッカピカの一年生〜〟というあれだ。シンプルでキャッチー。それでいて、かすかな陰影もあるメロディー。3・5秒という長さにもかかわらず誰もがすぐに口ずさめるという広告音楽の見本のような曲だ。作曲は、まぶたひとえ。吉江一男のペンネームである。

「それまではA・R・Aの仕事でクニさんが書いていたんですよ。でも、電通プロデューサーの杉山恒太郎さんが、独立するならご祝儀だよってまわしてくれて。とはいえ、いきなり自分で書くのも気が引けたんで、最初は、何人かに依頼してましたけど、彼が気に入ってくれなくて、自分で書きなよ、と言うんでやりましたね。そしたら『最初からこれ持ってきてよ』と言われましたけど。自分の家でデモテープ作ったんですけど、夏だったんで蟬の声が入ってますね（笑）」

ただ、ミスターミュージックが手がけてきた作品の中で〝まぶたひとえ〟の作品は多くない。むしろ「中にはあります」という比重だろうか。

彼らが、それまでの制作会社と違うカラーの作品を提供し始めるのは80年代になってからだろう。彼らが好んで使ったのがテクノとパンク系のニューウェーブだった。

「ちょうどそういう音楽が生まれ始めてたんですよね。ニューヨークでスクラッチとかサンプリングとかが流行りだして。ロンドンがニューウェーブで盛り上がってきた頃だったんですよ。ストレイキャッツがニューヨークで全く売れなくて失意のどん底でロンドンに戻った頃で、杉山恒太郎さんと彼らを録りに行ってセリカで使ったりしてましたね」

70年代の後半にYMOをきっかけにして広がっていったのがコンピューターを使ったテクノポップだ。もう一方で、不況にあえぐイギリスの若者たちの不満を代弁する形で広がっていったのが荒削りでストレートなパンクロックである。社会現象的に広がったものの、音楽的な広がりを持ち得なかったパンクの中から生まれてきたのが80年代のニューウェーブと呼ばれるロックだった。彼は、資生堂のコマーシャルで、ロンドンパンクのヒーローでもあり過激なロックファッションの火付け役でもあったセックスピストルズのプロデューサー、マルコム・マクラーレンを起用したこともある。

「その頃はもう大森さんに対して、どうやったら抜けるんだろうとか、そういう意識はなくなっていましたけど、自分たちがやる音楽はパンクなんだという意識はありましたね」

専属制・著作権・スタジオ

ミスターミュージックを設立した時のテーマは三つあった――。

吉江一男は、会社設立の話をしながらそう言った。

一つは専属作家制である。二つ目が著作権の確立であり、もう一つがスタジオを持つことだった。

ON・アソシエイツをはじめ、プロデュースを業務の中核としている制作プロダクションとミスターミュージックの大きな違いは、一番目の専属制にあると言っていい。

プロデュース会社のほとんどは、自分たちで作家を持たない。その都度、テーマやイメージ、コンセプトに応じた形で人選や組み合わせを考えることから始まる。

ミスターミュージックはそうではなかった。専属制とプロデューサー制の併用。中核となっているのは専属作家の才能だった。80年代の初め、専属作家として契約していたのは4人だった。近田春夫、茂木由多加、佐久間正英、杉真理である。

「近田春夫は、僕が八木さんのところに弟子入りした時に三カ月遅れでやってきたんですよ。彼はまだ中学二年生でした。その頃からの知り合いなんで、『専属になれ』って誘ったんです。佐久間君は、プラスティックスのライブを見に行った時に、『すごいな、こういう音楽が出てきてるんだ』と思って見ていて、ライブが終わってから楽屋に行ってすぐに名刺を出して挨拶しました。一週間もしないうちに、『CMやらない？　専属にしたいんだけど』という話をしましたね」

佐久間正英と茂木由多加は、70年代の日本のプログレッシブ・ロックのパイオニアだった四人囃子のメンバーだった。佐久間正英は、グラフィックデザイナー、立花ハジメが結成したバンド、プラスティックスの一員に加わって中心メンバーになり、ワールドワイドなテクノ系ポップバンドとしてアメリカツアーまで行っている。80年代以降はBOØWYやJUDY & MARY、GLAYらのプロデューサーとして活躍している。

「佐久間君はさすがに世界ツアーに行くようになってCMはやる余裕がなくなってしまって、時間がある時だけやろうよという関係になりましたけど、彼が書いた初期のコマソンも全部ピコピコのテクノですよ（笑）。杉真理は、竹内まりやのライブを見に行って、ビートルズみたいなすごく良い曲を書く奴がいるなって思った。名前から最初は女性だと思ってたんですよ（笑）」

専属作家という形は、形式上ではない。契約料と専属料が派生してくる。そうやって複数の作家を専属にしているプロダクションは、多くなかったはずだ。

「会社を立ちあげてまだ仕事が入るか入らないか分からない時に、専属にしちゃったんですよ。それに毎週、火曜日と金曜日に銀座の音響スタジオをレギュラーでおさえてましたからね。そうすると仕事取らないと大変じゃないですか。自分にプレッシャーをかけてました（笑）」

ミスターミュージックが当初のビジョンにあった自前のスタジオを完成させたのは1986年のことだ。いま（2006年現在）も専属作家として、桜井映子、中川俊郎、中塚武の4名が所属している。もう一人は〝まぶたひとえ〟だ。

「スタジオを作ってクライアントからも代理店からも馬鹿にされない工房としての形を整えてこそこっちも主張するべきことが主張できると思っていましたからね。みんなでスタジオの中に入って意見を交わしながら作れることのメリットは大きかったですよ。プロデューサーや作家がすぐに育ちますね。デスクとして採用した人間がスタジオで遊んでいるうちに門前の小僧みたいに作家になりますから」

鶏郎賞

コマーシャルソングとして作られた曲がヒットする。

そういう意味で、80年代にミスターミュージックがプロデュースした例で触れておかなければいけない曲が三曲ある。

一つは1982年のサントリーの冬のギフト用に作られた「冬のリビエラ」だろう。作詞・松本隆、作曲・大瀧詠一、歌・森進一。森進一にとっては、1974年の「襟裳岬」以来の大ヒットであり、それ以降、いままでにこれを凌ぐヒットはない、代表曲となっている。

「あれは、森進一の歌でやろうよというところだけだったんです。それだけしか決まってなくて、後はお任せでした。僕がイメージしたのは大瀧さんの『恋するカレン』。森進一最初のフィルスペクターをやろうという話から始まりましたね」

フィルスペクターというのは、60年代のアメリカンポップスを代表するプロデューサーである。スタジオにいくつもの楽器を持ち込んで、壁のように分厚く音を構築するスタイルは〝ウォール・オブ・サウンド〟として知られている。日本で彼のスタイルに最も影響を受けていたのが大瀧詠一だった。

「最初に松本さんからもらった詞のタイトルは『星のリビエラ』だったんですよ。演出の川崎徹のコンテが流れ星だったんでそうしたんでしょうけど、スタジオでガイドボーカルが入った段階で松本さんが『冬に変える』って。クライアントも代理店も『星、良いですねえ』って言ってる中ででしたからね。広告では〝冬〟という言葉をいやがる傾向もあるんですけど、いまになってみても、変えて良かったと思いますね」

もう一曲は1984年の「オーバーナイト・サクセス」である。

2003年にEPICソニー25周年記念という二枚組のコンピレーションCDが発売された。1978年に発足した新興レコード会社は、佐野元春や渡辺美里、TMネットワークらを擁して、新しいポップスのレコード会社というイメージで成功していった。

そのCDの中に、一曲だけ洋楽曲が入っており、それが「オーバーナイト・サクセス」だった。クライアントはソニーだった。

「テクノ系はやってても楽しかったんだけど、ＣＭの話題のわりにはシングルとして売れないんですよ。それも面白くないなと思って、作ったのがあの曲ですね。ちょうど映画『フラッシュダンス』がヒットしている時で、あの主題歌を作っているロサンジェルスのティームに依頼してできたんですけど、あれがヒットして、みんな同じようにロスに事務所を作ったりするようになった。そうするとつまんないなあという感じになって、今度は演歌をやりたくなったんですね」

「オーバーナイト・サクセス」は、１９８４年の年間洋楽チャートの二位にランクされている。日本製洋楽ヒットの代表作だ。一位は「We Are The World」である。

そういう仕事に「飽きてしまって演歌をやりたくなった」結果生まれたのが、タケダ胃腸薬21のＣＭソング「男と女のラブゲーム」だった。作詞・魚住勉、作曲・馬飼野康二、歌・葵司朗、日野美歌である。

「とにかく面白いことが一杯出来る時代でしたね。景気も良かったから、ロンドン行きたいんだけどとか言えちゃったり、インドネシアにコーラスを録りに行ったりとか。演歌のヒットまで作っちゃったわけですから。初めに企画ありきだった。それは90年代の初めまでは続きましたね。まず音楽を作ってみてくれないか、みたいになっていったのは１９９３年くらいからかな」

吉江一男は１９９２年にＪＡＭの６代目の理事長に就任している。１９７１年に設立された時の初代理事長が大森昭男だった。

１９９２年、ミスターミュージックは、「ＮＥＣ　バザールでござーる」でＪＡＭのＣＭ音楽コンテストで「ロゴ賞」を受賞している。１９９３年は「フジテレビ」で金賞、「胡池屋　チビノワ」で銀賞である。

「フジテレビ」が作詞・佐藤雅彦、作曲・まぶたひとえで、他は佐藤雅彦が詞曲である。佐藤雅彦は、電通のCMプランナーだった。

「CMは音です。CMは映像じゃなくて音が大事なんです。音がつくと絵は全然違って見えるんですよ。例えば、僕が作った音は『バザールでござーる』『スコーン』『ポリンキー』『ジャンジャカジャーン』『モルツモルツ……。』つまり、音に工夫ができてるかどうかが、CMが面白いかどうかなんですよ」

佐藤雅彦は、『CM NOW』1993年11月号の特集「CM音楽大全」で「着想の秘術」と題してそう書いている。

「彼は、『ピッカピカの一年生』みたいなロゴとかジングルが大好きだったらしくて、僕に指名が来たことがあるんですね。その時も彼は、やはり自分で作ってきてメロディーを歌うんです。でも、彼が前に書いている曲とそのメロディーがとっても似てたんですね。言葉が乗るとそういう意識がなくなるんでしょう。だからコンテの裏に五線譜を書いて、パッとその場で楽譜にしてこうなってるんですって歌って見せて、例えば、ソを使わないとこうなりますとか、いくつかのパターンを作ってストップウォッチを持って、一小節が1・5秒ですから4小節で6秒、その間に二回は歌えますけどどっちが良いですかって、あくまでも数学的に説明するんです。雅彦さんとの仕事はそれの繰り返しですね。彼も自分の勤めていた電通に来てくれとは言わないで、ミスターミュージックのスタジオでやりましょうって。ピアノの前でやりましたね」

そうやって初めて二人で五線譜を前にしたやりとりがあった翌日、佐藤雅彦から吉江宛てにファックスが入った。そこには〝あなたみたいなプロデューサーに初めて会いました〟と書かれていたそうだ。

ミスターミュージックには〝社歌〟がある。

作詞はコピーライターの仲畑貴志で作曲は近田春夫だ。

〝茜さす朝日　輝く根津の杜
眺めれば一閃の想い胸深く〟

そんな歌詞で〝社歌調〟の朗々としたメロディーは、フィナーレでクレージーキャッツ調にくだけ、最後は、こう歌われる。

〝とは言うものの大事のことは
世界平和と明るい現場〟――

広告音楽への愛着とプロデュースワークへの情熱。それでいて音楽を楽しむ軽さとフットワークに〝三木鶏郎〟を見ることは容易だろう。1993年、まぶたひとえはJAMのCM音楽コンテストで〝鶏郎賞〟という特別賞を受賞している。

日本広告音楽制作者連盟、二代目理事長、横倉義純

1971年、JAM設立

「広告音楽に対する理解は、広告業界内部でさえまだまだ薄いと感じます。一部には、広告音楽というのはフイルムに追随しているものである、といった認識があるように思うんです。

CM音楽が広告表現のなかで、いかに重要な表現の武器であるか、また我々広告音楽制作者の仕事とはなにかをアピールしていきたい。我々も制作態度なり制作理念なりのレベルから甘えを捨て、自らの職業基盤を確立していかなければと思っています」

これは、1975年10月に発行された『JAM報』の巻頭に載っているインタビューである。発言の主は、JAMの理事長、横倉義純。彼は、広告音楽制作プロダクション、成和アングルの常務だった。

JAMは正式な名称を〝日本広告音楽制作者連盟〟という。1972年の会員社名簿には、設立の趣旨をこう記している。

「日本広告音楽制作者連盟は広告のもつ社会、文化的意義と責任の自覚のもと、広告音楽の制作事業の向上と発展、並びに質的向上、そして、会員社相互の親睦を図ることを目的として誕生しました」

JAMの発足は1971年6月。初代理事長がON・アソシエイツの大森昭男だった。彼は、その時を振

り返ってこう言う。

「準備を始めたのは、1969年の終わり頃だったんじゃないでしょうか。一年以上はかかったと思います。代理店なんかにもプロデューサー同士のユニオンのようなものが必要じゃないかという機運が生まれてきていた時期でもあったんですね」

広告音楽の歴史と大森昭男。それは作品を通しての実績だけではない、制作者としての広告音楽への取り組みという点についても触れなければいけないだろう。JAMは、その具体的な動きでもあった。

「それまでは、制作予算にしても作曲家の比重が大半を占めてました。しかも、そういう中では新しい作家も登場しにくい。プロデューサーがコントロールをしてゆかないと新しいものは生まれないと思うようになっていたんですね」

JAMの設立準備に取りかかった時、彼は、ブレーン・JACKに所属していた。作曲家、桜井順のオーナー会社である。大森昭男が彼のもとで資生堂を中心に斬新な作品を数多く制作してきたことはすでに何度となく触れた。ブレーン・JACKから独立してON・アソシエイツを設立したのは1972年だった。

『1972JAM発　第一号』

そう題された文書がある。発行は日本広告音楽制作者連盟である。

文書のタイトルは〝全日本広告音楽作曲家組合報酬規定に対する回答〟だ。文書の相手は〝全日本広告作曲家組合〟である。

内容は、CM音楽に関する〝商取引〟についてだ。端的に言ってしまえば、CM音楽の制作に関する責任と請負う主体は誰なのか、そして、その権利はどこに所属するのかということである。

ＣＭ音楽に関しては、ＪＡＭより一足先に発足していたのが全日本広告音楽作曲家組合だった。通称ＦＡＣ。いずみたくら、作曲家がイニシアティブを取る形で設立された。彼らが主張していたのは作曲家の権利だった。広告クライアントとの請負契約を結ぶのも何よりも作曲家の比重が優先した。当然のことながら予算の配分、つまりギャランティーに関してもそうだ。

大森昭男の主張はそうではなかった。ＣＭ音楽には、単なる〝著作権者〟だけではない〝隣接権〟も含まれているのではないか。つまり、プロデューサー、ディレクター、演奏家などの権利である。そんな全体のバランスの中で、業界が潤っていかないといけないのではないか。その文書はそんなお互いの考え方をぶつけあったものだった。そこにはこう結ばれている。

「結論として、貴提案を白紙にもどし、改めて貴組合と当連盟双方による草案作成のための委員会開催を提案する」

日付は昭和47（１９７２）年1月26日。文書の差出人が大森昭男となっている。この文書を発行した後、彼は、ＯＮ・アソシエイツを設立し、理事長を辞任している。

「最初の理事長というのも成り行きみたいなところがありましたし、自分の環境が変わって、そちらにエネルギーをつぎ込まないといけなくなりましたからね。一年でつぶれるという声もありましたから。まだ誕生したばかりで実績もない会社が理事長というのもおこがましいと思いましたし」

ＪＡＭの設立と音楽出版社としてのＯＮ・アソシエイツの独立は、プロデューサーとして表裏一体だった、と彼は言う。

そうやってＪＡＭの設立に奔走した制作者には、渡辺企画の平野謙一郎、Ａ・Ｒ・Ａの杉井修、サウンド出版の脇田賢らがいた。大森昭男の後を継ぐ形で二代目の理事長になった横倉義純もその中の一人だった。

JAM設立の過程を見てきた広告音楽作詞家の伊藤アキラはこう言った。

「一番人望があった。バランス感覚があったのが横倉さんだったということだと思いますね。彼の功績はJAMを軌道に乗せたことでしょう。プロデューサーの時代ということで言えば欠かせない存在でしょうね」

プロデュース・メインの発想

「兄は最初は飛行館スタジオの制作部というところにいたんですね。その中に小林亜星さんのマネージメントを行う東京プロモーション・アド・ミュージックというプロジェクトがあったんです。そもそもは亜星さんと組んで独立しようという話があったみたいですね。でも、亜星さんは『イエイエ』ですでにスターになってましたから先行きは困らないだろうし、若手スタッフで独立する。兄は、他の作曲家のマネージメントをするということで会社を立ち上げるんです。兄と他に二人、つまり三人で始めたんでトライアングル、そこから〝アングル〟という名前になった」

横倉義純は、すでにこの世を去ってしまっている。成和アングルの後を継いだ弟の横倉健三はそう言う。

日本の広告音楽の流れは、三木鶏郎の系列から出発した世代と、それ以降に分かれており、後者の代表が小林亜星だった。

そういう意味で言えば、大森昭男は鶏郎ラインの本流で、横倉義純は小林亜星から始まった制作者と言って良いのだろう。ただ、年齢は1934年、昭和9年生まれの横倉義純の方が上になる。新音楽協会でクシックの音楽家のマネージメントやYAMAHAのエレクトーン奏者、道志郎のマネージメントを経験、ラジオ番組のプロデューサーもしていたこともある。末っ子の健三とは14歳離れていた。

「亜星さんと分かれた時点でそうなったんだと思いますけど、兄の考え方は、専属作家を置かないやり方でしたね。他はそうじゃなかった。A・R・Aは、八木正生さん、オールスタッフはいずみたくさん、ブレーン・JACKは桜井さん。亜星さんもそういう形でした。兄は、プロデュースをメインにしようと。自分たちが音楽の方向付けをして、それに沿って作家を選んで行く。そのやり方をしている会社はまだなかったんです」

大森昭男がON・アソシエイツを立ち上げる前だ。ということは、プロデュースを目的とした広告音楽制作会社の第一号はアングルということになる。JAMを設立した大森昭男が、理事長をバトンタッチする相手は彼しかいなかったのだろう。

ただ、アングルにも、主体となる作曲家はいた。

後に〝くるくる三角小さなドロップ〟で知られる「ヴィックス」の田中正史。東京芸大を卒業し、70年代には小椋佳らニューミュージック系のアーティストのストリングスアレンジで活躍した小野崎孝輔。東大卒で、ダークダックスと並ぶ男性コーラスの老舗、〝フォーコインズ〟のリードボーカルだった三沢郷。彼には、エメロン石鹼の「こんな格好で失礼します」や「龍角散トローチ」、マツダカペラ「カペラは風」などの有名曲も多い。ドラマやアニメーションでは「サインはV」「デビルマン」「エースをねらえ！」などの音楽も担当していた。〝豪快なイントロの三沢郷〟という異名も取ったことがある。

そして、やはり芸大卒でテレビ時代劇「大江戸捜査網」のテーマや福助、コカ・コーラなどを手がけた玉木宏樹。東洋紡「It's a good life」で、カンヌ、クリオ、IBAという広告音楽の世界的三賞を総なめにした比呂公一。コーラスグループ、デュークエイセスの初期メンバーで、エメロン「途中経過を報告すれば」などで知られる和田昭治。さらには、後にゴダイゴを結成するタケカワユキヒデらがいた。当時は、いずれも広告音楽作曲家としては新進の部類に属していた。

そういう比較で言えば、ニューミュージックやフォークなどの広告以外のジャンルの新しい才能を発掘しながらプロデュースをしていたのが大森昭男だとしたら、彼は、より従来の広告音楽に近かったと言って良いのかも知れない。横倉健三はこうも言う。

「最初は苦しかったと思いますよ。会社が大きくなったのは映画館の幕間CM映画の権利を持っている会社と一緒になって成和アングルと名前を変えてからでしたから」

異業種とのコラボレーションの結果

「僕は広告音楽第二世代だと思ってます」

横倉健三は、兄と自分を比較してそう言う。

「兄たちがJAMを発足した時は、丼勘定はやめよう、というところから始まったと思うんです。でも、JAMが出来てから、使用権と著作権の違いとか、はっきりしてきましたからね。僕らは、広告音楽というジャンルが確立されてからの世代ですよね」

彼は、80年代の前半に、一ヵ月の制作本数が30本は当たり前、40本、45本というハードスケジュールを経験している。手がけたのはペプシコーラ、ソニー、東京ガス、日本ＩＢＭ、全日空、日清食品、服部時計店……。大手クライアントが並んでいる。

「兄には、会社なんか来なくていいから博報堂のロビーにいろ、と言われるわけです。営業なんてしてない。そこにいれば次々と仕事が来るわけですから（笑）。食事をする暇もないというのはああいうことを言うんでしょうね」

成和アングルとＯＮ・アソシエイツは、クライアントでも重なっている。資生堂である。

尾崎亜美が歌った１９７６年の「マイピュアレディ」は、横倉義純のプロデュースだった。松本ちえこの「バスボン」や、ツイストが歌った「燃えろいい女」も、彼の手によるものだ。もっと言えば、横倉健三はカネボウ化粧品を担当していた。

70年代後半である。資生堂対カネボウ。タイアップ戦争と呼ばれたその両社を同じ会社で兄弟で受けていたことになる。それが、当時の成和アングルの勢いを物語っていないだろうか。

「もちろんタブーでしたけど。でも、やらざるを得なくなったんですよね。兄は、日本天然色系のものを資生堂から直で受けていて、僕は、カネボウを博報堂経由でやってました。作品の傾向が違いましたから、重なるところはなかったですけど、表向きの資料には絶対出すなと言われてました（笑）」

’77年「日本生命・青春の保険」演出賞
’78年「松下電器・電気冷蔵庫」演出賞
「キリン・マインブロイ」銅賞
’80年「丸井・好きだからあげる」銅賞

’81年「カネボウ化粧品」演出賞

70年代後半から80年代にかけて、成和アングルはＪＡＭのＣＭ音楽コンテストで、そんな賞を受賞している。

広告音楽全盛期の後をどう過ごしたか。

タイアップ戦争を経験した後、大森昭男は「もう一度、広告の原点に還ろう」と思ったという話は、すでに紹介した。

成和アングルは、そうではなかった。１９７５年の『ＪＡＭ報』で横倉義純が書いていたように広告業界のみならず、そこから先への一歩を踏み出そうとした。

異業種とのコラボレーション。成和アングルは、出版会社と新しい試みを始めていた。マガジンハウス。当時の平凡出版と組んだスタジオ事業がそれだった。

「いま音響ハウスがあったところには元々、平凡商事という紙を卸している会社があったんです。その跡地利用に兄貴たちが関わっていて、スタジオにしたらということであのスタジオが出来たんですね」

音響ハウスは70年代の東京の音楽シーンで最も人気があったスタジオだろう。

ＹＭＯが愛用していることでも話題になった。最新の音楽設備とストリングスが一度に集まれる広さ。しかも銀座という最高の立地。ＪＡＭの六代目理事長になるミスターミュージックの吉江一男が会社を発足した時、まず音響ハウスを定期的に押さえてしまったというエピソードも知られている。それだけのスタジオを押さえてしまえばイヤでも仕事を取ってこざるを得ない。それだけ励みにもプレッシャーにもなるくらいのスタジオだった。

「ただ、兄貴にはスタジオをやろうという発想はなかったと思いますね。平凡出版という大きな傘の中に、ハード面の受け皿が出来たんだから、ソフトの会社を作ろうと。そこから何か面白いことが生まれればというだけだったたと思う」

平凡出版が成和アングルと提携した形で生まれた子会社、シンクハウスが発足したのは1981年のことだ。社長は平凡出版からの出向だった。横倉義純は常務だった。会社は六本木の平凡出版の三階建てのビル。一階二階を彼らが使い、三階には『ポパイ』の編集部があった。平凡出版は、1983年、社名をマガジンハウスと変更した。

「シンクハウスの組織としては、コマーシャル音楽も入っていた音楽制作ティーム、他にイベント制作ティーム、そして映像制作。三つの部門があったんです。でも、兄貴は他の部門にも興味はあっても知識と経験では音楽制作しかありませんから他は経験者を連れてくることになるわけです。成和アングル時代は4、5人で出来ていたのが一気に20人を超える会社になってしまったんですね」

80年代前半。『ポパイ』『アンアン』『オリーブ』『ブルータス』。若者文化を代表する人気雑誌を抱える出版社と広告音楽制作会社の提携は、どうなったのか。JAM会員の一社あたりの売り上げ額は1991年の平均で約二億円である。

「設立当初から赤字続きでした。中にはうまくいったプロジェクトもあったんですよ。『ブルータス』に載った良い写真を集めて、それに音楽をつけて『ブルータス・ギャラリー』として映像商品にしたり。とはいっても有機的な連動が出来ていたとは言い難かったです。むしろ、逆の方が多かった」

マガジンハウスという名前を効果的に利用したいというシンクハウス側の思惑と、親会社と子会社の微妙なすれ違い。

「音楽制作部門は黒字だったんですよ。僕らだけ数人で年間二億はやってましたから。でも、他はそうは行かなかったですね」

'93年「セイコー」金賞

'94年「トヨタSUPRA」金賞

'96年「コカ・コーラ・夏男・夏女」銀賞

シンクハウスはJAMが主催するCM音楽コンテストでもコンスタントに賞に名を連ねている。横倉健三は1999年から現在（2004年12月）までJAMの理事長も務めている。

広告音楽制作部門の孤軍奮闘というところだろうか。

「新聞沙汰にもなりましたからご存じの方も多いと思うんですけど、粉飾決算の訴訟問題になるんですね。マガジンハウスから出向で来ていた人間が不正経理を行っていたということで。僕らは何も知りませんでした。結局、証拠不十分で民事にも刑事にもなりませんでしたけど」

シンクハウスは2003年に幕を閉じた。横倉義純は、1988年に54歳ですでに亡くなっていた。食道ガンだった。

「やっぱり責任は感じていたと思いますよ。勢い込んで会社を立ち上げたのにうまく動かなくて、若い僕らからプレッシャーをかけられて。マガジンハウスと離れようかという矢先でしたからね」

この話は、もっと緻密な資料が必要なのかも知れない。

マガジンハウス側にも事情や言い分があるのだろうし、一方的に善悪を判断してはいけないのだろう。

とはいえ、広告音楽の歴史を担ってきた一人の音楽制作者の夢の挫折であることは否定出来ない気がする。

１９７２年、大森昭男が全日本広告作曲家組合に対して、明快な異論を唱えた時のＪＡＭの会員社数は37社だった。１９８８年には34社。２００３年の数は18社である。その中には、当然のことながらシンクハウスの名前はない。１９７２年の名簿に載っている会社で残っているのは、ＯＮ・アソシエイツとアーティストビュ－ロ－の二社だけだ。全日本広告作曲家組合もすでに存在しない。横倉健三は新しい環境でプロデュースの仕事を続けている。

「いまは、制作会社の意味がなくなってきているということは感じますね。非常に安直になっている。代理店はイニシアティブを取らないし。現場レベルは演出家が全てで直接作曲家に依頼したりする。音楽ディレクターという役割が介在しなくなってますね。録音もスタジオじゃなくて自宅で済んでしまう。そうやって予算を切りつめようとする。シンクハウスだけではなくて、広告音楽制作会社全てに言えることは、次の世代まで存続させることが難しくなってますね。残念なことですけど」

この連載を始めてから、なぜ大森昭男なのかという質問を何度となく耳にした。

広告音楽の歴史の中には彼の他にも伝説的な制作者も少なくないし、取り上げるべき名曲も数多い。でも、ある意味ではレコード音楽よりはるかに時代の波と一体になって動いてきた移り変わりの激しい世界で、未だに現役を続けていることがどういうことなのか、シンクハウスは、一例になるのではないだろうか。

横倉義純は、最後の手術の後、弟の健三に、こう言ったのだそうだ。

「もう思考回路がおかしくなっていたんでしょうね。キチンとした会話にはならないんですけど、『お前、こんなところに居てもいいのか？　今日、永谷園の録音なんじゃないのか』って、そればっかり言うんですよ。クライアントに愛情があったんでしょうか、永谷園の話しかしないんですよ」

いまわの際まで自分が担当していたクライアントのことを口にするプロデューサーがいた。

広告音楽50年の歴史は、そんな人達の夢と情熱に支えられていたと言って良いのではないだろうか。

広告音楽作曲家としての鈴木慶一

ミノルタの「今の君はピカピカに光って」

話を大森昭男に戻そう。

広告音楽関係者の多くが〝黄金時代〟と例える80年代前半に大森昭男が制作し話題になったコマーシャルに、1980年に放映されたミノルタカメラの「今の君はピカピカに光って」がある。

あの映像は、いまも懐かしく思い出す人も多いのではないだろうか。

木陰で水着になる宮崎美子のはにかんだような笑顔のみずみずしさとそこに流れてくる〝ピカピカ〟という言葉の組み合わせ。コマーシャルフィルムと音楽が、クライアントを離れて一人歩きしていった例としては、あの時代でも際だっていただろう。大森昭男はまずこんな話をしてくれた。

「あのコピー（詞）を作ってもらった時、まだ映像は出来ていなかったんですよ。『週刊朝日』の表紙を見せられて、この人を撮りに行くんだということしか聞いていなかった。音楽はポップソングを作りたいんだと、それだけの説明でしたね。撮影でみんなが留守の間に話が進んでいった。それでキャッチーなスローガンみたいな詞が欲しいなと思って、糸井さんにお願いしました」

作詞は糸井重里。1979年から始まっている、彼を起用しての大森昭男プロデュースの仕事としては5

作目に当たっていた。演出は岩下俊夫、作曲は鈴木慶一である。糸井重里は、コピーを書いた時、絵コンテを見ているだけであの映像自体は見ていなかったことになる。

糸井重里は出来上がってきたあの映像を見た時のことをこう言う。

「言いにくいですけどダッサイなあって思ってました（笑）。どう言ったら良いんでしょうね。のぞき見のアングルですから、光の分量とか構図とかザワザワしている。美しさが足りないんですよ。モデルの子もスタイルがいいとは言えないし。当時の田中一光さんや浅葉克己さん、操上和美さんたちが作り込んでいた作品とは違うんですよ。岩下さんは僕と同じセントラルアパートにいたもんだからよく雑談もしていた人で、とっても美意識の強い人だったんで、こういうのも作るんだって意外だった。でも、これはこれで〝あるな〟と思ったんですけどね」

あの〝ピカピカ〟に驚かされたのは、そんな映像の印象だけではなかった。特に音楽ファンにとっては歌い手の選択があった。歌は斉藤哲夫である。彼を起用したのはどういういきさつだったのだろうか。鈴木慶一はこう言った。

「演出の岩下さんが音楽に詳しい人で、〝斉藤哲夫君はいま何をしてるんだろう〟って言い出したんですよ。彼がこの〝イタリアな感じって哲夫だよね〟って。この間、一緒にレコーディングしましたよというところから話がまとまっていったんだと思います」

斉藤哲夫は何をしてるんだろう。その頃、そんな風に思っていた音楽ファンが少なくなかったはずだ。70年代から80年代という時代の変わり目の中で、スポットの当たるシーンの表舞台から見えなくなっていった。彼もそんな一人だったからだ。

斉藤哲夫は70年代のフォークシーンの中でも独自の存在だった。

1970年にインディーズのはしりだったURCからシングル「悩み多き者よ」でデビュー、内省的な歌詞で注目され、1971年のデビューアルバム「君は英雄なんかじゃない」では〝フォークの哲学者〟という異名を取った。ただ、メッセージ色の強かったURCでの作品をのぞけば当時のフォークシンガーの中でもメロディーメーカーとしての評価が高かった。にもかかわらず商業的な結果に恵まれないまま、1975年以降アルバムが出ていないという状態だった。鈴木慶一が参加した1979年のアルバム「一人のピエロ」は、レコード会社を移籍した4年ぶりの作品だった。

「ムーンライダーズは入り口で彼に非常に世話になったんですね。哲夫君が見つけてきたミュージシャンでバンドを作ってしまったようなものだから」

鈴木慶一が斉藤哲夫に初めてあったのは1970年のことだ。二人の仲を取り持ったのは「赤色エレジー」のヒットを持つあがた森魚だったと言われている。ムーンライダーズの前身となったバンド、はちみつぱいは、当初、〝あがた森魚とはちみつぱい〟と名乗っていた。つまり、日本のフォークやロックの創成期を作ってきた者同士ということになる。はちみつぱいは1973年にアルバム「せんちめんたる通り」を一枚だけ発売。1976年に鈴木慶一とムーンライダーズとして再デビューした。その時の東京郵便貯金会館のコンサートにやはりデビューしたばかりの矢野顕子がゲストで出ている。

〝イタリアな感じ〟というのは斉藤哲夫のステージでの歌いっぷりを知っていたからこそ出てきた例えだろう。ハイトーンの鼻にかかったようなボーカルは、フォークシンガーの中でも独特だった。〝イタリアな感じ〟。どこかにカンツォーネを感じさせるボーカリストとしての起用だった。

「今のキミはピカピカに光って」は1980年の10月にレコード発売されている。斉藤哲夫にとって最大のヒットになった。

〝斉藤哲夫復活〟。それもコマーシャルという思いがけない形でだ。それは確かに〝事件〟だった。

コマーシャルを制作した時から、そうやってレコード化することは決まっていたんだろうか。その窓口になったのが大森昭男だった。

「最初に30秒を作って、それがオンエアされて二、三日してキャニオンレコードのディレクターからあの曲をレコード化したいんで会いたいという電話を頂きました。会ったのは六本木のルコントっていう喫茶店ですけど、その時は、まだ30秒以外は何にもなかったんです。言葉も〝今のキミはピカピカに光って　あきれかえるほどすてき〟しかなかった」

鈴木慶一はこう言う。

「アッと言う間に急いでレコーディングしましょうということになりましたから、あれは結構苦労しましたね。コマーシャル分しか出来てないし、15秒、30秒で完結するように作ってるんでその先をつけないといけない。しかも一週間くらいの間でやらなければいけない。後々、大瀧詠一さんに言われましたよ。〝あれは最初から一曲分はなかったな、付け足しただろ。そういう感じがある〟って（笑）」

推理と匿名性の面白さ

鈴木慶一は、70年代後半から80年代にかけての広告音楽で欠かせない一人だろう。

特に大森昭男にとっては、矢野顕子や坂本龍一と並んで当時の彼の作品に数多く関わっている作曲家である。

’77年6本、’78年8本、’79年8本、’80年10本、’81年20本、’82年13本、’83年20本、’84年12本、’85年12本。それだけ密接な関係を持っていた作曲家は多くない。鈴木慶一にとってもそれだけ仕事をしていた時期は他にない。

「年間20本もコマーシャルを作っていた頃というのは生涯で最も曲を作っていたことになるのかもしれませんね。朝10時からコマーシャルを録ってその後にスタジオに寄ってプロデュースの仕事をして、夜は飲んで帰ってまた書いてという生活でしたから。あのままでは死んでたでしょう（笑）。その合間にカフェバーのはしりみたいなところで遊んでいるわけですから。糸井さんに会ったのもそこでしたね」

鈴木慶一は広告音楽の専門というわけではない。むしろ世の中にはムーンライダーズのリーダーでありボーカリストとして知られていた。

そうやってレコードを出しつつ活動しているバンドやミュージシャンでコマーシャルソングを書いている例は珍しくないものの、それだけの数を残している人は、多くない。もっと言ってしまえば、その時、ムーンライダーズは休業状態だったりしていたわけでもない。彼らはその間もアルバムをリリースし続けている。1982年には、ファンの間でも名盤と評価の高い「マニア・マニエラ」「青空百景」の二枚を発表するなど最も精力的に活動していた時期だ。コマーシャルをやることに積極的な意味がなければ、やっていないと考える方が自然だろう。

「はっきり言ってしまうとコマーシャル音楽の方がはるかに面白がれた。中にはコマーシャルのために作った曲があまりに気に入って、長いサイズにしてアルバムに入れたとか、そういうのはたくさんありましたね。非難がましい声も入ってきてましたよ。なんであんなにコマーシャルやるんだとか。それはやっかみだろうと思って無視してましたけど。こちらはそれで良いんです、好きだったんで」

コマーシャル好き。彼らをそこまで引きつけていたものは何だったのだろうか。

「実験の場であると同時に依頼されて曲を作るという部分もあるわけです。映像があるしクライアントなどにもいろんな意見がある。その制限が意外と良い物を生み出すことがある。だからそれを長くしてアルバムに入れたりするわけで、一言で言ってしまうと〝制限の面白さ〟だと思うんですね」

ムーンライダーズは、はちみつぱいを母体にして1975年にムーンライダーズと名前を変えて再出発したバンドだ。はちみつぱいの「せんちめんたる通り」はフォノグラム、ムーンライダーズはクラウン、徳間ジャパン、キャニオンと80年代前半までだけで三つのレコード会社にまたがってリリースしている。その後も含めて、レコード会社を移籍した回数は、バンドということでいえば、彼らが一番多いだろう。自ら〝渡り鳥バンド〟と冗談めかしていた時期もある。そういう意味ではレコードビジネスの裏を知り尽くしているバンドという言い方も出来る。そんな体験の中で広告音楽業界とレコード業界はどんな風に比較されているのだろうか。

「やっぱり違いはありますね。例えばレコード会社の場合は、レコーディングが予定されていたその日に終わらなくても、録音物だから何日までにやればいいというやり直しが効くコピー文化なんですよ。コマーシャルの場合はほんとにその日なんです。その日に成功しないといけない。もう一つは、レコード会社の場合、誰を通すというような手順みたいなことがわりとアイマイですよね。コマーシャルは通さないといけない人がいる。その違い。他にも、レコード会社は音楽に詳しい人がいて当たり前。コマーシャルも音楽を作っている人や演出家にはいますけど、その先は読めない。レコード会社の人たちもサラリーマンではあるんですけど、特にクライアントの人たちってまさにサラリーマンになるわけで、そういう方々と接する機会は普段は私にはないんですよ。レコーディング中にそういう人が10人くらいで入ってくる。そういう人に音楽言語ではない形で表現しないといけない。意見の違いでも僕らに分からない言葉が飛んできたりする。それこそ興味深いです」

探偵のごとく推理する面白さ――。

鈴木慶一は、広告音楽の面白さについてそんな言い方もした。

「これは何が狙いなのだろうかっていうような推理力。普通、音楽を作る時にそんなこと必要ないですからね。みんなで話をする時もあれば大森さんに任せる時もある。そういう時は大森さんの言葉の向こう側を探偵のように探って行くんです（笑）」

トリオ、パルコ、オンワード、キヤノン、角川書店、サッポロビール、サントリー、シャルレ、ペプシコジャパン、ヤクルト、資生堂、西武流通グループ、西武百貨店、雪印……。彼が一番多くコマーシャルを制作した1983年にはそんなクライアントを手がけている。

確かに、ムーンライダーズは、当初から一つのジャンルやカテゴリーでは括れない個性的なバンドだった。彼らの音楽の中には様々な音楽の要素が取り込まれ、しかも時代の先端的で洒脱なモダンさも持ち合わせていた。彼らがそれだけの数のコマーシャルをこなすことが出来たのは、音楽的なキャパシティがあったと見るべきだろう。

「匿名性の面白さもありましたよね。どんなことも出来る。これはやってはいけないんではないかというバンド内倫理みたいな制約がない。いまみたいにデモテープなんてないですから、一発勝負ですよ。その日にスタジオで演奏してそれでOKにしないといけない。物を作るスピード感の楽しさというのもありますよね。アルバムを作るには時間がかかるけど、コマーシャルは一週間か二週間。その時興味ある音楽を注ぎ込める。昨日買ったレコードで『いいな』と思ったことをすぐに出来る。そういう新しいアイデアもずいぶんありました」

ムーンライダーズの80年代前半のアルバムはニューウェイブの名作とされている。テクノロジーを意識したポップス。時代と密着したようなそれらの作品はそうやってコマーシャルを量産していた中でこそ生まれたと言えないだろうか。

「それは関係あるでしょうね。映像に関してもそうでしょうけど、やはり演出家の方達は新しい音楽を求めていましたし。アンテナを張っていたと思うんですよ。そういった面では非常に勉強になりましたね。ニューウェイブに入っていった時って、洋服作っている人とか、写真撮っている人とか、いろんなジャンルがシャッフルされてる時代でしたから。そんなことが同時進行だったんでしょうね」

普段は出来ない実験。彼が書いた曲の演奏はほとんどがムーンライダーズである。でも「今の君はピカピカに光って」の音楽は、PANTA & HALのメンバーが演奏している。過激なロックバンドとして伝説化している頭脳警察を解散したPANTAのバンドだ。鈴木慶一は彼らのアルバムのプロデュースもしていた。

広告とは全く正反対に位置するバンドの起用。それを可能にしたのも当時の広告音楽業界のバイタリティだったかもしれない。

三木鶏郎との縁《えにし》

鈴木慶一が大森昭男と初めて会ったのは1977年、二人が最初に制作することになったナビスコのコマーシャルだった。鈴木慶一にとっても初めてのコマーシャルだった。

鈴木慶一は、そうやって大森昭男と仕事をするようになって初めて判明したことがあったと言う。それまで記憶に残ってはいたものの、何の曲なのかは分からない、そんな曲があった。

「そうなんですよ。ずうっと分からなかった。誰が作ったものか、何のために作った音楽なのかも分からずにずっと頭の中で鳴っていたんですよ。大人になって音楽関係者と話すようになってから『この曲知ってますか？』って聞いたりしてなんとなくは判明したけど、タイトルまでは分からなかったんです」

その曲は、三木鶏郎が1955年に書いた「吟遊詩人の唄」という曲だった。その年に三木鶏郎がミュージカル「かぐや姫」のために書き下ろした曲である。

「小学校に入るか入らないかの頃ですよね。ラジオから流れてきた。鶏郎先生の作品とは知らないで聞いている曲がたくさんあったんでしょうね。鶏郎先生の曲で歌っていたのが河井坊茶さんだというところまでは後で知ったんですけど、そこから先が分からなかった」

三木鶏郎が日本の広告音楽の生みの親的存在であることはこの連載では何度となく触れてきている。

ただ、鈴木慶一がそうやって記憶の中に温め続けていたのはコマーシャルソングではなかった。

三木鶏郎資料館のデータによると「かぐや姫」というのは1956年1月の東京松竹少女歌劇大阪公演用に書かれたミュージカルで1955年芸術祭参加作品とある。三木鶏郎は音楽担当として関わっている。河井坊茶、雪村いづみ、ダークダックス、トニー谷、高英男、フランキー堺などが出演している。

「あの曲は河井坊茶さんの歌い方も独特で、鶏郎先生にしてはマイナーな曲だったんで印象に残ったんでしょうね」

大森昭男もその曲はラジオで聴いて覚えていた。彼は高校生だった。

「あれはあの人がかなり気に入っていたものですよね。誇らしげな一曲みたいな感じでしたよ。つまり『コマソンばかりやってるんじゃねえよ』という反動かもしれないんですけど」

三木鶏郎の書いたミュージカル「かぐや姫」とその中で歌われた「吟遊詩人の唄」について改めてそう言ったのは広告研究家の山川浩二である。山川は昭和30年代、電通のプロデューサーとして三木鶏郎の仕事の窓口になっていた。

「あれは気に入っていたと思いますね。僕が作っていた『トリローサンドイッチ』という番組は、鶏さんの過去の曲を一曲ずつ持ってきてそれにコントをつけるという番組だったんですよ。新しい曲も時々書いてくれたんだけど、ほとんどが古いものを使っていた。でも、『かぐや姫』関連の曲は、出してこなかったものね。自分にとってはやっぱり『かぐや姫』だ、という話は聞いたことがある。大事にしていたんでしょう。それと、河井坊茶がいないと駄目だったのかもしれない。『トリローサンドイッチ』は、ほとんどがダークダックスでしたからね」

三木鶏郎は、資料館の年表に従えば1951年のコマーシャルソング第一号とされている小西六写真工業に始まり、1973年のアサヒビール「なにはともあれアサヒビール」「アサヒビールグッとやるぞ」「Folk Rockアサヒビール」まで22年に亘ってコマーシャルソングを作り続けている。ジャンルとしては、金融・

百貨店、電気・家電、健康・薬、飲料・酒、衣料・靴、生活・日用品、食品、趣味・文具、地方PR・社歌、その他とほとんどの分野にまたがっている。まさしく〝コマーシャルソングの父〟にふさわしい実績を残している。

とはいうものの、彼が年代を追って「自薦ベスト30」としてあげている中に、コマーシャルソングはほとんど入っていない。「吟遊詩人の唄」は16番目の曲としてリストアップされている。ミュージカル「かぐや姫」の中ではその一曲だけだ。

「やっぱり大事にしていたんだと思いますね」

大森昭男もそう語る。大森が初めて広告音楽の制作に関わったのが1960年。三木鶏郎が主宰していた音楽工房の制作スタッフとしてだった。生前の三木鶏郎と仕事をしている数少ない現役制作者としてこう言う。

「リリックソングとコマーシャルソングと分けてましたからね。鶏郎先生の中ではリリックソングはまだやり残していたという感じがあったんじゃないでしょうか」

鈴木慶一が、大森昭男と組んで制作したコマーシャルソングは80曲にのぼる。その中には、コマーシャルソングを元にレコード化された曲はあっても、コマーシャルのままレコードにはなっていない曲が大半だった。それらがアルバム「MOONRIDERS CM WORKS 1977—2006」として発売されたのは2006年12月、この連載が世に出た後だった。

鈴木慶一と三木鶏郎。もし、彼が、子供の頃にそんな風に鶏郎作品に出逢っていなかったら、それだけのコマーシャルソングを残していただろうか。

第3章

CM音楽史のキーパーソン達

鶏郎の継承者——いずみたく

永六輔、野坂昭如との仕事

大森昭男の話を続ける前に、二人の作曲家について触れなければならない。

一人はいずみたくである。

もう10年くらい前になるのだが、吉田拓郎が「死ぬまでに一曲でいいから、ああいう曲を書きたい」と言っていたことがある。

ああいう曲というのは、1963年に坂本九が歌って大ヒットした「見上げてごらん夜の星を」だった。2004年に平井堅がカバーして、改めて評判になったことは記憶に新しい。

作詞・永六輔、作曲・いずみたく。

1964年、昭和39年のレコード大賞作曲賞である。

元々は1960年に上演された同名のミュージカルの主題歌だった。

初演で歌ったのはリリオリズムエアーズ。テレビ映画『ローハイド』の主題歌を歌ったりして人気があった男性コーラスグループだった。坂本九の側から「歌いたい」と申し入れがあり、翌年の再演から、坂本九と九重佑三子のキャストで上演されている。ミュージカルの脚本も永六輔である。いずみたくに「ミュージカルをやらないか」と持ちかけたのも永六輔だった。

「さて、初日。
ボクの想像していた最高の状態が、幕が下りたあとのフェスティバル・ホールで起こった。
三千人の客がみんなこの歌を口ずさみながら帰るのである。
『ミュージカルの幕が下りた後、皆が歌って帰るようなものを作りたい』というボク達の願いは大きく実った」

いずみたくは、1977年に発行された『見上げてごらん夜の星を〜わが歌のアルバム〜』（新日本出版社）というエッセイ集でそう書いている。その同じ文の中で、自らの曲を「日本では珍しいスタンダードナンバーの誕生である」とまで書いている。

スタンダードナンバー——。

つまり流行や時の流れに飲み込まれずに歌い継がれて行く歌のことだ。

広告音楽の歴史の中で、その後まで最も大きな影響力を持っていたのが三木鶏郎であることはすでに何度も触れている。

そして、そんな流れの中で、三木鶏郎に負けずとも劣らない実績を残しているのがいずみたくである。

「大阪のABC放送（朝日放送）が主催したホームソング・コンクールがあった。何気なく応募したボクの作品がグランプリになってしまった。

何気なくと書いたが、ボク自身の気持は本当に何気なくなので当選したボクの方がビックリしてしまった。

その上にそのコンクールの審査員であった三木トリローサンから、運転手をやめて、音楽のプロデューサーとして、編曲者として手伝ってもらいたいという申し出を受けてますますビックリしてしまった」

先述のエッセイ集で、彼は、三木鶏郎との出会いをこう書いている。

いずみたくは1930年の生まれだ。太平洋戦争が終わった時、陸軍幼年学校に通っている軍国少年だった。戦後、旧制中学に復学した彼は、演劇を学び、共産党系の演劇学校に入って〝文化工作隊〟として全国を回っていた。その中からアコーディオンと二本のギターで〝喜劇座〟という三人の劇団が生まれ、地方を公演して回った。そうやって歌唱指導するのは多くがロシア民謡などだった。

「よし！　都会や、工場や、農村や、そして子供にも若者にも、お年寄りにも歌われる歌を作らなくてはならない。決心したボクは、喜劇座をやめ、アコーディオンを肩に中央合唱団に入団した」

彼は運転手をしながら、生計を立て、うたごえ運動の作曲家として関わり、一方で、その中で知り合った作曲家・芥川也寸志の下で学んでいた。大阪ABCが主催したアサヒホームソングに応募したのはその頃だった。

三木鶏郎との出会いはそのままコマーシャルソングの世界に入るきっかけとなった。三木鶏郎の音楽工房に通う中で知り合ったのが、永六輔と野坂昭如である。

三木鶏郎134曲・いずみたく102曲・西山真彦37曲・郷五郎31曲・桜井順28曲――。

これは全日本広告会によって編集され、1960年に発行された『シンギングコマーシャル集』に載っている作詞作曲家のランキングである。それまでに制作されたコマーシャルソングの数は558曲。その内訳をランキングしたものだ。作曲家の部門では上位二人の数が際だっている。

三木鶏郎130曲・野坂昭如76曲・西山真彦36曲・郷五郎30曲・サトウハチロー27曲――。

作詞家のランキングはこうなっている。

いずみたくは4曲しかない。シンガーソングライターだった三木鶏郎とメロディーメーカーだったいずみたく。二人の間にはそんな違いもある。作詞をしなかったいずみたくは、当然のことながら作詞家を起用することになる。彼とコンビを組んでいたのが野坂昭如だった。その代表作が〝お色気コマーシャルソング〟として話題になったキスミー化粧品の「キスミーピンク」だろう。

〝セクシーピンク

XYZ　XYZ〟

ため息混じりのコマーシャルソングは、誰にも口ずさめるホームソング的作品の多かった三木鶏郎とはひと味違う作風だった。いずみたくと野坂昭如は三木鶏郎の下を離れて独立し、コマーシャルソングを量産し始める。1959年のことだ。

「カシミアタッチのカシミロン」「伊東に行くならハトヤ」など、いまも親しまれている作品も数多い。いずみたくは『見上げてごらん夜の星を』の中でこう書いている。

「そこでボクと彼はジャンジャン、CMソングを作り出していく。ボク達の作り出したCMソングは、どんどんヒットしていった。なぜなら、ボクと野坂昭如の作る音楽は、当時の音楽の中で、もっとも新しく、もっともアイデアがあり、もっとも若わかしかったからだと現在でも自負している。

CMソングの中では、新しい音楽手法、技術がどんどん求められ、ボク達はその中で、数多くの実験を積み重ねていった」

「レコード界では依然として古い演歌しか、レコード化されず、ボクとか中村八大の作る曲は全然問題にもされず、いつも馬鹿にされていた」
「レコード会社の古い体質は、ボク達の新しい音楽とは関係がなかった。
また彼等ディレクター達には
『なんだ、たかがコマーシャルじゃないか』
という見方があったことも事実だろう。
ボクは、再び自分の作る自分の好きな歌に自信をもって、がむしゃらに突き進んだ。
レコード会社がなんだ。
レコードなど出せなくても、いくらでも、皆が歌ってくれる歌がある」

明治製菓CMの「世界は二人のために」

三木鶏郎といずみたく。

コマーシャル音楽を舞台にポップ・ミュージックの中に新しい波を送り込んだ二人の作曲家。師弟でありつつも、それぞれの活動には微妙な違いがある。

例えば、レコードとしてのヒット曲ということになると、いずみたくの方に軍配があがるのではないだろうか。コマーシャルソングとして制作した曲をレコード化してヒットさせる。その代表的な例が1966年の「世界は二人のために」だろう。歌っていた佐良直美は、その年のレコード大賞新人賞を受賞している。

「あれは明治製菓のコマーシャルソングだったんですよ。ボニージャックスが歌っていた。これ、良い曲だからレコードにしようということで佐良直美のために書き直したんですね。彼女はフォークソングを歌いたいと言って来た日大の学生でした。最初は2000枚だったと思います。コマーシャルが売れるかという空気もあったんじゃないかな。でもジワジワと売れていきました」

いずみたくが設立した制作プロダクション、オールスタッフで当時、制作を手がけており、現在は、制作会社ウエルマンのエグゼクティブ・プロデューサーである伊藤強はそう言う。彼はいずみたくの運転手として広告の世界に入った。

「僕が入ったのは、昭和35（1960）年でしたから、もう『キスミーピンク』や『カシミアタッチのカシミロン』は出た後でしたね。明治製菓の時は最前線にいました」

いずみたくと明治製菓は切っても切れない関係にある。

例えば「チョッコレートチョッコレート、チョコレートは明治」という曲は1967年に作られてからすでに40年近く経っているにもかかわらずいまも使われている〝スタンダード〟となっている。その時代の波や空気に敏感なコマーシャルソングとしては異例の息の長さだろう。子役の上原ゆかりが人気になった1963年の「マーブルチョコレート」もある。「世界は二人のために」も、そんな一連の中で生まれた。伊藤強は、クライアントとの折衝などをする窓口でもあった。

「ただ、コマーシャルソングは、テレビなんかでも不利だったんですよ。いずみさんは松下電器と明治製菓が多かったですから、『東芝日曜劇場』の音楽は書けないとか『ロッテ歌のアルバム』では歌えないとか、制約が多かった。これはまずいぞと思って、他の作家を集めるようになったんです」

彼の手元には、1964年のオールスタッフ・プロダクションの会社概要パンフレットが残されている。

そこには所属作家やタレントなどの名前が記載されている。

〝作曲〟として名前が載っているのは、いずみたく・すぎやまこういち・粟野圭一・川口真・高見弘・親泊正昇。

〝台本作家〟として藤田敏雄・山上路夫・松原雅彦・青山浩・松尾実・坂本万里。

〝演出〟としては青山浩・すぎやまこういち・高橋典・松尾実。

〝評論〟として湯川れい子。

〝写譜〟として内藤正美。

〝タレント〟にはいしだあゆみ・松本めぐみ（ナショナル専属）・沢村美司子。

となっている。

すぎやまこういちは、フジテレビのディレクターとして「ザ・ヒットパレード」や「大人の漫画」を担当していた。オールスタッフ・プロダクションは彼がアルバイトの作曲の仕事をする時の窓口になっていた。

川口真は「SONY ソニー」や「オヤツはカール」などで知られている。台本作家の藤田敏雄はいずみたくのミュージカルの台本を手がけていた。山上路夫は後に作詞家としてガロの「学生街の喫茶店」や赤い鳥の「翼をください」なども書いている。「世界は二人のために」も彼の詞だ。松本めぐみは後に加山雄三と結婚する。沢村美司子は実力派ジャズシンガーだった。

それ以外にもプロデューサー、制作スタッフ7名・マネージャー3名・営業・総務として4名の名前がクレジットされている。総勢36名である。伊藤強はコマーシャル部門に関しての制作を担当していた。彼は言う。

「一番スタッフ、タレントが多かった時は、観光バス三台で旅行に行ったことがありますね。ミュージカルをやってましたんで、そのダンサーとかもいるわけですよ。そういう人もみんな自分たちで抱えてしまってましたからタレント部だけで60人という時もありました。ピンキーとキラーズだけでメンバー5人だしマネージャーとボーヤと運転手で10人になりますし、佐良直美や由紀さおりなんかもいましたからね」

いずみたくが、作曲家としての実績だけでなく、それ以外の作曲家と違う有り様だったのは、この形態ではないだろうか。

三木鶏郎も、コマーシャルソングをベースにしながら活動を広げていった。新しい才能を集めて、冗談工房・音楽工房・テレビ工房という組織を作っていた。それら三つの部門を併せたのが〝三芸〟だった。1960年に音楽工房に制作スタッフとして加わったのが大森昭男だったという話はすでに何度も触れている。

伊藤強は言う。

「そういう会社が三芸さんとウチしかなかったですからどんどん仕事が増えて行きましたね。ただ、松下電器と明治製菓が多かったんで、仕事の絶対量はそんなに多くなかったと思います。三芸さんが、月40、50本だとしたら、10本くらいですね」

1964年。三芸は、金銭問題のもつれから社内で殺人が起きるという衝撃的な事件を契機に解散してしまう。

三芸解散後、制作部員だった大森昭男が桜井順とともに制作会社ブレーン・JACKを立ち上げたことはもう説明の必要はなさそうだ。やはり三芸の中心的作曲家だった「オモチャのチャチャチャ」を書いた越部信義は音楽企画センターを設立。学生時代に冗談工房の〝研究生募集〟の張り紙で応募することで広告の世界に入った、広告作詞家、伊藤アキラもそこに加わった。そしてグロンサン「頑張らなくっちゃ」を書いたはやし・こばが嵐野英彦とともにＴＶ工房と、三芸は三つに分裂独立。制作会社として再スタートした。

ただ、そうやって発足した多くの制作会社が、個人作曲家のマネージメント的機能を中心にしていた。オールスタッフはそうではなかった。

「三芸さんから見習ったところもあるんですけど、ウチはプロデューサーとディレクターを分けたんですよ。譜面が読めて音楽が分かる人はディレクター、そうじゃない人はプロデューサーとして代理店やクライアントを回る。そういう所は他にはなかったですね」

と伊藤は言う。

三芸なき後、オールスタッフ・プロダクションは、最も仕事量の多い制作プロダクションになった。

「猛烈に忙しくなったのはそれからでしょうね。音楽制作、フィルム制作、音楽出版社、タレント部門。一応会社として分かれてました。学校までありましたし。当時、音楽プロダクションで自社ビルを持っていたのはウチだけですから。渡辺プロもホリプロなんかもまだでしたね」

そんな話をしながら、「でも、実はお金はあんまりなかったんですよ」と彼は声を潜めるように言った。

師・鶏郎との共通点と相違点

「ミュージカルをやってましたからね。やっぱりお金がかかってたんですよ。コマーシャルをやるのも、最終的にはミュージカルを続けるためだったと言って良いのかもしれないですね」

いずみたくが上演したミュージカルは、オールスタッフのホームページには1960年から1990年まで31本が記されている。それ以外に100本以上の児童向けミュージカルがあったとも書かれている。

三木鶏郎といずみたく。

ともにミュージカルに対して最後まで情熱を燃やしていたということは共通していたことになる。

それまでのレコード音楽とは違う場所で音楽を始め、ジャンルを超えた作品を残してきたいずみたくは、コマーシャル作品だけで2000曲以上を書いているという。

彼がコマーシャルの中で〝実験〟してきたことの一つにスキャットがあった。

「歌詩《ママ》のない歌が、急に世の中に流れ出した。

人びとはそれをスキャットと呼び、あるいは鼻歌と呼び、ある人は歌詩のない歌は歌ではないと批判した。

作曲家は歌詩で勝負するものではなく、メロディーで勝負するのであるということは、かねてからのボクの持論であった。

歌から言葉をはずしても、歌がメロディー自体で、その音楽性を保持できなければ、その歌は音楽とは言えない。

日本の歌謡曲や演歌は、定まりきったパターンで作られているので、歌詩を取り除いてしまうと、皆同じメロディーになってしまう。

かろうじて、歌手の個性と歌い方で区別がつく。

やはり、歌でも、メロディーラインが優先しなくてはいけない」

彼はエッセイ集『見上げてごらん夜の星を』の中の「夜明けのスキャット」のところで、そう書いている。

明治製菓のコマーシャルソングとして作られた「世界は二人のために」も、ボニージャックスが歌った時はスキャットだった。コマーシャルと並んで、番組の主題歌でもそんな実験をしている。TBSラジオの夜の番組「夜のバラード」のテーマとして使われたのが「夜明けのスキャット」だった。歌ったのは童謡歌手だった安田章子。彼女は〝由紀さおり〟として再デビューした。「夜明けのスキャット」は、歌詞のほとんどない歌謡曲として初めてシングルチャートの一位になり、1969年度の年間チャートの一位という大ヒットとなった。

「見上げてごらん夜の星を」「夜明けのうた」「手のひらを太陽に」「希望」「明日も逢おうよ」「ベッドで煙草を吸わないで」「恋の季節」「ゲゲゲの鬼太郎」「水虫のうた」「いいじゃないの幸せならば」——。

コマーシャルソング、テレビ主題歌、フォークソング、コミカルソング、そして誰もが知っているスタンダードなポップス。

いずみたくが書いたヒット曲の幅の広さは驚くほどだ。

そういう意味では、同じように一つのカテゴリーには収まりきらなかった師である三木鶏郎を凌ぐと言って良いのではないだろうか。

「やっぱり、うたごえ運動出身ということがあったんでしょうね。そのステージが変わったんだと思う。テレビの向こうの視聴者を一緒に歌わせるということだったんじゃないかな。皆を歌わせるという点では、鶏郎さんもかなわなかったということは言えるでしょうね」

と言うのは広告作詞家の伊藤アキラである。電通時代に三木鶏郎の仕事の窓口になっていた広告研究家の山川浩二はこう言う。

「鶏さんはマイナーな曲があまりうまくなかったけれど、たくさんは、そういうメロディーがうまかった。鶏さんは、コマーシャルを自分の音楽を流行らせる手段だと思ってた気がしますね。たくさんは実験だった。経済的な意味合いもあったと思う。鶏さんは創始者、二代目の継承者がたくさんで、三代目は小林亜星さんでしょう。亜星さんになるとコマーシャルということに対してもっと割り切っていたと思う」

「夜明けのスキャット」が、大ヒットしていた1969年。〝ダバダ〜〟という印象的なフレーズの歌詞のないコマーシャルソングがブラウン管から流れてきていた。

ネスカフェゴールドブレンド。

作曲は八木正生。プロデュースしていたA・R・Aの杉井修は、やはり元三芸の営業部員だった。三芸解散後、三木鶏郎とともにTV工房に加わった後に独立したプロデューサーだった。

同じ時代を共有していた広告制作者たちのその後。杉井修はすでに広告の世界から引退し、伊藤強はオールスタッフを離れている。そういう意味では、三木鶏郎門下としてキャリアをスタートさせ、いまでも現役プロデューサーとして仕事をしているのは、大森昭男だけということになるのかもしれない。

それぞれにとってのコマーシャルソング。

オールスタッフのホームページには、ミュージカルやヒット曲、あるいは著作など、いずみたくの業績が記されている。でも、そこには〝コマーシャルソング〟という欄はない。

いずみたくは三木鶏郎より早く、1992年に62歳でこの世を去った。

音楽葬として行われた葬儀で参列者とともに歌われたのが「見上げてごらん夜の星を」だったと言う。

鶏郎の継承者の三代目——小林亜星

レナウン「イエイエ」誕生

触れなければいけないもう一人の作曲家。それが小林亜星である。

「創始者は鶏さんで二代目がいずみたくさん、三代目が亜星さんでしょう」

広告研究家の山川浩二のそんな発言は前項でも紹介した。

日本の広告音楽を語るのに、不可欠な作曲家として彼は、その三人の名前を挙げ、登場順にそう位置づけた。

「音楽で言えば、鶏郎先生は、やっぱり冗談工房から始まっていて、たくちゃんはうたごえ運動ですよ。僕はアメリカンジャズとポップスですね。二人ともラジオ時代の人だし、音楽だけ作れば良いというところがあったでしょう。僕たちは、ラジオからテレビに変わる時代だったんで映像とコラボレーションが出来ないといけなくなった。僕らの頃から変わり始めましたね」

小林亜星は、「コマーシャル界で鶏さんと関係がないのは僕だけ」と言いつつ、前述の二人と自分の違いをそう分析して見せた。

ラジオからテレビへ。

そして、モノクロからカラーへ。

そんな時代の変化が生んだコマーシャルがレナウン「イエイエ」だった。いまでも、広告業界では「イエイエ」以前以後という時代区分があるという。

「実写とアニメーションを組合せ、カメラはロングからアップ、極端に低い角度と、目まぐるしい。一分の間に物語があるでなく、ただパッパッと画面が変る。この無意味な連続が音楽とマッチして、いかにも現代的な清潔さを感じさせ、印象づける。CMという言葉が持つ押しつけがましさ、いやらしさを捨去り、CMを作る側も見る側も楽しい」

1978年に講談社から発行された『CM25年史』では、「イエイエ」についての、そんな1968年8月8日の朝日新聞の記事を掲載している。

レナウン「イエイエ」が登場したのは、1967年。セーター、ワンピース、スカートなどニットのヤングファッション。個別の服を揃えるもので、〝組み合わせユニット〟と呼ばれた。

映像はソバカスのあるミニスカートの少女の顔。ポップアート風なカラフルなイラストレーション。レナウンとしては初めてのカラーCMだった。イラストを描いたのはレナウン宣伝部の小林みずえ。小林亜星の妹である。音楽が小林亜星だった。

小林亜星がレナウンのCM音楽を担当したのは、「イエイエ」が初めてではない。すでに1961年の「ワンサカ娘」から手がけている。それが小林亜星にとっての初めてのコマーシャルソングだった。

「当時、繊維のCMとしては、野坂昭如といずみたくコンビの『いいタッチ、このタッチ、カシミアタッチのカシミロン』というコマーシャルが評判になっていた。うちでも企業ソングをつくろうということになった。それまでラジオでは服部正、三木鶏郎などの大家のCMソングを流したこともあったが、露出度の少ないこともあってあまりヒットしなかった。本間良雄社長から『無名でもいいから若いセンスの作曲家をさがせよ』と言われていた」

当時レナウン宣伝部テレビ担当で、後に専務になる今井和也は、著書『テレビCMの青春時代』（中公新書）で、その時のことをそう書いている。ラジオからテレビへ。レナウンは、「ハワイアンアイ」「ヒッチコック劇場」などのアメリカ製ドラマを提供していた。小林亜星を「兄が作曲家でCMソングを作っている」と偽って紹介したのが妹のみずえだった。今井は、初対面でこれまでのキャリアを訊ねた時の亜星の「CMはまだやったことがない」という答えに「シマった、大変な人に頼んでしまった」と内心後悔した、と書いている。

「ワンサカ娘」と「イエイエ」にまつわるいくつものエピソード。「ワンサカ娘」のレコーディングは、渋谷の宮益坂にある楽器店のスタジオだった。ミュージシャンは一人もおらず、小林亜星は、自分で作ってきた曲を、ピアノやビブラフォンを使ってスタジオを走りながら一人で演奏し、今井和也の本の中の言葉を借りればそれを「手品のように」テープに多重録音していった。「二、三曲もあれば」というレナウン側の予測を超え、そうやって作られた曲は10曲に及び、その中の一曲は、自分で詞も書いてきていた。それが「ワンサカ娘」だった。1961年。テレビから流れてきた歌はかまやつひろしである。当初は違っていたと小林亜星はこう言った。

「最初は、平尾昌晃さんに歌ってもらおうと思って今井さんと日劇に頼みに行ったんですけど、ギャラが高くて無理だった。それでムッシュに頼んだんですよ」

候補の中には坂本九の名前もあったという。でも、知名度不足で見送られてしまった。坂本九が、彼にとって最初のオリジナル曲「上を向いて歩こう」を作曲家・中村八大のリサイタルで初めて歌うのは、1961年7月のことだ。中村八大が初めてのオリジナル「黒い花びら」を書いたのが1959年。日本語のオリジナルのポップスはもとより、オリジナルのポップスを歌う歌手すら少ない時代だった。

1962年、デュークエイセス、1963年、ジェリー藤尾・渡辺とも子、1964年、弘田三枝子。「ワンサカ娘」は、毎年、歌い手を替えて歌われていった珍しい例だ。1965年と1966年は、フレンチポップスのトップアイドル、シルビー・バルタン。小林みずえのイラストとシルビー・バルタンのアクションが合成された二年目の映像は、ACC賞の金賞を受賞している。シルビー・バルタンのギャランティーは一万ドル。360万円。平尾昌晃に払えなかったギャラは10万円だった、と今井は回想している。「ワンサカ娘」はレナウンの売り上げを4年間で、93億円から162億円へと激増させていた。

〝ドライブウエイに春が来りゃ〟というカタカナ歌詞。〝イエイイエイ〟というリフレイン、シンコペーションの効いたリズム。ドラムとベースを強調した音作り。「ワンサカ娘」は、ポップスそのものだった。

「ダサい音楽を俺が全部書き換えてやる」

小林亜星は、1932年、昭和7年の生まれだ。いずみたくより二歳下になる。父親は若い頃は文学青年だったという郵政省の役人だった。母親も演劇をやっていたことがあるという。〝亜星〟は本名である。〝アメリカ〟の当時の漢字表記だった〝亜米利加〟の〝亜〟と星条旗の〝星〟である。

「戦時中は大変でしたよ。アメリカのスパイじゃないかっていじめにあったりしましたからね」

その時は、長野県の小諸に疎開していた。

「戦争中はクラシックはわりと聴いて良かったんですよ。クラシックというと当時は、ほとんどドイツ、オーストリアですからね。同盟国、味方の国でしたしオペラはやっぱり三国同盟のイタリアですし。でも、ジャズは駄目でした。敵国音楽ですから。聴いたり歌ったりしたらとんでもないことになったけどね」

疎開先の成就寺というお寺には、SPレコードの蓄音機があった。そこで彼が毎日聴いていたのが、当時のタンゴバンドだった桜井潔とクラックスターズの「長崎物語」という戦前の流行歌とジョアッキーノ・アントニオ・ロッシーニの「セビリアの理髪師」だった。

「その二枚を学校に行っている時以外、朝から晩まで聴いてました。だってその二枚しかないんだものしかたがない（笑）。呆れられました」

終戦が中学一年。東京に戻って慶應の普通部に通った。彼は、すぐに友人とハワイアンバンドを組んでいる。その時の仲間が後に小坂一也のいたバンド、ワゴンマスターズのリーダーだった原田実だった。自分達で木を削ってギターを作るところから始めたという。小林亜星はサイドギターだった。

「中学の時、『アメリカ交響楽』っていうジョージ・ガーシュインの伝記映画が来たんですよ。みんなでそれを見ましたね、昼休みなんか音楽の話ばっかりでしたね。ピアノをやるのは高校になってですね。僕は、爺さんが病院をやっていたんで医学部に行かないといけないことになってましたから、ギターをお風呂の焚きつけにして燃やされちゃった（笑）」

中学の時、彼はハワイアンバンドで新橋のガード下の進駐軍相手のクラブでジャズを演奏している。グレン・ミラーやデューク・エリントンの曲である。それが学校に知れて処分を受けたりもしている。高校の時に始めたピアノも、紙に鍵盤の絵を描いて練習した。

「勉強するふりをして理論書を読みながら夜中に練習してると爪の音がカチカチ鳴るんで、また見つかって今度は鍵盤の絵を破かれたりしましたね（笑）」

焼け跡のジャズ少年。慶應高校は新制の一期生。入学して混声合唱団を作り、オーケストラも結成する。自分で作った曲を混声合唱とオーケストラで演奏する。その時のメンバーには、林光や、冨田勲、山下毅雄らそうそうたるメンバーがいた。慶應で初代演劇部を作ったのが浅利慶太だった。

「今度はクラシックが好きになっちゃってね。真面目になった時はクラシック、グレてる時は、ジャズになる（笑）。でも、両方やってるヤツはいなかった。ジャズの方から言うと、あんなくそまじめな音楽だしクラシックの人達からは、あんなもん音楽じゃないって。お前、どっちなんだって言われましたから。蝙蝠みたいな変なヤツだったんでしょう」

高校のオーケストラには一級下の桜井順がいた。彼は大学入学後、三木鶏郎に誘われて冗談工房に入った。大学時代に、お互いのつきあいはなくなっており、桜井順の進路は「風の便りで聞いた」という。小林は親の期待通りに慶應の医学部に入学していた。

「親の言うとおり医学部に入ったんだからいいだろうってバンドをやり出して、今度はビブラフォンに転向しちゃった。楽器が高いんで慶應でも二人しかいなかったんですよ。ピアノと同じぐらい高価でしたけど小学校の時に木琴をやってたんで、これならいけるわって」

横浜の進駐軍クラブのほぼ専属のバンドでギャラは一晩２０００円。大卒初任給は９０００円の時代だ。医学部の進級を断念して経済学部に転部。１９５５年に卒業、月給９０００円の会社員になった。

いいのね（笑）。会社の場所も銀座だったし、初任給を一晩で飲んじゃう。おまけに嫁さんも連れて来ちゃったから、これは何かしないといけないと。でも、得意なことをしないと損だぞって気づいた。そしたら、音楽しかないじゃないかって。そこからですよ」

好きなことで生活する。彼にとって音楽は生きて行くための手段でもあったことになる。すでに学生時代にも作曲の経験はしている。学生時代の友人に依頼されて、合羽橋の町内会の歌を作曲している。「合羽橋音頭」という曲だ。

「その歌を、二科会が気に入ったらしく、東郷青児とかそういう画家が、毎年その歌を歌って練り歩くんですよ。それが新聞に出たりしたんで、俺の歌は結構受けると思ったんでしょうね。林（光）達の音楽は真面目すぎて受けないけど、俺はやれるかもなって」

ＣＭ音楽に入る前、彼が主にかかわっていたのがＮＨＫの編曲の仕事である。そのきっかけになったのが、彼が扉を叩いた作曲家の服部正だった。「バス通り裏」「向こう三軒両隣」「ヤン坊ニン坊トン坊」などを手がけていた。

「この音楽は良いなと思った。知りもしないのにいきなり行ったら、奥さんに『ウチのは音大出しか教えてない』って言われて、ガッカリしてテープと譜面だけ預けて帰ったんだけど、そしたら先生から『是非いらっしゃい』って。嬉しかったですね。月謝３０００円でしたけど払ったのは二度だけですよ、金がなかったからね（笑）」

レナウンの依頼があったのはそうやって服部の仕事を手伝い始め、ＮＨＫの音楽番組の仕事が軌道に乗った頃だった。

「すごく生意気で不遜なんだけどね、内心、俺が全部書き換えてやると思ってた。進駐軍で向こうのポップスばっかり聴いてたでしょ。アメリカ人のおばあちゃんがリクエストしてきて、よくこんなの知ってるねっていう曲までコードから何から頭に入ってましたからね。スタンダードナンバーで知らないのはいまもないですよ。だから、ドラマの音楽もダサイ、コマーシャルもダサイ。全部ダサく聞こえるわけですよ。いまもそういう人はいると思いますよ。才能があるとかないとかよりも、そういう環境にいると、ダサく聞こえちゃうんですよ」

「この木なんの木」「ダーバン」「酒は大関こころいき」

小林亜星が「ワンサカ娘」と「イエイエ」でCM音楽に持ち込んだこと。それは〝リズム〟という概念ではないだろうか。いま風に言えばビートである。

「初めて聞かされた時、聞いたことのないリズムで、ショックで驚いてしまった」

今井和也は、小林亜星のスタジオで初めて「イエイエ」を聞いた時のことをそう書いている。彼に対して、小林亜星は「8ビートと4ビートが交互に現れるニューリズム。イエイエの商品名は、メロディーやスキャットではなくリフというジャズの手法で作ってみた」と説明したと言う。今井は「私には宇宙人の言葉のようで全く理解できなかった」とも書いている。小林亜星は、こう言う。

「いまでもあんなリズムはないんじゃないでしょうか。ベースもダブルでやってますし、普通のR&Bのスタイルでもないですから。歌詞もないですし。アブストラクトに感じて、ファッションとして新しかった。

『これは何？』って言われるような新しいところがないと駄目。残らないんでしょうね」

1967年。ビートルズが、宇宙中継で「愛こそすべて」を全世界に向けて歌った。若者文化の波及。アメリカではサイケデリック・カルチャーが生まれ、ロンドンでは〝ピーコック革命〟と呼ばれるファッション・ムーブメントが起こっていた。

イラストのモデルになっていたのは、そんな流行のシンボルでもあった〝ミニスカートの女王〟ツイッギーである。

歌はアメリカ帰りの朱里エイコ。演奏はグループサウンズの実力派、シャープホークス。歌詞中心が普通だったCM音楽の原則を無視したような、リズム主体の曲と〝イエイエ〟のリフレイン。音と映像が合体した躍動感は斬新そのものであり、時代だった。

商品名の説明も連呼もない〝フィーリング広告〟の誕生だった。

ただ、小林亜星の存在感は、「ワンサカ娘」「イエイエ」にとどまらない。ジャズボーカルのスキャットを使った「サントリーオールド」、サイケデリック風な富士ゼロックス「モーレツからビューティフルへ」、親しみやすい歌謡ポップスのエメロンシャンプー「ふりむかないで」、映画音楽を連想するレナウン「ダーバン」、日本調の大関酒造「酒は大関こころいき」と、毎年、ヒットCMを飛ばしている。

しかも、そのほとんどが音楽のスタイルが違っていた。むしろ、「イエイエ」のようなリズム重視型の方が少ない。

洗練された誰もが口ずさめるメロディー。小林亜星作品が息が長いのもそれが原因と言って良さそうだ。「ワンサカ娘」も、その後、30年近くの間に、何度となく復活している。中でも典型的な例が、1973年から始まった日立製作所の「この木なんの木」ではないだろうか。

現在も使われており、放送開始から数えると30年以上が経つ。映像に映っている木も、すでに〝八代目〟だ。全くもって卑近な例を挙げれば、我が家で生まれた男の子が、最初に覚えた歌が、「この木なんの木」だった。小林は言う。

「あれは、絵を見せられて、音楽は任せるからって言われたのかな」

絵を見せられたのは作詞の伊藤アキラも同じだった。彼の記憶はこうだ。

「ああいうような木が一本、鉛筆で描いてあったわけですよ。これだけジーッと映しますから、音楽は絵に耐えられるようなものを作ってください、みたいなもんですよ。それで、この木は何と言うんですか、と聞いたら、『私は知りません』。どこにあるんですかって聞いたら、やっぱり『私は知りません』。そうですかと言って、その通りに書いた（笑）」

口ずさみやすい曲の代表が「この木なんの木」だとしたら、もう一方にあるのが「ダーバン」ではないだろうか。歌詞やメッセージではない音楽だけの世界。それは、劇伴と呼ばれる音楽を作ってきた彼のキャリアを感じさせる。

「フルオーケストラでシンフォニーをやってる。あれは本当は得意技なんだけど、お金がかかるからなかなかやれない（笑）」

アラン・ドロンが登場する映像を撮影したのは演出家の電通映画社の松尾真吾。杉山登志の後輩だった。

「ワンサカ娘」「イエイエ」も、ともに彼である。１９８４年、49歳でこの世を去った。小林亜星は彼についてこう言う。

「亡くなってしまったんで、思い出すのはつらいんですけど、年中、飲んでましたからね。ダーバンの頃は、今年はどんな音楽で行くというような話は全然しないんです。どんな映像かも聞かない。テーマもなし。彼が撮ってくるのを先に音楽を作って待ってるんですから。それでもぴたりと一致しちゃう。10作あるんですが、全部そうですよ。ああいうのは理想的ですね。僕が仕事をさせて頂いていた頃はCMもアニメもそういう作り方だったんですけどね。最近はそういうやり方ができる人間関係はないんじゃないでしょうか」

エメロンシャンプーの「ふりむかないで」はレコード化されヒットした。加藤登紀子がレコード大賞新人賞を受賞した「赤い風船」も彼の作だ。一方で、ハニーナイツの「オーチンチン」のようなコミックソングから、「ピンポンパン体操」。そして、1976年、レコード大賞を受賞した都はるみの「北の宿から」もある。もし、ポップスという音楽を、あらゆるジャンルの曲を飲み込んでしまう流行の音楽、とすれば、彼が作りだしてきた音楽は、ポップスそのものだろう。

小林亜星は、ポップスという音楽を一人で「書き換えよう」としたのかもしれない。

「僕の本質は、お金が入って、それで、お酒が飲めれば最高っていう。結局ロクなもんじゃない(笑)。人をアッと言わせる大芸術をやろうとか思ってないですし。流行歌は賭博だと思いますね。CM音楽は芸術じゃない。イラストレーションかな。流行歌と違って、何回も聞かせられるし、世の中の評判とか結果がすぐに分かる。だからその人の才能はある程度は分かりますよね。駄目だともちろん駄目ですし。そういう点では新人が入りやすかったんだと思いますね」

小林亜星は、いま、音楽学校の学長をしている。そこでは生徒達に「音楽と歌の違い」について話しているそうだ。音楽には言葉がない。歌には、歌詞があるから文学でもあり、歌い手というパフォーマーもいるので演劇でもある。作曲しか出来ない人や音楽しか出来ない人が〝歌〟を作ると失敗するというのである。

「歌えない人は駄目ですよ」

彼はいま、音楽も含めた広告業界をどう見ているのだろうか。

「いまはオーディションとかコンペでしょう。いろんな人に頼んで、その中から。そういう失礼なことはなかったですよね。あれも日本の音楽を駄目にしてますね。誰も責任を取らない。当時は、俺が責任を取る、という人がたくさんいたんです」

処女作CMが歴史を変える。

もうそういう時代は来ないのだろうか。

大森昭男との長いつきあい

演出家の役割――結城臣雄《しげお》の場合

大森昭男のもとにある膨大な制作作品リストを見ていると、ある傾向があることに気づく。それは、関わった作家や演出家とのつきあいの長さということだ。

確かに、中にはその作品のみだったり、短い期間だけクレジットされている名前もあったりはする。でも、いまも人々の記憶に残っているような代表作に関係している人とは、かなりの長期に亘ってコラボレーションを続けており、一過性の関係ではなかったことが分かる。

大瀧詠一、山下達郎、矢野顕子、大貫妙子、鈴木慶一、クニ河内、樋口康雄、坂本龍一、吉田美奈子……。音楽家だけではない。演出家やエンジニアという人たちにも、20年以上のつきあいという相手が少なくない。

「それはもう信頼関係ということでしょうね。演出家よりもアーティストを大事にしているんじゃないかと思うことがあるくらいにアーティストを守るという姿勢がはっきりしている。ハッタリのような仕事をしませんから。巨匠になった人たちがいまも、大森さんの仕事ならというのは、そこがずっと変わらないからでしょうね」

そう言うのは演出家の結城臣雄である。大森昭男が映像の面で、最も長い間、ともに仕事をしている演出家が彼だろう。

二人が初めて出会ったのは、大森昭男がまだブレーン・JACKで桜井順のプロデュースをしていた時代だった。結城臣雄は、映像制作会社、日本天然色映画に入社したばかり、1968年のことだ。彼も、新人として資生堂を制作するチームに加わった。

「資生堂の音楽と言えば作曲は大巨匠だった桜井順さんで、大森さんがプロデューサーという関係でした。そこから大森さんが独立したのと、僕が、一本立ちになっていった時期が近いんですよ。『MG5』とか『サイダー』とか、比較的若い人向けの商品が多かったせいもあって、桜井順さんと違うラインで作ろうと思った時に、フォークやニューミュージックが出てきた。そういう意味では大森さんと一緒に歩いてきたという感覚はありますね」

大森昭男の方も、彼のことを「一緒に新しい音楽を探していた相手」と言う。資生堂の男性化粧品「MG5」のレコーディングに「岡林でやるから見においでよ」と大森昭男を誘ったのが結城臣雄だった。大森昭男は、その時のことをこう言う。

「僕も、クニ河内さんとかはっぴいえんどとか、新しい人達を意識して聴くようになっていたのね。こういう人達を活かしたいとうすうす思うようになっていた頃で、そろそろある覚悟をしなければと思うようになったきっかけになりましたね」

岡林というのは、60年代後半に〝フォークの神様〟と呼ばれた岡林信康である。結城臣雄は、「MG5」のコマーシャルソングに彼を起用していた。

「最初は新曲を書いてもらうはずだったんですよ。だけど、岡林さんが一番スランプにおちいっている時で、どうやっても書けなくて、何でも良いからいままでの曲で使えるモノがあったら使ってくれないかということになったんですね」

結城臣雄が、その時に希望した曲は「私たちの望むものは」だった。

岡林信康は、1946年、滋賀県近江八幡の教会の牧師の息子として生まれた。同志社大学の神学科に在学中にキリスト教に疑問を持ち上京、肉体労働者が集まる東京の山谷の飯場で働いている中でフォークソングに出逢った。1969年に出た一枚目のアルバム「私を断罪せよ」に入っている「山谷ブルース」は、そんな体験から生まれた曲だ。高度成長の道をひた走りする東京の底辺から見た世の中の仕組み。アルバムの中味は、組合運動や、部落差別、反戦歌など、それまでの歌謡曲やポップスにはない社会的なメッセージ色の強い曲がほとんどだった。音楽の質で言えば、コマーシャルソングに代表される商業音楽とは最も遠いところにあった。

「私たちの望むものは」は、1970年に出た二枚目のアルバム「見る前に跳べ」の中の曲だ。

〝今ある不幸せにとどまってはならない

まだ見ぬ幸せに今跳び立つのだ〟

と歌う祈りのような曲は、彼が〝フォークの神様〟と呼ばれる決定的な曲となった。

「でも、岡林さんが、あの曲だけは勘弁してくれと言ったんで、『自由への長い旅』に変えて新たに録り直したんですよ」

その時、岡林信康のバックをつとめていたバンドがはっぴいえんどだった。細野晴臣（B・Vo）・大瀧詠一（G・Vo）・鈴木茂（G）・松本隆（D）。その後の日本のロックを支えて行く4人である。

1973年、大森がON・アソシエイツを発足して二年目に制作した「サイダー'73」の演出家も結城臣雄であることもすでに紹介した。

結城臣雄は1945年1月生まれである。岡林信康とは学年で二年上だ。コマーシャルが全盛を迎える直前に業界に足を踏み入れたことになる。就職試験では、電通映画社と日本天然色の二社を受験し、どちらを選択しようか迷った。

「ドキュメンタリーを作りたいとも思っていたんです。電通映画社は広告と両方とも出来るかも知れないと。でも、先輩にどっちつかずは良くない、広告の方が自由だと思うとアドバイスされて決めたんですよ」

その時、彼が言われたのは「そこには杉山登志という素晴らしい演出家がいるから」ということだった。そして、新入社員の彼が配属されたのが杉山登志のティームだった。杉山登志が、資生堂の映像表現で世界に注目され始めていた時だ。

「みんなですごいアンテナを張っていて、新しい音楽を見つけてきては、杉さんに聞かせるんですよ。彼から『面白い』と言われるのが嬉しくて。コンサートにはよく行ってましたね」

彼が、当時印象深かったコンサートとしてあげたのが1971年の夏の野外イベントだ。

その年、箱根にイギリスのロックバンド、ピンクフロイドが来日した。霧に包まれた野外コンサートは未だに語り草になっている。結城臣雄らは、そのコンサートの後、そのまま岐阜県の中津川に向かった。中津川市の椛の湖畔で行われた第三回全日本フォークジャンボリーである。岡林信康、三上寛、五つの赤い風船、赤い鳥、加川良、高田渡、小室等と六文銭、遠藤賢司ら当時のフォークやロックのアーティストが勢揃いしていた野外コンサートには二万人以上が集まった。この時、サブステージで歌っていて電源が切れるというハプニングの中で「人間なんて」を二時間にわたって歌い続け、一躍注目をされたのが吉田拓郎である。結城臣雄は、そのコンサートの現場にいた。

フォークは反体制的アングラ。そう思われていた時代に、そうした音楽のフェスティバルの会場に、若手広告制作者がいた。一般のマスメディアからは顧みられることもなかった時代である。このライブの模様を映像として収めていたのは、ドキュメンタリーで名を馳せていたテレビマンユニオンだけだった。

「僕は好きな人としかやらない主義だったんですよ。だから知らない人とは誰一人やってないですね」と結城臣雄は言う。

結城臣雄は1974年に日本天然色から独立。現在までに大森昭男と一緒に60本以上の作品を作っている。代々の「三ツ矢サイダー」をはじめ、矢野顕子や坂本龍一が関わっている作品のほとんどに彼の手による映像がついている。1991年には、当時好きだったというフォークシンガー、加川良を起用して日産自動車の企業広告を作っている。大貫妙子が歌った1994年のJR東日本「その先の日本へ」は、彼女が2003年に出した30周年のベストアルバムにも収録された。大貫妙子は、山下達郎がリーダーだったシュガー・ベイブの紅一点だった女性だ。1974年の「サイダー'74」を歌っているのがシュガー・ベイブだった。

「でも、昔はいろんなことが出来ましたよね」

結城臣雄は、自分のキャリアを振り返って、そう言う。

「いま、企業の方が既製の音楽を使いたがるでしょ。そんなことなかったですからね。みんなゼロから作りたがりましたよ。いま、こんな高いお金払うんなら、なんでオリジナルを作らないんだろうと思う。前は簡単に進めたことがいまはそうならない。システマチックになって、各部署とかとの面倒くさい調整ばっかりだし。面白かった時期は、組織じゃなかったですよね。担当の課長とか部長が責任を持って決断してくれた。みんな信頼し合ってましたよね。だから手続きを踏むことに疲れる人は、いまの状況はいやになりますよね」

演出家の役割——今村直樹の場合

大森昭男と密な関係を持って仕事をしてきた演出家は、他にもいる。

その中の一人が、80年代に数多くの作品を残している川崎徹であることもすでに触れた。同じように、大森の制作作品リストの中で80年代から登場している演出家が、今村直樹である。1954年生まれだ。

彼が大森昭男と組んで仕事をしたのは1984年、クライアントは日本リクルートセンターの雑誌『とらばーゆ』だった。それ以来、その関係は20年に及ぶいまも変わらずに続いている。

彼は、その時のことをこう言う。

「いつかチャンスがあったら大森さんと仕事をしたいと思っていて、その時、やっと出来ると思って電話したんですね。普通、プロダクションは、こちらから言わなくても作品集を送ってきたりするんで、そういうのがありませんかという電話だったんですけど、ご本人がお出になって、そういうのは作っていませんけど、良かったら会いに来ませんかと言われたんですよ。それがとっても自然だった。確かにそうだなと思って、お会いしに行ったのがきっかけでした」

それはビジネスの範疇にとどまらない人と人とのコミュニケーションのあり方なのかもしれない。

何か資料はないかと電話をもらった面識のない相手に「良かったら会いに来ませんか」と言うこと。そして、それもそうだと足を運んで行くこと。今村直樹は、そうやって自分から初対面のスタッフに会いに行ったのは、その時しかないと言い、大森昭男は、自分から足を運んで会いに来た演出家は彼だけだったという。

「僕はその頃、作品歴も特にない、まだ氏素性が分からない〝自称ディレクター〟みたいなもんでしょうから、会いにいらっしゃいと言って頂けたのは彼の親切心だったんだと思いますね」

その時の『とらばーゆ』は、演出家・今村直樹が手がけた最初のクライアントだった。彼は、広告制作会社、サンアドに途中入社したばかりだった。

「サンアドという会社は普通のプロダクションと違って、広告代理店がやるように、自分で企画を立てて、クライアントに直接プレゼンするような会社だったんですよ。それが通らないと仕事が出来ない。僕も半年か一年くらい冷や飯を食ってまして、『とらばーゆ』は満を持してという感じでした」

その時の作曲家はかしぶち哲郎。ムーンライダーズのドラマーである。

「あれは大森さんの起用でしたけど、僕は、ムーンライダーズの名前を知っている程度で、彼に対してはあんまり知識がなかったんで、え!? という、意外なキャスティングという印象はありましたね」

1984年に彼が大森昭男と組んだ「全日空沖縄キャンペーン」も、かしぶち哲郎である。ムーンライダーズのファミリーでありつつ、大森昭男が最も多く仕事をしていた、鈴木慶一ではない。

なぜ、かしぶち哲郎だったのだろうか。

「今村さんの話で、ヨーロッパ映画、フランス映画のワンシーンみたいな、という一言があったんですね。

かしぶちさんは映画好きで、感覚的にもヨーロッパ色を得意としている人だったからですね」

初めて依頼された相手とどうつきあうか。もし、自分の力量を誇示したりするのであれば、他の人選もあったのだろう。でも、例え作家としては無名でも、何よりも演出家の意図を表現することを優先した。それがその起用だったのではないだろうか。

大森昭男と今村直樹のコンビは、1984年の『とらばーゆ』以来、2004年の「アリナミンブランド」まで約90本を数える。80年代後半から関わっている演出家の中で本数は最も多い。今村直樹は「大森さんとの仕事でこちらが作曲家を指名したことはほとんどないと思います」と言う。

結城臣雄作品と今村直樹作品。大森昭男が関わった二人の演出家の作品についている音楽の傾向はかなり違う。一番の違いは今村直樹演出作品の音楽には、インスツルメンタルが多いことだろう。斎藤毅、井上鑑、樋口康雄、小林靖宏、インスツルメンタル系の作曲家の名前が並んでいる。特に90年代半ばまではその傾向が強い。それは演出家の意向だったのだろうか。今村直樹は最近は少し変わってきましたけど、と前置きしつつこう言った。

「タイアップが嫌だったんですね。有名楽曲、メジャーな曲を使うというのが大嫌いで、それが分かった時点で仕事を断るっていうくらいでしたから。タイアップのほとんどが歌モノですから、それを避けようとするとそうなりますよね」

今村直樹は、上智大学の新聞学科の卒業である。サンアドに入る前は、6年半、テレビマンユニオンの系列プロダクション、TUCに所属していた。当初は番組の制作に関わっていたものの、自分から希望してコマーシャルを作るようになった。

「番組というのは企画勝負ですから映像をどう作るかという話にはならないですよね。それより映像とか映画の方に興味があったんでしょう。CMの方が〝作品〟という意味でクオリティーが高い。そっちをやらせてください、でしたね」

彼の出身は岐阜県である。高校の時は、美術科だった。1971年、中津川フォークジャンボリーの時は、「行くには幼すぎた」。音楽に強烈なインパクトを受けたのはユーミンの登場と矢野顕子だったと言う。

彼はほとんどの作品で大森さんの人選に従ったと言う。とはいうものの、中には彼が自分から希望した作曲家もいる。

1997年、アステルのコマーシャル「心の会話」で起用した槇原敬之がそうだった。

言葉が伝わる歌、槇原敬之と宮沢和史

「いつかやりたかった一人だったたんですね。あの時はコピーライターの一倉宏さんが書いた〝寂しがりや〟というキーワードがあったんですよ。自分で言葉を書く人なんで難しいかなとも思っていたんですけど、でも、打ち合わせをした帰り道には出来たと言ってました。さらにピアノだけで歌ってもらえないかというお願いもして。そちらは最初は難色を示してましたけど、CDになったシングルもそのバージョンだったんです。潔い人だなと思いましたね」

CDになった曲のタイトルは「素直」。槇原敬之にしては、異例のシンプルさである。しかもジャケットに写っていたのは丸坊主姿の彼の顔だった。

槇原敬之がデビューしたのは1990年。恋愛心理や日常生活のディテールを書き込んだラブソングの巧みさで、90年代にデビューして最も成功したシンガーソングライターとなった。そうやって頂点を極めた彼が、薬物使用でつまずきを起こすのはこの直後である。いま思えば「素直」は、迷いの森をさまよっていた彼が、コマーシャルという場を使って発した〝心の声〟だったのかもしれない。

アステルの「心の会話」には、もう一人の人選も検討されていたと言う。

それはTHE BOOMのリーダー、宮沢和史だった。ただ、彼は〝寂しがりや〟という言葉で曲を作ることに対して、はっきりした拒否を示し、成立しなかった。

THE BOOMは、今村直樹と大森昭男がともに共感を持っていたバンドだった。

「当時、言葉が聞き取りにくい歌ばっかりで、ちゃんと言葉が伝わるということをやりたかったんです。そうなると宮沢さんとか槇原さんとかだったんですよね」

と言うのは今村直樹である。宮沢和史と同じ山梨出身である大森昭男は、もう少し身近なきっかけだった。

『中央線』という曲を聞いた時に、詩人だなあと思ったんですよ。私も、中央線に乗って出身の山梨から東京に行き来していましたから、強いシンパシーを感じましたね」

大森昭男は、1994年にすでに宮沢和史に曲を依頼している。キリンビールの「冬仕立て」。その中で生まれたのが「帰ろうかな」だった。大森昭男は続ける。

「お正月とか年の暮れに家族が集まってビールを飲む。そんな絵コンテを見てもらって、それだけであそこまでの曲を作る。才能を感じましたね」

THE BOOMは、1989年にデビューした。歩行者天国で人気になり、バンドブームを象徴するようなバンドになった。彼らのコンサート会場は、10代の女の子で埋まっていた。彼らの曲はすでにコマーシャルでも使われていた。

「でも、そういう曲はいわゆる楽曲使用ですよね。CMのために新たに書き下ろすという依頼は大森さんが初めてだったんです」

THE BOOMのプロデューサー、佐藤剛は、そう言う。

佐藤剛は1952年生まれである。明治大学では映画研究会に入っていた。日本の大衆音楽に関心が強く、音楽業界誌の編集をする傍らペンネームで評論も書いていた。70年代後半から80年代にかけては甲斐バンドのマネージャーもつとめている。彼は、「大森さんのことは前から知ってました」と言った。

「80年代の西武系列の音楽とか、糸井さんと矢野さんの組み合わせとか、へえ、こういうセンスあるものを作る人がいるんだ、と思ってました。最初に宮沢に話が来た時は、ようやくこの人に認められたという感じがあったと思いますね。宮沢に、やった方が良いと思うよ、という話をしましたから」

今村直樹が大森昭男とともに宮沢和史と初めて仕事をしたのは、1998年のJR東日本「新しい旅」だった。

「あの時も〝故郷になってください〟という言葉の縛りがあったんですよ。でも諦めずにお願いしたら、その言葉ならイメージを広げられると言ってくれて実現したんですね」

彼が書いた曲が「僕の故郷になってください」。THE BOOMの代表曲の一つになった。

タイアップが嫌い、という今村直樹にはもう一つ、こだわっていたことがある。それは有名タレントを使うことへの抵抗感だった。

「フリーになってやっているとなかなかそうも言ってられなくて、最近は得意なジャンルになってますけど(笑)。でも、基本的には嫌ですね。無名のおじいちゃん、おばあちゃんを撮っている方が楽しい」

JR東日本は、その土地の生活感を表現した映像の作品でもあった。彼は、15秒、30秒の通常のコマーシャルとは違う60秒サイズを制作して放送もしている。クライアントの協力を得てのことだ。

こうやって話を聞いてきた多くの制作者達が90年代後半以降の広告業界に対して否定的な意見を口にする中で、今村直樹は少し違う見方をしていた。彼はこんな話をした。

「確かにコマーシャルを巡る状況はひどいですよ。最悪だとは思う。ただ、かつての映画産業がそうだったように、制作現場では手弁当で無理してもいい物を作りたいという傾向はありますね。嘆いてばかりじゃ始まらないですよね。昔もひどいCMはあったわけですし。でもCMにしかできないことはきっと存在すると思うんですよ」

CMだからこそ出来ることがある——。

佐藤剛も、そんな風に確信を持っている一人である。

彼は、THE BOOMの最大のヒット曲「島唄」で、それを実践、成功した体験を持っていた。

次項は、そんなエピソードから始めたいと思う。

レコード音楽にないCM音楽の面白さ

「島唄」と佐藤剛

CMソングが好き——。

この連載を始めてから話を伺った人の多くが、同じようにそんな言葉を口にした。

CMソングでなければ出来ないこと。CMソングだから出来ること。いわゆるレコード音楽にはない面白さや可能性に対しての明確な認識。CM音楽の50年は、そういう人達によって支えられてきたと言って良いのだと思う。

「僕、コマーシャルソングは好きなんですよ」

THE BOOMのプロデューサー、佐藤剛も、宮沢和史が関わったCM音楽についての話をしながら、やはりそう言った。

「限られた中で何かを表現しなければいけないとか、足かせがある中で物を作る面白さというんでしょうか。15秒とか30秒という制約とクライアントの意向。その中で、想像力を働かせて皆さん、作ってらっしゃるわけで。学生の頃から、意識してましたね。大森さんがおやりになった大瀧（詠一）さんや（山下）達郎さんの作品は、その頃から好きでした」

そう言いつつ、彼は「自分が関わるアーティストにとっては慎重になる、なるべく関わらない方が良いと思っている」とも言った。

「基本的には好きなんですけど、だからといってうっかり関わると後でひどい目に遭うというか。その時はそうじゃなくても後でしっぺ返しが来たりしますから。そういう面では慎重にならざるを得ないですね」

CMソングのしっぺ返し。例えば、特定企業や商品のイメージが強くなってしまうことや権利関係の複雑さ。それらがアーティスト本来の方向性の妨げになってしまうこともまれではない。「慎重にならざるを得ない」という彼が、自分から「強引に持ち込んだ」というケースがTHE BOOMの代表曲「島唄」だった。

クライアントは沖縄の泡盛メーカー〝MIZUHO〟である。

「嫌がる相手をねじ伏せて、みたいな感じでした(笑)。制作費もフィルム代から何から全部こちらで持ちます。15秒、30秒、60秒、全部こちらで撮って編集して、どうぞお使いくださいって」

「島唄」は1991年12月、4枚目のオリジナルアルバム「思春期」の中の一曲として発表された。沖縄のメロディーをミックスし、沖縄の民俗楽器である三線を使った彼らの中でも新しい一面だった。

「正直に言うと、最初は『三線とかは女の子たちが嫌がる。そんなオジン臭いことは止めてくれ』ってスタッフから言われてたくらいだったんです(笑)。でも宮沢本人ははじめから沖縄でのシングル発売を希望してましたね。この曲は沖縄の人から頂いたいろんな想いが自分の中を通ることで生まれた曲なんで、ぜひ沖縄の人に返したい、とにかく沖縄の人達に聞いて欲しい、何か出来ることはないのか、シングルを出せないかということだったんですよ」

THE BOOMは1989年にホコテンの人気バンドとしてデビューした。ジャマイカや中米から発生したリズム、スカを使った軽妙なダンス・ビートとフォークソングの影響を感じさせる叙情的なメロディー。彼らのコンサートはどこに行っても10代の女の子で一杯だった。沖縄も例外ではなかった。チケットは彼女たちの段階で売り切れてしまう。彼らが伝えたいと思った大人に見てもらう状況にはなかった。「島唄」の歌詞には、太平洋戦争の時の沖縄戦の悲劇が唄い込まれている。一番聴いて欲しい戦争体験のある60代や70代にはとうてい届かない。

「それでも宮沢本人はたまに『なんとかならないかな』ってポソッと言ったりしてたんです。でも周りは『まだそんなこと言ってる』という雰囲気だったんですよ」

様子が変わったのは、1992年のツアーが始まってからだ。ホコテン時代からの若いファン達が踊ることも忘れて聴き入っている。終演後のアンケートにも「最も感動した曲だった」という感想が記されていた。

「それからですね。僕もやっと気づいた。これは世代を超えた名曲じゃないか。コンサート会場だけに終わる曲じゃないんではないか。で、ツアー中の4月に僕は一人で沖縄に行ったんです」

沖縄出身でもないバンドが唄う沖縄風な曲が、地元の人達にどう受け止められるか。沖縄の音楽関係者の予測は「五分五分」だった。彼が、協力者達と共に考えたアイデアがコマーシャルだった。〝MIZUHO〟は、瓶のデザインを山本寛斎に依頼するなど、「新しいことをやろうとしている泡盛メーカー」で一日一回、7時前のゴールデンタイムにCMの枠を持っていた。佐藤剛は、何度も沖縄に足を運んで交渉に当たった。

放送開始は10月改編。話が決まったのは夏の終わりだった。放送が始まって二カ月後に「島唄」は沖縄だけのシングルとして発売された。有線放送、CDショップで軒並み一位を獲得、沖縄発の大ヒット曲となった。

改めて全国発売されたのは半年後、1993年6月。その年の「紅白歌合戦」にも出場、ミリオンセラーになったのは記憶に新しい。そのきっかけとなったのが沖縄の一泡盛メーカーのCMだった。

「やっぱりCMの一番の効果というのは、誰もが見ているということでしょうね。それまでのファンやCDショップに行く人たちじゃない人たちも耳にする。典型的な例になったと思います」

「いつでも夢を」と渡辺秀文

「僕、CM自体が本当に好きなんで。性に合ってます――」

そう言うのは、JAMのCM音楽コンテストで1994年から1998年まで5年間続けてプロデューサー&ディレクター賞を受賞しているミスターミュージックの渡辺秀文である。1983年、大学4年の時にアルバイトとしてミスターミュージックに入社した。元々はミュージシャン志望だった。高校生の時に組んでいたバンドは、TBSの「銀座NOW」のオーディションで横浜銀蝿に次いで二位、ヤマハのコンテスト「イースト&ウエスト」でも二位だった。一位はシャネルズである。彼はドラマーだった。

「ちょうどコンピューターのドラムが出現した時で、それがコンピューターと知らずにレコードを聴いていて、『とてもかなわない』と思ってミュージシャンを断念したんです」

1983年。シンセサイザーや打ち込みが広がっていった時代。CM音楽が最もエネルギッシュだった時でもある。ミスターミュージックは、テクノやロック、最先端の音楽を取り込んだ作品で業界に新風を吹き込んでいた。

「面白かったですよ。当時、プログラミングした音楽を作ることなんて一般の人には出来ませんでしたから。音響ハウスに一日中いたりしてました」

彼は90年代初めに「納品を30本、プレゼンテーションやデモテープを入れると月50本近く」作っていたこともある。

「元々、競争の激しい商品をやらせてもらうことが多くて。飲料が多いんですよ。飲料は広告で決まりますからね。とにかくCMでその商品を知ってもらい、コンビニなどで一回飲んでもらって、そこで棚に残るかどうかの勝負ですから」

彼が最も長い間手がけているのがサントリーの「ウーロン茶」である。

最初に関わったのは1986年だった。それ以来、同じスタッフで制作している。彼がそうやって関わってきた中で印象深い作品としてあげたのが1992年の「いつでも夢を」だった。橋幸夫と吉永小百合がデュエットした1962年のレコード大賞受賞曲でもある。それを中国語にして歌うという企画。アレンジはミスターミュージックの専属作曲家でもある中川俊郎だった。渡辺秀文は、その「いつでも夢を」でACC賞の最優秀CM音楽賞とフジサンケイ広告大賞を受賞している。

「クリエイティブ・ディレクターでありアート・ディレクターがサンアドの葛西薫さんで、流行歌の大ファンなんですよ。葛西さんの選曲でした。彼が演出の前田良輔さんに、北京語でいい感じでやれないだろうか、というところで始まったんです」

日本の60年代初期。戦後の復興から立ち直って、明日へ向けた希望に包まれていた時代。高度成長のひずみやバブルの崩壊も予測すらしていなかった良き時代の象徴だった曲だ。電化製品が家庭に普及していった時代の歌が、改革開放の中国に重なった。

「ただ、いまでこそ違いますけど、中国語とか韓国語ってやっぱりある種、差別的に見られていた面もありますよね。フランス語や英語をパロディにする時とは違う嫌悪感を招きかねない。キッチュなものに聞こえないように作れればと思ってましたね。試作品を作ってみて、それがすごく良かった。お茶の間に中国語の歌が流れてもステキに響くんではないかなと思いました」

言うまでもなく日本の大衆文化は、欧米の影響を受ける形で変わってきた。それは音楽ばかりではない。生活スタイルも含め、憧れも目標も欧米だった。商品がウーロン茶とはいえ、中国語の歌というのは、クライアントにとってもどうだったのだろうか。当時のサントリー宣伝部の制作課長だった鈴木理雄はこう言う。

「サンアドの葛西（薫）・安藤（隆）というウーロン茶を最初からやっているコンビが『今度のウーロン茶は中国語でこの名曲を歌います』と出してきたんですが、最初は『面白いかも知れない、でも反応は分からないね』という感じだったと思います。デモテープが来て、若いスタッフの何人かが『面白い』と騒いだんですよ。これは受ける要素があるんだなということで音楽の方は、後はすーっと進みましたね。中国語ということに関しては、全然抵抗はなかったですね。面白いかも知れないとすぐに思いました」

CM音楽の歴史の中でサントリーは、欠かせない企業の一つになる。それについては、別の機会を持たないといけないだろう。渡辺秀文も「この業界に入った時、サントリーとソニーと資生堂をやりたいと思った」一人だ。鈴木理雄は「社長の佐治敬三が、毎年お正月になると『今年はどんなコマソンで行くんだ』という話をしてましたからね」と言った。

「中国に関して言えば、日中友好10周年の時だったと思いますが、『オールド』が初めて中国でCMロケを行っているんですよ。サントリー北京マラソンもやってますし。ビールでも製造面での技術協力のような関係を持ち始めていた時期だと思います。それが実って、いま上海ではサントリーのビールのシェアが一番高い。中国語にアレルギーがなかったのは、そういう背景もあったと思います」

仮に「島唄」が、沖縄と本土という距離を超えた曲だとしたらサントリーの「ウーロン茶」は、お茶の間に中国語の歌を浸透させた曲と言えるのではないだろうか。

1991年からスタートした中国語の歌入シリーズには吉田拓郎の「結婚しようよ」やキャンディーズの「春一番」や「暑中お見舞い申し上げます」、マドンナの「ライク・ア・バージン」なども加わった。2003年には、中国の人気女性歌手、Aminが歌うオリジナル曲「大きな河と小さな恋」も制作された。2002年にGLAYが北京で4万人を集めて行ったコンサートの時にカバーした「歌声与微笑」は彼女の曲でもある。プロデューサーは渡辺秀文だった。

「曲探しは大変ですよ。中国の民謡を2000曲ぐらい聴いたことがありますから。台湾の友人から送ってもらったり横浜の中華街のレコード屋を回ったり。同じ曲で30くらいバージョンがあったりするんです。頭5秒くらい聴けば駄目かどうか分かるようになりましたね（笑）」

ウーロン茶のシリーズは、当時電通で、現シンガタのクリエイティブ・ディレクターである佐々木宏が中国の大学の講演に持って行って学生に見せたことがあるそうだ。

「一般の学生が涙を流していたそうですね。彼らにとっても、『失いかけているものがここにある』って感じたらしく。そこは何かホッとしましたね」

2003年、「ウーロン茶」のシリーズで流された曲ばかりを集めたコンピレーションCD「Chai」が発売された。オリコンのアルバムチャート17位にランクされるヒットとなった。20万枚というCMソングのアルバムとしては異例の売れ行きだけでなく、全編中国語のアルバムが20位以内に入ったこと自体が日本の音楽史上初めてのことだった。全員中国人の女性という女子十二楽坊が日本の曲をカバーしたインスツルメンタルのアルバムでミリオンセラーを記録するのはその後のことになる。

「資生堂のCMソングばかり集めたアルバムとかいくつか出てますが、それらは矢沢永吉とかメジャーな人が参加してますよね。『ウーロン茶』は、スターがいるわけでもないですし派手なキャンペーンをしたわけでもない。それでもダントツの売り上げになるなんて想像だにしなかったですからね。中国語の気持ちよさみたいなものとか、韓国や中国の文化の風通しが良くなるきっかけに少しでもなってくれたとしたらすごく嬉しいですよ」と渡辺秀文は言う。

大げさに言ってしまえば、CM音楽を通じた異文化の紹介ということになるのだろうか。渡辺秀文は、出光石油のCMで、インドネシアのクロンチョンという民俗音楽を使ったこともある。現地に行って音を収録してくる。インドネシアのジャカルタには何度も行った。キューバにも行っている。毎月40本もの作品を制作している中で、そんなフットワークを持っているのも、CM音楽プロデューサー兼ディレクターならではかもしれない。いまも年に6本くらいは海外で録音している。

「この間もキューピーマヨネーズでロスにスペイン語の歌を録りに行きました。先月は明治製菓の企業編の音楽でパリに行き、クレモンティーヌに歌ってもらい『オー・シャンゼリゼ』を録ってきました。レコード向けの音楽単体だと売れないといけないんで、そこまでお金はかけられませんけど、コマーシャルは遊びでも冒険でもCMとして楽しめれば良い。そこは大きく違いますね」

彼は、同じ飲料水でも一社だけをやっているわけでもない。缶コーヒーだけでも4社手がけている。それだけ使い分けが出来ているということなのだろう。

「やっぱり好きかどうか、ですよね。CMが好きだからやりたい。井上大輔さんや近田春夫さんもそうだと思うんですよ。近田さん曰く、CM音楽ってお座敷芸みたいなところがあるって。目の前でパッと木を切ってみせる植木屋さんみたいな感じですか。『お見事で』とか拍手を受けるみたいな感じかな」

コカ・コーラ「I Feel Coke.」と小池哲夫

「あの人は苦労して書くとか、そういう感じじゃなかったですね。パッと思い浮かぶ。それが洗練されていたということでしょう。打ち合わせの時に、相手が何を求めているかだけ考えるという話はよくしてました。そういう意味でCMは面白いんですって。打ち合わせが終わってすぐにこんな感じかなって口ずさんでたりして、それが必ず的中したんですよね」

そう言うのは、プロダクションNOVAの代表取締役プロデューサー、小池哲夫である。

〝あの人〟というのは、渡辺秀文が「CMが好きなんでしょうね」と言った井上大輔のことだ。小池哲夫は、彼と最も近しかった音楽関係者でもある。

小池哲夫は、元は「亜麻色の髪の乙女」の大ヒットで知られている〝グループサウンズの貴公子〟ヴィレッジ・シンガーズのメンバーだった。グループサウンズの中でも、楽譜の読める数少ないバンドだった。井上大輔は、彼らと同じレコード会社の先輩バンド、GSのはしりでもあるブルー・コメッツのボーカリスト兼ソングライターだった。1967年に彼らが出した「ブルー・シャトウ」はその年のレコード大賞を受賞、歴史に残るヒット曲となっている。1972年にバンド解散後もフィンガー5の「学園天国」「恋のダイヤル6700」などのヒット曲を連発。ポップス系のヒットメーカーとなっていた。彼に初めてCM音楽を発注したのが小池哲夫だった。

「何のコマーシャルだったかは覚えてないんですけど、日本天然色さんの制作でインストものでした。30秒で三カ所くらいにアクセントがあるという作り方で、大チャンは、そういう作り方をしたことがなくて真っ青になってましたね。その時に譜面の譜割りを作って一緒にやって、そこから興味を持ってくれたみたいですね」

曲の作り方が違う。レコードになる曲はまずメロディーがある。しかも一曲4分程度の時間の中での流れで構成されてゆく。CM音楽はそうではない。限られた秒数で、しかも映像を見ながら曲をつけて行く。井上大輔にとって、そういう作り方が性にあったのだと思う、と彼は言う。

「大チャンとの仕事で一番思い出に残っているのは、やっぱり『I Feel Coke.』ですね」

プロダクションNOVAはコカ・コーラのCM音楽を制作してきたことで知られている。サントリーと並んで、CM音楽に力を入れてきた飲料クライアントがコカ・コーラだろう。NOVAは1979年に山下達郎がアカペラで歌った「Come on in. Coke」から手がけている。井上大輔が書いた「I Feel Coke.」は1987年だった。

「コカ・コーラは基本的にプレゼンなんです。きっとこの業界でも一番力の入ったプレゼンじゃないですか。一社で二、三曲作りますし。6社くらいに振られてますから。ウチは達郎さんの時に初めて勝ったんです」

サントリーの「ウーロン茶」がお茶の間に中国語文化を身近にした例だとしたら、コカ・コーラは、まさしくアメリカ的なるものを運んできた最たるものだった。

「80年代から90年代にかけて海外録音は多かったですけど、コカ・コーラは特別で『I Feel Coke.』になってからは毎回ニューヨークでしたね。今回は予算の関係で日本で最高のミュージシャンでと言って録音したのに、お金を出すからやっぱりニューヨークに行ってらっしゃいということもありましたし。その頃のコカ・コーラさんは音楽が命みたいなところがあって、よりクオリティーの高いものをという感じでした。その分、ボツも多かったですけど（笑）」

言うまでもなくコカ・コーラは世界的規模の会社でもある。1985年の「Coke is it!」は、世界共通のキャンペーンだった。「I Feel Coke.」は、〝日本製〟だ。

「それまでコカ・コーラの映像っていうのはハングライダーとかヨットとか、欧米の先端のライフスタイルみたいなものをずっと扱ってきたんですけど『I Feel Coke.』の時は、映像が倉敷だったりして、ちょっと違ったんです。僕も最初は大丈夫かなと思った。大チャンは、そのことを知らないまま曲を書いてきたのに、それがどこか和風で結果的には画にピッタリ合った。あれはビックリしました」

CM音楽に見る鮮やかな名人芸。それもそんな一例なのかもしれない。

「ブルコメは僕らにとっては格上という感じでしたし、大チャンはその頃からもうスターだったんですよ。僕にとってはCMをやり始めてから、親しくなれましたね」

「I Feel Coke.」は、1988年にシングルとして発売されている。彼にとっても思い出深い曲だったに違いない。

井上大輔は2000年5月30日にこの世を去った。葬儀で流された「代表曲」の中の一曲が「I Feel Coke.」だったと言う。

ヴィレッジ・シンガーズのメンバーは、笹井一臣がビクター、小松久はコロムビアからソニー、清水道夫はコロムビアとそれぞれディレクターに転身した。CM音楽に関わっているのは小池哲夫だけである。六代目のJAMの理事長が彼だ。

「昔からコマーシャルが好きなんですよ。ちっちゃい時に聞いたコマーシャル、一杯覚えてますから。そういう意味では、大森さんはあの年齢で現役で頑張っておられるし。目標ですよね」

CM音楽が好き――。

2005年春、佐藤剛は、CM音楽の父・三木鶏郎をテーマにしたミュージカルがプロデュース出来ないだろうかと企画していた。

同期の桜——作詞家・伊藤アキラ

改めて触れておかないといけない一人の人物がいる。

すでに折にふれて何度となく登場してはいるものの、彼個人の仕事について直接取り上げるのはこれが初めてになる。

作詞家の伊藤アキラである。

昭和15年、1940年生まれ。東京教育大学の二年生の時に、大学の掲示板に張られていた「冗談工房研究生募集」の張り紙に触発されて三木鶏郎の門を叩いた。その時に、音楽制作部のスタッフとして在籍していたのが大森昭男だった。

「大森さんは冗談工房の先輩になるわけですけど、同じ場所にいたわけですから、感覚的には同期の桜という感じです。それ以来絶えず気になって来て40年経ったということでしょうね」

この連載には、大森昭男とゆかりの深い演出家、作曲家、映像作家、編曲家、様々な立場の人たちが登場している。その大半が、彼より一世代下のクリエイター達だった。

伊藤アキラは、大森昭男がそうであるように、三木鶏郎の下でキャリアをスタートさせた数少ない現役作詞家になる。

「大森さんみたいに年表とかリストを作っていないから何本書いたか定かではないですけど、一番多く書いたのは70年代でしょうね。一件の依頼についての作業時間を何時間取ればいいか計算してスケジュールを組んでましたから。例えば締め切りの二時間前から仕事を始めて時間通りに出来上がるように身体をトレーニングするんですよ。締め切りに遅れたことはないですね」

一日三本。当時彼が、最も多く書いていた詞の本数である。計算上は年間１０００曲。少なくともその半分は書いていたと言って良いのだろう。

１９６１年から始まったＡＣＣ（全日本ＣＭ協議会）が行っている全日本ＣＭフェスティバルに伊藤アキラの名前が初めて登場するのは１９６６年である。「明星タンメン30秒」。１９６８年にはハウス食品の「ハウスシチュー60秒」でも受賞している。ともに制作は音楽企画センター。１９６４年に三木鶏郎が主宰していた三芸が解散、所属していた作曲家が独立する形で発足した三つの制作会社の一つである。「ハウスシチュー」の作曲は、その音楽企画センターに所属していた作曲家の一人だった越部信義。伊藤アキラは、彼の下に〝精神的帰属〟をしながら作詞をしていた。そして、三芸から独立した会社の中のもう一つが桜井順が立ち上げたブレーン・ＪＡＣＫであり、プロデューサーとして行動を共にしたのが大森昭男だった。

ＡＣＣ賞の受賞者に伊藤の名前が次に登場するのが１９７１年、シンギングＣＭ部門での最も評価の高い賞であるＡＣＣ賞を受賞している。１９６６年の「明星タンメン」が銅賞、１９６８年の「ハウスシチュー」は銀賞だった。

しかも、この年のシンギング部門で彼は二つの作品でダブル受賞を果たしている。

一つはサントリー、商品は「純生」。曲のタイトルは「ＶＩＶA純生」。制作はサウンド出版。作・編曲は森田公一、歌っているのは植木浩史、トップギャラン。植木浩史は、クレージーキャッツの植木等の息子だった。もう一つの受賞作は、カルピス食品、「兄弟よカルピスで」だ。

制作が音楽企画センター、作曲は越部信義である。

「やっぱりいろんなところの仕事がしたくなったんですね。1970年に、四谷の文化放送の前にあった、OKIスタジオというワンルームマンションの共同事務所があって、そこに入り込んだんですよ。コマーシャルフィルムのコンテを書く小川さんという人と木佐森さんという人の二人でやっている事務所で、二人の頭文字を取ってOKIだったんですけど、OKIの〝I〟は伊藤の〝I〟だからつじつまが合うとか言ってました（笑）。サントリー『純生』は、そういう状況も含めて独立して最初にヒットした作品として印象に残っている歌ですね」

サントリー「純生」と浜口庫之助

「サントリー『純生』は、ハマクラさんの名曲もありましたし、毎年初夏になると新曲を発表してきて、しかも出稿量も多い。コマソン関係者にとっては非常に憧れだったんですね。しかも大変な競合で、今年の夏こそ俺達が、って4社か5社が競いあってましたから。サウンド出版の脇田さんから『森田（公一）がプレゼンに参加するから詞を書いてくれないか』って言われたのが1970年でした。力は入りましたね」

サントリーが国産初のビン入り生ビール「純生」を発売したのは1967年だった。1968年、ACC賞のTV部門音楽賞を受賞しているのが「純生」である。作詞作曲・歌も浜口庫之助だった。この時の「小さな想い出」は、そのままレコードになった。

浜口庫之助はこの時の〝受賞の言葉〟にこう書いている。

「CMソングはまず第一に音楽そのものが美しくなければならないが、次には強い印象力を持つことが必要である。そして、それが他の宣伝手段と共通の目的に向かって相乗的働きをすることによってはじめて決定的効果をあげることが出来る。

純生のための『小さな想い出』は一年以上かかって考えてしまったけれど、美しい歌だと独立した評価を得たことで苦労のしがいもあったわけであるが、その糸口をつかんだのは外国である。そしていつも一人旅である。あるとき自分の国の製品であるサントリーを見た。そのときのなつかしさというか、日本にいるときには感じ得ない親しみを覚えた。そして、これが私の心の中にあたたかい小さな思い出としてふくらんできた。つまりそんな親しみやすさが『小さな想い出』の決定的基調となったのである」

CM音楽のみならずジャパニーズポップスの歴史の中でも浜口庫之助は、独自の存在感を持っている。伊藤アキラは彼についてこう言う。

「上手いなあ、ですよね。ともかく歌いやすい。CMソングでなくても歌としてとても良くできているわけですよ。無理がない。ほとほと感心っていうことですよね。最初に『黄色いサクランボ』を聞いた時は、ふざけた野郎だって思ってたけど(笑)、あんなに単純で、力が入ってない。凝りに凝ったりしない。適当な言葉を口走って、軽薄でありつつ歌になってる。ポップスの原点みたいなものですからね。我々の最大のライバルはハマクラさんっていう感じはしてましたね」

浜口庫之助が作曲家としてデビューしたのは1959年、スリーキャッツの「黄色いサクランボ」だった。〝お色気ありそうでウッフン〟という女性のため息まじりのセクシー路線は、テレビでも賛否両論となり、その年のレコード大賞では「ため息が品がない」という理由で落選している。1966年西郷輝彦「星のフラメンコ」、1967年スパイダース「風が泣いている」、石原裕次郎「夜霧よ今夜もありがとう」など、すでにこの時にはヒットメーカーとしての地位を確立していた。

浜口庫之助は、1917（大正6）年、神戸に生まれた。8歳の時に東京に移り、18歳の時に音楽を志して早稲田を退学、渡米、22歳の時に帰国して青山学院に再入学。ハワイアンバンドを結成、1942年にブラジルのコーヒー農園の国策会社に就職してブラジルに渡っている。終戦後は捕虜としてジャワ島にいた。音楽活動を再開したのは1946年、日本に帰国してからだ。灰田勝彦のハワイアンバンドに参加、1954年には自分のバンドを結成し、歌手として紅白歌合戦にも三年連続して出場している。作曲を始めたのはその後だ。

詞も曲も書き歌も歌うシンガーソングライター。当時のポップス系の作曲家の多くがジャズから転向していた中で、ハワイアン出身でなおかつ、豊富な海外生活の経験は、演歌や歌謡曲にはない独特のひょうひょうとした作風を作りだしていた。

1966年、レコード大賞の作曲賞を受賞したマイク真木の「バラが咲いた」も当初は自分で歌う予定だった。

「『小さな想い出』は、ハマクラさんは他の人に歌わせようと思っていたようなんですよ。でも、ウチの宣伝の担当が『自分で歌ったらどうですか』と勧めてこうなったという話を聞いたことがありますね」

と言うのは元サントリー宣伝部で現在は文化事業部の鈴木理雄である。彼が制作の現場にいた時の発案で生まれたのがサントリー・ホワイトのＣＭでレイ・チャールスが歌ったサザンオールスターズの「いとしのエリー」である。桑田佳祐自身が、レイ・チャールスの歌に感激して自分でナレーションを申し出てきたというエピソードのある曲だ。彼がサントリーに入社したのが1970年だった。

「サントリーという会社が果たしてきたのは、新しいエネルギーを持った音楽とともに企業情報を流してきたことだと思います。オリジナルのCM音楽に対してもそうですけど、1954年に文化放送の『トリス・ジャズ・ゲーム』という番組のスポンサーになってましたし。創業者の鳥井信次郎は、赤玉ポートワインを売るために1922年に赤玉劇団という音楽隊を作って全国を回ったという話もありますから。昭和30年代の初めの『サントリーの天気予報』は三木鶏郎さんでしたし。そういうことが継承されているんでしょうね」

当時、サントリーは正月の新年祝賀会でその年の初夏のキャンペーン・ソングの発表会を行うというのが恒例になっていた。その席で社長の佐治敬三自身が自らその歌を歌っていたのだそうだ。鈴木はこうも付け加えた。

「そうなんですよ。ビールだけはコマーシャルの内容とかタレントさんが決まる前にコマソンが決まっていたと思いますね」

酒造メーカーの中ではというだけでなく、CM音楽に最も力を入れてきた企業がサントリーであることは間違いないだろう。

「VIVA純生」のキャッチフレーズとトリロー手法

サントリー「純生」は1967年から三年間に亘って浜口庫之助が詞と曲を書き、1970年には小林亜星が書いている。詞はサンアドのコピーライター、坂根進。歌はジェリー藤尾。1971年の伊藤アキラ・森田公一のコンビは、浜口庫之助、小林亜星という売れっ子達を押しのける形で競合に勝ったことになる。

森田公一は、1940年生まれ。日大芸術学部を出て1965年にバンドの一員としてプロデビューし、1969年に自分のバンド、森田公一とトップギャランで独立した。北海道の出身で高校は留萌である。高校時代、音楽の勉強がしたいと札幌で大学生に交じって活動し、交通費や月謝はニシン漁やキャバレーでアルバイトをして稼いでいたという経歴は、〝南方志向〟の強かった浜口庫之助とは対照的だ。

伊藤アキラは、1969年に丸善石油の「OH！モーレツ」を手がけている。作曲は越部信義である。サントリー「純生」は社会現象になったあのCMとも比較にならないくらいに大きい意味があった、と言う。

「あれは有名にはなりましたけど、〝モーレツガソリン100％ダッシュ〟というコンセプトは与えられていたんですよ。歌詞の上で〝モーレツ〟をどう生かすように配置するかということだけで、作家として〝やったぜ〟という感覚は全然ない。『VIVA純生』の場合はキャッチフレーズ自体、私が考えたわけですから」

そう言ってから彼は「トリロー手法ですけどね」と笑いながら付け加えた。

「第一段階では『VIVA　BEER』だったんです。『VIVA　BEER　ビヤッとBEER』みたいな。キャッチフレーズ・ウィズ・ミュージック。トリロー手法ですよ。この頃ですね、どう書けばうまく30秒に収まるかというノウハウが身に付いてきたのは。1コーラスで30秒に収める。前歌があって、キャッチフレーズ・ウィズ・ミュージック。ウィズ商品名みたいな構成になってるんですよ」

伊藤アキラが冗談工房の研究生として四谷の〝凡天寮〟で聞いた三木鶏郎の最初の講義が、いきなり「C

Mソングとはキャッチフレーズ・ウィズ・ミュージックである」という定義で始まったというエピソードはすでにこの原稿の冒頭で紹介した。彼は、作詞家としての方向を決定づける仕事を「教え通り」に向き合ったということになる。

サントリー「純生」の伊藤アキラと森田公一のコンビは、この後も'74年、'75年、'76年と続いている。「純生」シリーズでそれだけの回数を手がけているコンビは彼らだけだ。全日本CMフェスティバルのシンギングCM部門では、1974年に「人間お互いおとなりさん」、1976年の「青春サンサン」がACC賞を受賞している。

「青春サンサンも、サントリー・ビールに導入するための"サンサン"なんですよ。これもトリロー手法ですよね」

伊藤アキラは、1973年に大森昭男プロデュースで「三ツ矢サイダー」のシリーズを始めている。いまでも使われている日立の「この木なんの木」も1973年からだ。

森田公一が、人気アイドル、天地真理の作曲を手がけるようになるのが1972年。アグネス・チャンの大ヒット曲「ひなげしの花」が1973年である。トップギャランとしての代表作「下宿屋」は1975年。大ヒット曲「青春時代」が1976年だった。サントリー「純生」が二人のその後を変えたと言って過言ではないのかも知れない。

ただ、伊藤アキラが、そうやってCM音楽を登竜門として注目され評価されていった多くの作曲家や演出家、クリエイター達と決定的に違うのは、CM音楽から離れようとしなかったことだろう。

彼には「バスボン」のCMで人気になった松本ちえこの「恋人試験」や渡辺真知子に書いた「かもめが翔

んだ日」などのヒット曲や大瀧詠一に書いた「風が吹いたら恋もうけ」のようなウィットに富んだ曲もある。「一日三曲」の時代である。でも、仕事の量としては圧倒的にCMソングだった。

「なぜかと言うと、コマソンの魅力にとりつかれてましたからね。こんな面白いものはないと思ってたんですよ。時々、レコードの方から、コマソンのようなちょっとひねった面白路線のような依頼もあったりするんです。でも、そういうのって企画モノで、当たれば面白いけど、そうじゃないと惨めな気持ちになったり、後味が悪かったりするんですよ。売れても大した額にならないとか。面白さへの評価はCMの方が高かったですし。どんどんのめり込んで行きましたね」

サントリー「純生」のシリーズもサンアドのコピーライターが詞を書いている例が少なくない。これだけの頻度で採用されているフリーランスの作詞家は伊藤アキラだけである。それは、サントリーに限らず、CM音楽の歴史の中で最も数多くの作品を生み出している作詞家が彼だという証明に間違いないだろう。

1977年に日本工業新聞から発行された『コマソン繁盛記』には、ACCフェスティバルに入賞したCMソングの作詞家の順位が乗っている。一位が伊藤アキラで14曲、二位は山上路夫で9曲、三位が三木鶏郎・阿久悠・望田市郎・小林亜星の三曲という具合である。三木鶏郎が少ないのは、ACCがシンギングCMという部門を独立させた時には、すでに彼の全盛期が過ぎていたということによるのだが、伊藤アキラは圧倒的な一位と言って良い。1977年にも「サントリー」と「ヤクルト」でダブル受賞している。

それにしても、どうやってそれだけの数を書くことが可能だったのだろう。伊藤が言う〝トレーニング〟とはどういうものだったのだろう。

「トレーニングというのは、何があってもA案・B案・C案という三通り書くことでしたね。要するに切りロの勝負なんですよ。昔、中学や高校の数学で習った〝球の切り口は無限である〟という言葉があったじゃない。仮にその商品を球とすれば、切り口は無限なのだから必ず答えはある、って自分に言い聞かせてそれを実行するんですよ。B4の原稿用紙にとにかく思いつくことを升目を気にしないで最後まで書き繋ぐ。例えきっとこれが一番良いだろうなと思ったものが出てきても、途中で辞めない。その後に書き始める。これでしたね」

彼は、そう言って、自前の〝格言〟を教えてくれた。

――100に一つのアイデアは100番目にしか出てこない。

ターニングポイントの人――糸井重里と佐藤雅彦

「はっきり言って『CM作詞家です』と名乗れる人は、日本にはこの人しかいない」

「CMソングの作詞をする人は大勢いる。でも、全収入のほとんどをコマソンの作詞でかせいでいるのは伊藤アキラをおいて他にはいない」

先述の『コマソン繁盛記』（日本工業新聞）で広告研究家の山川浩二は伊藤アキラのことをそう表している。事実、伊藤アキラは70年代に「CM作詞家」という名刺を持っていたことがあると言う。彼にとって〝CM〟と〝広告〟はニュアンスが違う。

「広告というのは歴史的に見て新聞・雑誌の方から来てますね。コピーライターというのも新聞や雑誌の世界の人たちから始まっている。いわゆる映像やCMの方の詞を書く人はスクリプトライターとかCMプランナーと呼ばれる方が多かったですよね。やっぱり〝広告〟と言った時には〝映像や音楽〟とは相容れない何かがありますね」

と伊藤は言う。

そうやって作詞家としてCM音楽に関わってきた人間として、〝言葉〟という意味でシーンが変わったターニングポイントというのはあるのだろうか。

「作っている人間にとって周りのことはほとんど分からないんですけど、糸井（重里）さんが出てきた時は鮮明に覚えてますね。ソニーで山口百恵や郷ひろみをやっているセクションのディレクターに『この人に詞を頼むと面白いと思うよ』と名前を挙げた記憶があります」

彼が糸井重里に感じた面白さ、というのは何だったのだろうか。

「面白さというか日常性ですね。CMソングを書き始めた頃に、レコード音楽とCM音楽の最大の違いは日常性があるかないかだと私は思っていたんですよ。CMは日常性、歌謡曲や伝統的ポップスは非日常という感じがしてた。70年代にフォークソングが始まった時も、『日常性が入ってきた』と思った。糸井さんの書く詞にも非常に日常性を感じたんですよ。この人はCM音楽もいけるし、日常性が一般化しつつJ-POPも書けるという気がした。それまで、新聞や雑誌広告なんかのコピーを書くコピーライターは、デザインも芸術志向だし、言葉も芸術志向というか、ちょっと気取りがあった。それをなくした。それとは無関係に日常性で勝負してきたという書き手でしたね」

彼が、糸井重里ともう一人挙げたのが、90年代の佐藤雅彦だった。

「佐藤さんが出てきた時もそう思いましたね。あの人は自分でCMソングを作っちゃいましたよね。新しい三木鶏郎が出てきた感じはしました。しかも三木鶏郎になかったイラストの才能までついてきた、あれはすごいですよね。結局、その二人になるんでしょうね」

そんな風に他のクリエイターについて語る時の彼はどこか淡々としている。そうやって新しい才能を評価するという点は大森昭男とも共通しているようでもある。でも、同じジャンルで登場する若い才能をそうやって受け入れられる懐の深さは何なのだろう。彼は笑いながらこう言った。

「そんなものが出てきても一向に影響を受けないぜという傲慢さと言いましょうか。自分の手法を真似出来るヤツはいないということはきっとどこかに思っていたんじゃないでしょうか」

自分の手法——。その原点になっているのが〝CMソングとはキャッチフレーズ・ウィズ・ミュージックである〟という三木鶏郎の定義であることは言うまでもない。

二人のエンジニア

フリーランス第一号、伊豫部富治

音楽の善し悪しは、作曲家や作詞家、あるいは歌い手だけで決まるわけではない。

もちろん曲や詞の出来不出来が決定的な要素ではあるものの、それが作品として流れる時には、もう一つの要素が加わってくる。

音である。

その音楽がどういう音で録音されているのか。それこそがレコーディングであり、その過程を経ないと、どんな名曲もリスナーの耳には届かない。

どんな音でレコーディングされているのか。そして、どんな音でパッケージされているのか。

そこに介在するのがミキシングエンジニアである。

大森昭男は自分の40年以上に亘るキャリアの中で、欠かせないエンジニアとして二人の名前を挙げた。

一人が伊豫部富治である。

1941年、北海道南茅部町生まれ。2005年現在64歳になる。それでも、2005年だけですでにジャズや沖縄音楽、オーケストラのアルバムと三枚を手がけている現役最年長エンジニアだ。

「フリーランスのエンジニアの第一号だと思う」と大森昭男は言う。

二人がどこで出逢ったか、お互いの記憶は微妙に違う。それでも、大森昭男が桜井順のマネージメントをやっていたブレーン・JACK時代だったということは共通している。伊豫部富治は、ニッポン放送サービスという会社に所属していた。後のポニーキャニオンである。

「確か、銀座ワシントン靴店のコマーシャルだった気がするんですよ。いまのフジパシフィック音楽出版の朝妻一郎さんと大森さんと逢った時に、朝妻さんから『やってくれないか』と言われたんだと思いますね」

伊豫部富治がキャリアをスタートさせたのは、1964年。桜井順が大森昭男とともにブレーン・JACKを発足した年である。日本テレビ技術専門学校を卒業した彼が、就職したのが市ヶ谷スタジオというスタジオだった。

「まだ専門学校の科目に録音科というコースはなくて、放送技術部という科でしたね。僕もミキサーという仕事があることすら知りませんでした。学校に入った時は、ミュージシャンになるつもりでした。テナーを吹いていたんですよ。才能がないって周りから散々言われて辞めましたけど(笑)」

市ヶ谷スタジオは、映画を中心にしたスタジオだった。「ローハイド」や「アンタッチャブル」などテレビの洋画の吹き替えやダビング。「映画業界の古い体質をそのまま残したような徒弟制度」の職場だった。1967年に退社、テイチク会館スタジオに入った。

「やっぱり音楽をやりたかったんですよ。映画の古い体質も性に合わなくて、無駄になりそうな気がしていたんですね。音楽が好きだったし、ジャズ喫茶に行ってコーヒー一杯で4時間5時間平気で粘って聴いてましたから」

テイチク会館スタジオは、その名の通りテイチクレコードのスタジオだった。スタジオ自体数が少なく、レコード会社が自分のスタジオを持っている時代。アシスタントをつとめたのがきっかけで、ニッポン放送サービスに誘われた。1969年だ。彼が最初に手がけたのがフォーク・クルセダースを解散した加藤和彦の最初のソロアルバム「ぼくのそばにおいでよ」だった。

「そこにもうるさい名物エンジニアがいたんですよ。ケーブルの張り方にまでいちいち口出しして、使う機材のコード一本何メートルまで、ノートにメモしないといけない。何かと言うと『スタジオ出入り禁止だ!』とか。腕は確かなんだけど、大嫌いでしたね、そういう人は（笑）」

カーステレオのカートリッジテープで大きくなったポニーが作ったレコード部門がキャニオンである。彼の所属は録音課。ただ、業績は低迷し、希望退職が募られる中でフリーランスになったのが1973年だった。

"作る"ではなく"録る"

ON・アソシエイツを発足した大森昭男が伊豫部富治に初めて依頼した仕事が1972年8月の「不二家ルックチョコレート」。作曲家、樋口康雄のCM処女作である。伊豫部富治はその時のことを「KRCスタジオですよね。樋口さんは自分で歌っていませんでしたっけ」と記憶していた。キャニオンに所属していた彼にとってはアルバイト仕事でもあった。

「アルバイトが当たり前でした。アルバイトの口もないようじゃまだBクラスという暗黙の何かがありましたね。僕なんか堂々としてましたよ。明日はアルバイトがありますから来れませんとか言って（笑）」

'71年・32本、'72年・163本、'73年・284本、'74年・278本、'75年・293本、'76年・236本、'77年・142本――。

伊豫部富治のホームページの作品リストにはそんな数字が記されている。その年に手がけたCMの作品数である。もちろん全てがON・アソシエイツの仕事ばかりではない。「大森さんの所と八木正生さんのA・R・Aと半々くらい、小林亜星さんのアストロミュージックもありましたね」と彼は言う。

「やっぱり大森さんからの仕事は違いましたね。作家の顔ぶれで集まってくるミュージシャンもあったと思いと思わされるというか。このまま録って普通にミックスするだけじゃいけないだろうな、何かプラスアルファーがないといけないと思わされるというか。ただじゃ済まないというか。そういう使命感みたいなものがありましたね。彼は何も言わないし、ほとんど注文もしない。でも、顔を見ると分かるんですよ（笑）」

伊豫部富治は自分の仕事の7割か8割はコマーシャルだったと振り返る。それでも当時から井上陽水や松山千春、ダウン・タウン・ブギウギ・バンドなどのレコードも手がけていた。1974年に大森昭男がプロデュースした「カモメのジョナサン」も彼だ。厳密に言えばコマーシャル専門だったわけではない。

「その頃、一流と目されるエンジニア達の中にはコマーシャルや劇伴なんて音楽じゃないんだっていう人が一杯いたんですよ。そんな仕事やってると一流になれないよとか。オリコンのチャートに載るのがステイタスと思っていたんでしょう。そんなもんかなと思って聞いていたんですけど、そういう人達に限って早くいなくなりましたね（笑）。偏見だったんでしょうね。僕はそういうことに興味がない方でしたから」

彼は自分のホームページに1977年に録音録画協議会が発行した『録々ニュース』の中でのミキサー、大野正夫との対談を採録している。その中にこんな発言がある。

伊豫部　割りと最近ですが、悩んでいた時期がありました。ぼくは、ガチャガチャいじるミキサーじゃないんです。人によってはイコライザーのテクニックが録音のテクニック、と考えているミキサーがいるんじゃないかと思うんですが、イコライザーで音をつくる、それはぼくには異常な感じとしか受け止めなかったんですが、実際、向こうのレコードなんかを聴いてみると、そうやってつくられたレコードが多いみたいだし、そういうレコードと自分の録音したものを比較してみると、どうしても地味に聞こえる。派手さにかける。一番つらいのは、間に挟まれて聴かされたらかなわない。そういう音づくりしようとイコライザーに手はいくんですが思いきりが足りない。

大野　なるほど。

伊豫部　シャープなものはよりシャープに、太いものはより太く、そういう徹底した音づくりが出来ないんですね。

大野　わかりますね。

伊豫部　ナチュラルなものはナチュラルに、という考えを中心にイコライザーしていた。音をつくるって考えじゃなしにね。ちょっと補整する程度にね。

〝作る〟のではなく〝録る〟。いかにナチュラルに録るか。彼は自分のスタイルをそう表現している。そういう意味では時代の変わり目だったのだろう。テクノポップが台頭し、加工された音がもてはやされていた。'78年・35本、'79年・74本。コマーシャルの仕事が激減しているのがこの時期だ。それでも'80年・158

本、'81年・101本と再び増加している。彼のスタイルが流行を越えたと言って良いのかも知れない。

独学のもう一人のエンジニア田中信一

「エンジニアを決めるのは基本的には作曲家とアレンジャーと相談してですね。伊豫部さんの場合はオールマイティですけど、どちらかと言うとピアノソロやオーケストラとかは多かったでしょうか。少し新しいポップなアレンジの時は田中さんでしたね」

大森昭男が主に起用していたもう一人のエンジニアが田中信一である。

1948年3月生まれ。鉱石ラジオへの興味から手作りの真空管を作るようになっていた理科系少年。工業高校から大学進学を目指し浪人中にアルバイトに行った運送業者がコロムビアレコードに出入りしており、録音課の募集を知った。

「当時コロムビアには従業員3000名くらいいたんですよ。録音課の希望も250名くらいいるとか聞かされて、これは無理だと知り合いをたどったらクラウンレコードが出てきて。何の経験もない素人なのにそこにすんなり入れちゃったんです。最初は何も教えられなかった。その代わりすごく自由だった」

クラウンレコードは、1963年にコロムビアレコードから抜けたスタッフで発足した。最初のヒット曲は一節太郎の「浪曲子守唄」である。演歌系のヒット曲が多い会社だった。彼が入社したのは1969年だった。

「たまたまいいタイミングだったんですね。70年代に入ってフォークソングが全盛になって、クラウンもそう音楽を始めていった。フォークの人たちは、それこそボロボロのジーンズで長髪、昼も夜もないヒッピーみたいな生活。クラウンもコロムビアもみんな先輩はネクタイをしたサラリーマンで、そういう人たちを好きじゃなかったらしくて、6時になると帰っちゃう（笑）。『お前やっておけよ』っていう放し飼い状態になったんですよ」

クラウンレコードは、1972年からPANNAMレーベルという新しいレーベルを発足させている。かぐや姫やイルカ、風、そして、鈴木茂、細野晴臣や松任谷正隆が中心だったセッションミュージシャン集団、ティンパンアレイ、鈴木慶一とムーンライダーズ、大貫妙子。フォークやロックのアーティストを多く輩出していた。田中信一は彼らの音を一手に引き受けていた。1976年にクラウンを辞めて翌年からフリーになった。

「忙しい時は一日三セッションくらいやってましたね。こうせつを録ってイルカをやってその後ティンパンとか。ユイ音楽工房の後藤社長も一緒にスタジオに入ってみんなで研究出来たんですよ。出たばかりの洋盤を持ってきて、ギターの音やバスドラの音、いろんなやり方を試してましたから。ムーンライダーズなんて朝スタジオに入って8時間練習ですから。練習スタジオのように使ってました。いま、そんなこと許されないですよね（笑）。僕も最初はエンジニア経験もないですし、アシスタントもいませんから、マイクやテープレコーダーのセッティングも何通りも考えながら、全部一人でやってましたね。それが良かったんだと思います」

そうやって成長していったミュージシャンの多くが大森昭男のプロデュースでCM音楽に関わっていることはすでに説明の必要もなさそうだ。田中信一の出番も必然的に増えることになる。後藤豊（当時由多加）

は、吉田拓郎やかぐや姫を擁していたニューミュージック系のプロダクション、ユイ音楽工房の社長である。大森昭男が資生堂で南こうせつを起用した時の窓口でもある。

「大森さんから振られて、クラシック畑の人とか、いままで知り合いじゃなかったアーティストと出逢ったこともたくさんありましたし、それはコマーシャルの楽しみの一つでしたね」

田中信一は、伊勢正三や細野晴臣のプライベートスタジオの設計やプランニングも行っている。それは共に手探りで始めた者同士の信頼の産物に違いない。

「坂本龍一なんて、最初の頃は、ビーチサンダルにTシャツにジーパンですから。髪の毛が長くて、足の爪も真っ黒という時代からおつきあいをさせてもらっているんで。『戦場のメリークリスマス』なんかもやらせてもらってますね」

そういう意味では伊豫部富治も田中信一も〝独学〟ということになるのだろう。伊豫部富治も「スタジオに寝泊まりする日々」を送っている。

「会社を辞める寸前は一カ月にLPに換算して40枚とか50枚はやってましたから。一週間とか10日、家に帰らないんです。いつも着替えを持って歩いていて、ビジネスホテルかスタジオのソファーで寝る。でも、カーステレオ用ですから、いま思えば悔いの残る仕事ばっかりです（笑）」

伊豫部富治と田中信一は、それぞれ関わってきた音楽は微妙に違うかもしれない。でも、カラヤンが指揮をしていたベルリンフィルハーモニーが来日した時のコンサートには二人とも足を運んでいた。もちろん別々にである。

エンジニアの仕事は主に二つある。一つは楽器の演奏をレコーディングすることであり、もう一つは、そうやって録音したそれぞれの楽器や歌をバランスを取りつつまとめることだ。どこにマイクを置くか、その角度やエコー、そして音色。時代によってスタジオの機材も進歩、あるいは変化してゆく。

それはスタジオだけではない。聞き手の側でもそんな変化がある。例えば伊豫部富治が手がけてきたカーステレオ、そして、その後にやってきたのがウォークマンだろうか。

「僕はずっとカーステレオをつけなかったですね」

と言うのは伊豫部富治だ。

「クルマの中で音楽は意識して聴かなかったですね。影響されるんですよ、ものすごく。大体、カーステレオとかラジカセっていうのはよっぽどひどいものでない限り良い音に聞こえるんですよ。だから妙に満足してしまうんですね。いまの若いミキサーが卓の上にラジカセを置いてたりするのを見ると馬鹿じゃないかと思う。あれで聴いて良くない音なんてプロの音じゃないですから」

田中信一は「ウォークマンは聴いたことがない」と言う。

「基本的にヘッドホーンで音は聴きませんから。時の流れで、そういう聴き方をしないといけないんでしょうけど、耳を守りたいという本能も働いたのかな。本当は、クラシックのサントリーホールで生を聴くのがベストだと思います。ジャズクラブで生のジャズを聴くとかも良いでしょうし。家に小さい子供がいるとか、そういう環境でないんだったら、やっぱり生で聴く。次は良いオーディオで聴く、ヘッドホーンは最後ですよね。耳の側で鳴ってるというのは異常だと思いますし、最低の音ですよね」

なによりも自分の耳を信じる。田中信一は、クラウンレコード時代に、伝説のディレクターと呼ばれた人物と仕事をしている。五木寛之の小説『艶歌』の主人公、〝演歌の竜〟のモデルとなったディレクター、馬渕玄三である。美空ひばりの「ひばりの佐渡情話」や一節太郎の「浪曲子守唄」も彼の手による。

「弟子みたいなもんでしたから。僕も若かったんで、『今の歌、あそこ音程が悪いんだけどいいの』って僕は思うんですけど、彼は『それでいいんだ』って。そういうのが売れた。そういうディレクターもいなくなったんですよ。大森さんは、そのタイプじゃないですけど、歌を録っている時に『もう一つやっておきましょう』と言われて、その時に、どこがいけないのかなと思って後で比べると、大森さんの言うとおり、みたいなことはありますからね」

伊豫部富治と田中信一に共通しているのは、一種の修業時代にそういう先輩を持ったことだろう。二人とも、「お前、スタジオの中に入って自分の耳で生を聴いてみろ」という叱責を何度となく受けている。そこで実際に鳴っている音と自分がセッティングしたシステムから流れている音がどう違うのか。

「いまも、スタジオでマイクがずり落ちそうになったりすると自分で中に入るんですよ。そうするとテストで生演奏をしてるわけで、『モニターと同じ音してる』。そう思える時は幸せですよ（笑）」

というのは田中信一である。

コンピューターが登場してからレコーディング環境も激変した。いまは、プロツールスというコンピューター一台でオーケストラの音まで作れてしまう。そういうテクノロジーについてはどう感じているのだろう。

彼はこう言う。

「日本は昔からそうなんだけど、プロツールスが流行ると全部のスタジオがプロツールスになっちゃうんですよ。それも致し方ないとは思うけど、個性がないですよね。エイベックスの最新ダンスものはプロツールスでどうぞ、でも、こっちはちょっと良いジャズをアナログで録れるスタジオですとか。そういう音楽状況じゃないと成立しないのかもしれませんけど。ただ、プロツールスにしても、確かに誰でも録れますけど、そのレベルは違いますからね。生のマイクロフォン、ヘッドアンプの使い方を知らなかったら、プロツールスを使ってもちゃんとした音は録れないんですよ。テープレコーダーの代わりですから。やっぱり生の音を知らないと。あの中で全部完成させようと思うと無理がありますよね」

田中信一は、映画音楽も手がけている。映画のサウンドトラックで定着している5.1チャンネルについてはどう思っているのだろうか。

「デジタルになってからドルビーははっきり良くなりましたけど、映画で音楽を聴かせるというのはいまのシステムでは不自然なんですよ。無理矢理5.1にしてますから。極端な論理かも知れないけど、音楽はモノラルで良いと思ってるんです。映画なんだから、セリフと同じように大事なわけで、なるべくセンターに近い方が良いと思うんですよ。ジェット機が飛んで行くとか、エフェクトだけ動けば十分。臨場感と言っても、音楽に関してのものじゃないですよね。映画もそうですけど、5.1って本当に良い位置には一人しかいられないんです。博覧会とかイベントみたいにこけ威しみたいに何本もスピーカーがあって、変なところでドラムが鳴ったりするという面白さはあるんでしょうけど、それを自分の家でやられてもね（笑）」

彼は、スタジオジブリ制作の映画「千と千尋の神隠し」のオーケストラレコーディングも手がけている。そんな話を踏まえて音楽を聴いてみると、どんな風に聴こえるだろう。

「でも、僕なんて70年代はひどいものだったと思います。大森さんはよく使ってくれたと思いますよ（笑）」

良い音とは何だろう。

どうやって良い音を録音するか。

伊豫部富治はホームページで、エンジニアはアーティストだと、自分の色で音を加工してしまうタイプの若手エンジニアを痛烈に批判している。

生の音をどうやって録るのか。

二人にとってそれこそが永遠の課題なのかもしれない。

現役最年長エンジニア、伊豫部富治は、そんな文章の中でこう書いていた。

——ミキサーは職人です。アーティストじゃありません。アーティストではありませんが、精神はアーティストです。

精神はアーティストである。

そんな心の有り様は、様々な分野で求められているのではないだろうか。

第４章

クリエイターの肖像

才能を育てる――井上鑑《あきら》

〝素人〟との出会い

大森昭男が残している作品には起用されている作家に一つの傾向があるということは以前にも触れた。それは、同じ作家が様々な形で登場していることだ。同時に、それが単発的でなく10年単位で長く続いている。そこに、プロデューサーとアーティストの信頼関係を見ることが出来る。

もう一つ触れなければいけないのは、そうやって関わっている作家が、それまでにコマーシャル音楽に未経験だったりすることも少なくないということだろう。中にはコマーシャルどころか作家としても何の実績もなかったという人もいる。分かりやすい言い方をすれば〝素人〟である。

大森昭男のプロデュースで70年代から現在まで約350曲の広告音楽を制作している作曲・編曲家の井上鑑がそうだった。

「大森さんに会っていなかったら、いまの僕はないですね」

井上鑑自身、2004年に、音楽業界向けのサイト、〝ミュージックマン〟のロングインタビューでもそう話している。

彼はまだ10代だった。高校を卒業、大学受験の準備のために一年間勉強している時だ。世間的に言えば浪人中ということになる。彼は、改めてその時のことをこう言った。

「叔母がコピーライターをしてまして、彼女から永六輔さんの誕生パーティーで友人の山口はるみさんと何かやりたいんでピアノを弾いて欲しいと頼まれたんです。多分、二人で話が盛り上がったんで電話してきただけだったと思うんですけど、僕にしてみればすごいきっかけになりましたよね」

呼ばれた場所は飛行館スタジオだった。そこで大森昭男に会った。彼も、その時のことをはっきりと覚えている。

「叔母様の小池一子さんから『永さんのパーティーにはるみさんとプレゼントをしたいんで、甥を連れて行くから録音してくださる』って言われたんですよ。その時に彼の弾くピアノに理屈抜きで感性を感じたんですね」

井上鑑の叔母である小池一子は、コマートハウスでコピーライターをしていた。雑誌『流行通信』の創刊や〝無印良品〟の企画アドバイザー、西武美術館のアソシエイツ・キュレーターをつとめ、後に武蔵野美術大学の教授に就任、編集者やプロデューサーとしても美術関係に数多くの業績を残している。山口はるみは西武百貨店のデザインルームから独立し、西武関係の広告で人気女性イラストレーターとして注目されていた。

そんな二人が、永六輔の誕生パーティーに歌をプレゼントした。曲はキャロル・キングが書いてジェームス・テーラーの歌で大ヒットした「君の友だち」だった。井上鑑は、その伴奏のために呼ばれていた。井上鑑は、その時の演奏のことまでは覚えていない。彼の記憶は「飛行館は古い建物なんで、エレベーターが止まってもフロアの床との段差がすごいんですよ。それをよく覚えてますけど」という程度である。大森昭男はこう記憶している。

「僕が飛行館に行った時、彼が一人でボソボソっていう感じで弾いていたんですよ。歌も一緒に録ったんで小池さんと山口さんが歌いやすいように移調していたんでしょう。普通の伴奏じゃなかったですから」

大森昭男は小池一子に「彼に仕事をお願いしても良いか」と聞いた。彼女の返事は「本人に聞いてみたら」というものだった。「今度事務所に遊びに来ませんか」。その時は、そんなやりとりで終わった。

井上鑑と大森昭男が初めてコマーシャルの仕事をしたのは1973年。井上鑑が桐朋学園大学音楽部の作曲科に入ってからだ。資生堂の店頭用の音楽だった。

「何回か事務所に話をしに行くうちに、大森さんが〝大学に入られたらあんまりペースを上げないでやってゆきましょう〟みたいなお話をされましたね。僕の方とすればスタジオで録音出来る機会はなかなかなかったし、学校の勉強とは全然違う部分でいろんなことが試せてすごく面白かったんですよ。店頭用のBGMというとその時の流行のヒット曲という感じにとらえられがちですけど、ギリシャのシンガーソングライターのムスタキとかカーペンターズのものとか、作家を選んでいた気がしますね。多分、資生堂にその年のイメージカラーみたいなものがあって、それに即して考えていたんだと思います」

資生堂の店頭用BGMは、大森昭男にとっても縁が深い。彼がまだ桜井順のパーソナル・オフィス、ブレーン・JACKに所属していた時代に自分の裁量で音楽を作り始め、独立するきっかけになったのが資生堂の店頭用BGMだった。

まずそこから始めてみる。

大森昭男は、まだ職業経験のない音楽大学の学生に自分の何かを投影しようとしていたのかもしれない。

〝師匠〟、大瀧詠一を紹介

'74年・3本、'75年・9本、'76年・19本、'77年12本、'78年・24本——。

大森昭男の言葉どおり、井上鑑に依頼される仕事は、ゆっくりと、それでも年々倍増して行っている。

とはいえ、年間20本以上のコマーシャル制作が学生にとって尋常ではないことは容易に想像がつく。結局、彼は大学を6年で中退している。1977年に本数が少ないのは彼がピンクレディーのツアーにキーボード奏者として参加していたせいもあるだろう。コマーシャルだけではなくポップス系のアレンジャー、キーボーディストとしての仕事も飛躍的に増えて行った。

その頃の仕事で一番印象に残っているものは。大森昭男は、そんな質問にこう言った。

「ブリヂストンとか味の素でやっていたんですが、サウンドロゴですね。音飾。ほんの5秒くらいの音のデザイン。とっても感覚的なものなんですけど、ちゃんとオーケストレーション出来ないと作れない。そういうロゴの先駆者が鑑さんだと思います」

ブリヂストンの「お歳暮」は1976年の作品である。コマーシャルソングが〝タイアップ戦争〟と呼ばれる〝歌モノ〟全盛に突入して行く時期だ。大森のON・アソシエイツがダウン・タウン・ブギウギ・バンドや矢沢永吉で資生堂の一連のヒット曲を制作してきたことはすでに紹介済みだ。その中で、全く歌のないサウンドロゴに井上鑑を起用していた。

「それは大森さんが選んでいたんだと思うんですけど、最初のうちは、何秒何コマに合わせるみたいなカット割りの厳しい仕事はそんなに来てないんですよ。ですから、そんなに〝コマーシャルだから〟という特別な感じはなかったですね。後になってロゴを一杯作るようになってからは、短い中で何を主張するか、意識が変わってきましたけど」

そうやって仕事を増やして行く中で、大森昭男は、彼に様々な人脈を紹介している。井上鑑がいまでも「大きな出会いだった」という大瀧詠一を紹介したのも大森だった。彼は、「新しいキーボーディストはいないだろうか」という大瀧の求めに応じて井上鑑をクルマに乗せて福生の大瀧詠一のスタジオまで自分で運転していった。

「もし大瀧さんと出逢っていなかったら、僕はきっと、バルトーク、ストラヴィンスキーのままだったんじゃないですか。全然ポップじゃなかったと思いますね。その時も『ロネッツって何？』という感じでしたから。大瀧さんにすれば『そんなもんも知らんのか』だったでしょうけど（笑）」

ロネッツは、「BE MY BABY」などのヒット曲を持つ60年代のコーラスグループだ。プロデューサーのフィル・スペクターは、いくつもの音を重ねる〝ウォール・オブ・サウンド〟という独特の作風を完成させた伝説の存在であり、大瀧詠一が最も影響された人物でもあった。

「誰か、前の人が弾いたものを聞かされてそれを参考にしながら『これでいいのかな』という感じで自己流に弾いてみたり。大瀧さんから見たら変なのが来たっていう意味で面白かったんだと思いますね」

井上鑑は、1953年生まれである。大瀧詠一が加わっていたロックバンド、はっぴいえんどがデビューした1970年には高校生だった。

「はっぴいえんどは聴いていたんですよ。URCの会員にもなっていましたし。でも、特別に好きだったからじゃなくて、向学心だったと思う。URCの一連の音楽も『気持ちは分かるけど、自分には関係があまりない』って思いましたね。ただ、ジャックスは好きだったんです。ジャックスの解散コンサートは見ているんです」

ジャックスは、1968年にデビューして1969年には解散してしまったバンドだ。後期グループサウンズの中でデビューし、その後の日本語のロックへの架け橋ともなった異端の存在として語られている。メンバー全員が和光高校、和光大学だった。和光中学の出身でもある井上鑑は「卒業生のバンド」として見に行っていた。

「一番年下の叔母が芝居好きで、六本木の自由劇場にも行っていて、林光っていう人の音楽はすごいなと思ってましたから。演出家の佐藤信さんとかもそうですね。僕の中の日本語のロックというのはああいうものだったんでしょう。ああいう暗さはなんとなくOKだった。大瀧さんにも話したことがあるんですけど、それに比べたらはっぴいえんどは『カントリーロック好きなバンドなんだな』『言葉の世界も甘いんじゃない』(笑)という感じでしたね、その時は」

都立青山高校時代、彼がピアノに向かうきっかけになったのがキース・ジャレットやチック・コリアというジャズ系のミュージシャンだったという。都立青山高校は全国の高校の中で一番最初に学園闘争のバリケードが組まれたという〝伝説〟の高校である。ピアノを弾きだしたのも学校がロックアウトされ、家にいる時だったのだそうだ。ヘルメットを被って闘争に参加したこともあったという彼にとって、岡林信康や加川良ら、メッセージ色の強いフォークシンガーが多かったURCに心情的にシンパシーを感じても、音楽的に満足しきれなかったのは当然の反応だったかもしれない。はっぴいえんどの1970年のデビューアルバムもURCからだった。

ジャックスは、当時、ピンク映画と呼ばれていた独立系映画の音楽や小劇場関係の音楽にも関わっており、60年代後半のアンダーグラウンド・カルチャーに近いロックバンドであり、メンバーには和光高校から芸大に進んだ木田高介がいた。彼も1980年に自動車事故で亡くなるまでニューミュージック系のアレンジャーで活躍した一人である。

大瀧詠一はその後、井上鑑を「ナイアガラソングブックⅠ・Ⅱ」に起用、井上鑑は、彼のことを〝師匠〟と呼んでいる。

'76年、'77年、味の素「赤いシャポー」の作曲は井上鑑、作詩ははっぴいえんどのメンバーだった松本隆である。もし、大森昭男が二人を紹介していなかったら、少なくともそうした関係は生まれていなかったに違いない。

ジャズでもクラシックでもない自由さ

ただ、大森昭男が井上鑑に依頼している仕事の多くが、インスツルメンタルの音楽である。つまり言葉や歌のない音楽になる。1978年に彼が作曲した23本のうち、作詞家が言葉を書いているものは2本しかない。1983年、1984年と二年続けて20本以上を作っている時でも、8割がインスツルメンタルだった。

「そういう音楽として僕の中にあったのは桜井順さんと杉山登志さんなんですよ。桜井さんが杉山さんの映像に素晴らしいインスツルメンタルを作ってくれたでしょ。その発展した形をイメージしてました。クラシカルなことも踏まえつつ、ポップな感覚も備わっている映像音楽ですよね。演出家の方達も鑑さんのそういう才能を感じ取ってくれていたんでしょうね」

大森は井上のインスツルメンタルについてこう語る。

クラシック音楽の素養。そういう点で言えば、井上鑑の家庭について触れておかないといけない。彼の父は世界的に有名なチェリスト、井上頼豊である。井上鑑は自分の環境についてこう言う。

「子供の頃から音楽はありましたし、自然と覚えてしまってることも多いんでしょうけど、音楽のことに関して直接何か言われたことはほとんどないですね。ただ、僕は作曲家の三善晃さんに習いたかったんで彼が教えていた芸大か桐朋に行こうと思ったんですよ。父も三善さんはリスペクトしていましたから何も言わなかったんだろうけど、違う方向だったら言われていたかもしれないですね」

三善晃は、合唱曲で知られている日本を代表する作曲家である。大森昭男は、井上と会った時に、そういう環境について意識をしていたのだろうか。

「どうだったんでしょうね。井上頼豊先生はもちろん存じてましたし、そういう認識はあったと思いますけど、だからというほどのことでもなかった気もします。『へえ』という程度だったんじゃないでしょうか。こうやってお仕事をするようになってから、お父様のコンサートには常にお招き頂き、晩年の貴重な名演を拝聴しました」

仮に認識していたとしても、例え親がどういう名声の持ち主だろうと、作曲という仕事がそれだけで成り立つような世界でないことは説明の必要もないだろう。

井上鑑が世間的な意味でも注目されるようになったのは、1981年に寺尾聰が歌った「ルビーの指輪」と彼のアルバム「reflections」でレコード大賞の編曲賞を受賞してからだ。その年にソロアーティストとしてもデビューしている。1981年に大森昭男との仕事が11本に減少しているのもそのせいだろう。ただ、'82年、'83年、'84年、'85年の4年間には再び15本以上という多作に戻っている。

「一日に二ヵ所移動は当たり前、みたいな時期だったと思います。デモテープもない時代でしたし、何しろずっとスタジオの中にいましたね。日本の音楽シーンそのものがそういう時だったんだと思う。回転していることで青春しているというか。僕なんかみたいにタイミング良く波に当たった人間は、すごく勉強出来た。あれをやってみよう、これもやってみようという実験的なことをクライアント側もアーティスト側も認める時代だった。スタジオに長い時間いても職業的な義務感が全くなかったですね。一日中プラモデルでも作っている感じで。そういう作り方は、それまでの年代の人達とは少し違ってましたよね」

遊んでいるようだった――。この連載ですでに登場している人達がそうだったように80年代前半にコマーシャルの現場にいた多くの人がそう言う。それ以前の年代のアーティスト達とはどこが違ったのだろうか。

「僕らより少し早い頃の人達っていうのは明確なアイデンティティーが必要だと思われていたと思うんですよ。ジャズの人であるとかシャンソンの人とか。そうでないと認知されなかった。でも、僕とか後藤次利さんとかは、そういうのがないですよね。もちろんあの人も厳密にはあるんだけど、一般的には見えない。ロックの人といってもおニャン子もあるし。じゃあ、歌謡曲の人かというとそれも違う。そういうあり方が自然に出来るようになったんでしょうね」

後藤次利は彼と同世代の作曲・編曲家である。サディスティック・ミカ・バンドを経て第一人者のベーシストとして活躍。それでいておニャン子クラブの作曲まで手掛けている。井上鑑は、バンド経験がない。たいていの編曲家がどこかでそういう時期を経験している中では異例だろう。かといって「コマーシャル出身という意識もない」と言う。そういうフラットさ自体が80年代のコマーシャル・シーンに似合っていたのかもしれない。

「確かに独特だと思いますね。そもそも一人で音楽を始めて、気持ちはアマチュアなのに最初からプロの立場になってたわけで。だからアマチュア時代がないんですよ。バンドで頑張って何とか自分たちのポジションを確立しようみたいなことを考えたことが一度もない。努力してチャートに関わろうとしたこともない。逆に、その中から出てきた人達にとっては、こちらの出自に変な影がないんでラクなのかもしれないですね」

30年間CMに関わって思うこと

井上鑑は、80年代の後半から東京とロンドンの二カ所を拠点に音楽活動を行うようになった。

そうやって外から見た時に、日本のコマーシャル音楽というのはどんな風に見えたのだろうか。

「CMは比較のしようがないというか。すごく日本独自の文化なんだとは思いましたね。俳句の世界というんでしょうか。イギリスのCMなんかはスタイリッシュなものにしても笑わせるものにしても非常にオーソドックスなんですよね。時間も日本より長いものも多いし。じっくり作っていてすごいなと思わせるものはあるんですけど、音楽となるとジャンキーだったり、いわゆるジングルっていう感じだったりするんで、やっぱり違う発想で作られているんだなと思いましたね」

俳句のような世界。確かに海外で見るテレビから流れてくるコマーシャルに日本のような音楽はほとんどついていない。

「映像もそうですけど、日本の方が良くも悪くも短い時間の中にお金とクリエイターのセンスをつぎ込んでいる。僕がやらせてもらってきたのも、特にコマーシャルを意識しないといけないようなものではなかったですから。もしその30秒のエッセンスそのままのクオリティーで2時間とか映画とかに引き延ばすことが出来たら本当に世界に持って出られるようなものを作れると思うんですけど。テレビなんかではなかなかそういう機会は得られないですし。そういうインプットの場になっているというのも他にはない気がしますね」

大森昭男と井上鑑は、いまでも広告音楽の現役制作コンビとして仕事をしている。2004年にも「アリナミン」の音楽を井上鑑の編曲で作っている。歌は吉田美奈子だった。そうやって30年間やってきて70年代当時と比較して状況は良くなってきているのだろうか。

「良くなっていると思います。完全に良くなってますね。だってみんな上手くなっている。機材、楽器も良くなってますから。電子楽器のクオリティーが良くなることで生楽器に対するニーズも基準も高くなる。サンプリングのせいで生だからいいんだっていうエクスキューズが出来なくなった。結果論ですけど両方良くなってますね。ただ、仕事のやり方はディフェンシブになってる気がしますね。レコード会社にも乱暴なくらいのプロデューサーとかディレクターがいなくなった。広告も同じじゃないでしょうか。そこは変わってきた気がします」

彼は1996年から国立音楽大学の音楽デザイン科の講師もしている。どういう講義を行っているのだろう。

「音楽デザインというのはコンピューターを使うことを軸に映像と音楽で新しいことをやってみようという

分野で、最近、いろんな学校でそういうことを始めてるんですが、国立はわりと早かったみたいで、僕の大学の同級生がやっていることもあって手伝ってます。写真を2、3枚テーマにして音を付けるというようなこともやってますね」

映像と音楽。そうやって教えていることがそのまま彼がコマーシャルというフィールドでやってきたことではないだろうか。

繰り返すことになるが、もし、大森昭男が、永六輔の誕生パーティーのための録音演奏で彼に声をかけていなかったら。そして、大学生の彼に、仕事を依頼してこなかったらどうだったのだろう。

プロデュースというのは、人と人とを組み合わせるだけではない。

才能は才能として存在しているわけではないのだと思う。

誰かがそれを直感し、育てて行く。

そんな役割を担っているのがプロデューサーということなのではないだろうか。

そして、いま、そうした存在が必要なのは広告音楽の世界だけではないはずだ。

天才音楽家の独自性を楽しむ——樋口康雄

〝天才少年〟を紹介される

大森昭男が広告音楽制作プロダクション、ON・アソシエイツを発足させた70年代初期というのは文化的ルネッサンスと呼べる時代だった。

音楽、映像、デザイン。様々な分野でそれまでの世代にはなかった新しい表現スタイルが一斉に開花していった時代。その担い手たちの多くが、20代前半の若者達だった

もちろん大森昭男は、そうした世代ではない。でも、そんな新しい才能の開花に、年齢的には旧世代に属する大人達の力があったことも忘れてはいけない。

「伊藤さんから天才少年がいます、って紹介されたんですよ」

大森昭男は、作曲家、樋口康雄との出会いをそう言った。伊藤さんというのは作詞家の伊藤アキラである。伊藤がキャリアをスタートさせたのが、三木鶏郎が主宰していた「冗談工房」であり、大森昭男とはその当時からのつきあいであることはすでに触れた。

前項に登場した作曲・編曲家の井上鑑が、大森昭男と出会うことで作曲家の道を踏み出した例だとしたら、樋口康雄は少し違う。彼はすでに、音楽業界で〝天才少年〟と呼ばれていた。

東京の名門私立、麻布高校在学中からＮＨＫの音楽番組のアレンジを行い、やはりＮＨＫの人気番組「ス

テージ101」のレギュラーだったボーカル・インスツルメンタル・グループ、シングアウトの一員として活躍、大森昭男がON・アソシエイツを発足させた1972年には、日本人として初めてアメリカの音楽出版会社と作家契約をしたばかりだった。

その年の9月には、作曲・編曲・ボーカル・キーボード演奏・オーケストラアレンジと、全て一人で行ったソロアルバム「abc／ピコファースト」を発表している。「赤い鳥逃げた？」や「エロスは甘き香り」など当時の日活系の映画音楽も手がけている。1952年10月生まれ。まだ10代だった。

「やらせてもらえたんですよね。NHKの音楽番組の編曲者としても最年少だったでしょうし、どこに行っても一番年下だったんですけど、ものすごく生意気だった。誰に遠慮をするわけではないし、言いたいことを言っていた。それでも受け入れてもらえたんですよ」

樋口康雄は、「僕には恩師リストがあるんです」と笑いながら、そう言った。例えば「NHKの末盛憲彦、ドラマではTBSの大山勝美、CMでは大森昭男」である。いずれも「僕にチャンスをくれた人達」である。大山勝美はテレビドラマの名プロデューサーだ。末盛憲彦は、「夢で逢いましょう」のプロデューサーとして知られている。

「僕は16歳でバンドの一員としてピアノを弾いていたんです。その時にただのピアニストなのにオーケストレーションをやらせてくれって言ったんですよ。そうしたら末盛さんが『いいよ』って。中村八大さんのゴーストのようなこともさせてもらってましたから」

1960年代の後半である。「上を向いて歩こう」の作曲者、中村八大は、現役中の現役だった。繰り返すことになるが、樋口康雄はまだ10代だった。

「あの先生は何も教えてくれなかったですね。僕も、教わることもなかったですし。でも、アレンジをやらせてくれたんですよ。フルバンドっていまの作家にも書ける人がほとんどいないんですけど、僕はあそこで覚えました。コマーシャルもそうですけど、現場で学びましたね」

彼の〝天才ぶり〟を彷彿とさせるエピソードは色々紹介されている。

父親はバイオリンを祖母は琵琶をたしなむという家庭環境に生まれた彼は、絶対音感の持ち主として3歳からピアノを始め、小学校時代から作曲を始めた。幼稚園や小学校の音楽の時間は当然のことながら特別扱いの存在だった。

「自分でそんな風に意識したことはないんですよ。絶対音感にしても普通のものだと思ってましたし。クラシックの譜面は家にあったんで子供の頃に自然と書けるようになってました。音楽の時間も、僕はテストされないで、ピアノの伴奏をしてくださいって先生に言われる。みんなもそれが当然と思っていたんでしょうね。でも、音楽をやるつもりも音楽家になるつもりもなかったんです。それが中学二年の時にビートルズを聴いて軽音楽をやりだして、10代から27歳までずっとやることになるわけですけどね」

大森の仕事でON・アソシエイツに来るようになってからも、「このまま音楽家になるとは思っていなかった」と言った。

大森昭男との初仕事は、ON・アソシエイツが発足した1972年の「不二家ルックチョコレート」。作詞が伊藤アキラで歌も樋口康雄自身である。彼は上智大学の学生でもあった。音楽とは関係のない経済学部である。大森昭男はその時の第一印象をこう言った。

「『チョコレート』を聞かせてもらった時に、言葉とメロディーが活き活きしていたんですよ。それは新鮮でした。その後に色々仕事をさせてもらって、曲によってタイプが違っても、メッセージがはっきりしている。それはどんな曲でもそうでしたね」

1973年、ON・アソシエイツ発足二年目が6本。それ以降、樋口康雄との仕事は飛躍的に増えている。'77年が24本、'78年には25本、'83年には、なんと31本という数を制作している。

樋口康雄は大森昭男にとって欠かせない作家となった。

映像があったからこそ面白かった

樋口康雄のそんな70年代の経歴の中で、際だっているのが、アメリカの音楽出版社との契約だろう。エンターテイメント・コングロマリットMCAの音楽出版部門。当時、日本人で海外の出版社と契約をしていた例はなかったのではないだろうか。

「日本は歌謡曲の世界では作家はレコード会社の専属という形が当たり前で、ようやくGSやポップスの方でフリーランスの人が出てきた程度でしたからね。MCAがイギリスではエルトン・ジョン、オーストラリアでオリビア・ニュートン・ジョンとか世界中のアーティストと作家契約を進めていた時で、日本での第一号が僕でした」

70年代という時代は、アメリカの音楽シーンで行われていたことが日本に定着していった時期でもある。そんな中にはそれまでは〝自作自演〟と呼ばれていた〝シンガーソングライター〟というような名称もあり、〝巡業――興行〟などと呼ばれていた地方での公演が〝コンサートツアー〟として整備されていったことなどもそうだ。音楽業界やビジネスの近代化の一歩。作詞家、作曲家の権利もまだ確立されていなかった。彼は、その先端にいたことになる。

「ビジネス的なことはよく分からなかったですけど、一番新しい情報が入ってきてましたね。多分、CMやドラマでシンセサイザーを最初に使ったのは僕だと思う。レコーディングにしても〝デモテープ〟という言葉はまだ日本になかったですからね。『アメリカにはデモテープというのがあってさ』という感じでしたから。エルトン・ジョンはMCAのデモテープを運ぶ人だったんですよ。ある時『デモテープがない』となって『じゃ、オレが自分でやる』というところから始まってるんですよ」

そうやって契約する中で、彼は、出版社側から「CMと新劇の音楽に関しては気をつけるように」と念を押されたのだそうだ。

「新劇というのは、歌舞伎のような旧劇に対抗してたものですよね。当時は左翼運動の一端になっているような演劇も多くて、その音楽をやることはある思想に荷担することになる。CM音楽というのは、音楽家の良心とかクリエイティビティと関係なく、宣伝のためであるから覚悟しなければいけない、と言われたんですよ。暗にやるな、ということですよね。それでもやるかって言われたんです」

前項で、井上鑑は広告音楽を「俳句のようなもの」と例えていた。それは、限られた短い時間の中で何かを表現するというクリエイティビティについての解釈と言って良い。とはいっても、CMにはクライアントがいて、その意向が優先する。アメリカの出版社のロジックで言えば「宣伝」には間違いない。海外のアーティストが自分の国の活動の中で広告と一線を引いているのはそれが純粋な作品として扱われにくいからでもある。樋口康雄が、MCAから受けたそんな〝忠告〟はまさにそれだろう。彼も「その時はさすがにガツンと殴られたような感じはしました」と言った。

「後に花形産業みたいに言われるようになりますけど、当時は、まだチンドン屋という感覚はあったんでしょうね。でも、僕はちょっと面白いと思ってたんですよ」

何がそう思わせたのだろうか。

「それはいまでこそ当たり前ですけど、映像ですよね。映像と音楽。大森さんからの仕事の中にラジオCMというのもあったんですけど、その頃はつまんないなと思ってましたから。後にラジオCMの音だけが持つ面白さに気づくんですけど、その時は映像をやりたかったんですね。その頃に、コマーシャルを始めた人は、同じように面白いぞと思っていたんじゃないでしょうか」

1972年の「不二家ルックチョコレート」に始まり、1991年のAGFまで約270本。特に先に挙げたように80年代半ばまでの本数は井上鑑に勝るとも劣らず多い。そこにはもうMCAからの忠告に留意した形跡は全く見られない。

「こんなに面白い世界はなかった。もともとポピュラーミュージックに感じた面白さって『こんなのあり』だったんですよ。ビートルズが弦を使った時も、それ自体はなんと言うこともなかったんですけど使い方は『こういうのもいいの!』っていう新鮮な感じがあった。コマーシャルは、さらに何でもありだったんですよ。これもやれそう、あれも出来そうって。特に大森さんは何でもやらせてくれましたね」

大森昭男は、彼に依頼する時、どういう作品を選んでいたのだろうか。

「映像のクオリティーが高いものでしょうか。映像が持っている印象や主張が強いもの。樋口さんのお書きになる音楽は、映像に負けないだけじゃなくて、例えインスツルメンタルでも、映像の中のドラマを増幅してくれるんですよね」

1984年に社会現象にもなった三菱ミラージュの「エリマキトカゲ」もそんな例だろう。立ち上がって一目散に逃げるエリマキトカゲが醸し出すユーモラスでホロリとさせる悲哀。樋口康雄にとっても「変な音楽で、あれをOKにしてくれたのが大森さんのすごいところ」という作品となった。

大森のみを窓口にしたCMの仕事

何でもあり——。

その中には樋口康雄自身が歌っている例もある。1973年の「フジカラー」もその一つだ。作詞をしているのは劇作家の別役実である。その組み合わせも大森昭男の発案だった。

「樋口さんがNHKの『ステージ101』で弾き語りでビートルズを歌ったのを見て、すごく印象に残っていて、彼の弾き語りというのをやりたいと思っていたところに富士フイルムが来たんです。詩は別役さんに依頼しました。あれも実験でしたけどうまく行ったなという感じでした」

富士フイルムはその前の年、1972年に当時は平仮名の表記だったよしだたくろうが「Have a Nice Day」を歌い一世を風靡している。樋口康雄の中で、同じポピュラーミュージックの世界の人間としてそれに対して気負うものはなかったのだろうか。彼の答えは思いがけなかった。知らなかったのだ。

「僕は、実を言うと、世の中のポピュラーミュージックをほとんど知らないんですよ。外国のものもビートルズしか知らない。ビートルズのLP以外持っていなかったですし。カセットだけでレコードプレイヤーも持っていなかった。資料でもらうカセットを聞くだけですよ。テレビで演奏した洋楽も事務所に送られてきていたMCAの曲のカタログの中のものですから。未だにそうなんですけど世の中の音楽に全く興味がなかった。作っている人は、本当はそうじゃないといけないと思いますよ」

聞き手と作り手。聞き手にとっての音楽と作り手にとっての音楽の違い。樋口康雄は、根っからの作り手だったということだろう。そういう分け方で言えば、プロデューサーは、作り手であると同時に良き聞き手でなければいけない。大森昭男は、印象深かった作品として、1976年の渋谷西武百貨店「触れてほしい」(演出・映像作家 操上和美)を挙げた。樋口康雄も「もちろん覚えてます」と、こう言った。

「あれはすごかった。15秒のコマーシャルなんですけど、モチーフを三回やったんですよ。それだけなんです。筑前琵琶が4秒くらい。次は『シンセサイザーで弾いてくれ』と言われて同じくらい。最後はオーケストラでやはり4秒。それぞれそれをレコーディングするんですよ。こんなこといまは絶対にやらせてくれないですよ」

15秒の中で同じフレーズを全く違う編成で三回繰り返す。それぞれにアレンジが必要になり、もちろん演奏者も違う。手間もお金もかかる。そして、それを可能にする音楽的な知識も必要になる。そんなアイデアは大森昭男だからこそであると同時に樋口康雄だからこそ出来たと言って良いのだろう。

大森昭男は、彼と仕事をするようになって三年目に「コマーシャル以外の仕事をしてみたい」とアルバムのプロデュースをしている。五木寛之が訳詞をしてベストセラーになった小説『カモメのジョナサン』のLPである。脚本と詩が詩人の川崎洋、朗読が小池朝雄、音楽を樋口康雄が手がけている。大森は〝作曲〟ということについてこう言う。

「音楽の表現のためには編曲や演奏などの技術も大事ですが、僕はやっぱり一番偉いのは作曲する人だといつも思っているんです。作曲は音楽の技術的な才能とは別の才能なんです。『カモメのジョナサン』も樋口さんの作曲とオーケストレーションの才能が豊かに表現された作品でした」

樋口康雄は、1979年、27歳でMCAとの契約終了後ポップスの世界を離れ、シリアスミュージックの世界に戻った。

その年には、クラシックアルバム「オリエンテーション」とニューヨークのミュージシャンを起用したジャズアルバム「ニューヨークカット」を発表、「オリエンテーション」の中の曲がニューヨーク・フィルハーモニー室内管弦楽団の演奏会で上演され、それが故・手塚治虫の耳に止まり、「火の鳥2772」の音楽を担当、手塚アニメの作品を手がけるようになった。年間30本という数字は、そんな幅広い活動の中で残されたものだ。

そうやって受けてきたコマーシャルの仕事は大森昭男を窓口にしたものだけだった。

「最初は、MCAとの関係でコマーシャルは大森さんの所としかやってはいけない、と言われていたということもあったんですよ。でも、その後も'90年頃までそういう状態でしたね」

彼が大森昭男以外のプロデューサーと仕事をしてこなかった理由は、他にもある。

「70年代の3、4年くらい経ってからでしょうね、フィルムプロダクションの人達が朝から晩までアメリカから直輸入したCMビデオを見るようになって『これと同じモノを作ろう』と言うようになった。それが恥ずかしいことと思わない風潮が強くなった。僕は〝マネをしない音楽〟をやりたかったんですけど、そこに対抗するのは作家だけでは出来なかった。そこは大森さんがいなきゃ出来なかったと思うんです。彼は一切そういうことは言いませんでしたから」

ON・アソシエイツは作家の専属制を敷いていない。それでも、実質的には樋口康雄はON・アソシエイツの唯一の専属作家だった。契約があったわけでも束縛があるわけでもない、作家の方から敢えて他と仕事をしないという〝自発的自然専属制〟。それも信頼関係の表れではないだろうか。

趣味で音楽をやりたかった人

「いま思えば当時はアウトローの仕事ばっかりだった」――。

樋口康雄は話しながら自分のキャリアについて、そう言った。

70年代初期に彼が手がけていた映画音楽は日活の藤田敏八監督の一連の青春作品であり、プロデュースしていたのはやはり日活映画「八月の濡れた砂」の主題歌でデビューした、石川セリだったりした。全共闘運動やニューシネマ、サブカルチャーの匂いが色濃い中にいた。

「とにかく早く始めましたからアカデミズムとか何も関係ないところにいたんですよね。世の中のことも分からなかったけれど反体制はカッコ良かったからそれをやりたいと思った。作曲家の世界で言えば、ポピュラーミュージックの人達はほとんどアウトローに見られてましたし。何が成功なのか分かりませんけど、そうやってスタートしたから僕はポピュラリティが低いんだと思うことはありますね」

それは時代がそうさせたということなのかもしれない。

世代の下克上とも言えた時代だったからこそ早くして注目されたという一面と、そうやって世に出てしまったことの宿命のようなもの。1979年にクラシックの世界に戻った後は、アビーロード・スタジオでロンドン交響楽団を指揮するなどの仕事を行っている。

いま、彼は2003年に舞台のアカデミー賞と言われるトニー賞を受賞したミュージカルの日本版のオーディションを行っている。70年代をそうやって過ごしてきた彼の目に、いまの若者はこんな風に映っている。

「いろんな人が来ますよ。芸大を出たばかりの人とか。ただ、みんな面白いんですけど目指すものがすごく保守的なんですよ。何の役をやりたいとか、人のやったものしかやりたがらない。アメリカは違うんですよ。ニューヨークフィルと仕事をした時も、『お前作曲家なんだってね、俺、ヴィオラなんだけど、俺の曲書いてよ』っていうようなことをあちこちで言われる。日本はみんな『誰々みたいな』としか言わない。みんな同じことしかやらない。それはつまらないですよ」

ただ、樋口康雄の存在は、そんな若者達によって再認識されつつあると言って良いだろう。1972年に出たファーストアルバム「abc／ピコファースト」は2000年に再発売され、アルバムチャートにランクイン。再発ものでは異例のヒットを記録した。支持したのはクラブ系の音楽を聞く若者達だった。早すぎた才能を時代が追認した格好となった。

「何でもやりすぎているんだと思いますね。ポップスも書けば、ドラマの音楽も書く。CMをやってアニメをやって新劇の舞台の音楽も書いて商業演劇もやり、普通の純音楽、つまりクラシックも書いてジャズも書くという人はあまりいないと思います。みんなもっと自分の専門に特化してやるから。僕は何でも面白いからやっていたんですけどね。そんなに真面目に音楽家になろうと思っていなかったし。出来れば趣味でやりたかったくらい（笑）」

音楽だけでなく日本で〝権威〟とされるには、その世界の中で特化していることが条件になると言えるのではないだろうか。何か一つ専門分野を持ち、その中で極めるということが求められる。彼のような幅広い世界での活躍は、なかなか評価の対象にならない。

「そう言えば、演歌の世界も先生が好きですし、志賀直哉っていう人は、晩年はほとんど小説を書かないままだったみたいですね。でも先生と呼ばれてるじゃないですか（笑）」

ポップミュージックにせよ広告音楽にせよ時代とともに移り変わって行く。そこに権威は不要だろう。権威とは無縁だった天才音楽家の独自性を誰よりも理解し楽しんでいたのが大森昭男だったのかもしれない。

作家性と職人魂——矢野顕子

糸井―矢野コンビの発案者

矢野顕子である。

大森昭男がこだわって起用してきている作家の中でも際だっている一人が彼女ではないだろうか。

1976年のデビュー以来、他の女性シンガーソングライターの追随を許さないオリジナリティを発揮し、ワン・アンド・オンリーの存在であり続けている。彼女も、大森昭男の40年のキャリアをたどる上で欠かせない登場人物になる。

矢野顕子は改めてこう言った。

「どんな仕事でも最終的には人ですからね。誰とでも出来るというわけじゃない。コマーシャルソングを作るということは、表現が適切かどうかは別にして、他人のふんどしで相撲を取る、みたいなシチュエーションですよね。でも、そこにはやっぱりその人の力量やセンスが問われるし、出てくる。これは糸井さんとやれば合うんじゃないかと引き合わせた大森さんのセンスが凄かったということですよね」

大森昭男との出逢いは、矢野顕子のキャリアにとっても重要な意味を持っていたと言って良いだろう。

CM音楽に限らず彼女の作品には作詞・糸井重里、作曲・矢野顕子というコンビの名曲が数多くある。そんな関係の発端になったのが大森昭男だった。

大森昭男が初めて矢野顕子に作曲を依頼したのは１９７８年。クライアントは丸井の「学習机」と「ひな人形」だった。作曲のみの依頼である。彼女にとっても「多分初めてのコマーシャル」だった。

大森昭男は、その時のことをこう言う。

「矢野さんのことは、『JAPANESE GIRL』を聞いた時に何か面白いお願いが出来たら良いな、相応しいテーマがあると良いなと思っていたんですね。でも、その時は、歌でお願いしようというより映像音楽が出来る方だと感じた。丸井の『ひな人形』とか『学習机』とかは、ちょっと夢っぽい世界の音楽が欲しいと思って矢野さんにお願いしたんじゃないでしょうか」

１９７６年７月25日に発売になった矢野顕子のアルバム「JAPANESE GIRL」は、女性アーティストのデビュー作としては日本のポップミュージック史上最大の衝撃作だったと言って過言ではないだろう。レコーディングは日本とアメリカ。洋楽至上主義時代に、民謡も歌謡曲もポップスも飲み込んでしまったような自在なピアノと無邪気なあどけなさにあふれた歌。まさしく型破りな作品だった。

そういう意味で言えば、彼女は従来のポップス系はもちろんＣＭ音楽の作曲家の範疇にも入らない存在のようにも見えた。彼女自身の中では、ＣＭ音楽の依頼ということについて、どう感じていたのだろうか。

「元々、スタジオミュージシャンもやってましたからね。いまだったら、イメージを大切にするんで女優さんはシャンプーのＣＭとかにそんなに出ないとかあるんでしょうけど、そんな意識は欠片《かけら》もありませんでしたから。音を職人的に作るということに抵抗はなかったですし、そっちの方が本業のようになって行きましたよね。だいたい、ＣＭ音楽に名前なんか出なかった時代ですよ。隠れてやるお仕事とか、そんな風にも全く思わなくて、これは自分の仕事としてやりがいがあるものだと張り切って作っていましたよ」

ただ、大森昭男の方にすれば、彼女に対しては、他の作家に依頼するのとは少し違う配慮もあった。

「矢野さんは、演出家の方とかスポンサーの方とかと打ち合わせをしなくて良いとおっしゃるんですよ。もちろん誰に対してもそうなんでしょうけど、彼女にお願いする時は、特にテーマを自分の責任でしっかりととらえて整理して自分の言葉で説明しないといけないという緊張感がありましたね」

打ち合わせ不要。それはどういう理由だったのだろうか。彼女の答えはこうだった。

「会議とか嫌いでね（笑）。ありますよね、『とりあえず顔合わせで』とか。そういうのを一切省いてくださいって言いますね。私は音楽をやりたいんで、それだけ見せてくれればいいからって。せっかちなんですよ（笑）。でも、大森さんからお話を聞けば、それで足りないということはなかったですよ。こういう感じでこういう絵コンテでとか話を聞いているうちに、だいたい『出来ました』って言ってましたからね（笑）。しっかりと世界を組み立てて話をされるんで、それを頭の中に描きつつ聞いていると音が引っ張り出されてくるっていう感じ。ただの音楽担当ディレクターという人とはちょっと違いましたね」

クライアントの意向を伝達するだけではない作品イメージ。まさにプロデューサーとクリエイターのやりとりではないだろうか。

西武「不思議、大好き。」

矢野顕子と糸井重里のコンビが誕生したのは、1979年の緑屋「amsオープン」である。大森昭男が依頼した作品の三作目だ。

彼女は、糸井重里について「矢沢永吉の『成りあがり』を書いた人」という説明を受けていた。糸井重里に彼女の起用を提案したのは大森昭男だった。矢野顕子は、その時のことをこう言う。

「初めて糸井さんのところに行ったんですけど、打ち合わせした様子も覚えてますよ。あの頃まだセントラルアパートに事務所があったんですけど、この人、業界の人ですか、みたいな感じだった（笑）。だけど全然チャラチャラした感じじゃなくて。彼が出した最初の本の話をしてた気がする。私が知っていたそれまでの音楽業界の仲間にはなかった視点を持っていたりして、非常に印象深かったですね。彼が書いてくる詞も、作詞というよりはもっとコピーというか、プロダクツ寄り、という感じで、私には絶対に書けないし、すごく新鮮でした」

二人のコラボレーションで画期的だったのは、1980年の西武百貨店「不思議、大好き。」だった。〝不思議〟という抽象的な言葉と〝大好き〟という感覚的な言葉の組み合わせ。音が歪んだような音楽と彼女の独特の声。一般的なCMのメッセージとも通常のポップソングとも違う斬新なインパクトは、二人だったからこそ生まれたと言って良いだろう。

彼女はこう言う。

「変な曲だったんですよね（笑）。あれが西武の全館で繰り返し流れていましたからね。従業員のみなさんはきっと嫌だったんじゃないかと思ってるんですけど（笑）。確かに不思議なCMでしたよね。そういうものを許してくれたんですね、西武は。太っ腹でした」

ただ、彼女の口から最高傑作ということで上がった曲は「じてんしゃでおいで」だった。1986年、浅草ROXがクライアントである。戦前からの歓楽地、浅草六区が若者向けに再開発的リニューアルした時の

CMである。

「コマーシャルソングということに限らず、作曲・矢野、編曲・坂本（龍一）の最高傑作の一つではありますよ。悪いところは一つもないです。パーフェクトだったんですよ。糸井さんともあの『じてんしゃでおいで』をどう超えるかっていうのがそれから先の大きな命題で。『あれよりも良い曲を書こう』っていう欲が双方に働くくらいでしたからね」

浅草ROX「じてんしゃでおいで」については、すでにこの連載で糸井重里が登場した回でも触れている。

当初は〝じてんしゃでおいで〟というサビの部分しかなかったものを急遽長くしたという経緯があった。

「その時は、そこまでの曲になるとは思っていなかったんですよ。狙って作れるものじゃないんですね、あいうものって。それ以降に糸井さんと何回もそういう話をしましたけど。狙って作れるものじゃないよねって。狙って作ったものはことごとく失敗しましたね（笑）」

矢野顕子と糸井重里——。

1980年の「不思議、大好き。」の後に出たのがカネボウ化粧品のCMソングでもあった大ヒット曲「春咲小紅」だった。もちろん二人のコンビである。その関係はいまでも続いている。

「私は言葉の部分で言うと、私はこうでなければいけないとか、例えば長渕剛さんみたいな、何か分かりやすい魂のようなものがあるわけではないんですよ。自分で出す言葉というのはすごく語彙が少なくて、ひらがなで書ける。痛いとか熱いとか、それだけで済んじゃう。だけど糸井さんが、私の代弁をしてくれる。糸井さんは私の本質を理解してくれて、私だったら、こう言うだろう、こういう言葉は使わないだろうと解析して書いてくれる。それ以降、糸井・矢野で沢山曲を書きましたけど、CMであろうが、その後の

『SUPER FOLK SONG』であろうが、いつもそういう関係はキチッとあってのことなんですよ。その態度、位置関係が全く変わっていないわけです。だから『不思議、大好き。』にしても、糸井さんの表現であると同時に私の表現でもある。それが、西武百貨店という、あの当時、若者文化をリードしていた人達の中に入れてもらえたというのは、非常に幸福な出逢いでしたよね」

ＣＭ音楽から始まった切っても切れない関係――。

矢野顕子と糸井重里はまぎれもなくそういう二人だろう。

並外れた集中力

大森昭男は、矢野顕子についての印象的なシーンとしてこんな場面を上げた。１９８０年、彼女が代表作「ごはんができたよ」を発売した頃だ。

「ＭＩＴスタジオだったんですけど、矢野さんは、瀬尾一三さんが書いた曲にキーボードプレーヤーとして参加していたんです。瀬尾さんはコードネームだけのスケッチ譜でメンバーに曲の説明をしたんです。いわゆるヘッドアレンジですよ。その時、矢野さんだけは遠くを見ているようで全然聞いてない感じなんですね。でも、演奏が始まったら、もうすごいの。びっくりしましたね。この人、すごいって思いましたね」

彼女自身は、そのことを覚えていない。打ち合わせの時、聞いてないように見えた、ということについては「聞いてはいますけど、興味ないもので」と笑った。

「ちっちゃい時からそうだったらしいんですよ、私。小学校の時の通信簿が出てきたことがあったんですけど、小学校一年の時の先生がとってもいい人だったんです。その先生が、但し書きのところで『顕子ちゃんは、今日はとてもご機嫌よろしくて』みたいなことを書いてるんです。どういうことかと言うと、天気が良いと、机ごと窓の側の陽が当たる所に移動してずっとそこにいるんだって。『鈴木顕子さん、どうしたんですか?』って聞かれると『気分がいいから』って(笑)。そうしたら、先生が『良かったわね』ってそのままにしておいてくれて。そういうことがしょっちゅうあったらしいですよ。いまだったら絶対に行動障害と言われると思うんですけど、それを許してくれた。だから、スタジオでそういうことがあっても、それは不敬な態度とかじゃなくて、多分、自分の世界に入っていたのかな。話を聞きながら、きっとアレンジをしていたんですよ、頭の中で」

大森昭男は、そうした類の場面を他にも記憶している。例えばこういう場面だ。

「『SUPER FOLK SONG』というのは糸井さんが『ペンギニズム』というアルバムを出した時に入っている曲でもあるんですが、あの中の『スリーピングダック』を矢野さんにお願いしようと打ち合わせに行ったんですよ。その時も、詞を見ているうちに『あっ出来た』と言ってピアノの所に行って、もう弾き出しちゃった。すごい集中力だと驚きました」

矢野顕子自身は、そのことも覚えていない。ただ、大森昭男のそうした一連の記憶は、矢野顕子の〝天才ぶり〟を証明していると言えないだろうか。

「まあ『変わってる』ということは小さい時から言われてましたけどね。でも、中学の頃からもう『ジャズしかない』みたいに思ってましたから。子供ですよ。ジャズのジの字も知らないくせに即興演奏をやりたいみたいなことを言ってましたね。当時は青森に住んでたんですけど、父が『何とかしてあげよう』と思ったんでしょうね。クラブとか実際にバンドがいるところに連れて行って『ちょっとウチの子を弾かせてやってくれ』みたいなことはしてました。小学校6年。12歳ですよ。チラチラそういう言われ方はしてましたけど、意識したのはデビューアルバムが出てからじゃないでしょうか」

デビューアルバム「JAPANESE GIRL」が発売になった時にレコード会社が作った宣伝用のパンフレットが手元に残っている。

日本でのレコーディングのバックは、はっぴいえんどを解散した細野晴臣が、松任谷正隆や鈴木茂らと作ったセッション集団、ティンパンアレイとムーンライダーズで、アメリカ側は、ロックファンの間で熱烈な支持を集めていたリトル・フィートだった。

そのパンフレットにはリトル・フィートのリーダー、ロウエル・ジョージの彼女に対してのこんなコメントが載っている。

「彼女はわずか21歳なのに、もう色々な音楽のスタイルになじんでいる。才能から言えばスティービー・ワンダー位になりそうだよ。彼女が作るメロディは伝統的でありながら、同時に大変現代的なんだ。彼女こそ世界に影響を与えうる初の日本人ミュージシャンだ！」

リトル・フィートは、サザンオールスターズの桑田佳祐が影響を受けたと公言していたバンドでもある。

そのリーダーのそんなコメントが〝天才・矢野顕子〟の〝お墨付き〟となったことは言うまでもない。

「といっても、自分では全然、そうは思ってなかったんですよ。本当になかった。むしろ自尊心は低かったんです。私は駄目なんだと。みんなが出来ることは出来ない。みんなが一番と二番をちゃんと歌えるのに、私は歌えない。歌っているうちにどうしても変わってしまうから（笑）。この前も思い出したんですけど、『SUPER FOLK SONG』というタイトルのツアーをピアノと歌だけの弾き語りツアーとしてやった時も、やるまで自信がなくて、来てくれている人の三分の一は絶対に途中で飽きて帰るって思ってたんですよ。ところがやってみたら、なんか喜んでくれているようだと。どうやら私特有の芸があるらしい、みんなは私が思っているようには音楽を聴いてないらしい（笑）。それに気が付いたのは6、7年前ですかね。そんな程度なんですよ」

天才の職人仕事

様々なスタイルの音楽を自在に取りこんだ奔放なプレイ。即興演奏でこそ本領を発揮する才能と、そうではない、型にはまった演奏で求められること。

もし、そういう風に分ければCM音楽は後者になるのだと思う。テーマは厳然としてあるわけだし秒数もがっちりと決まっている。それこそ〝枠組みこそ全て〟の音楽と言えないだろうか。

「そう。だからそれが良かったんですよ。ちゃんとお題があって、時間が限られていて、その中で自分の良いものを出す。いまにして思えばすごく訓練になりましたね。15秒、30秒。企業CMなんかだと3分なんていうのもあったりする。その中でどうドラマを作るか。何しろ、商品のためのものだから私が上手く聞こえるとか、そういう問題じゃないわけですよ。このプロジェクトをどうやってアピールするかという役割を担うわけですからね。自分のアートの心と職人魂をどうやって合わせて行くか、すごく訓練して頂いたと思います」

芸術作品とポップス、或いは大衆音楽の違いは、作品性と商品性にあるのではないかと思う。作り手の想像力の中で完結した形で突き詰められるものが芸術作品だとしたら、ポップスや大衆音楽は〝商品〟として市場に出て行く。売れた売れないが、一つの基準になるのはそういうことでもある。CM音楽は、市場の〝売り上げ〟には関わらないものの、〝求められる音楽〟という意味では芸術作品とは違う。

「やっぱりどう考えても職人ということなんですね。最近、自分より年下の若い人たちとお仕事することが多いんですが、彼らはそういう職人仕事は全く分からないというか経験してないわけですよね。だから、そういう人達とご一緒すると、いかに自分がたたき上げてきたかということをすごく実感しますね。かといって、あんまりそういう観点からモノを言ってはいけないとは思いますけど。そうじゃないとどこかのオヤジと同じで『昔はよお』みたいになるわけでしょ、『俺達の時代はよお』みたいな（笑）。でも、やっぱりたたき上げて来なければ出来ないことってあるんですよ。アニメーションの世界もそうだと思いますけど、これを理解している人と、分かるけれど経験していない人、全く興味ない人ではかなり違いますよ」

職人性と作家性――。

その二つは最終的に重なり合うものでもあるのかもしれない。彼女がCM音楽の中で手にしたものは、自分の中のそうした両面だったのではないだろうか。

「ただ、CM音楽がいつもいつもそういう仕事ばっかりというわけじゃなくて、中には、言葉も決まっていて、『これだけ打ち込んでください』とか『ここを3秒過ぎたところで転調してください』というようなものもあるんですけど、大森さんが私にって言ってくださるものは、自分の良いところが出せるプロジェクトで〝作品〟として、という感じだったんですよ。そこが恵まれていると思いましたね。自分の中の〝モノを作る気持ち〟というのは多分、ビアーッとほとばしっていただけかもしれないけど、そこにコマーシャルソングという栓をつけてきちんと水が出るようにしてくれて、ホースの口径は何秒ですよって、決めてくれたのが大森さんですよね」

矢野顕子は1990年に渡米、2001年から音楽制作の拠点もニューヨークに移してしまっている。アメリカのCM音楽についてこんな話をした。

「アメリカのコマーシャルソングというのは一回のオンエアについて印税がいくらとか決まってますね。オンエアごとに印税が入ったりしますからかなりお金になりますね。日本は全然甘いです(笑)。だからちゃんとプロの作家が作ります。職人じゃないと出来ない仕事と思われているところもあるかもしれない。あまりテレビを見る機会はないですけど、アメリカのCMでもいい音楽がついていると見ちゃいますね」

大森昭男プロデュースの矢野顕子作品は1998年の「チロルチョコ」以来、2005年現在、作られていない。大森はこう言った。

「僕は矢野顕子ファンでもあるんですよ。だから変な仕事はお願いできない。ちゃんとコマーシャルとしての矢野さんの味が出る作品じゃないと。なかなかそういう機会がないですね、残念ですけど」

矢野顕子は最近のCM音楽状況について、どう思っているのだろうか。

「あれが残念よね、タイアップ。CMソングを作って、そのプロジェクトのためだけに流して欲しいのに既成の曲をあてがうという。すごくそれが残念で。そこは〝職人魂〟が痛みますね。『やらせろよ職人に』という感じですか」

このインタビューは、２００５年の6月に帰国した一週間の滞在の最後の日に行われた。翌日、彼女は、ホームグラウンドのニューヨークに戻っていった。次の帰国は、夏のツアーになる。天才・矢野顕子の職人仕事を求める日本企業はもはや存在しないのだろうか。

ＣＤ「斎藤ネコＣＭ作曲集」

１９８６年ＪＡＬでの出会い

実を言うと、この連載がスタートした時、大森昭男に関わるもう一つの企画も並行して進められていた。それは、彼の手元に残されている膨大なマスターテープを使ってＯＮ・アソシエイツが制作したＣＭ作品をＣＤ化するというものだった。とにかく１９７２年の会社発足以来、30年以上が経過しており、作曲者本人の手元にすら存在しなくなっている音源も少なくない。

それらを改めて世に出すことで、比較的顧みられることの少ないＣＭ音楽への再評価につながるのではないかというものだった。

ただ、歌い手一つとっても相当な数にのぼり、なおかつ所属レコード会社も異なっている。その上で、そこに作詞家や作曲家の権利関係も絡んでくるとなるといまの著作権環境の中では困難なことも多く、残念ながらそちらの方はまだ実現していないままになっている。

「本当はＯＮの作品集が出るともっと面白いんですが、大変なところもあるだろうなと思ったんで、大森さんに『まとめても良いですか』って。一足先にやらせていただきました」

というのは自分の作品をＣＤ化した作曲家、斎藤ネコである。

２００３年に制作された「斎藤ネコＣＭ作曲集」には１９８７年「西武・西友『日本一の市』」に始まり

1989年「旭化成企業CM『シャガール』」まで発表順不同で50曲が収録され、中には未発表バージョンも含まれている。全曲がON・アソシエイツの依頼で作られたものだ。

「素材が沢山あり過ぎたんで、少しつまんだりもしてます。シリーズものなんかも一番良い時期の音を選んでますね。歌ものは権利関係がややこしいんでインスツルメンタルに限定してます」

全50曲収録。それでも細切れなCM音楽集という印象はない。ジャンルもスタイルも違うそれぞれの曲が一つの大きな流れを作っており一枚のインスツルメンタルアルバムとして楽しむことが出来る。

CM音楽のCD化ということではコカ・コーラやサントリーなど同一クライアントのシリーズをまとめたものはあるが作曲家主体となるとほとんど存在しない。大瀧詠一の「ナイアガラCMスペシャル」と井上大輔の作品集が知られている程度だろう。

ただ、大瀧詠一にしろ井上大輔にしろ、彼らのものはボーカルも入ったポップソングとしてのアルバムであるのに対し「斎藤ネコCM作曲集」は、インスツルメンタル集という違いがある。

さらに、斎藤ネコが、CM音楽を中心に活動してきた作曲家であることを踏まえると、「斎藤ネコCM作曲集」はほとんど唯一の作品集と言って良いのではないだろうか。

大森昭男もこう言う。

「鶏郎さんや桜井順さんにも作品集はありますけど歌ものでしたからね。桜井さんには、一時期、杉山登志さんがやっていた頃の資生堂のシリーズをまとめたものもありましたけど、これだけのボリュームはなかったですし。インスツルメンタルの作品集としては多分、業界でも初めてだと思います」

大森昭男が斎藤ネコと初めて組んだのは1986年、クライアントはJALである。

斎藤ネコはそれまでＣＭの仕事は「ちょっとしかやっていなかった。それも友達関係でディレクターの手伝いをするという程度」だった。作曲家としては新人ということになるのだろう。初仕事がＪＡＬという依頼が大抜擢であることは間違いない。

「いきなりでしたからね。野球で言えば、二軍戦をまず登板させるとかになるんでしょうけど、最初から一軍で投げてみるか、みたいな世界だったんで、本当に気合いが入っていましたね。ドキドキでした」

ただ、初対面ではなかった。

斎藤ネコは、１９７９年からジャズピアニスト、市川秀男のアシスタントを務めており、ＯＮ・アソシエイツのレコーディングの現場も経験していた。ＯＮ・アソシエイツがオフィスを移転する際に資料として置いてあったおびただしいＬＰレコードの整理なども頼まれている。斎藤ネコは「レコード整理という口実で手の内を見せてくれた」と受け取っている。

「市川さんがものすごく多忙な時で、僕は19歳で、その現場にくっついて回っているうちに大森さんの現場に出逢ったんですけど、やたらと慌ただしい他の現場と違うんです。やっていることが違った。ゆとりというか、丁寧にやっているというか。ここは面白いなと思った。資生堂のＢＧＭなんかでも、お店で流すのにこんなに豪華なもの作っちゃうんだってかなり感激しましたからね。こんな大きなスタジオ使って時間をかけて、それが店頭のＢＧＭか、すごいなって。勉強したいと思いましたから。ＯＮ・アソシエイツは、譜面を厳格に回収している会社だったんですが、こっそり『一枚ください』とか言って頂きました。もちろん許可は受けましたけど、『なんで持って行くんですか』とか不審がられましたけどね（笑）。こんな方と仕事が出来たらというのは夢でしたね。一緒に仕事をして頂けるなんて思ってもみませんでした」

ペンネームの由来

斎藤ネコというのはもちろんニックネームである。

本名、斎藤毅。1959年、東京生まれである。3歳の時からヴァイオリンを始め、4歳で桐朋学園「子供のための音楽教室」で外山滋、篠崎弘嗣両氏に師事し、7歳の年にNHKテレビ「ヴァイオリンのお稽古」に出演している。

「父は音楽と全然関係ないんですけど、母はピアノを教えるということをしてました。桐朋幼稚園も親が音楽好きだったからですね。音楽教室はそのおまけみたいなものですよ。まあそんなに苦痛でもなかったし。小さい時のことはあんまり覚えてないです。天才だったら、そんなところ行かなくても大丈夫でしょう（笑）」

高校は東京芸大の附属高校である。1978年に芸大の作曲科に入学した。作曲の師は合唱曲で知られる南弘明、北村昭の両氏である。一級下には、「マツケンサンバ」をヒットさせた宮川彬良がいる。

「クラシックをやろうとして入ったわけではないんですね。中学の頃に、デオダードとかボブ・ジェームスが出てきて、アレンジってすごいなと思い始めてそっちにはまっていたんですよ。ビートルズが『LET IT BE』で弦を入れたり、ディープパープルがオーケストラとやったりするのを聞いて『ロックだって弦を入れてるじゃん』と思った。その頃、羽田健太郎さんがキーボードで、ドラムが石川晶さん、ギターが直居隆雄さん、ベースが江藤勲さんという人達が読響とコラボレーションして結構コンサートをやったりしてたんですね。それを見てフルオーケストラとリズム隊の組み合わせって格好いいなと思って、そっちの専門学校に行こうかなと親に相談していたら、芸大に作曲科というコースがあるからということで。運良く受かっちゃったという程度ですよ」

ネコと呼ばれるようになったのはいつ頃からだったのだろうか。彼は「中学校から」と言った。

「『おいでおいで』と呼んでも来ないというところから来たみたいです。好き嫌いがはっきりしていたんでしょうね。先生を泣かしちゃったこともあるんですよ。『犯人は出てこい』と言うんでクラス全員を連れて行って職員室の前に行って全員が正座して『もういいから帰れ』と言われたこともありましたね。学級委員みたいなことはやっていたんですけど悪ガキだったのかもしれません（笑）」

自分の好きなことと嫌いなことがはっきりしている音楽少年にとって芸大という環境はどういうものだったのだろう。大学は6年で卒業している。

「苦でした（笑）。あそこは現代音楽しかやらないんで、学校へはほとんど行ってません。その頃はもう仕事をしていたんですが、大学の歌曲審査なんかでも『ミュージカルみたいだ』って酷評されてましたし。でも、それも自分のやりたい方向という意味では誉め言葉なんで、それで通していただけるならという感じでしたよ」

高校生の時には、すでに音楽の仕事をしている。ヤマハのコンテスト応募曲のアレンジなどをしていた。そのきっかけは『友だちに書いた曲をその人が勝手に応募してしまった』ことだったと言う。アイドル歌手やタレントコンテストで、友人が申し込んだというケースは珍しくない。でも、自分が人に贈った曲を、もらった相手が送ってしまったという例は少ないのではないだろうか。それだけ良い曲だったということでもある。

「高校二年の時だったんですけど、当時は譜面応募はあってもアレンジまでしてくる人は珍しかったんでしょうね。ヤマハの日吉センターの方に呼ばれたんですが、スタジオも使い放題にしてくれてましたね」

70年代半ばから後半にかけてヤマハのコンテストに応募していた人達の中にはサザンオールスターズや佐野元春、シャネルズなどもいた。全国大会には地方からもそうしたアマチュアが集まってくる。CHAGE&ASKAやツイストも同じ頃にそうやって応募してきた。

当時のエピソードで興味深い話がある。彼がアレンジしていたテープが「君のサウンドは洋楽過ぎる」と上から強硬なクレームがついたことがあったのだそうだ。ヤマハのコンテストがメジャーへの登竜門になっていた頃だ。ヒット曲を作ることが命題になっていた時でもある。

「バカヤロー、みたいな感じで大喧嘩しましたね。若かったですから。でも、これは誉め言葉だなと思えましたからね。その頃に、ポピュラーを勉強するならジャズかなと思って市川さんを紹介してもらったんですよ。そうしたら『君は芸大の作曲科にいるんだったら譜面が書けるだろう』っていきなり劇伴の譜面を書く手伝いをさせられて。そこからでしたね」

当初、ON・アソシエイツでも作曲の仕事は本名で、ライブや演奏に関しては斎藤ネコと使い分けをしていたそうだ。

「漢字を書いているよりネコの方が楽になってしまって、いまは統一してますね」

ホームページも「斎藤ネコ」だ。「斎藤ネコCM作曲集」は、〝斎藤ネコレーベル〟から発売されている。

ふたりの実験精神

『お主出来るな』という感じがあるじゃないですか。市川さんのところにいらした時から、そういう存在でしたよ。ちょうど教授（坂本龍一氏）が海外でも評価されるようになってなかなか仕事がお願いできなくなって、樋口康雄さんも忙しくなってしまった。私はそういう映像音楽的な世界は好きですし、それを任せられる人が誰かいないだろうかと思っている時期だったんですよ。芸大を出ていてオーケストレーションも大丈夫ということは見ていて分かりますしね」

大森昭男は１９８６年に彼に作曲を依頼した頃のことをそう言う。'86年３本、'87年12本、'88年30本、'89年16本、'90年19本、'91年23本、'92年11本、'93年13本、'94年11本、'95年５本――。

斎藤ネコが80年代後半から90年代にかけて大森昭男にとってどのくらい欠かせない作曲家だったかを証明している数字と言えないだろうか。

「仕事が徹底してるんですね。例えばあるテーマに対して三案くらいは出してくれる。そういうレパートリーがありますね。僕自身、実験的なことをやりたかったし、ネコさんはアレンジにしても懐が深いからそれが平気なんですよ」

例えば１９８７年のサントリー「マーテルコニャック」でフランスで発明された電子楽器、オンド・マルトノを使ったりしているのもそんな例だろう。日本で数少ないオンド・マルトノ奏者、原田節を起用している。映像はイタリアの大御所俳優、マルチェロ・マストロヤンニだった。

「大森さんから出たフルートだけのオーケストラというアイデアもありましたね。40人くらいフルートだけ集めてオーケストラを作るんですよ。誰も見たことも聞いたこともないでしょうね。あれは一番すごかったな。大森さんも見たことがないからやってみようということで。音を出した瞬間にボツだとは思いましたけど（笑）」

斎藤ネコはこんな例も挙げた。

「紙のカラーラッピングペーパーという商品が出た時に、大森さんが、『紙の音をサンプリングして音階にしてそれで曲を作れないか』と言い出して。スタジオを一日押さえてひたすら紙の音をサンプリングしたんですけど、結局紙がクシャクシャ言う音しか聞こえなかった（笑）。最終的にウチのカルテットで曲を三タイプ作って、普通に弦楽四重奏曲で録り直しましたけど、相当楽しませてもらいました（笑）。楽しくなるところまでやらないと駄目ですね。煮詰まっているばかりでは」

懐の深さはその人の経験に比例すると言える。どんなに才能が豊かであっても、自分の得意なフィールドでしか仕事をしてこなかった人とそうでない人の間には、かなりの差があるのではないだろうか。

斎藤ネコは、そういう意味でも後者だろう。例えばこういう経験もしている。

「学生時代の楽器屋の借金もたくさんあったんで、何でもやっていた時期があったんですけど、南こうせつさんのツアーに行ったことがあったんですよ。僕は24、5ですね。あの人の曲は三コードが多かったりしたんで、半分なめてかかったら大間違い（笑）。何かのバッキングで余計な音でも弾こうものならギターの石川鷹彦さんから『そこの新しく入ったの』みたいな感じで『余計な音を弾くんならニコニコして立っていればいいからな』みたいに言われて。簡単だろうと思った世界がものすごく奥が深くて。一週間くらい落ち込みましたね」

彼がその時のツアーで演奏した曲の中で印象深かったのが「夢一夜」だったと言う。作詞・阿木燿子、作曲・南こうせつ、資生堂のイメージソングとして作られた曲だ。制作はON・アソシエイツである。ただ、斎藤ネコがそのことを知ったのはかなり経ってからだ。

「あの曲の間って洋楽と全然変わらない。日本的な間だけじゃないんですよ。あの曲はこうせつさんの奥様がベートーベンの『月光の曲』を弾いている時に浮かんだ曲だって聞きましたけど、シンプルがどれだけ難しくて大変か。ONチームとこうせつさんは僕を変えましたね。ジャンルは確かに広がりました」

ちなみに南こうせつの夫人は芸大の楽理科卒。斎藤ネコの大先輩に当たる。

「CMは卒業」の意味

「斎藤ネコCM作曲集」に収録されているのは50曲。その懐は驚くほど深い。

薫り高いクラシックの格調、哀愁溢れるヨーロッパ調、和風な日本情緒、ボサノバ、ラテン、中近東、アフリカン・レゲエ、カントリー、ハワイアン。壮大なオーケストラからコミカルな動画タッチ。宇宙的な世界観から家庭的なホームソング、そして前衛的なフリージャズ。それぞれのテーマやイメージに沿って繰り広げられる音のページェントは、きらめきに満ちており聞き手を飽きさせない。

しかもそれぞれの長さも一定ではない。「SONY PIXY'89」1分41秒、'91「SONY どんな場所にもPIXYの入る場所はある」2分10秒、ウールマーク'88「メリノはケケケの王様です」1分59秒、NTT'89企業CM

「マウンテンゴリラ」3分42秒、サントリー'88「白州東蒸留所」のように4分50秒という〝大作〟まである。「JRA」は'88年だけで8種類がシリーズで聴ける。

「PIXYのシリーズなんかでも、こんなに好きなことやってしまって大丈夫かなと思ったりしながらやってましたから（笑）。演出家でも川崎徹さんなんかは〝絵が普通になっちゃったから音で尖って欲しい〟とか、その反対のこととかよくおっしゃってましたよね。〝東スポの見出しのような音〟と言われたこともありましたよ（笑）」

日本のポップミュージックの面白さに〝雑種性〟がある。アメリカのように黒人音楽と白人音楽が厳密に区分けされているわけでもない。ジャンルやスタイル、地域性。あらゆる要素が取り込まれている。そういう意味で言えば「斎藤ネコCM作曲集」は、まさしく〝もう一つのJ-POP〟だろう。

「ある意味で贋作師なんでしょうね。ヨーロッパなんかに行くと、純粋に洋楽を追求するのは向こうの人がやれば良いと思ったりもしますし。日本の文化自体そういう面がありますよね。疑洋風建築とかそういうものだから。J-POPには盗作の部分があったりもしますけど、CMでは盗作は絶対に作れませんからね。その面白さじゃないでしょうか」

「斎藤ネコCM作曲集」は、通常のメジャーなレコード会社から発売されているのではない。今風に言えばインディーズということになるのだろうが、彼はそうした言い方には明快に一線を引いて見せた。

「自主制作と呼んでいるんですよ。いま、インディーズって言ってもメジャーレーベルに対してのコンビニみたいな存在じゃないですか。中には大手が資本を出しているものがあったり。だから敢えて自主制作と。一カ所の通販と自分のライブの時に売っているだけですね。変にあっちこっちに置いたりしないで街の団子屋さんみたいに一日何個しか出来ないけど手は抜きません、みたいなのが良いかなと思ってますね」

斎藤ネコは、宇多田ヒカルやYUKI、椎名林檎らのアレンジにも関わりつつ、自身のカルテットのリーダーとしてライブ活動も行っている。早稲田の学生を中心にした「のらねこ合奏団」や「ひばり児童合唱団」のプロデュースも手がけている。「斎藤ネコレーベル」からは、シンガーソングライター、相曽晴日、自分のカルテットのアルバムも出している。レーベル・オーナー兼レーベル・マネージャー兼プロデューサー。そして作・編曲・演奏家ということになる。CMの仕事は、ほとんどしなくなっている。

「コンピューターで誰でもデモテープが作れたりするようになってコンビニみたいな作り方になっちゃいましたよね。それが一番つまらない。もうCMは面白くないから隠居で良いかなと。CDを作ったのも、そういう区切りかなと思ったんでしょうね」

転機を迎えているのはCM業界だけではない。レコード業界も同じ局面にある。当然のことながら彼は、そうした業界に対しても批判的だ。

「変ですよ。音楽を作る方が外資系のレコード店にお金を積んで平積みしてもらったりポスターを貼ってもらったりしてますよね。制作費を削って宣伝費に回したり。悪循環ですよ。ディズニーランドと外資系のレコード店が街の文化を崩してる気もしますね。いま、ほんとに欲しいモノを手に入れるのはネットの方が早いですからね」

いま、彼がプロデュースを手がけている一人、新沢としひこは、1963年生まれの元保育士、つまり保父さんである。児童教育や保育の講演会と並行してライブ活動を行ったりしている。

「いま、幼稚園くらいまではお母さんと一緒に歌える歌が結構あるんですけど、小学校に入るとテレビで流行っているような、いきなりモー娘、になるんですよ。子供が一番伸びる時に聴く音楽がないように思うんです。前は文部省唱歌みたいなものがあんなにあったわけで。これからまた、そういう曲が必要になってくると思いますね」

ＣＭ用に書いた曲を一枚のアルバムにする。もうそんな時代は来ないのだろうし、作曲家もいないに違いない。

「斎藤ネコＣＭ作曲集」は、ＣＭ音楽がクリエイター達の刺激的な創意工夫から生まれていた時代の〝遺書〟のようなアルバムなのかもしれない。

映像に内在する音楽——操上和美

写真家が演出家になる

映像に音楽が内在している——。

大森昭男は、写真家であり、演出家でもある映像作家の操上和美の作品について、そう言う。

「操上さんが作られる映像には、それ自体に音楽があるんですよ。それをどう探し当ててどう表現するか。それが僕の役割でしたね」

言うまでもなくCM音楽は、音楽単体で成立するわけではない。特にテレビコマーシャルをはじめ、音楽と映像は一体となって受け手のもとに飛び込んでくる。CM音楽の制作者にとって、そうした映像の演出家とのコラボレーションは最重要課題と言って過言ではない。この連載でも、40年近いキャリアの中で大森昭男が組んできた代表的な演出家について、何度か触れてきている。

「でも、たいていの演出家の方は、映画出身の方が多かったんです。映像表現という意味では映画の方が先行してましたから、自然とそうなったんでしょうけど、操上さんは、違いましたからね。写真家ですから、グラフィックな感覚が新しかった。すごくインパクトがありました」

写真家と演出家。当然のことながらそこに大きな違いがある。静止画と動画。そして自らファインダーを覗き、シャッターも押す写真家と、カメラマンとの意思の疎通が求められる演出家。一人で可能な表現とチームワークを主とする創作。その間にかなりの違いがあることは容易に想像がつく。操上和美は、そうではない。写真家でありながら、企画、演出、撮影、そしてスチール写真と全てを一人で行ってしまう。大森昭男にとってもそういう演出家は、彼だけだった。

操上和美は、そんな自分のスタイルについて、こう言った。

「最初は回してほしい、というお話だったんですけどね。カメラマンとしてフィルムを撮ってほしいということですよね。まあ、良いかなと思ったんですけど、考えてみたら、写真って全部自分でやるんですよ。コンテも描くし企画も立てる。大げさなセットを組まない限り、小道具も自分で組み立てたりして撮るのがスチールの写真なんです。なので、演出家がいてセットも全部アレンジされた用意周到の中で回しても、俺の写真じゃないんじゃないの？　っていう疑問が湧いてきて、俺が回すんだったら、俺に演出もやらせてもらいたいなって言ったんですよ」

1969年。クライアントはミツワの「ミューズ石鹼」である。

彼はフリーランスの写真家になって四年目。杉木直也のセントラルスタジオから独立、自分のスタジオである〝クリスタジオ〟を設立して三年目。東横百貨店や松下電器の広告写真を撮ったりする一方、『アサヒカメラ』や『ハイファッション』など雑誌の表紙を撮るようになっていた。33歳。「実験映画を撮ったりはしてましたけどコマーシャルは初めて」だった。

「『出来ますか？』って言うから『やったことがないから出来るか出来ないか分からないけれど、アシスタントを誰かつけてもらえれば大丈夫だと思う』と。そうしたら『面白いね』ということになりましたね」

操上和美がその時に最初にやったことが、すでに決まっていたコンテを破棄することだった。

「自分で演出して回すんだったら、この企画はイヤだなって思った。なんで俺が回すの、という普通のつまらないヤツだったんで。一晩考えて、やっちゃ駄目ですよって言われたことを全部入れた企画にした（笑）。結局それが通っていきなり評判になって、そこからコマーシャルフィルムの世界に入ったという感じなんですよ」

その時に彼が撮ったのは、白いホリゾントの前に猫足のバスタブを置き、その中に入って足を洗っている女性が、いきなり立ち上がってバスタオルを巻き、カットアップしてレモンをかじるという、一連の動きがほとんどノーカットで展開するというものだった。

白いバックに白いバスタブ。そして白い泡。そんな設定自体が、モノクロのテレビの画面ではタブーに近かった。白い部分があまり多いと自動的に調整作用が施されてしまいコントラストが失われるというのである。でも、写真家にとって、そうした微妙な光のニュアンスこそ生命線でもあるだろう。さらに、入浴中の女性が裸のままいきなり立ち上がるというシーンが、茶の間にインパクトを与えないわけがない。

「見えるの見えないのとか話題性もあって、モデルは週刊誌で売れたりしたんですよ。発想としてはこんなもん当たり前でしょうという程度なんですが、テレビの人から見ると結構乱暴だったんでしょうね。それでなんとなく、演出も企画も全部出来るカメラマンみたいなことで急に仕事が増えて、その流れで大森さんにお会いしたんですね」

エンカ――VANのCM

大森昭男が初めて操上和美と組んだのは、1969年、クライアントはミキモト・パールである。音楽は桜井順。大森昭男はまだ桜井順の制作プロダクション、ブレーン・JACKのプロデューサーだった。操上和美は、この時の撮影についてこう記憶している。

「これも結構乱暴な撮影でしたね。オープントラックの上に真珠のアクセサリーをつけたモデルを乗せて銀座を走らせようと。でも、撮影許可が下りないんですよ。じゃあ、一発勝負をやるかというんで、カメラもトラックに乗って夜の銀座をダーッと走って流し撮り。パトカーに捕まれば一発でアウトでした（笑）」

自分のイメージ通りにやる。業界のタブーや常識にも左右されない。彼が「最もタブーを犯した」として例にあげたのが、コーセー化粧品の「スタック」という男性化粧品である。出演はジャズ・ミュージシャンの日野皓正だった。

「商品を燃やしたんですよ。日野さんを達磨船に乗せて東京湾でスチールを撮って、伸ばしてポートレートのようにして、それが10秒くらいすると火を吹いてジリジリと燃え始めるんですよ。紙が燃えるわけだから、残像みたいなものが少し残って灰になるじゃないですか。それが風に飛んでなくなるとその下から出てきた商品のラベルがディスプレイに変わって、今度はそこにいきなり火がついてドンと燃えて終わりなの。さすがにそこの部長も『そこまでやるの？』って言うから、『日野さんを焼いて灰にしちゃうんですよ、自分の商品だって焼いてくださいよ。そこまでやらないと完成しないでしょう』って。過激なことを言ってましたね（笑）」

映像と音楽。この時に決まっていたのはいずみたくの曲だった。日野皓正は、単なるキャラクターではなく、その曲を吹くという役割も兼ねていた。操上和美は、その音楽をボツにしてしまった。1972年。いずみたくは、すでにCM音楽の大家であり誰もが認めるヒットメーカーだった。

日野皓正がいずみたくの曲を演奏するシーンを「つまんないな」と思いつつ見ていた彼は、収録が終了するのを待って、いずみたくに「先生、僕にやらせてもらっていいですか」と申し出た。

「『いいよ、操さん。でも、この曲良いと思うよ』と言ってお帰りになったんですよ。で、日野さんと弟の元彦さんと二人だけ残ってもらって、画をもう一回見てもらって、『燃えて自分の身体が焼けて灰になって風に吹かれていなくなるまで泣いてよ』『画に合わせて二人でセッションしてよ』って言ったんですよ。二人とも『OK』と言って吹いてくれたんですけど、それはメチャメチャ良かったんです。周りからは『いずみさんになんということを言うんだ』とは言われましたけどね」

お仕着せの音楽ではなく、自分の作り出した映像が求めている音楽を知っていること。大森昭男が「音楽を内在させた映像」というのはそういうことでもあるのだろう。

大森昭男が操上和美との仕事の中で忘れられないのがVANのシリーズだと言う。VANは操上和美がフリーになってからずっとフィルムとグラフィックの両方を手がけていた。大森昭男があげたのは、1977年の「SCENE」である。

彼はその時のやりとりを1978年に玄光社から出た『操上和美・人と作品』の中で、こう書いている。

「深夜、操上氏から電話がかかって来た。『こんど撮ってきた映像《え》があるんだが、俺は唄《エンカ》があるような気がする……。どう思いますか』

それはシリーズ物の広告作品の新作の音楽に関しての相談であった。登場している人物はポール・ニューマン風のアメリカの若者であると言う。私は電話を握りしめながら操上氏の低い声色を通して、一瞬、彼の情念《イメージ》を追った。

そしてある唄い手の舞台での姿と、呻くような唄《エンカ》が思い起されて来た。ギターを小脇に、古ぼけたアンプをぶら下げて、広いステージにひとり現れ、唄い始めたのはエンカ……宇崎竜童君である。操上氏に彼のことを話した。そして二人とも期待を持ってその電話を切った」

文章の中の〝唄〟という文字には〝エンカ〟、〝情念〟には〝イメージ〟、〝映像〟には〝え〟というルビがふられている。ルビは実際に操上和美が口にした言葉で、表記はそこに大森昭男が読み取ったものということだろう。

『操上和美・人と作品』には、その時のVANのグラフィック作品が載っている。

「SCENE」は、カリフォルニアン・カジュアルというキャッチフレーズもついていた。従って撮影はロサンジェルスを中心としてカリフォルニアが多かった。この時のポスターは、ラガーシャツの男性が女性を抱きしめているというものだ。女性は振り向くようにして顔をカメラに向け上目使いのエロティックな視線を送っている。日本の若者にはない強い匂いを発散している写真だった。操上和美は、その画に〝エンカ〟という言葉を使った。

「カリフォルニアの方のロケが多かったですし、元々ロック少年でしたから聞いている音楽は全部ロックだった。いまも朝起きたら一日音楽をかけっぱなしです。ハードなものが良かったんでストーンズは大好きでしたけど、ビートルズはメローな気がしてあんまり好きじゃなかった。日本の歌謡曲は避けているという感じだったんですよ。でも、男と女の話だったんで、ラブシーンでもない、それでいていやらしくないエッチさ、みたいなものをやりたかった」

大森昭男が〝唄〟という言葉をあてて読み取ったのは〝演歌〟ではなくカタカナの〝エンカ〟だった。それは宇崎竜童が、よく口にしていた言葉でもあった。

作詞・阿木燿子、作曲・宇崎竜童。「いろは坂」と題されたブルース調のそのCM音楽にはこんな詞がついた。

〝一生　答えが出ないなら
一層　一度でやめとこか
一緒に　いけない夢ん中
命のあとさき
曲がりくねっていろは坂〟

操上和美と杉山登志の美意識

『操上和美・人と作品』に載っている彼の作品には、〝ほどほど〟がない。感情や意志を曖昧に薄めてしまっている中間性がない。被写体になっている人物の誰もが、圧倒されるほどの肉体を持ち、存在を主張している。荒涼とした荒野で風を遮りつつタバコに火を付ける若者の背中は彼の人生観だろうか。

操上和美は、１９３６年に北海道の富良野に生まれた。彼の年表によるとその頃の環境についてこんな記述が載っている。

「冬は氷点下35度にもなる厳しい自然の中、農業を営む家に育つ。幼少の頃から、動物に餌をやったり、燃料運びなど家の手伝いや弟妹の面倒を見る」

「中学卒業後、祖父、兄、住み込みの労働者たちと、家の仕事を手伝う、冬は独学で勉強した」

「写真は、家にあったカメラで子供の頃からよく撮っていた。写真館をやっていた叔父のところでカメラ雑誌を見せてもらったり、写真の話を聞いていた」

「バイクで道内をドライブし、移動感にめざめ、遠くへ行きたいという願望に悩まされる」

東京綜合写真専門学校に入ったのは24歳の時だった。そういう意味で一般的な言い方をすれば〝遅咲き〟ということになるだろう。もっとも、女性に〝適齢期〟という言葉が無意味なように〝遅い――早い〟という評価自体にもたいした意味もない。彼は、そんな尺度に対しても戦ってきた写真家でもあるのかもしれない。でも、スチールとフィルムというのは彼の中でどういう棲み分けなのだろうか。

「自分の中でここからはグラフィック、スチールだという切り替えの感覚はほとんどないんですよ。もちろんセットものの場合だと、同じ現場でここまでやったら次はグラフィックという程度の切り替えはありますが。フィルムプロダクションは、グラフィックは関係ないと思っているわけで、フィルムさえちゃんと撮ってくれれば良いと思ってるから怒る人もいますけど（笑）。その場合は超ワンマンになりますね」

操上和美の話を聞きながら、大森昭男は、一人の演出家の名前を出した。

杉山登志である。

権威や体制におもねらず、既成の方法論や業界のしきたりなどにとらわれず、大胆な発想と自分の表現欲を武器に、創作活動を行ってゆく。操上和美のそんな生き方が彼の中で杉山登志と重なり合った。大森昭男はこう言った。

「表現されているものやスタイルに美意識があるんですよね」

操上和美と杉山登志――。

二人に接点はあったのだろうか。操上和美はこう言った。

「一回だけ話をしたことがありますね。僕も優れた人だなと気にはしてましたし、その前から『操さん、杉山さんが逢いたいって言ってるよ』とか『操さん、登志さんの手帳に操さんの名前が書いてあったよ』とか話は聞いていたんですけど、たまたま知人の結婚式のパーティーで、紹介されて逢いましたね。陽に焼けた精悍な顔をしていて、握手したんですけど、開口一番、『俺と操さんは殴り合いの喧嘩をしないといけない仲だ』っていきなり言うんですよ。おっと来たと思って『やろうやろう』と僕も言って。僕は次の日から一ヵ月ちょっとヨーロッパで、彼もどこかに行くと言ってて、『帰ったら決闘しようぜ』と言って別れたのが最初で最後でした」

１９７３年12月13日、杉山登志は、自宅マンションで死体となって発見された。

操上和美は、その知らせをどこで知ったのだろうか。

「ロケに行ってる最中に東京から『亡くなられた』っていう電話があって知ったんですけど、俺と決闘しておけば逝かなかったんじゃないかという悔しさがありましたね。震えるくらいにね。逢っておけば良かったと心から思いました」

「自分の生理が拒否したら辞めればいい」

日大芸術学部を卒業、日本天然色に所属しつつ数々の名作を残し、海外からも評価の高かった伝説の演出家、杉山登志と単身、自己流でスタートした操上和美。もし、「決闘」していたら、どんな話になったのだろうか。

「どういう話になりましたかね。本当に決闘になっていたかもしれないですけどね。ただ、僕は、その頃、CMについて真剣に考えてなかったですから。写真のことしか考えてない。CMがどうあるべきかとかそういうことじゃなくて俺の映像はこうだということしか頭になかった。世間知らずだったんですね。CMの世界がどうなっているかとかそんなに知らないで入っちゃったものですから、数々失礼はしていたと思うんですけど、彼は、そういう何かを嗅ぎつけていたのかもしれないですね。CM畑じゃないところから進出してきている。何のトレーニングもなくいきなり演出なんかやってるらしい。とんでもないと思ったかも知れませんね」

俺と「決闘」しておけば逝かなかったのではないだろうか――。

彼がそう感じた根拠は何だったのだろうか。そして、杉山登志のあの「遺書」についてはどう思ったのだろうか。

「あの『遺書』もマネージャーから聞いたんですけどね。僕はそういう風にはものを考えていなかったんですよ。嫌なら辞めればいいじゃんとしか考えていなかった。強制されてやるものじゃないし、いろんな方法論も自分の生理に正直にあれということだったし。もちろん仕事だから思うようには行かないだろうけど、自分の生理が拒否したら辞めればいいというのが僕でしたから。もし、そういう話が出来たら、あんな風にはならないで済んだのかもしれないという勝手な想いがあったんで、悔しかったのはいまでも覚えてますね。そんなに単純ではないかも知れないけど、違うところに連れ出せたんではないかというのはあります。広告の世界は鮮度しか求めてないわけであの人の生理なんかどうでも良かったんだと思う。そういう意味じゃ、広告の世界で長く生きるのは大変なんでしょうし。だからこそ、杉山さんが長く生きていたら面白かったと思うんですよ。もっと苦しんだかもしれないですけど」

そういう意味では彼の仕事は一つのジャンルに収斂されない。グラフィックとムービーというスタイルだけでなく、広告やエディトリアル、プロモーション・ビデオなどフィールドは多岐にわたっている。そうした中で、人物を中心とした作風は、どんなメディアであれ変わらぬ存在感を放っている。

「CMの世界というのは独特なんですよ。最近では特にクライアントが強くて、僕等が当時やっていた発想で企画を通すことも難しく、自分の生理とか言っている余裕はなくなってます。やっぱり広告の作り手というのは相当な職人としてのトレーニングをしてないとやれないんだと思いますね。僕はそういう育ち方をしてなかったですし。俺は写真家だという帰る家があった。カメラ一台持って外に出れば、野良犬みたいに餌にありつけるわけです。ロケに行ってもいつもカメラを持って撮っている。それが一番楽しいんですよ。広告で死にたくはないな、というのはどこかにありますね。登志さんの場合は完全に広告で育ってますから。しかも地位もあったんで、逃げ場がないという追いつめられ方をしたかもしれないですよね」

彼は「簡単には言えないですけど」と何度か口にしながら、そう言った。

操上和美は、杉山登志が亡くなった後、ACCが設けた「杉山登志賞」を1988年に受賞した。その席での彼の挨拶はこうだった。

「まだダラダラと生きている俺が、こんなものをもらって良いのか、みたいなことを言った覚えはあります。アーティストは一番良い時に光のごとくキラッと消えるのが良いわけだから、いまも駄目になったねと言われたくなくて頑張っているわけですけどね。広告の世界は飽きやすい。音楽もそうだと思いますね」

彼は、いまだにマイルス・デイビスやピンク・フロイド、ストーンズやU2などのロックを聴いていると いう。その頃の時代の音楽といまの音楽の最大の違いは何だろうか。

「最近の音楽にないものは渇望感みたいなものかな。あの頃はロックの中に革命を起こそうというようなロマンがありましたね。俺が感じなくなったのかも知れないけど、そういうものが欠けてるかな」

渇望感とロマン。彼の中ではどうなのだろうか。

「自分でありますよ、とは言えないけど(笑)。でも、それが唯一の生きるエネルギーじゃないかな。これでいいやと満足できない。まあ、貧乏性なんだな(笑)」

井上陽水、大江健三郎、古今亭志ん朝、宮沢りえ、中村雅俊、矢沢永吉、ハリソン・フォード、木村拓哉、勝新太郎、吉永小百合、高倉健、篠原涼子、北野武——。

90年代以降、彼が撮った人物である。

2005年、69歳とは思えぬ人の心の奥を見据えたような精悍な視線の奥に、燃えるような戦闘的な光と凍り付いたような透明な静けさがあった。

染まらない、汚れない、流されない――大貫妙子

デビュー30周年

ここ数年、日本の音楽シーンはかつてないアニバーサリーイヤーが続いている。

つまり、デビュー何周年かという記念の区切りの年のことだ。

例えば2005年は、忌野清志郎の35周年を筆頭に、矢沢永吉ソロ30周年、山下達郎、浜田省吾プロデビュー30周年、佐野元春25周年、ハウンドドッグ25周年、鈴木雅之25周年という具合だ。

そんな傾向はここ数年続いており、2004年は THE ALFEE30周年、甲斐よしひろ30周年、CHAGE&ASKA25周年、2003年にはサザンオールスターズ25周年もあった。

ポップミュージックは若者音楽として誕生した。時には世代を象徴する反抗的な音楽であり、大人に対しての武器として存在していたこともあった。

そうやってキャリアをスタートした人達が、四半世紀以上を現役で活動している。それは、大げさに言ってしまえば歴史上初めての現象といって過言ではない。

ただ、そうやって活動している人達のほとんどが男性であることもまた事実ではないだろうか。女性にとって年齢の重ね方が男性よりも難しいのは、一般社会と同じだろう。

そうした中で2003年にデビュー30周年と銘打ったベストアルバム「ライブラリー」を発表したのが大

貫妙子だった。〝アンソロジー　1973～2003〟というサブタイトルがついていた。

大貫妙子がレコードデビューしたのは1975年、シュガー・ベイブの紅一点メンバーとしてだ。リーダーは山下達郎だった。彼が2005年をデビュー30周年と位置づけているのに対し、彼女は、自分のキャリアのスタートを1973年としている。それは「レコードデビューは、たまたまのきっかけであって、プロの活動という意味では、バンドの結成の方が大きな意味があった」という理由だった。「ライブラリー」には、1975年にリリースされたシュガー・ベイブのアルバム「SONGS」に収められていた彼女の曲「いつも通り」に始まり、2003年のスタジオジブリ第一回洋画アニメーション提供作品「キリクと魔女」の日本向けイメージソング「裸のキリク」まで、ボーナストラックを除くと31曲が収録されている。そして、その中の10曲がCM音楽として流れている曲だった。彼女は、そんな選曲について、「そう言われれば確かに多いですね」と笑ってこう言った。

「あのアルバムは私がセレクションしているんですが、やっぱりこういう企画のものは、出来るだけ沢山の人に買ってもらいたいわけで、なるべくみんなに知られている曲を中心にということでああなりましたね。もし、私が買う立場だったら、こういう選曲がうれしいかなと思って自分の趣味は排除しました。コマーシャルとして流れている曲は結果的にそうなったということなんでしょうね」

その中に入っている10曲の中で、最も古いのが1981年、マクセルのCMソングとして作られた「黒のクレール」である。アルバムに付いている自らの楽曲解説では、「テーマが『黒』、ブラックでしたから、歌詞のどこかに『黒』という言葉を入れるのが条件でした」と書いている。既成の曲を使用するという形のタイアップではなく、クライアント側にあるキーワードに即して曲を書き下ろすという形である。彼女の代表曲の一つでもある1985年の資生堂「ベジタブル」もそんな作り方だった。

「ベジタブルという言葉が先にあって〝ベジタブルな〜〟っていうフックを先に作って、それからAメロを書きましたね。自分の曲を書く時も最大60秒で流れるフックを先に作るんで、それは同じ作り方ですね。ただ、出来上がっているものを使うタイアップの場合は、競合する関係の仕事が出来なくなるとか、とらわれの身になってしまうわけで、そこは気を遣いますね」

「ライブラリー」に選ばれている10曲は、それぞれスタイルが違う。全日空「Dreamland」は、穏やかな8ビート、カルピス「しあわせのサンドウイッチ」は、60年代のソウルミュージックの影響を感じさせ、やはりカルピスの「会いたい気持」は、イタリアンポップスの香りがする。京成ライナーの「はるかなHOME TOWN」はアコースティックなバラードだ。「会いたい気持」の解説には、「自分の引き出しには、アメリカンポップス、フレンチポップスといろいろとりそろえてあるけれど、ポップスの楽曲依頼なんて、もう、まったくないです。頼まれればいつでもどうぞ！　っていう感じなんですけど」と書かれている。

「やっぱりコマーシャルの方が自由度が高いんでしょうね。ロックはちょっと無理ですが、自分の引き出しにはモータウンとかファンキーなものとか色々あるんですけど、自分のアルバムとなるとトータルに作らないといけないので、そんなにいろんなことは出来ないんです。それはコマーシャルだから出来たということはありますね」

シュガー・ベイブのメンバーとしての出会い

大森昭男が彼女と初めて出会ったのは、1973年、三菱のオーディオ「JEAGAM」を手がけた大瀧詠一のレコーディングにシュガー・ベイブがコーラスで参加した時だった。場所は、渋谷の公園通りにあった、エンジニア、吉野金次のスタジオである。ただ、その時は、メンバー個人というより、「みんなで頬を寄せ合って熱心にコーラスを作る音楽仲間」という印象だった。

「大貫さんで印象的だったのは、早稲田にあるアバコスタジオというところで録音した時なんですよ。きっとその後に他の仕事でもあったんでしょうね、ギターを抱えて現れたんですけど、彼女は身体が小さい方ですからギターがご自分の身体よりも大きくて。その姿がなんともけなげだったんですね」

大森昭男の手元に残されているスタジオシートによると、シュガー・ベイブを起用して早稲田のアバコスタジオでレコーディングしているのは、1974年6月25日である。クライアントは三愛だった。「三愛バーゲンフェスティバル」。シュガー・ベイブが結成された翌年にあたる。

大貫妙子は、その頃のことをこう言う。

「とにかくシュガー・ベイブとしては、仕事がほとんどないわけですから、なんでもあれば嬉しい、みたいな感じでしたね（笑）。もちろん金銭的なこともあったんでしょうけど、歌えるだけで良かったんだと思いますね」

シュガー・ベイブの結成は1973年。きっかけとなったのは、山下達郎が自主制作で作ったアルバム「ADD SOME MUSIC TO YOUR DAY」である。四谷の喫茶店「ディスクチャート」と高円寺のロック喫茶「ムービン」に置かれていた100枚のうちの一枚が大阪から東京に来ていた"ごまのはえ"というロックバンドの伊藤銀次の手を経て大瀧詠一の元に渡ることで始まった。音楽ファンが彼らのことを知るのは、1973年9月21日、文京公会堂で開かれたはっぴいえんどの解散コンサートである。彼らは"ごまのはえ"が改名した伊藤銀次のココナッツ・バンク、女性コーラス、シンガーズ・スリーとともに大瀧詠一のステージに立った。

大森昭男と大瀧詠一の関係は、この原稿の中でも何度か触れている。すでに解散が決まっていた大瀧詠一に初めてCMソングを依頼したのが大森昭男だった。それが「サイダー'73」であることは言うまでもない。

つまり、はっぴいえんどの解散コンサートが行われていた時は、すでに大瀧詠一はCMデビューをしていた。「サイダー'73」のレコーディングが行われたのは1973年2月26日。ただ、コーラスで参加しているのはシンガーズ・スリーである。シュガー・ベイブが加わるのは「サイダー'74」からだ。1974年1月16、17日がそのレコーディングだった。そこにはハモニカで山下達郎の名前があり、コーラスにはシンガーズ・スリーとともにシュガー・ベイブと記されている。いずれにせよ、シュガー・ベイブはレコードデビューする前である。そうやってコーラスを依頼しつつ、初めて山下達郎を作家として起用したのが「三愛」だった。

大貫妙子は、メンバーの一員としてレコーディングに参加した。

「アルバイトは沢山してました。パソコンなんかない時代ですから、IBMでタイプとか東販（現トーハン）っていう本の卸のような会社とか喫茶店とかいろいろ。バンドがあるんで毎日行けないんで日払いで雇ってもらえないかと。来られる日だけ日払いって条件になっていたから行ったのに『三日しか来られない』って言ったら、みんなの前で『君は不真面目だ』って怒られて、次の日から行くのを辞めたこともありました。成増の方に山下君の友だちの大豪邸があって、その敷地の中の離れを借りて、とにかく練習ばっかりしてました。シュガー・ベイブの収入は月収6000円くらいでしたから」

大卒初任給3万5000円程度だろうか。1974年、「三ツ矢フルーツソーダ」で大森昭男が支払ったギャランティは山下達郎の作曲料が7万円。シュガー・ベイブのメンバーには一人2万円だった。

シュガー・ベイブはアルバムを一枚残しただけで、1975年3月31日、4月1日、荻窪ロフトでの二日間の解散コンサートを最後に幕を閉じた。

「あのコンサートも最初は一日のはずだったんです。でも、一日目に沢山人が並んで全員入りきれなかったんで、そうしたら、当時のマネージャーが勝手に『明日もやります』とか言って整理券を配っちゃって、みんなその気がなかったのにやらざるを得なくなってしまったんです（笑）」

山下達郎は「SONGS」がどのくらい売れたのかすら知らないと言う。つまり、その程度にしか扱われていなかったということでもある。大貫妙子が、自分のキャリアを1973年からとしているのもそんなトラウマの表れかもしれない。

大森昭男が、「サイダー」のCM音楽に彼女を起用するのは、アバコスタジオから10年後、1984年のことになる。

ボーカリストと作曲者と

「もちろん普通のポップスも聴いてましたけど、シュガー・ベイブの前から一番やりたかったのは映画音楽だったんです。ヌーヴェルバーグのフランス映画とか、音楽が素晴らしかったですから」

大貫妙子は、改めて自分のキャリアを振り返ってそう言った。

「一番最初はクラシックピアノだったんですけど練習が嫌いでしたから(笑)。その次に小学校4年でウクレレに変わって、ギターはその後でした」

彼女が、シュガー・ベイブの以前にすでにバンド経験があったことは案外知られていないのではないだろうか。一度レコードデビュー寸前まで話が進んでいた。

「18の時ですね。私が、弾き語りのアルバイトとかしていた時に、いわゆる、ナンパされたんです」

彼女は、そう言って笑った。

「真っ黒なベルベットのマキシコートで、ギターを持って歩いていたら渋谷のヤマハ店のところで『音楽をやってるんですか?』って声を掛けられて。『僕達、男二人でやってるんですけど、女の人を入れて三人でやりたいと思うんだけど、入ってくれませんか』って」

彼女は美大を受験するための予備校、お茶の水美術学校に通っていた。

「私の教室はエレベーターもない校舎の4階だったんですけど、毎朝、デッサンするのに光の具合が良い席を取るんで校門が開くとみんな画板を持って階段を走って上るくらいに競争が激しい。しかも中央線のラッシュに大きな画板を持って通っているうちに、首は回らなくなるし腕も上がらなくてデッサンも出来なくなってしまって、家に引きこもっている状態だったんですよ。遅れるし課題も出来ないし、どうしようと思いながら、ギターの弾き語りのバイトを始めた頃だったんです」

女性でギターを弾くということだけで珍しかった時代である。そうやって彼女を〝ナンパ〟した二人は、すでにワーナーパイオニアからデビューの話も来ていると言った。
『『そんなの、嘘じゃないの？』って思ったんですけど（笑）。次の日、ディレクターの前で一人で歌ったらすぐに採用されて。フォークバンドでしたから、赤い鳥の『竹田の子守唄』みたいな曲をやって欲しいと言われて北原白秋の詩に曲をつけたり、新宿の『ラ・セーヌ』っていうフォーク喫茶に出たり。オフコースと一緒になったこともありましたね。ただ、歌謡曲みたいな曲が多くて、デビューするという曲も、千家和也さんの詞で、メンバーが書いた曲も演歌みたいで我慢が出来なかったんです。そうしたら、ある日、音楽監督的な役割でアレンジャーの矢野誠さんがいらして『君はどんな曲を書くの』って聞かれて、その頃書いていたオリジナルを見せたら『君はこのバンドには合わないから辞めた方が良いよ』って、四谷の喫茶店を紹介されたんです」

四谷のロック喫茶「ディスクチャート」では、店の営業時間が終了後、山下達郎らが集まってセッションしていた。それがシュガー・ベイブである。１９７３年。喫茶店が音楽文化の発信源だった時代である。ちなみにその喫茶店は、当時、放送作家だった筆者が昼間、原稿書きに利用していた店でもあった。でも、まさか閉店後にそんなことが行われていようとは思いもしなかった。

大貫妙子が、70年代に登場した女性アーティストの中でも特筆されるのは、彼女がバンド出身だったということはもとより、それ以上に解散してからの軌跡にある。

「大貫さんのあの上品なハッピーさというのは、ボーカリストとして貴重な存在だと思っていたんで70年代にも歌い手でお願いはしてたんですけど、作曲者としてはやっぱり80年代に入ってからですね。『カイエ』は、非常に刺激になりました」

大森昭男は、すでに大貫がソロになった1976年に、井上鑑が書いた資生堂のCMなどにボーカリストとして依頼している。作曲者としては1983年の「パルコのクリスマス」が最初だった。

1980年、彼女は、坂本龍一、細野晴臣、高橋幸宏というYMOの三人が全面参加したアルバム「ロマンティーク」を発表、テクノポップを踏まえつつフランス映画のような気品と知性と詩情に溢れた世界を作り上げた。1981年「アヴァンチュール」、1982年「クリシェ」とともに〝ヨーロッパ三部作〟と呼ばれている。1984年に発売になった「カイエ」は、そんなシリーズの傑作だった。

映画音楽の巨匠、フランシス・レイのアレンジャーとして知られるジャン・ムジイによるフランス録音と坂本龍一アレンジの日本録音。「ロマンティーク」に収録されていた、貧しい絵描きを描いた「若き日の望楼」のフランス語版、流麗なストリングスによるインスツルメンタルは、同時代の女性シンガーソングライターとしても全く独自の作品だった。

「あれはサントラを作りたかったんですよ。映画音楽の仕事が来ないんで、自分でやってみたんです（笑）」

「カイエ」はその年に映像作品としても発表された。監督の関谷宗介は、彼女のステージの構成も手がけるCMディレクターだった。彼女が初めて映画音楽を手がけるのは1997年、竹中直人監督「東京日和」。「カイエ」から13年後になる。

JR東日本のCM音楽「美しい人よ」

「80年代は特にそうでしたけど、コマーシャルの方とのつきあいが多くて、ものすごくたくさんのことを勉強させて頂きました。視野がすごく広がった。私がやらせて頂いていた頃がコマーシャルが一番面白かった時代でもあるんでしょうね。だからコマーシャルでお仕事をした方はよく覚えてるんです。音楽業界の人はどちらかと言えばむさ苦しい人が多かった（笑）。広告関係の人は、キラキラしていて素敵な人がいましたね。やっぱりお金もあったんでしょうか（笑）」

1984年、大森昭男は彼女に三本を依頼している。「原宿VIVRE21」と「三ツ矢サイダー'84」「三ツ矢サイダー'85」である。1974年、シュガー・ベイブがコーラスに参加して10年後だ。その前の年、「サイダー'83」は大瀧詠一が手がけていた。

「演出家の結城さんのイメージもリリカルでメルヘン的な世界だったんですよ。で、大貫さんのあのおとぎ話的なファンタジーが良いということになりましたね」

「サイダー'84」のレコーディングは1984年2月6日。スタジオは当時YMOが常用していた音響スタジオ。演奏者名は坂本龍一だけである。彼がシンセサイザーで一人で作り上げていた。

〝空のまあるいおひさまと　遊ぶとんがりぼうしたちよ
いたずら天使住んでる　光の国見つけた
誘われたらサイダー〟

という歌詞だ。坂本龍一ならではの広がりのあるシンセサウンドは、当時、彼が矢野顕子と組んで作っていた一連の〝不思議サウンド〟とも違うきらめきに満ちている。

ただ、大森昭男の中で最も印象度が高いのは、「サイダー'84」「サイダー'85」ではなく、1994年に「JR東日本・その先の日本へ」で使われた「美しい人よ」である。原曲は、スペインの「LA VIOLETERA」。

1923年に作られ、チャップリンが映画「街の灯」で使ったことでも知られている名曲である。大貫妙子への依頼は詞と歌だった。

「あのメロディーの持っている伸びやかさと、テーマがJRの旅だったので、自分にとってどんな旅が素敵かなって思って、ああいう詞になりました。やっぱりメロディーが喚起するものはありますよね」

「美しい人よ」は、こんな歌詞がついている。

〝雲が流れる　高い空
どこか遠くを　歩きたい
なくしてた　心を求め
幸せを　歌いたい〟

きっと70年代以降の女性シンガーソングライターの中で〝旅〟という言葉が最も相応しいのが彼女だろう。音楽と人生。日常生活のありようと音楽。80年代半ばから90年代にかけて、彼女はバブルにうかれる日本を離れてアフリカや南極、ガラパゴスへと出かけて行く。いわゆる観光旅行ではない。長いときは数カ月間も現地にとどまり、文明の手あかにまみれない生活を体験する。そうやって旅をする中で、音楽も変わっていった。「美しい人よ」は、まさしくそんな時期に生まれた。

よりナチュラルな、加工されていないピュアな音。それぞれの楽器の音の響きが感じ取れる虚飾のない音楽。「美しい人よ」が収録されている1995年のアルバム「TCHAU（チャオ!）」はブラジルとロサンジェルスでレコーディングされたものだった。アルバム「ライブラリー」の時の取材で、その頃のことを彼女はこう言った。

「日本でレコーディングするのがいやになってたんですね。テレビから流れてくる音楽もお金まみれみたいなものばっかりで、音楽よりも先にお金が見えてしまう気がして、このままでは音楽が死んでしまうと思った。最近はあんまり海外には行ってないんですけどね。戦争があったり、前みたいにウキウキした気分で旅が出来ない」

染まらない、汚れない、流されない。そして媚びることがない。彼女の30年間の音楽人生は、そんな風にして「その先の自分」を求めてきた結果でもあるのだと思う。「美しい人よ」は、いまも彼女のコンサートでは最も重要な場面で歌われている。

スタジオジブリ初の洋画アニメーション提供作品「キリクと魔女」は、背中に苦痛の棘を打ち込まれた魔女を解放するアフリカの小さな少年を主人公にしたフランス製アニメーションだった。

透明な光と風の音。彼女の音楽に流れているそんな息づかいは、都会の生活に疲れた人々の背中の棘をそっと抜いてくれるのではないだろうか。

第5章

再び三木鶏郎のこと、そして未来へ

三木鶏郎企画研究所にて

再評価の動き

そろそろこの連載も締めくくりに差し掛かっている。

日本のCM音楽がどんな風に歩んできたのか。その中でどういう人達が作品を作り出し、それらが時代の人々の生活や風俗にどんな影響を与えて行ったのかを大森昭男という一人のCM音楽制作者を軸にしてたどってみる旅もそろそろ終着駅が見えてきている。

話は再び三木鶏郎に戻って行く。

ラジオやテレビなどマスメディアの発達とともに戦後の大衆文化の牽引車として活躍すると同時にCM音楽の父と呼ばれる彼に対して再評価の動きが起きている。

2005年の夏、NHKのラジオで「元祖冗談音楽バラエティー〜三木鶏郎の世界」というドキュメンタリードラマが放送された。1947年にNHKで始まった「日曜娯楽版」の残された音源を生かしつつ、スタッフと占領当局のやりとりなどを大鶴義丹や小松政夫らの俳優で再現し、さらに、全体の語りを三木鶏郎門下の中村メイコが自らの回想とともに進行し、神津善之や楠トシエ、鶏郎の妻、眞起子夫人など、番組の当事者や関係者らも証言者として登場するという立体的に構成された貴重な番組だった。

作者は放送作家の会沢展夫、制作はNHKラジオセンターの川口和孝。資料提供が三木鶏郎企画研究所だった。

「あれは二年ぐらい前からあった企画なんですよ。でも三木鶏郎の名前で番組を作るのはなかなか難しいという事情もあるようで２００５年がラジオ80年ということで実現したんですね。幸いお元気な関係者の方に協力して頂けましたんで、凝縮された番組になったと思います」

三木鶏郎企画研究所の竹松伸子は、番組の経緯についてそう言う。

「日曜娯楽版」は１９５２年にＮＨＫの会長命令で放送が中止になった。そういう意味で言えば、放送と政治権力といういまも生々しい課題を内包しておりＮＨＫにとっては触れにくいテーマでもあるに違いない。にもかかわらずそうやって特別番組で取り上げたのは、現場に三木鶏郎の仕事に対して敬意を払うスタッフがいるということでもあるのだと思う。眞起子夫人が代表を務める三木鶏郎企画研究所は、そうした人達に対して彼に関する資料や、彼が残した音源や楽譜、台本、映画のコレクションなどを公開、閲覧出来るようになっている。「日曜娯楽版」の台本も全て残されている。

「マスコミの方には資料をお貸ししたりしてますのでテレビ局とか本の編集の方とかがお見えになりますけど、ウチの会社の社史にコマソン第一号が鶏郎さんだと書いてあるんだけど音源とか楽譜はありますかという問い合わせもあったりします。社内の式典で流して喜ばれたとか、そういう交流が生まれたり、残している価値を感じたりしますね」

と竹松は語る。

ＣＭ音楽はレコードとして売り出されることの方がまれだ。つまり誰かが録音して保存していない限り、伝達物としての音源は存在しない。人々の記憶の中にしか残っていない。

CM音楽の発掘と再評価。それは、それぞれの記憶をたぐり寄せる作業と言って良いだろう。そんな作業の中でこの三木鶏郎企画研究所にたどり着く。僕らもそんな一人なのかもしれない。

竹松はこんな話も聞かせてくれた。

「この間も長野のオルガン針という会社の方から『次の創立記念式典に〝針作り資料館〟がオープンする、そこで会長が退任するんで記録でしか残ってないコマーシャルソングをぜひみんなで聞いてみたい』という連絡をもらったんですよ」

2005年11月23日、「三木鶏郎音楽作品集～TORIRO SONGS」というCDが発売される。1947年発売の「ゆらりろの唄」に始まり1963年の「トムとジェリー」の主題歌まで。「音楽作品集」「CM作品集」と分かれており、代表的なCM作品はもちろんのこと、CM音楽だけでなく鶏郎自身や森繁久彌などが歌った1951年の「僕は特急の機関士で」の全国版や中村メイコが歌った1955年の「田舎のバス」などのヒット曲、ステージのミュージカル用に書かれた「吟遊詩人の唄」、ボーナストラックにはSP盤として録音されたという幻の「日曜娯楽版」も完全収録されている。CM音楽作曲家としてのみならず40年代後半から60年代にかけての彼の業績の全体像を残そうとしている。

「日本の放送と音楽界の開拓者　三木鶏郎の軌跡を凝縮」

そのCDには、そんなコピーが付いており、解説文寄稿者には伊藤アキラ、永六輔、大瀧詠一、鈴木慶一、鈴木惣一朗、山川浩二という名前が並んでいる。

寄稿者の一人、鈴木慶一はこう言う。

「僕らは〝トリトトリ研〟と呼んでいたんですけど、鶏郎先生のトリビュート企画というのはその研究会でかなり前から出ていたんです。でも仕事や音楽の間口が広いし、あまりにも多岐に亘っていて、知れば知るほど途方に暮れていたんですよ」

三木鶏郎をめぐるそんないくつかの企画の中で最も注目されるのが２００５年12月16日から三日間に亘って銀座博品館劇場で行われるライブイベント「Sing with TORIRO〜三木鶏郎と異才たち・Pop-A-Doodle-Doo!〜日本のポップスの源流・三木鶏郎と、Ｊ－スタンダードの新しい夜明け」だろう。実行委員会は大森昭男・鈴木慶一・佐藤剛、そして三木鶏郎企画研究所である。ＮＨＫが制作したドキュメンタリードラマが当時の関係者の生の声を生かそうとした企画だとしたら、むしろ当時を知らない世代がどう継承するかという視点で制作されている。そして、それこそがこの連載の趣旨にも相通じているものだと思う。

「三木鶏郎と異才たち」というライブイベント

「そもそもは鶏郎先生がご存命の頃からあったんですよ」

実行委員の中心メンバーである大森昭男は、このイベントについてそう言う。彼がＣＭ音楽制作者としての第一歩を三木鶏郎が主宰していた冗談工房の音楽制作部員として踏み出したという話はすでに何度となく触れている。それでいて未だに現役であるということがこの連載の最大の根拠でもある。大森昭男は１９６４年に三木鶏郎の下を離れた後、１９７２年、ＯＮ・アソシエイツを発足させた。

「それまでは〝大森君〟と呼んでいたんですけど、離れてから〝大森さん〟になって。ある時からお会いするごとに『僕にはリリカルソングがあるんだけど、それを世の中に出してくれないだろうか』って言われるようになったんです。慶一さんには、そのことをご相談しつつ、鶏郎先生の曲を誰かにカバーしてもらえないだろうかと思っていて、ハナレグミの永積タカシさんと出会った時に、ハナレグミのプロデュースもしている佐藤剛さんにご相談しようと決めてこういう展開になりました」

鈴木慶一は大森昭男が信頼する作曲家の一人である。彼は、「先生と呼べる人は、鶏郎さん一人しかいない」と公言する信奉者だ。彼が初めて三木鶏郎を意識したのはCM音楽ではない。1955年の芸術祭参加ミュージカル「かぐや姫」の中の「吟遊詩人の唄」という曲だった。

三木鶏郎自身が〝リリカルソング〟と呼んでいたというスタイルの曲だ。

佐藤剛は、これも以前に触れたTHE BOOMのプロデューサーである。彼も学生時代に三木鶏郎に惹かれた一人だった。

「大学の卒論とかで鶏郎さんのことを取り上げたりしてましたからね。ここ二、三年、〝日本のスタンダードソング〟というテーマで企画を考えたりしていて、日本の音楽、中でも流行歌、歌謡曲、J-POP、そういうものをキチッと整理したいなと強く思い出した時に、大森さんからお話をいただいたんですよ」

音楽制作プロダクション約220社が参加している音楽制作者連盟が、一昨年から提唱している「J-スタンダード」というコンセプトは彼が提起したものでもある。ハナレグミがニッカウイスキーのCM音楽として歌った中村八大の曲「夢で逢いましょう」をプロデュースしたのが大森昭男と佐藤剛だ。佐藤は「日本のスタンダードソングのそもそもの起点は三木鶏郎だ」と位置づけている。

ただ、「三木鶏郎と異才たち」は、いわゆるCDによるトリビュート企画ではない。三日間連続で行われるライブイベントである。通常のコンサートにとどまらない演出や構成。現役の若いミュージシャンも交えて三木鶏郎の曲を演奏し、歌う。そのアイデアが佐藤剛の発案だった。

「スタジオでいろんな人が曲をカバーするというのが誰もが考えることなんでしょうけど、鶏郎先生の楽曲がどんな風に生まれて行ったかというと、レコードのためじゃなくて、その場で消えてしまうラジオの放送のためだったわけですよね。放送が終わると消えてしまう。だから同じ曲でもテイクが違うものがたくさんあるしその都度歌詞や歌い手が替わったりもしている。つまり、生きた歌なんですよ。一番重要なのはそこだと思ったんですね。何度もレコーディングして良いところだけ選び出すのではなくて〝ライブ〟という原点に戻ってみようと。それをコンサートと呼ぶのかレコーディングと呼ぶのか分からないけれど人が見ているところで一回きりというのが良いと。そんな方法論から入りましたね」

そう佐藤は話す。

出演は鈴木慶一を筆頭に、リアルタイムで影響を受けている細野晴臣、大森昭男が「生活の歌を作るという点で鶏郎先生と共通する資質があると思う」というハナレグミなど、50代から20代前半まで十数組に及んでいる。実際のアレンジは「鶏郎氏を大尊敬していた」という音楽プロデューサーの鈴木惣一朗が担当する。彼は46歳だ。会場となる銀座博品館劇場は、銀座8丁目にある。会場は佐藤剛の直感で決まった。でも、大森昭男はこう言って感慨にふける。

「昔三芸があった第二千成ビルというのはその近くなんですよ。しかも『日曜娯楽版』を生放送していた飛行館スタジオにも比較的近い。なんだか因縁めいたものも感じます」

佐藤剛にとっては、そんな経緯は知らないまま決めた会場だった。

三ツ矢サイダーCM第一号

世代という意味で言えば彼女のことについて触れないわけにはいかない。三木鶏郎企画研究所の竹松伸子である。彼女は、残されている資料の管理や対外的な窓口を一人で行っている。現在、三木鶏郎がどういう生涯を過ごしたのかを伝えている唯一の人物と言って過言でないだろう。鈴木慶一も佐藤剛も、そこに何度となく足を運んで企画をまとめていった。佐藤剛はこう言う。

「竹松さんが別テイクとか別バージョンを渡してくれるんですけど、どれもこれも宝物のようでしたね。なにしろ研究所にはご自分の作品だけじゃなくて、鶏郎先生が録画した映画やテレビ番組なんかも大量に整理されているんですよ。80年代の松田聖子さんが歌っている番組なんかもちゃんと編集されていたり、もう歴史から消えかかっている日本映画の監督のライブラリーがあったり、仕事じゃなければ何日も籠もっていたくなるくらいにすごい。そのコレクションの感覚は全く現役ですね」

企画研究所に残されているのは、三木鶏郎自身が残したものばかりではない。関連企業や関係者から新たに寄せられた資料も加わっている。三ツ矢サイダーのCMソングである「サイダー'53」もそんな一つだった。竹松伸子は、こんな話をした。

「1953年の三ツ矢サイダーのコマーシャルソングが出てきたんだけれど、鶏郎さんの楽曲ではないんだろうか、という問い合わせだったんです。でもこちらでは把握していなかったんで、色々な関係者からお話を伺って、鶏郎さんだろう、ということで登録させて頂いたんです」

ただ、JASRACには大瀧詠一が作った「サイダー'73」が登録されている。新たに発見された「サイダー」をそのまま登録すると混同しかねない。そんな理由で「サイダー'53」として届けを出すことになった。このサイダーには可愛らしいネイティブ・インディアンの子供の人形を使ったアニメーションもつけられており、当時の宣伝関係者の力の入れようが伝わってきた。それが「サイダー」のCM音楽の第一号だった。

大森昭男が「三芸」を離れブレーン・JACKを経て、ON・アソシエイツを立ち上げてから34年。CM音楽のみならずJ-POPの歴史に残る「サイダー'73」を制作してから33年。竹松氏の話を聞くために僕と一緒に研究所を訪れていた大森は、三木鶏郎がそんなCMを手がけていたことを「今日の今日まで知らなかった」と言った。

それまでのCM音楽の流れにはなかった大瀧詠一や山下達郎などの作家を起用し、ロックやフォークという新しい音楽の台頭に合致したエポックメイキングな作品。そんなシリーズの第一号が大森が制作したものの20年前に三木鶏郎によって生まれていたことがいま明らかになった。三木鶏郎と大森昭男。そこに運命的な何かを感じてしまったのは僕だけだろうか。

企画研究所に足を運ぶ中で、三木鶏郎の新たな面を発見したという意味では鈴木慶一も同様だった。

「一番驚いたのは、最晩年だと思うんですが、コンピューターで音楽を作っていらっしゃったんですよ。多分、マッキントッシュでハードディスクもない時代ですからコンピューターで音楽を作るというのは非常に大変な作業だったと思うんですが、それをおやりになってるんですね。多分、まず譜面を書いてそれをステップ入力といって数値に変換して打ち込んでいたんでしょうね。驚くべきことですよ」

研究所の作っている「三木鶏郎史」によると〝1987年4月マッキントッシュ入手、コンピューター音楽を始める〟と記されている。三木鶏郎は73歳だった。鈴木慶一はこう続ける。

「私ももちろんコンピューターは使ってましたけどプログラマーという役割の人がいて、その人に譜面を渡してやってもらってましたからね。自分でデータを作成するようになったのは1990年からですよ。しかも鶏郎楽曲は一曲や二曲じゃない、沢山ある。自分の作品集ですよね。70歳を超えてまだほとんど誰も手をつけていなかったテクノロジーを自分のものにしている。よくおやりになったと思いますね」

三木鶏郎の晩年を知る人は多くない。大森昭男はもとより、この連載の取材で会った、かつて彼のもとにいたほとんどの人間も「連絡を取らなくなっていた」と答えている。

竹松伸子は、その頃のことを知っている数少ない人間ということになるだろう。

『『スターウォーズ』のサントラのオーケストレーションがマック一台でやっているという話を聞いて、サンフランシスコの楽器店で買ってきたんですね。まだ日本にマックの代理店がない頃で教えてくれる人もいないし、英語のマニュアルを見ながら手当たり次第でやってたようなんですよ。そうやってMIDIをつないで、自分の好きなクラシックをオーケストラの演奏家を集めることなく作れるというのが本当に楽しかったみたいです。悠々自適というのはこういうことなんだなと思いましたね」

とにかく自分は10年早かったんだ――。

三木鶏郎は、彼女に常々そう口にしていたと言う。

73歳の鶏郎とマック

竹松伸子が三木鶏郎に興味を持ったのは、彼女が日大芸術学部の学生の時だ。専攻は文芸で「ジャーナリズム論」のレポートの取材が三木鶏郎への面会の目的だった。1986年、徳間ジャパンから「三木鶏郎集大成」というアルバムが発売された年だった。

「私にとっては『トムとジェリー』であり『鉄人28号』なんですよ。そこからCM音楽の方に入っていったんですね。リアルタイムではないんですけど、『牛乳石鹼』も『僕は特急の機関士で』や『田舎のバス』もどこかで聞いたことがあった。両親に聞いてみるとあの人の音楽や番組はラジオにかじりついて聴いたと言うし、両親の世代は100%の人が知っている。でも、いま何をしているかほとんどの人が知らない。授業でも名前は出てくるけど、どういう人かはみんな知らない。私たちの教授は元読売新聞にいた人で『彼は冗談音楽の方が面白いよ』と言うのでさかのぼって調べていったんです。教授も、ある時期から名前を聞かなくなってしまったのはなぜなんだろうということをずっと話していたんですね」

三木鶏郎企画研究所は1950年代後半まで彼が住まいにしていた市ヶ谷のビルにある。彼がプライベートに使っていた部屋が閲覧用の資料室になっている。彼女が1986年の年末に初めて訪れた時はシンセサイザーがあったと言う。翌年に足を運んだ時には日本ではまだほとんどの人が見たこともないマックが置かれ、彼は夢中になってそれに取り組んでいた。

「教授も、きっと亡くなったんだろうけど、そういう話も聞いてないな、という話をしていたんです。伝説と言われるようになっていた人が、お元気でいらして、しかも東京のど真ん中でマックとMIDIをつなげていた。学生も知らないようなコンピューターに向かっていた。もう驚きでした」

「三木鶏郎史」には50代後半から仕事に関する記述が極端に減っている。代わりに増えてくるのが〝糖尿病〟という文字と〝サイパン〟〝グアム〟〝ハワイ〟という南の島である。一年の半分近くはそうやって南の島で暮らす。コンピューターと出逢ったのはそんな生活の中でだった。

1987年冬、彼はそれまで過ごしていたサイパンからハワイ・マウイ島に拠点を移している。何度か取材で通っているうちに竹松伸子は、資料整理やマックをはじめとするコンピューター類のアシスタントなども兼ねた助手として側にいるようになる。マウイ島の生活もそうやって体験している。

「パソコンと楽器は持ち込んで毎日向かってましたね。病気もあったんで生活は規則正しいんですよ。日本でやっているラジオ体操も毎日録画していて、向こうでも6時になるとそれを映しながらやってました。夕日の写真を撮るのが好きで昼間みんなと出かけていても撮影の時間だからと6時までには必ず帰る。虹が出たと言っては写真を撮りに行ったり、とにかく見る物全てが好奇心という感じでした」

消えた三木鶏郎――。

大森昭男も伊藤アキラも、彼が、当時そういう生活をしていたということは知らない。というよりメディアの中で、そういう語られ方をしたこともなかったのではないだろうか。昭和30年代、日本で作られた全てのCM音楽の20％を一人で書いていた巨人の晩年である。

彼は、なぜそんな風に表舞台からいなくなってしまったのだろうか。

竹松伸子は、初めて三木鶏郎に会った時に、こう質問をしたと言う。

「私もそうだったんですけど、曲はあんなに誰もが知っているのに、本人のことをほとんどの人が知らないのはなぜなんでしょうか」

彼の答えはこうだった。

自分から意識的に消していったんだ――。

三木鶏郎はなぜ消えたのか。

企画研究所に「最後のCMソング」と思われる作品が楽譜とともに残されていた。

1973年2月26日録音。「アサヒビールでググッとやるド」「なにはともあれアサヒビール」「Folk-Rock アサヒビール」という三本である。59歳。5年ぶりのCMソング。これを最後に彼がCM音楽を書いたという記録はない。

三木鶏郎最後のCMソングのタイトルは"Folk-Rock"だった——。

それはどういうネーミングだったのだろうか。そこに託そうとした何かがあったのだろうか。なぜその時に限ってCMを書いたのだろうか。

編曲・はやし・こば、制作・小川宏。竹松伸子はそんな関係者の名前を探し出してくれた。ともに三芸時代に大森昭男や伊藤アキラと同じ職場で働いていた二人だった。

彼らに会わなければいけない。

1973年という年

ビートルズの出現

「え、キリンじゃなくて」

今回のインタビューの趣旨を聞き終えたはやし・こばは、かすかにいぶかしがるようにしてそう聞いた。

「いや、アサヒなんですよ」

大森昭男が付け加えるように念を押した。僕らが用意していたのは1973年に三木鶏郎が書いたアサヒビールのCMソングの楽譜だった。

「キリンの方はよく覚えていてすぐに思い出せるんだけどね。知ってるでしょ『家中でみんなキリンキリン』。あれ、鶏さんだからね」

そんな話を聞きながら、そうかキリンとアサヒと両方書いていたのかと改めて思った。「キリンキリン、家中でみんなキリンキリン」という「三木鶏郎音楽作品集」にも収録されている。同じビール業界で競合する大手メーカーのCMソングを覚えている人も多いだろう。2005年の11月に出た「三木鶏郎音楽作品集」にも収録されている。それだけではない。同じ家電業界の「明るいナショナル」「ぱっとついた日立」も、やはり同じ製薬会社、三共製薬「ルル」と田辺製薬の「アスパラ」もである。当時はまだ競合という意識が強くなかったとはいうものの、いまでは考えられないことなのは、間違いない。三木鶏郎というのはそういう存在だったことをはからずも再認識した想いだった。

「アサヒはあんまり定かではないな。鶏さんのおかげで印象的なのがありすぎて。アサヒビールは覚えてません」

はやし・こばは、そう言いながら用意されていた楽譜を受け取り、しばらく眺めてから思い出したようにこう言った。

「たぶん、僕がつけたものだと思う」

用意されていた楽譜は「アサヒビールでググッとやるド」「なにはともあれアサヒビール」「Folk Rock アサヒビール」の三曲だった。1973年、三木鶏郎にとって最後のCMソングだろうと思われる三曲である。三木鶏郎企画研究所が作っている「三木鶏郎史」によると、その前に書いたCMソングは1969年「TO YOUチョコレート」となっている。つまり4年ぶりとなる。そして、それ以降、CM作品は記されていない。はやし・こばは、その三曲のアレンジを担当していた。

「僕はその頃、ロックも聞いてましたし、その前にピーター・ポール&マリーなんかにも凝ったことがあるからね。ロックとフォークの中間というイメージでFolk Rockとつけたんでしょうね。鶏さんに言われたのは16ビートでやってくれとか、そのくらいだったと思います」

はやし・こばは、三木鶏郎の作品のアレンジを最後まで手がけた作・編曲家である。〝はやし・こば〟という名前をつけたのも三木鶏郎だった。本名は小林である。

「鶏さんから、小林なんて電話帳にこんなにあるんだからお前、逆立ちしろって言われたの。最初は抵抗感があったけど、いまは小林って言われても振り向かない（笑）」

はやし・こばは1935年生まれである。三木鶏郎の元に加わったのは1962年。彼が27歳の時だ。それまでは東芝EMIの専属編曲家だった。克美しげるの大ヒット曲「霧の中のジョニー」や「片目のジャック」は彼の手による。日本で最初に印税契約をした編曲家ではないだろうか。大学は都立大で音楽心理学を専攻、ラテンバンドやモダンジャズのバンドでピアノを弾いていた。彼の記憶によれば出演していた銀座のクラブでボーイをしていたのが小林亜星だったという。大森昭男と出会ったのはまだ本名でピアノを弾いていた頃だ。

「鶏さんのコマーシャルの録音でピアノを弾いていたら、大森さんがつかつかと僕のところに来て、作曲をしないかって『三芸』に連れて行かれたんですよ」

1962年。大森昭男は「三芸」のディレクターだった。そういう意味では、その頃から新しい才能の発掘をすでに始めていたということになる。

はやし・こばのインタビューに同席していたのは、大森昭男と作詞家の伊藤アキラである。三人とも、三木鶏郎が設立した「三芸」のスタッフだった。大森昭男は「音楽工房」の制作部員で伊藤アキラは「冗談工房」のライター。同じ会社でありながら部署が違う。当然のことながら仕事の内容も違う。伊藤アキラとはやし・こばは、その後、作詞家と作曲家として、1974年に、日本の情報元年のCMと言われているカシオ計算機の「答え一発カシオミニ」を制作しているコンビでもある。

それでも、そうやって三人が顔を合わせて話をするのは初めてということだった。その日は10月7日。三木鶏郎の11回目の命日だった。もちろん偶然である。

「ビートルズなんですよ。きっかけはビートルズ。鶏さんが作曲やめたのは」

はやし・こばは、アサヒビールの楽譜から目を離して、唐突にそう言った。それは思いがけない言葉だった。彼はこう続けた。

「ビートルズが来て、ビートルズの曲を聴いて、こういうのは書けない、俺には、って言ったの」

三木鶏郎とビートルズ。そう言われれば時代的には重なり合う。

ビートルズのデビューは1962年。日本でレコードが出たのは1964年のことだ。彼が「三芸」を解散した年でもある。ビートルズの来日公演が行われたのは1966年の6月末だ。三木鶏郎の後期の傑作と言われている三洋電機のカラーテレビのCM「うちのテレビにゃ色がない」は1965年になる。それもはやし・こばのアレンジだった。翌1966年、1967年は、複数のクライアントのCM作品を残している最後の年だがその大半が三洋電機である。三木は、1965年に三洋電機と田辺製薬の宣伝コンサルタントに就任している。確かに年代的には一致した。

はやし・こばはこちらの胸騒ぎを見透かしたように続けた。

「鶏さんの別荘があったんですよ。三洋ばっかりやってる頃だったな。そこに遊びに行った時に俺はああいうの書けないから止めるって言ったの」

それは一種の断筆宣言だったのだろうか。そんな問いに彼は「そうですね」と事もなげに言った。

はやし・こばがその別荘に行ったのは、それが最初で最後だったと言う。

「親分子分みたいな風を絶対に吹かさない人だったし、仕事仲間を集めてプライベートで飲み歩いたりとかしない人だったからね。家族以外はほとんど呼ばれたことはないんじゃないかな」

その時同席していたのは誰だったか。彼は「杉井さんと小川さんだけど」と二人の名前を挙げた。

杉井修は、後に作曲家八木正生を擁してA・R・Aを設立した人物であることはすでに触れている。小川宏は、テーマとなっている「アサヒビール」のCMソングの制作者でもある。つまり、今回、会わなければいけない人物だった。

断筆宣言の頃

「その話が出たことは覚えてます」

はやし・こばから一週間ほど後に大森昭男の事務所を訪れた小川宏は慎重に言葉を選びながら、それでも明快にそう言った。

「ビートルズの分析を先生がしましたよ。ビートルズの音楽はスコットランドの音楽のこの辺のリズムを取っているんだとか。私はそんな話をされても分かりませんから、小林さんがいたからだったでしょうね。お酒を飲みながら盛んに分析をされていらしたのを覚えてます」

「それは、どのくらいの時間、一時間とか二時間とかだったの」

そう聞いたのは伊藤アキラである。彼の中でも晩年の三木鶏郎の姿が浮かび上がっているようだった。小川宏の記憶は鮮明だった。

「結構長かったでしょう。延々語られた記憶がありますから。他の作曲家とか他のアーティストのことを云々するということがあんまりない人でしたから珍しいなと思った記憶があります。先生はものすごい知識がおありだからあの曲はクラシックのあの曲のあの辺を取ってるとか、何とか民謡のあそこだよとか、あそこのコード進行はだらしないとか。説得力があるんですよ」

「あれっていいね、みたいな軽いノリじゃなかったんだね」

聞き入っていた伊藤アキラが再び聞いた。小川宏は即座にこう言った。

「全然違う。冷静に真剣に。レコードとかもずいぶん並べてた気がしますね。私は酔っぱらっていて内容はほとんど覚えてないですけど、その光景は印象的でしたよ」

三木鶏郎断筆宣言の夜——。

週刊誌風に言えば、そういうことになるのかもしれない。そんな話は出たのだろうか。

「その時にそうだったかどうかは記憶にはないんですが、自分の時代じゃないというようなことは相当早くから思っていたみたいですよ。『三芸』の後半か解散した頃でしょうか。『みんなはまだ俺が成層圏を飛んでいると思ってるけど、もう地べたスレスレだよ』っておっしゃってましたもん。当然感じていらっしゃる時代ですよ」

小川宏は1938年生まれである。大森昭男は1936年だ。つまり、小川宏が「三芸」に入った時、大森昭男はすでに制作部員として働いていた。

「大森さんはすでに先輩でしたからね。スタジオの場所とか、手取り足取り教えてもらいましたよ（笑）」

小川宏の出身は早稲田の露文である。父親は戦前から商社マンとして海外で仕事をしていた。彼の生まれもアルゼンチンだ。「三芸」に入ったのは三木鶏郎企画研究所が出した「朝日新聞」の新聞広告だった。アルバイトをしないと大学に通えなかった彼にとって「日曜娯楽版」の社会風刺は、新鮮で共感を持てた。それが三木鶏郎を知ったきっかけだった。

「本当に三行広告でしたね。苦学生だったんで卒業できなかったんですけど、それを偽って入れてもらいました。そしたら『三芸』という会社に行きなさいって言われたんです。半年は雑巾がけをやりました（笑）」

小川宏は〝営業〟だった。代理店やクライアントの担当である。三木鶏郎だけでなく他の作曲家の仕事を受注する役割でもある。なぜなら三木鶏郎は、こちらから行かなくても十分に成り立ったからだ。

「それはもう本当にすごかったですよ。私が新入社員で入った頃に電通に打ち合わせに行ったんですけど、立派な応接室で重役やスポンサーの偉い人が出てくるんですよ。今度、こういうことでコマーシャルソングをお願いしたいんですという話を聞いて、終わってハイヤーに乗ったらもう作品が出来てるんですよ。打ち合わせをしている間に出来ちゃってるんです。それで一曲50万はくだらないんですよ。それでも並んで買いに来ましたからね」

大卒初任給が1万3000円か1万5000円の時代である。昭和30年代の三木鶏郎の周辺については「冗談工房」の〝専務〟だった野坂昭如がエッセイ集『風狂の思想』（中央公論社）で実録風に書いている。いかにどんぶり勘定だったかもだ。そんなドタバタぶりは1960年「三芸」が発足し、彼が言う「マネージャー専門家・滝本匡孝氏」が就任するところで一段落する。

有限会社「三芸」は、1964年7月に解散した。その年の4月、社長となっていた滝本匡孝が金銭問題のもつれから経理部員の雇った殺し屋に刺殺されるというスキャンダラスな結末だった。伊藤アキラは「忘れられないシーンがある」と言ってこんな話を披露した。

「最後のギャラをもらいに銀座8丁目のオフィスに行ったんですよ。そうしたら机もなくなってガランとしていた部屋の真ん中に小川さんが椅子に座ってただ一人いたの。肘掛けのないグレーのよくある事務椅子ですよ。彼がギャラの入った封筒を持って一人で。あれみんなどうなっちゃったんですか、って聞いたら、テレコは誰が持って行ったとか、金目のものは何にも残ってない。その辺に壊れた電話とゴミが散らかっているだけですね。最後の後始末をしたのが小川さんですよ」

ちなみにその時、伊藤アキラが「最後のお宝」として持って帰ったのが犯人の経理部員の名刺だったそうだ。

「三芸」解散後、中心的な作曲家の桜井順は「ブレーン・JACK」を、越部信義は「音楽企画センター」を発足。三木鶏郎は「新TV工房」を設立。作曲家では嵐野英彦とはやし・こばが一緒だった。小川宏は、そこに行き、1967年にはテレビ関係のCF制作会社CAPを立ち上げている。小川宏はその責任者でもあった。伊藤アキラは、こう言った。

「小川さんは鶏郎さんの仕事上の葬式を二回出してるんだよ」

「三芸」と、そして「新TV工房」の二回ということになる。

最後のCM、アサヒビール

話をアサヒビールのCMソングに戻そう。三木鶏郎最後のCMソングである。

「これはリメークだったと思うんですよ」

小川宏は三枚の楽譜に目を通しながら、さらりとそう言った。

「その前に先生がお作りになったアサヒビールのCMソングがあったんですよ。それを当世風に作り直してくれないかという注文で始まった記憶があります。いつもは事務所でやるのになぜか南青山のご自宅で電通の山川浩二さんと小田桐昭さんとお寿司を食べながら打ち合わせをしましたね。三曲になったのはサービスでしょう。山川さんとはお親しかったものですから『いいよいいよ』って何曲も作った。そんな感じでしたよね」

アサヒビールには1959（昭和34）年に「アサヒビールはあなたのビール」というヒットCMがある。ナレーションはタレントの三國一朗。それも三木鶏郎の作だった。

「あれは新TV工房の最後の仕事じゃないでしょうか。1973年の秋には閉めてますからね。CAPの方が繁盛してましたから。先生は新TV工房もCAPも一切干渉しませんでしたし、お金のことも私に任せきりでしたね」

「Folk Rock　アサヒビール」というタイトルはどうやってついたのだろうか。彼はこう言った。

「先生ももう60になろうとしていて、そういう新しい音楽が身体から出たわけではないですよね。こばさんがいて、彼の解釈でそうつけたんじゃないでしょうか」

依頼者側はどうだったのだろうか。

当時電通のプロデューサーだった広告研究家の山川浩二は、こう言った。

「鶏さんには昔アサヒビール名連呼の名曲があった。そのリメークと一つ新しい曲を作ってちょうだいと言ったら三つ出てきた。その頃はCFと一緒じゃないとやらなくなってたんですけど、サービスだったのかな。ビジネス的に言うとね」

藤沢摩爾子が書いた『アサヒビール大逆転』（文春ネスコ刊）によると1953年から1958年までア

サヒビールの業界シェアは30％を超えている。１９５３年は業界一位だ。ただ、それ以降は停滞の一途をたどり、１９７２年には14・１％、１９７３年は13・６％にまで落ち込んでいる。その一方でサントリーが「純生」をＣＭソングのヒットとともに浸透させていった。電通サイドにアサヒビール全盛期を作った三木鶏郎を担ぎ出して「夢よもう一度」という願望があったと言えないだろうか。ただ、すでに三木鶏郎にそこまでの神通力はなくなっていた。山川浩二はこう付け加えた。

「あれについては、鶏郎さんに申し訳ないことをしたな。企業側も不安定な頃でしたしね、そういう感じなんですよ」

三木鶏郎は１９９４年10月７日、80歳の時に心筋梗塞でこの世を去った。すでに本人に直接話を聞くことは不可能になっている。それでも彼がその時、「最後のＣＭソング」と決めて引き受けていたと推測することとは乱暴ではないように思う。

１９７３年。三木鶏郎は59歳だった。

はやし・こばはすでにその前の年、新ＴＶ工房から独立し、コバ・ミュージックを設立している。小川宏は、新ＴＶ工房を閉めてＣＡＰでＣＦ制作に本腰を入れるようになった。

〝消えるため〟の身辺の整理とでも言えば良いのだろうか。三木鶏郎が「糖尿友の会」を発足したのは55歳の時だ。仕事にプライベートな感覚を持ち込まなかったという彼が自宅で打ち合わせをしたというのも、もはや自分の時代ではないと認識した彼が、旧知のスタッフに対して行ったセレモニーのようなものだったかもしれない。

「Folk Rock　アサヒビール」――。

はやし・こばがつけたというそんなタイトルは、そんな時代の変わり目を象徴していないだろうか。そして、CMソングの分野でそうした新しい音楽の作家達を積極的に起用していったのが大森昭男だった。彼が1973年に作った「サイダー'73」を、三木鶏郎が知らなかったとは僕には思えない。

三木鶏郎は、アサヒビールの三本のCMソングのレコーディングでもそれまでと同じようにスタジオでタクトを振っていたと言う。それだけは他人にやらせなかったのだそうだ。山川浩二は、彼のそんな姿を見ていた小川宏の「これが多分、最後だね」というつぶやきに相づちを打っていた。

糖尿病と仕事

「比較出来る人はいないと思いますよ。確かにCF時代に入って音楽がバックミュージックになってしまうわけで、そういう意味ではラジオ時代の天才だったのかもしれない。音楽と言葉はつねに一体だし、一つの曲のある部分だけを取り出しても広告コピーになる。しかも瞬間的にお作りになる。そして、あれだけのお金になった。あんな人はいません」

三木鶏郎についてそう言うのは小川宏である。はやし・こばは、こう言う。

「鶏さんについては僕は作曲より作詞の方を買ってたね。めちゃめちゃいいコピーを書いたよね。三洋カラーテレビの『うちのテレビにゃ色がない、隣のテレビにゃ色がある』とか、ほんとにうまく摑んでますよ」

山川浩二はこう言った。

「僕の言葉で言えば、命と仕事のどっちを取るかという時に、命を取ったんだと思う。仕事をすると必ず糖が出るという糖尿病もあったし、あのまま仕事をしていたら間違いなく命に関わったでしょうね。『私の愛する糖尿病』（筑摩書房刊）を読むとよく分かります。だから最後のアサヒビールはおまけみたいなもんでしょう」

ＣＭ業界というのはそういうものなのかもしれない。新しい才能が登場することで成り立っている。企業がそれを求め、レコード音楽にはない規模のお金が投入されて行く。そこには情緒や感傷というウェットな感情が入り込む余地がない。いつの時代もそうやって動いてきた。その中で自分のセンスや感覚の時代のズレを自覚したとしたら、自らが身を引くか、最後まで戦って討ち死にするしか道はない——。

年表によると三木鶏郎が冬を南の島で過ごすようになったのは１９７０年からだ。ハワイやタヒチがサイパンになり、80年代後半からはハワイ・マウイ島になった。三本の「アサヒビール」ＣＭソングの翌年、１９７４年から「日曜娯楽版」の台本をマイクロフィルムにする作業が始まっている。

そうやって表舞台から消えた彼が打ち込んだのが、自分の仕事の記録と好きだったクラシック音楽だった。

「鶏郎先生が作ったデータが残っているんですよ」

鈴木慶一からそんな言葉を聞いたのは、２００５年12月16日から18日まで銀座博品館劇場で開かれる三木鶏郎トリビュートコンサートについての取材の席だった。彼は、三木鶏郎企画研究所の竹松伸子からその話を聞き、自分のコンピューターで再現してみたのだと言った。

鈴木慶一は１９５１年生まれである。

ビートルズ世代の申し子とも言える音楽家の手によって、ビートルズで筆を折ろうと思ったという天才が残したデータが世に出ようとしていた。

トリビュート・コンサート

いまでも古くない。

コンサートはコマーシャルフィルムの上映で始まった。

三木鶏郎が使っていたという“MIKI TORIRO GROUP”のシンボルマークの鶏の絵に続いて、彼が音楽を書いた代表的なCMが映し出されて行く。

「キリンキリン」のキリンビール、「くしゃみ三回」の三共ルル、「一粒で二度おいしい」の江崎グリコ、「小田急ピポーの電車」の小田急、「チョチョンのパ」の船橋ヘルスセンター、「ワ・ワ・ワとワが三つ」のミツワ石鹼、そして「明るいナショナル」の松下電器産業――。

1950年代から60年代にかけて、日本中の茶の間で親しまれたCMソングが映像とともに流されて行く。

会場は、時間を失ったようなトリップ感に包まれて行く。ノスタルジックでそれでいて、通常のコンサートとは違う何かが始まるという期待感。会場は満席だった。中にはそうやって流れてきたCMを全く知らない世代もいるのだろう、戸惑ったような硬さも入り交じっている。

そんな空気を見計らったようにムーンライダーズの鈴木慶一が登場し、下手のMC席に座った。

「今晩は鈴木慶一です」

彼は、少しだけ照れたようにそう言い、かすかに気負ったようにこう続けた。

「長い間、いろんな人がやりたいなと思っていたことが今夜実現します」

２００５年12月16日、銀座博品館劇場。

"Sing with TORIRO〜三木鶏郎と異才たち〜Pop-A-Doodle-Doo!" 三日間五公演はそうやって始まった。言うまでもなく三木鶏郎のトリビュート・コンサートである。

博品館劇場は、一階がパーティーグッズやアイデアグッズの売り場となっている。銀座の中央通りに面した店頭にはクリスマスツリーが並びイルミネーションが瞬いている。若い女性で賑わう売り場の奥にある劇場までのエレベーターには、年輩から若者まで幅広く、それでいてクリスマスグッズに見入る客層とは違う人達が乗り込んでいった。

鈴木慶一は、三木鶏郎のプロフィールを改めて紹介した。その後に流されたのは生前に残されていたという、三木鶏郎本人が制作・編集し、自らがナレーションをした自己紹介のフィルムだった。

そういう意味では異例のトリビュート・コンサートだった。

通常、最も一般的なのは対象となっているアーティストの曲を、トリビュートする人達が演奏するというものだろう。残された楽曲を、敬愛する人達がどんな風に受け止めて、それを継承して行こうとするのか。そこにどんな愛情やスピリットが流れているのかを客席が共有する。

この日はそれだけではなかった。単に楽曲を挟んでいるだけではない。そこに三木鶏郎自身も"いた"。

１９１４年の生い立ちから自らの成長をニュースフィルムや記念写真を使って自分の言葉で綴って行く。映像の持つ時代感と自分史。その巧みな重なり具合はまさに一級品のドキュメンタリーだった。そんな自らの自己紹介は、１９５１年、民間放送の開始とともに誕生したＣＭ音楽の第一号「僕はアマチュアカメラマン」のワンコーラス目で終わっていた。

「まず私一人で、露払いのごとく一曲」

ステージの中央に移った鈴木慶一は、ギターを一本かかえて『フラフラ節』２００５年。今日バージョン」と曲紹介をした。

会場では『三木鶏郎ブック』と題された初の公式ビジュアル・ブックを販売していた。デザインは彼自身が晩年にパソコンを使って作っていたという私家版の楽譜集に基づいていた。生前の彼の写真や当時の新聞記事、「回想録」からの抜粋。日劇や浅草国際劇場で上演された「冗談音楽」などの公演ポスター。そして音楽作品、ＣＭ音楽、ラジオ・テレビ・舞台などの仕事、そして本名の繁田裕司としての仕事などの全作品リスト。貴重な資料を使った小冊子に、「フラフラ節」の歌詞も紹介されていた。１９５２年の「冗談音楽」で放送されたという原曲は戦時中の日本を皮肉ったものだった。鈴木慶一は、そこに〝姉歯〟や〝ヒューザー〟などを織り込んで、現代の風刺ソングとして歌ってみせ、そんなユーモアは、いまでも十分に通用すると実感させた。

いまでも古くない――。

それは、この日のコンサート全体を通して、誰もが感じたことだったのではないだろうか。

１９５４年のヒット曲「田舎のバス」を、１９７２年生まれの畠山美由紀が歌う

トリビュート・コンサートというのは、ここ数年に定着してきたコンサートの形である。それは一過性の

音楽として受け止められてきたポップミュージックを時代を超えた財産として受け継いで行くという試みでもある。

ただ、関わった人たちの年齢差ということで言えば、これだけ幅のあるトリビュート・コンサートも前例がなかったのではないだろうか。年齢だけではない。音楽のジャンルやスタイルという意味でもそうだ。

鈴木慶一に次いで登場したのは、今野英明。2004年に活動を休止したバンド、ロッキングタイムのボーカリストである。レゲエを中心とした独特のゆるやかなビートで人気があった。1968年生まれの彼が歌ったのは1947年に作られた「ゆらりろの歌」。バンドは、11人編成、アレクサンダー・トリタイム・バンド。今野英明はウクレレを手に、ウッドベースや琴などと一緒に気持ちよさそうに歌っていた。もう一曲の「涙はどんな色でしょか」は1946年の曲だった。

年齢差という意味で、最年少登場者だったのが、今野英明の後に出てきた女性二人の中の一人、湯川潮音だった。1983年生まれ。2005年8月にメジャーデビューしたばかりだ。三木鶏郎が現役を退いてしまってから生まれたことになる。彼女と一緒に歌った奈歩はウクレレ・デュオ　ペティ・ブーカのメンバーとしてすでに10年のキャリアがある。そんな二人が歌ったのは、1960年にザ・ピーナッツが歌ったファンタジックなメルヘンソングとでも言えそうな「ポコタの花」と「ポカンポカン」だった。

「私くらいの年齢になると、三木鶏郎さんの曲はリアルタイムで聞いておりました」

二人を迎えるような形で再び登場した鈴木慶一は、自分の年齢を「54歳」と明かして、自分の体験を披露した。子供の頃に聞いていて、それが誰の曲だが知らないまま覚えてしまっていた歌。それが1956年のミュージカル「かぐや姫」の中の「吟遊詩人の唄」だった。彼はその頃ラジオが子供の手の届かない高い所に置いてあったと言い、歌が「天から降ってきた」と例えた。

「コマーシャルソングを始めた頃、ON・アソシエイツの大森さんと出逢いまして、彼が三木鶏郎さんのところにいたということを聞いて『これは鶏郎さんの曲？』と歌ってみました。そしたら『そうです。オリジナルの音源もあります』ということでようやく判明した次第です。70年代の半ば、洋楽しか聴いていない時に、改めてこんなに良い曲があるんだと思ったのが鶏郎さんの曲でした」

この日、ステージに立ったミュージシャンで唯一、本人との面識があったのが彼だろう。1986年に徳間ジャパンからアナログ盤6枚組の「三木鶏郎集大成」が出た時のパーティーで握手をしたことがある。彼はある会社の三木鶏郎が携わった後のCMソングを担当することになっていた。その話をした時に「どんどん新しい若い人に代わって欲しい」と言われたというエピソードを披露した。

この日、彼が高野寛と一緒に歌った「吟遊詩人の唄」は、一人のミュージシャンの記憶を伝えただけでなく、いくつもの世代を結びつける出逢いの歌となった。

「リアルタイムでは子供の頃にCMで何曲か聞いていた程度でしたけど、今回のコンサートで、知らない曲でも良い曲が沢山あるということを改めて嚙みしめてます」

高野寛は、1947年の曲「秋はセンチメンタル」を「2005年のいまの気持ちで、普通のポップスとして歌えます」と紹介した。

バラエティーに富んだコンサートだった。4ビートジャズの「秋はセンチメンタル」、1952年のホームソング風「ピンポンパン」、1950年に出たコミカルなストーリーソング「僕は特急の機関士で」。戦後の銀座を思わせる1949年の「ビル・ブルース」、そして、70年代に細野晴臣がやっていたようなエキゾチックな「バナナリズム」も1949年の曲だ。でも、書かれた年代を言わなければ、きっと50年以上も経っている曲だとは思われないのではないだろうか。小池光子、そしてハナレグミ。曲が誕生した時には、生まれてすらいなかった歌手が、それぞれの持ち味を生かした歌としてよみがえらせて行く。

「この曲はテレビで知ってました。あ、この曲もそうなんだって思いました」

そんな選曲の圧巻は、畠山美由紀がそう言って歌った台詞入りの「田舎のバス」だった。1954年のヒット曲だ。彼女は松任谷由実やジョアン・ジルベルトのトリビュート・アルバムにも参加、ソロでも二枚のアルバムを出している歌唱力では定評のあるボーカリスト、1972年生まれである。ユーモラスな身振りとともに客席を沸かせていた。

「リハーサルはかなりやりましたけど難しかったですね。参加してくれた人のほとんどが通常、ロックやポップスの仕事が多い人達なんですけど、そういう音楽って頭の一部、感受性の一部を使って作業出来てしまうんですよ。鶏郎さんの音楽はそうじゃないですね。クラシックやジャズ、民俗音楽、ラテン、いろんな音楽が入ってますから。全部の感受性を総動員しないといけない。しかも曲想はすごく分かりやすいんですけど、メロディーと歌の中にメッセージが一杯入っている。バンドのメンバーもそれを咀嚼するのに精一杯というところがありますね。二時間のコンサートですけど、みんな5時間くらいやった感覚じゃないでしょうか」

アレクサンダー・トリタイム・バンドのリーダー、鈴木惣一朗は、終演後そう言った。

デジタル・データで再現された「クラリネット五重奏」

このコンサートの約一カ月前、鈴木慶一の事務所に三木鶏郎ゆかりの人たちが集まった。

顔ぶれは、大森昭男をはじめ、広告研究家の山川浩二、作詞家の伊藤アキラ、そして三木鶏郎企画研究所の竹松伸子である。この連載に登場する主要な登場人物でもある。目的は、三木鶏郎が残していたコンピューターのデータを、鈴木のパソコン上で開いてみようということだった。

鈴木慶一の仕事場は、大人が5人入ればかなり窮屈な広さのプライベートスタジオ的空間だった。コンピューターが何台も置かれ、配線でつながっている。彼は「少し時間がかかりますよ」と言いながら、画面に出ているファイルを動かしていた。80年代後半から1994年に亡くなるまで、三木鶏郎が自分の作品を整理しつつ、好きだったクラシックの曲をデータで残している。ただ、当時のソフトはいまのコンピューターでは使えなくなっているものも多い。現在のコンピューターの様式に合わせてデータを保存し直すのも竹松伸子の仕事だった。彼女は「140曲はデータ化してある」と言った。

それは不思議な光景でもあった。

中には20年近く前に作成されたデータもあるのだろう。それが2005年に音としてよみがえる。その中に「雪のワルツ」という曲があった。1952年に楠トシエが歌ってレコードにもなっている。竹松は「この曲の話になると長くなるんですけど」と前置きしながら、その曲が生まれた時のエピソードを語り始めた。

1944年、昭和19年1月5日、三木鶏郎がのちに三木鮎郎として人気司会者になる弟の繁田文吾らとやっていた人形劇の劇団〝貝殻座〟の公演が行われた。三木鶏郎は当時習志野の軍教育隊勤務だった。戦時中に行われた自分たちの劇団の公演。その日が雪だったことがモチーフになっていたという。彼女が三木鶏郎の助手になるきっかけになったのが、貝殻座の仲間の追悼の宴で、当時の曲をコンピューターで復刻してみんなで聴きたいので手伝って欲しいという鶏郎の申し出だった。1987年のことだ。

鈴木慶一のコンピューターから「雪のワルツ」が流れてくる。三木鶏郎が、鐘の音までこだわって選んでいたという自宅録音の結晶。山川浩二が、当時の思い出話を始め、伊藤アキラが、曲の感想を語り出す。それは、彼が残した音源を噛みしめつつ行われる追悼会のようだった。

「この辺に〝いる〟かもしれない」

そんな空気を察知した竹松伸子がそう言って懐かしそうに笑った。

「この音源をコンサートで流したいね」

誰かが言ったそんなアイデアが、博品館劇場で実現した。

コンサートは佳境に入っていた。

「早くからコンピューターを使っていたんですってね」

再び鈴木慶一と一緒にMC席についた高野寛は、そう切り出した。鈴木慶一は「私も最近知ったんですけど」と前置きして、今回のいきさつをこう述懐した。

「なにしろ、当時はマニュアルもないんで、大変だったと思います。僕の場合はパソコンで音が出るまでに丸々八日間かかりましたからね」

それぞれの楽曲データにメモが残っていたという。彼は「僕は特急の機関士で」には「TOKKYU ROCK 1987」と書かれていたと微笑んだ。

鈴木慶一はそんな話をしながら、三木鶏郎が29歳の時に第一楽章を書き、40数年後に第四楽章まで完成させたという、長い時間を経て書かれたクラシックの作品「クラリネット五重奏」の第二楽章を再現してみせた。それが終わるか終わらないかの時だ。ステージ中央のスクリーンがカラー画面になり、コンピューター前に座ってマウスを動かしながらモノクロのディスプレイを見ている生前の三木鶏郎の動画が映し出されたのだ。70年代後半に差し掛かっているにもかかわらず、晴れやかな表情で屈託ない笑顔を見せている。着ているのはアロハシャツだった。

こうやって彼のことを何度となく触れてきつつ、見ていたのは写真でしかなかった。つまり〝動いている三木鶏郎〟を見たのは初めてだったのだ。それは不意に胸をつかれたような思いがけない場面だった。そうやって三木鶏郎が残していたデータが、いま、2005年のトリビュート・コンサートの会場で再生されていた。

一人の音楽家の中に流れている時間、一つの曲が持っている時間、そして、それが受け継がれていく時間――。

単に楽曲を演奏するだけでなく、その人自身の存在を感じ取ること、それも全体像としてだ。トリビュートというのはこういうことを言うのだろうと思った。

「はるか遠くまできたようで、いまのようでもある」

この日、CMソングが歌われたのはコンサートの終盤だった。

高野寛が1956年の「風速50米」を、ハナレグミが1949年の「武器ウギ（無茶防弁慶）」と「これが自由というものか」を歌い、元YMOの細野晴臣をゲストに再度「僕は特急の機関士で」を歌った後だ。「森永インスタントコーヒー」が歌われ、さらにアニメーション主題歌「トムとジェリー」「鉄人28号」と続き、最後に「明るいナショナル」が歌われた。

「CMソングというのは鶏郎さんにとっては応用問題だったんじゃないかな。あれだけの応用問題を解く力があった。それが、時代の波に乗って、お金も名声も沢山生んだということなんだと思う」

広告研究家の山川浩二は、三木鶏郎という音楽家の中でCMソングが占めていた比重について、そう言ったことがある。

この日の選曲は、三木鶏郎という音楽家の生涯と、その中でのCMソングが果たした役割のような意味合いを改めて感じさせた。音楽家としての志の高さや造詣の深さと、CMソングの作曲家としての世間での高い認知度との落差と言えばいいのだろうか。実はCMソングは、三木鶏郎という音楽家の氷山の一角だったのかもしれない。そして、その一角ですら誰も見たことのない巨大なものだった。

「一番大変だったのは、何のためにこういうことをやるのか、鶏郎さんという人がどういう人なのかを、若いミュージシャン達に分かってもらうことでしたね」

コンサートのプロデューサーの佐藤剛は初日の終演後にそう言った。

「三木鶏郎が生きている――、と思いましたね。音楽が、いまのものとして入ってくる。詞も曲も全く古くないのがすごい。現代の音楽が刺激先行になって、なんで歌うのか、なんで作るのかとか肝心なことを忘れている気がしました。鶏郎さんの歌って、20代で作ったものでも30代の時に作った歌でも、コマーシャルソングでも子供向けに作った童謡でさえも、どれも大人が聴く歌なんですよ。それは何なのだろう。この後、何かが分かるかもしれないと思ってます」

「ハイカラというんでしょうか。日本のしめった土壌性というより乾いた洋楽的、アメリカ的。軽やか。背負っているものが重くない。子供でもすぐに好きになれる。でも、それがどのくらい大変かはプロになって分かりましたね。重くするより軽くする方が難しいんですよ」

そう言ったのは鈴木惣一朗だ。彼は1959年生まれ。当時のことも知っている最後の現役世代だろう。彼はこう締めくくった。

「僕の世代は、洋楽が上で、歌謡曲はかっこ悪いと思っていた世代なんです。唯一『はっぴいえんど』や『はちみつぱい』とかを聴いていた。その中で響いたのがコマソンだった。当時は鶏郎さんとは知らなかったんですよ。ロック&ポップスという言い方でもJ-POPという言い方でも良いんですが、三木鶏郎さんというのは、そのルーツだと思います。歌謡曲という言い方でも良いんですが、そこに入れるにはあまりにハイカラすぎるし。その後、『はっぴいえんど』が70年代にやろうとしたことのおおもとが彼でしょう。自分が『はっぴいえんど』で育った世代なんで、よけいに分かりますね」

日本のポップミュージックにおける三木鶏郎。佐藤剛はこう言った。

「鶏郎さんが源流で、姿形を変えて『フォーク・クルセダース』とか関西フォーク、高田渡さんとかに行った。それが東京に共鳴していって『はっぴいえんど』がやっている。高野寛やハナレグミは、そこから直接影響を受けている。そんな流れが確かめられましたね」

継承する側とされる側——。

三木鶏郎企画研究所の竹松伸子は、こう言った。

「晩年に打ち込んでいた曲とか口ずさんでいた曲とかとオーバーラップしてリハの時から感動しっぱなしで。素敵によみがえったという感じでした。慶一さんの『吟遊詩人の唄』。それにみなさんの歌と演奏があんまり若々しくて魅力があったんで、いまでも通用するというのが実感ですね。三木鶏郎作品ではなく、いまの若い作詞作曲家の作品と言われても自然だなと。2005年からも三木鶏郎は始まれるなと思いました」

大森昭男は、どうだったのだろうか。

「感慨深いですね。『ポカンポカン』は、鶏郎先生の作曲用のワゴンバスの中で生まれた曲で。レコーディングにも立ち会ってますし。いま涙腺がゆるんでます。小学校の時に『日曜娯楽版』を聞いてポップスを知って。縁があって、鶏郎さんの事務所に入れると思ってうれしかったし。全ての出発点でしたからね。はるか遠くまできたようで、いまのようでもある。思い出がすぐそこにあった。不思議な感覚でした」

2005年は戦後60年という区切りの年だった。

三木鶏郎が初めて作詞作曲した「南の風が消えちゃった」を書いたのは1945年。彼が31歳の時だった。

ポップミュージックは〝時代の音楽〟でもある。その時の最新の音楽や風俗、空気。それらが反映された音楽。焼け跡の東京から始まりCM音楽を経由してコンピューター・ミュージックにたどり着いた三木鶏郎の一生は、日本の戦後そのものだったのではないだろうか。

社会的影響力――坂本龍一

初のＣＭ作品「丸井のメガネ」

この連載もいよいよ最終回ということになった。

ＣＭ音楽の50年を大森昭男という一人のプロデューサーの活動の軌跡や彼が作り出してきた作品、関わってきたクリエイター達などを通してたどってみようという旅も終着駅に入ろうとしている。

その締めくくりに登場するのが坂本龍一である。

大森昭男を語る時に欠かせない存在であると同時に、大森との出逢いがクリエイター自身のキャリアの中でも重要な契機となっている。そんな一人である。

「ぼくの記念すべき（？）初めてのＣＭだったと思う。ＣＭ制作会社の大森さんという方から仕事をいただき、その後も長く関係が続きます。大森さんは、大瀧詠一さんや山下達郎さんなどにもたくさんＣＭを依頼した有名な方です」

坂本龍一は２００２年にＣＭやテレビの番組用に書いた作品をまとめた「ＣＭ／ＴＶ」というアルバムを発売した。その中で彼自身が文章を書いている曲紹介で、一曲目に入っている「丸井のメガネ」についてそう記している。１９７７年の作品である。

「最初は仕事ということじゃなかったと思いますね。知り合いを通してお会いしたんじゃないでしょうか。

青山の事務所に現れてくれたんですよ。その時に、詩人の富岡多恵子さんとレコードを作ったとかいう話をされて。私はぐっと惹かれたんですね」

大森昭男は坂本龍一との最初の出逢いをそう言う。彼が鮮明に記憶しているのはその時だけはない。二回目の時のこともそうだ。

「次にお会いした機会にアフリカの音楽のLPを二枚持ってこられてアフリカの話をしてくれたんです。ある民族では、子供が生まれると、その子に名前を与えるのと同じようにオリジナルのリズムを与える。それぞれの子供が違う自分のリズムを持っていて、大きくなった時、みんながそれを鳴らすんだと。いい話だなあと思って、聞いてみたいなという話になったんですね」

坂本龍一は、その時の話のやりとりについては記憶していなかった。それでも当時の人間関係についてこう言った。

「僕はあんまり人好きじゃないので、友だちも多くない。特に当時はまだ若くて、企業や会社の人間とか、ましてや広告の仕事をしている人との付き合いは、まずなかったですね。芸大という学校の性格上、売れない絵描きとかアングラの役者とかミュージシャンとばかり付き合っていました。その中で、大森さんは立派な大人なのに、僕には珍しく話し易い相手だったんでしょうね」

大森昭男のレコーディングで坂本龍一が初めて加わっているのは1976年の大瀧詠一の「花王ドレッサー」の時だ。彼は東京芸大の大学院生だった。ミュージシャンとして大学以外の仕事をするようになったのが1975年である。最初に関わったのがフォークシンガーの友部正人だった。

「新宿のゴールデン街の小さなバーで飲んでいたら、ギターを持った若い男が入ってきて、自然に話が始まりました。僕は日本のロックやフォークは知らなくて、『はっぴいえんど』すら解散してから知ったくらいでした。現代音楽をやっていたので、上から見ていたのかもしれません。とにかく、その彼が明日レコーディングがあるから来てくれないかということで、軽い気持ちで弾きに行ったんです。そうしたらなかなか面白かった。記念すべき僕の初レコーディングになりました。こっちも時間が余るほどあり、遊びたい盛りですから、そのまま彼とマネージャーと三人で京都や大阪など、全国をツアーして回りました。そこでいろいろな人に会い、つながりができていったんです」

坂本龍一は1952年生まれ。父親が三島由紀夫や高橋和巳らを手がけていた名編集者坂本一亀であることは有名だ。三歳の時にピアノを始め、都立新宿高校で学園闘争に加わった時は立てこもったバリケードの中でドビュッシーを弾いていたというエピソードもある。芸大時代、現代音楽の先達、武満徹のコンサート会場におしかけて行って批判ビラを撒いたこともあると言う〝過激派〟的存在。「30以上は信じるな」という時代である。〝大人の知り合い〟がいなかったのも当然だったかもしれない。

大森昭男と会ったのは、そんな中で生まれていった人間関係の中でだった。1977年初のCM作品となった「丸井のメガネ」の時もまだ大学院在籍中。25歳だった。

「1977年、1978年頃というのは非常に慌ただしい時代なんですよ。スタジオミュージシャンとして結構忙しくなり始めた頃で、一日に五種類くらいの仕事を掛け持ちしてましたから。昼間の12時から夜の12時くらいまでスタジオで収録して、そのまま朝まで飲みに行っちゃう。家に帰って少し仮眠をしてすぐまた昼から仕事、という生活でしたよ」

アルバム「CM／TV」には、不採用作品も含めて、1977年から2002年までのCM音楽が44曲収められている。そのうち、80年代までのものが26曲。その中で大森昭男がプロデュースしていたのは20曲である。その頃の二人の関係の密度を物語っていないだろうか。

大森昭男が依頼していたのは作曲者としてだけではない。キーボード奏者としてでありアレンジャーとしても起用している。1978年の資生堂のCM、矢沢永吉の「時間よ止まれ」もその中の一曲だった。

「目黒のモウリスタジオでしたね。あの曲のキーボードは坂本さんのヘッドアレンジだったんですよ。坂本さんが矢沢さんやレコーディングエンジニアの吉野金次さんの発言を聞き、リズムセクションと相談しつつ、レコードになっているあのフレーズを弾き出したんですよ。それでぴしっと決まりましたね。あのシーンは鮮明に覚えてますよ」

デビュー前の起用

1977年、「丸井のメガネ」「HONDA CB-TWIN」「資生堂SOURIRE」「日立〝伝統美〟センサー」「丸井レジャー用品」「丸井インテリア」――。

1977年、ON・アソシエイツは、坂本龍一作曲で、それだけの作品を制作している。

坂本龍一が初のソロアルバム「千のナイフ」を発表するのは1978年10月のことだ。彼が細野晴臣からYMOの構想を聞かされたというのが1978年の2月。YMOのファーストアルバム「イエロー・マジック・オーケストラ」が発売されたのも1978年11月だ。

つまり、大森昭男が作曲家として彼を起用した1977年というのは、坂本龍一がソロアーティストとして世の中に出る前ということになる。

「スタジオミュージシャンの仕事というのはホントに雇われ仕事なんですよ。忙しくてもいつ仕事がなくなるか分からない。自分で曲を作るところはないわけです。全く別のものですよね。大森さんから頂いた仕事で細々と作曲家としての命を繋いでいたという感じですか。だって、他には何も作っていないんですから(笑)。〝習作〟と言うとクライアントには失礼になりますが、そういう感じで作ってましたね」

その頃のCMで、二人が異口同音に「忘れられない」と言うのが1977年に制作された「日立〝伝統美〟センサー」だ。

「まだ日本にシークエンサーが入ってない頃で、持っている人も何人かしかいなかった。大森さんに使いたいと言って探してもらったんですよ」

大森昭男はツテをたどって、神田の医者の息子が持っていることを突き止め、頼み込んで借りて大久保のフリーダムスタジオに持って行った。坂本龍一は、「CM/TV」の解説で「隔世の感がある」と書いている。まだYMOの構想すら持ち上がっていない時代である。

坂本龍一が「印象深い」というのは1978年の「キヤノン」の「キャリアガール」である。レコーディングされたのは1978年3月30日。スタジオはサウンドシティ。エンジニアは山下達郎とのコンビで知られる吉田保。坂本は、作曲と演奏を全て一人でやっている。彼がソロアルバム「千のナイフ」のレコーディングを開始するのがその年の4月。YMOの初のレコーディングは6月からとなっている。

「それまでの作品は全部、誰かミュージシャンが入ってるんですけど、全部一人でやったのはあれが最初ですよ。曲もわりとクラシカルでしたし、あれがオンエアされてから、作曲家やアレンジャーから『あれは誰』という話があったということを大森さんから聞きました」

1978年「キヤノン」「SEIKO・QUARTS」「バルバローゼン」。1978年に坂本が手がけているのはその3本である。本数は多くない。でも、彼が「次に印象深い」と挙げるのが「SEIKO・QUARTS」である。レコーディングされたのは1978年9月13日。メンバーは、坂本龍一がピアノとシンセ、松原正樹(G)、細野晴臣(B)、高橋幸宏(D)という顔ぶれで行われている。言うまでもなく細野晴臣、高橋幸宏はYMOのメンバーだ。スタジオは大久保のフリーダムスタジオだった。

「あれがYMOの『BEHIND THE MASK』のオリジナルなんですよ。あの曲は実はマイケル・ジャクソンがカバーしたいと言ってきたんですけど、出版権を100%寄こせというんで冗談じゃないって断ったんです。もし断らなかったら、世界中に別荘が10戸くらい建ってたでしょう(笑)」

「BEHIND THE MASK」は、1979年9月に発売され、爆発的なブームのきっかけになったYMOの二枚目のアルバム「ソリッド・ステイト・サバイバー」に収録されている。1986年にはエリック・クラプトンにもカバーされ世界的に知られている曲だ。その原型となったのがCM音楽だった。坂本龍一にとってCM音楽と自分の作品は同じ流れにあると言って良さそうだ。

大森昭男から坂本龍一に依頼されている本数が最も多いのが1979年である。「PARCO・フェイ・ダナウェイ」シリーズ3本「西武スペシャル・ゴーマンミチコ」「トヨタ企業CM・燃える大地」「EDWIN」「東芝新技術紀行」「パイロット・ジャスタス」という8本。「CM/TV」にはその中で6本が収録されている。西武シリーズはどれも1分30秒から3分。トヨタも2分である。1977年の「日立伝統美」は4分ある。どれも通常のCMの範疇に入らない長さだろう。テクノロジーとオリエンタリズムやエスニック。当時の坂本龍一の作風であるだけでなく、ビートルズやバート・バカラックを彷彿とさせるものなど、幅も広い。

「いま思えば、あの頃はクリエイターに気概があったのでしょう（笑）。僕も普段使ってない引き出しを使っていますね。その頃使わなかったら、きっとそのまま消えていたかもしれない（笑）。ＹＭＯの二枚目が売れてしまって、音楽が本業と認めざるを得なくなった。それまでは、自分にとってはバイトだったんです。ですからＣＭであるにもかかわらずクライアントのことなど全く考えてなかったです。ただ、面白いことをやろうと。クライアントに分かるような音楽をやってたら、クリエイターとしては駄目じゃないですか。大森さんも、僕達には『坂本感性で裏切ってください』と言ってましたし。僕も大森さんの顔だけ見てました。大森さんがいいと言えば通るわけですから。僕達のことを鷹揚に見ていてくれていたのではないかと思います」

ＣＭ音楽の黄金期、80年代

80年代前半がＣＭ音楽の黄金期だった――。

この連載の中でも、大森と関わったクリエイターから何度となくそんな発言を聞いた。

「CM／TV」の中にも１９８０年から１９８４年までの作品が14本ある。アルバムには収録されていないが、彼とＲＣサクセションの忌野清志郎が組んで大ヒットさせた資生堂のＣＭ音楽「い・け・な・いルージュマジック」も１９８１年だ。坂本龍一はその頃のことについてこう言う。

「それまでのことはよく知りませんが、日本のＣＭがかなり洗練されていった時代ですよね。川崎徹さんとか、糸井重里さんとか新しいクリエイターが出てきた。刺激がありましたよね。特に映像面での洗礼があったと思います。映像にどういう音楽をつけるかという丁々発止があった。向こうをうならせてやりたいとか、驚かせたいというライバル意識。それが後の『戦メリ』につながってると思いますね」

"RYUICHI SAKAMOTO"の名前を世界的に広めた映画「戦場のメリークリスマス」が公開されたのが1983年だった。監督は大島渚である。彼が坂本龍一の起用を決めた時、二人は会ったこともなかったそうだ。

「なぜ僕だったのか、何回か聞きましたね。写真集を見て決めたそうですよ。そういう人だったんですよ。自分は音楽のことは分からない。自分の役目は自分の感覚で君を選ぶことで、後は君の好きなようにしてくれ。失敗したら自分の責任だからって。音楽は三カ月かかって作ったんですが、一回だけ大島さんがスタジオに見に来て『どこまで出来ているか』って。一回だけですよ。その前に一回、どこのシーンに音楽を入れたいかというリストを二人で作って付き合わせたら99%同じだった。打ち合わせもその時だけです。こっちはそれ以前には何も作ってない全くの新人で、監督としてはすごいリスクを抱えているわけじゃないですか。でも、失敗したら選んだ自分の責任だって言われて。トップのあり方としては素晴らしい人ですよね。企業には、そういう経営者は少ないかもしれませんね」

大森昭男がプロデュースした坂本龍一作品は「CM／TV」にも入っている1988年の「日産セドリック」が最後になっている。坂本は90年代に入り、制作の拠点をニューヨークに移している。それでも彼のCM作品がなくなってしまったわけではない。製薬会社「三共」のリゲインのCM「エナジーフロー」を収録した「ウラBTTB」がインスツルメンタルの曲としては初めてオリコンチャートの一位となりミリオンセラーになったのは1999年のことだ。

「なんであんなにヒットしたのか自分でも分からない（笑）。いままで800曲くらい作ってきたわけで、その中で特に良い曲だったわけじゃないですから。他にも良い曲がいっぱいあるし。なんでなのか不思議でしょうがないんですけど、自分では分からない何かがあるんでしょうね」

70年代から90年代。彼がそうやってCM音楽に関わる中で感じてきた時代の変化というのはどういうものだったのだろうか。

「80年代のようにCMという本来の目的とは外れていても作品として面白いという自由さはなくなってきた気がします。もちろんそれは資金力がないと企業にも出来ないでしょうし、バブル以降の沈滞ということがそうさせるんでしょうけど。資金力がないと失敗出来ないという規制も働いて安全なものに行きますからアートとして面白くないのは当然ですよね。でも、そういうひらめきがいまもヨーロッパなんかではありますよ。多いのは洋服なんかですけど、街を歩いているとアイテムはいろいろだけど驚かされるというものが社会の中に無数にある。クリエイターと見えない大衆との驚かし合いというか。思わず笑ってしまうようなね。日本はそういうのが少ないかな。見たことのあるようなものしかないんですよ」

アーティストの生き方が問われる時代

この連載で彼を最終回にしたのは、大森昭男とのつながりの深さというだけではない。

2000年代に入り、彼よりも下の世代の動きの中で、彼の影響力の大きさを改めて感じるシーンがしばしば見受けられた。

2005年夏、静岡県掛川市のつま恋で「ap bankフェスティバル」というイベントが三日間開かれた。三日間ステージをつとめたMr.Childrenを筆頭に、井上陽水、浜田省吾、佐野元春、Chara、トータス松本、Every Little Thing、スガシカオ、ポルノグラフィティ、スキマスイッチ、中島美嘉など世代を超えた顔ぶれが出演した。

Mr.Childrenのプロデューサーの小林武史とヴォーカルの櫻井和寿が〝未来のために何かしたい〟と環境問題に取り組んでいる団体に低利融資するために発足したのがap bankである。その収益のためのイベントだった。

ミュージシャン達の社会的発言。彼らの会話の中に「坂本さんと話していて」という言葉が登場することも多く、彼らの中での坂本龍一の影響力を感じさせた。2001年に「地雷除去活動支援」のために彼が書いた「ZERO LANDMINE」にはGLAYのTAKUROや櫻井和寿、佐野元春らも参加している。そうした動きが、ポップス系のアーティストの刺激になっている。

「それはアメリカに移住したことも大きいでしょうね。社会的な発言を求められる。どんなミュージシャンでも最低限の市民としての責任を持たされる社会ですから。日本は芸能人とかクリエイターとか、政治とか社会は関係ないよって言っていられる甘い社会ですけど、欧米はシビアですからね。意見がないとガンとやられますし。社会貢献や還元をして当たり前なんですよ。コイツが、というようなヤツでも、一応言いますからね（笑）」

日本のポップミュージックにも〝音楽〟と〝芸能〟が同義語だった時代がある。

確かにポップミュージックは一曲のヒットが莫大な利益を生むというギャンブルのような世界であり、そのためのシステムや方程式が産業化されている側面もある。CM音楽がその中に組み込まれている形が〝タイアップ〟と呼ばれる仕掛けだろう。

ただ、その中で登場するミュージシャンやアーティストの意識は変わりつつある。一人の人間としてどう生きるかという問いかけの中で生まれてくる音楽。そうした作品が聞き手に支持され、ヒット曲として聞かれている。

坂本龍一はそんな動きをこう言う。

「彼らとは『ZERO LANDMINE』で知り合ったんですけど、みんなきっかけがなかったんだろうと思いますね。ミュージシャンが社会的発言をしてもカッコ悪くなく出来るんだという。変わってきてますよ」

CM音楽がそうであるように、ポップミュージックは聞き手あっての音楽という言い方も出来るだろう。作り手だけで成立するわけではない。CM音楽にはクライアントがあり、ポップスにはリスナーがいる。つまり音楽が変わると言うことは世の中が変わっているということでもある。

「企業も変わってきましたね。偽善の面があったとしても、植林してますとか言うようになってきましたし。もちろん企業の第一目的はお金もうけでしょうけど、それでもやらないよりいいわけです。芸能人も同じで、もうけたなら社会に還元すると。やるのが当たり前、という社会にしないと。いまはインターネットもありますし、地球の裏側で人権侵害や環境破壊をやっていたら、メールとかブログで分かっちゃいますからね。そういうところに対しては圧力をかけた方が良いのです。そうなると企業も努力せざるを得ないし。CM表現も、現在のところは、植林してますとか、そういうシンプルなものですけど、その先にもっと面白い新しいスタイルが可能かもしれません。そして音楽も変わってくるかもしれませんね」

21世紀も最初の10年の後半になろうとしている。

CM音楽は20世紀の後半の50年間にメディアの発達や成長とともに生活の中に浸透していった。アナログからデジタルへ。いま、既成のメディアにもそんな変化が訪れ、インターネットが不可欠の社会になろうとしている中で、企業と音楽の関係も変わって行くに違いない。

そして未来へ——。

ただ、どんな風に変わって行くにせよ、大森のように40年以上も現役であり続け、これだけの作品と作家を世に送り出す音楽プロデューサーは二度と現れないのではないだろうか。

大森昭男　おおもり・あきお

１９３６年山梨県生まれ。１９５９年、三木鶏郎が主宰する「音楽工房」の制作部員としてそのキャリアをスタートさせる。１９７２年、ON・アソシエイツ音楽出版として独立。以後、現在までCM音楽の現場で仕事をし続け、約２４００本ものCMを制作している。スタジオジブリ作品「ホーホケキョ　となりの山田くん」（高畑勲監督作品）の音楽制作のスーパーバイザーも務めた。

第6章

「三ツ矢サイダー」での出会いから「熱き心に」まで

対談　大瀧詠一 vs 大森昭男（司会・構成　田家秀樹）

「はっぴいえんど」を解散した翌年の1973年、大森と初仕事。

大瀧　僕、いろんな人との出逢いというのを研究してるんですよ。そうやって研究してると、〝出会い頭の出会い〟というのがあるように思うんですよね。お互いゼロとゼロでぶつかった時がそうなんですけど、ビッグバン説とでも言うんでしょうか。僕と大森さんというのもそういう例だったなと思ったりするんですよ。

大森　私も年数が経つに従って大瀧さんと出会えたことの大きさというのを、つくづく感じてますね。

大瀧　僕も同じなんですが、そもそも僕らが初めて出会ったのは資生堂の「ＭＧ５」で、演出の結城（臣雄）さんが岡林（信康）を使ったというのは、結城さんの発案だったんですか。

大森　そうです。60年代から70年代にかけて若い映像作家達が一本立ちしていったんですね。結城さんもその一人だったんです。私は桜井順さんの担当ということでマンツーマンでやっていたんですけれど、他に新しい作家との仕事を作らないといけないと思うようになっていた時期だったんです。

大瀧　そういう時にいつの時代にもある常套句は〝既成の作家を使いたくない〟という言い方。出てきた時はみんなそうなんだけど、でも、すぐに既成の作家になってしまうのがつらいところなんだけどね（笑）。

大森　ちょうどソングライターにしても映画音楽やＣＭの背景音楽にしても、そういう人が出現、台頭してくれた時期。だから私が桜井さんのところから独立して一番最初にやった資生堂の仕事は「ＭＧ５」で、クニ河内さんだったんです。

大瀧　クニさんはザ・ハプニングス・フォーが終わってソロになったんですよね。

大森　そう。縁あって彼とやって。それも結城さんだったんですけど、そこに三ツ矢サイダーが現れるんですよ。

大瀧　その間、三年ぐらいあるけど（笑）。岡林の「自由への長い旅」の時は、大森さんは直接の関係はないんですか。

大森　結城さんに「新しいことをやりたいんで岡林を起用するから聞きに来て」って言われてアオイスタジオに遊びに行ったんですね。

大瀧　じゃあ、現場にはいらっしゃったわけですか。

大森　いたんですよ。でも、その頃はまだ大瀧さんという存在までは知らなかったですね。

大瀧　そうですよ。「はっぴいえんど」自体を知らないでしょう（笑）。それは1970年の12月でしょ。その年の夏にレコードが一枚出ていただけですし。CM業界の人達が見に来ていたのは知ってますね。すごいなと思いましたね。でも、なんとなく違和感があったのも事実で。

大森　そうだったんですか。

大瀧　岡林というのはフォークの神様と言われてましたから、そういう人がCMとかやるのかあ、みたいなのはちょっとあった。結城さんがこの前、テレビでその時のやりとりについておっしゃってましたね。「鈴木茂のギターの音量が大きくて岡林君の歌が聞こえないと言ったら、鈴木茂が『いや、それがいいんだ』って言い張って論争になった」って。僕はサイドギターで、あってもなくても良い楽器の担当なんで、それを遠くから眺めておりました（笑）。恥ずかしい話、僕、当時日本の音楽はほとんど知らなかったんですよ。我々「はっぴいえんど」も岡林のバックバンドとして始まったわけではなくて、たまたま彼と同じＵＲＣというレコード会社からレコードを出すということでスタジオで練習していた時に、岡林さんがフラッと現れて「バックバンドをやって欲しい」という依頼があったわけで。僕らはその時、三曲くらいレコーディングする予定の曲があったんですけど、それを中断して岡林さんとやったんです。世の中には岡林のバックバンドでデビューというような、事実関係としてはそうなってしまったんですけど、その時期、我々がもう少し経済的な余裕があればやっていなかったと思います。全員それで楽器を買いましたから（笑）。僕はリッケンバッカーのサイドギターを買いましたしね。

大森　そんな時期もあったんですね。私が大瀧さんに「サイダー」をお願いするのは'72年ですか。僕がお聞きするのも変ですが（笑）。

大瀧　'73年の1月です。1月末日（笑）。ここが僕と大森さんの人生の分岐点。ポイントなんですよ。

大森　晴れた日でした（笑）。午前11時くらい。それは覚えてるんですけど。

大瀧　ええ、午前中でしたね。それはもう、この前女房に話したら、彼女もはっきり覚えてるって言ってました。なぜかというと、この年というのは、1月9日に長男が誕生したんです。横浜で生まれたんですけど、住む場所が狭くて育児に不適当だと思っていて、たまたま16号線を走っていて福生にあった看板を見て場所を決めました。引っ越しをしてからその電話まで10日も経っていないんですよ。それと、前の年、'72年の12月31日に「はっぴいえんど」を解散してるんです。次の身の振り方として〝グループをプロデュースしてくれ〟と頼まれていて、それが伊藤銀次がいた「ごまのはえ」だったんですよ。その後「ごまのはえ」は、ココナッツ・バンクになるんですけど、それが決まっていて、彼らは大阪でしたから、福生に呼んだらいいという話になってたんです。だから、長男が生まれて引っ越しして、プロデュースもする、彼らが近所に住むということまで決まっていたところに大森さんの電話がポンと来たんですよ。

大森 いやあ、そういうタイミングでしたか。

大瀧 しかも、もう一つ大きいのは'72年の12月に僕のソロアルバムが出てるんですよ。これがポイントなんですけどね。「ウララカ」とか入ってるんですけど。

大森 そう。「ウララカ」でした。あれを聞いて大瀧さんにお願いしようと決心した。

大瀧 決心したんでしょう。でも、その時、僕はそれは聞いてないんですよ。「ウララカ」のような曲を、という頼まれ方をした記憶は全くない。にもかかわらず、電話で話を聞いた時に思い浮かんだのが「ウララカ」のイントロと〝サーイダー〟のロゴの半音がポッと出たんですよ。それで電話を貰った時に、出来るなと思ったんです。

大森 お電話を差し上げる時は、やって頂けるのかなと思いつつでしたけどね。「三ツ矢サイダーです」って言った時に、ちょっと沈黙がありました。その時はもう出来ていたんですね、さすが（笑）。

大瀧 しかも大きいのは、「はっぴいえんど」はフォークロックの流れで、僕のソロアルバムは三分間ポップスだと言ってたんですよ。その証拠にアルバムAB面合わせて30分ない。カセットの片面に両面とも入るというのが売りだったんで。あの頃、みんな長いでしょ。岡林もそう。「自由への長い旅」なんて6分とか7分だし。それとみんなテーマが難しかった。僕は政治的なこととかは全く分からず音楽のみで生きてきてましたから、音楽は音楽だと思っていて、そういうことへのアンチテーゼみたいなものがあったと思うんです。ポップスはポップスなんだというポップス宣言みたいなものが、そのソロアルバムだった。「ウララカ」なんて二分いくつしかない。詞も全然テーマがない。政治的じゃないでしょ。三分間ポップスと30秒CMというのが重なったんですよ。

大森　それで大瀧さんが「詞は誰ですか」って聞くんで「鶏郎門下生の伊藤アキラさんです」と。そしたら「母音の〝あ〟を頭に持ってきて、母音を生かして欲しい」という注文があって。

大瀧　恥ずかしいのは当時、伊藤アキラさんが何者だか知らないわけですよ。三木鶏郎さんも名前だけで、本当にどういうことをやってきたのかなんて細かいことは知らないわけですよ。伊藤アキラさんだって、作詞家としてもコピーライターとしても一世を風靡した人ですもんね。'72年に「はっぴいえんど」として出たシングル「空飛ぶくじら」のB面の「五月雨」という曲があるんですけど、〝あ〟にこだわった歌なんですよ。これはいつも言ってるんですけど、芭蕉の〝五月雨を集めて早し最上川〟は〝あ〟の音が多い。「はっぴいえんど」に「あいうえおの歌」というのもありますから。そういうこともあって言ったんですけどね。

大森　でも、伊藤さんはそれでアイデアが集中できたと思いますね。

大瀧　これでもかっていうくらいに〝あ〟で来たもんね（笑）。初めて会った時に「お前が言うように全部〝あ〟にしてやったぞ」っていう顔してましたよ（笑）。もちろんそんな偉そうな言い方をする人じゃなかったですけど。僕が作曲を〝多羅尾伴内〟というペンネームにしたいと言ったら、「多羅尾伴内とは参りましたね」とか、殿様みたいな口調で（笑）。面白い人だなと思いましたよ。

大森　他の曲でもしばらく伊藤さんとのコンビは続きましたよね。

大瀧　気が合いましたね。面白い人ですよ。

大森　何か鶏郎さんの表現の質の復活みたいなことも感じました。言葉が活き活きして、コマーシャルの真髄ですよね。

大瀧　そういう意味で言えば、さっきの〝既成の作家は使いたくない〟というような新しいことが起きる時というのは、そういうことですよね。片方に全く何も知らない者がポンと飛び込む。そしてそれを受け取る側がうまく利用するというか。そこで上手い具合に融合が起きるかどうかですよね。もちろん単純に知らない人を入れればということではないけれど、それが起きたんじゃないですか。こっちとしては、とにかくCMということには関係なく自分のストーリーの中を進んでいただけなんですよ。

大森　コマーシャルソングを作るような時が来るなんて思ってもいなかったということなんでしょうね。

大瀧　もちろん思ってもいません。この前、糸井（重里）さんと対談したんですけど、「コマーシャルをやるために『はっぴいえんど』を三年やってたわけじゃない」って言ったの（笑）。

大森　結婚なさったのは何年でしたっけ。

大瀧　'72年の夏ですけれど、同居はしてなかったんですよ。'73年から同居が始まったんです。同居と姑と息子とスタジオとCMとプロデュースと。六重苦ですよ。24歳にして突然一気に（笑）。

大森　それもすごい（笑）。でも、あのCMはクライアントが理解できなくてあわやということもあったんですよ。理解できなかった。

大瀧　だって、クライアントのこと考えてなかったですからね。

大森　それまでのコマーシャルソングって大体商品のイメージで判断されますから、サイダーというのは爽やかでなければならない、それには女性の声だろうという既成概念もあったんですね。それで反対されました。ただ、私自身も含めて作った人達が、これはもう世の中に出さないといけないと言うんで、こっそり流したんですよ。

大瀧　三つ作りましたよね。最初はABと二つ。それは伊藤アキラさんがよく使う手段で、これだというのはAで、必ずどうでも良いものをもう一つ作るんです。そうすると「こっちはどうしようもないな」とAが良く見える。そういうことだったんだなというのは後で分かりました（笑）。それともう一つ「You and Me」という詞もあって、それも伊藤さんにすればAを際だたせるためなんですけどね。その他に女性バージョンも録ったな、シンガーズ・スリーで。その後、それを同じ詞で曲を変えてフォーク調にした。それでもOKが出なかったんですよね。

大森　作り替えてますからと報告しつつ最初のものをこっそり流してしまった（笑）。そうしたら二日目三日目くらいにはスポンサーや代理店に電話とか反響の手紙が沢山寄せられたの。

大瀧　ねえ、その反響があったというのは嘘でしょう（笑）。

大森　いやいや反響があったんです。僕は見ていないけど、電通の人は一般視聴者から手紙が来ていると言ってましたからね。

大瀧　でも、手紙くらいいくらでも作れそうな気がするけどね、電通の人なら（笑）。

「サイダー'73」に始まり、「サイダー'74」に終わった年

大瀧　私の記録によると、「サイダー」のデモのABを録ったのが'73年2月26日。3月16日に「リンレイジャック」が来てるんですよ。ザ・ブレッスン・フォーの「若返り」。これはボツになりました（笑）。4月4日には資生堂の「アシ・アシ」（資生堂ディスカラー「足」）が来てますね。この時に「サイダー」のCMがオンエアされていたかどうか。

大森　3月末にはされていたと思いますね。

大瀧　ということはサイダーの余勢を駆って資生堂をやったというストーリーはどうやら成立しますね（笑）。

大森　この「アシ・アシ」と、次の資生堂「サマーローション」の演出が杉山登志さんなんですよね。

大瀧　覚えてます。杉山さんとの最初の打ち合わせで資生堂の本社に行きました。足のフィルムを見せられましたよ。歩いている足の映像だけあって、コピーが「アシ・アシ」って書いてあるだけ（笑）。あれ、バックが「ごまのはえ」なんですよ。弾けないマンドリンとかを弾かせてます（笑）。4月ですから。彼らが大阪から福生に住み始めたのが三月で、彼らの多少のギャラとか生活の面倒もあって、「ごまのはえ」をバックに使うということで始めたわけですよ。彼らのレコーディングもありましたからね。

大森　「サマーローション」の絵コンテの打ち合わせに行ったんです。絵コンテのト書きに、例の〝サマーローションをつけたからと言って、決して美人になるわけではない〟っていうコピーが書いてあったの。それを見た時に、これこのまま大瀧さんにお願いすればポップな歌になるんじゃないかって思って「この詞をそのまま歌にしていいですか」って登志さんに言ったんですよ。「歌になる？」とか言ってね、一瞬はにかむような表情で、嬉しいような顔になって。それで大瀧さんに電話したんですよ。最初は歌にしようと思って書いたんじゃないと思いますよ。

大瀧　ト書きだったのね。なるほど。でも、杉山さんは、「サマーローション」の時はとにかく酔っぱらってた（笑）。歌入れの時も酔っぱらって赤い顔してたね。あの曲でダブルボーカルした時に一カ所、ハモってるんですけど、自分でとちったりハモったりする時に「あれっ」とか声を出すんですよ。僕は得意なパターンなんだけど、杉山さんが突然酔っぱらいながら「これだよっ」って一人で力説していた。「これだから大瀧詠一を使った甲斐があるんだ」とか「ここなんだ」とか真っ赤な顔をして。でもあれは、新しい味だとかＣＭ界に何かを起こそうとか、そういうのでも何でもないわけよ。たまたまダブルボーカルでハーモニーをちょっととちってしまった、あれっ失敗したなというところを彼は面白いと思ったみたいですね。

大森　あれも言葉を見てすぐにメロディーが出てきたの？

大瀧　そうです。そのまま。

大森　やっぱり天才だ（笑）。

大瀧　〝サマーローションをつけたからといって、けして〟って止めるのが大笑いでしょ。〝美人にな～る、わけじゃ、ないんですけれど〟って。僕は文節を一個ずつ切るのが昔から得意でね。

大森　あれも結局ボツになった。局長さんが資生堂に男の声は駄目だって。

大瀧　でも、僕はテレビで見ましたよ。やるって言われて、時間を聞いてテレビの前で待っていたんだもの。それを聞いてそのエライ人は駄目だって言ったんでしょ。それが一回だけの幻のオンエアなんじゃないの。

大森　いや、違うの。あれは今でも謎です。一回だけ誰かがオンエアしちゃったの。

大瀧　あ、そう。

大森　木曜日でしたかね。ＴＢＳの一時間ドラマを資生堂が一社提供でやっていたでしょ。それに出ちゃったんですよ。だって、あの時、もう駄目出しが出ていて、すでに作り替えていましたからね。

大瀧　得意のパターンだな（笑）。

大森　オンエアされるはずがないのにというのが流れてしまった。誰かがたくらんだのかも知れない。これは勿体ないって。クライアント側か放送局側で。作り替えたのはご存じでした？

大瀧　いや、全然知らない。

大森　イルカさんと瀬尾一三さん。そのコンビにお願いして作り替えたの。

大瀧　そうだったんですか。聞いたことない。これは大笑い。

大森　ご存じだと思ってました。今度差し上げますよ。

大瀧　僕のはどうせボツになる運命だったんでしょうね（笑）。その方が逸話になるしね。すんなり行ってたんじゃ面白くない。山あり谷ありじゃないと。いや、谷あり谷ありでしたね。全然山が来ない（笑）。杉山さんとはこれが最後になりましたね。と言ってもどういう人かほとんど知らなかったんですけど。真っ赤な顔してる人という意識しかない。家族にヒーローなしみたいなもので。ウチの父ちゃんいつも寝てばかりいるよっていう、ヒーロー家の子供のセリフのような感じなんだけど、そういう印象だった。後でちょっと調べてみてすごい人だと思いましたけど。

大森　あの頃、本当に気難しい人でした。音楽や自分の作品に対しての判断はシャープでしたけどね。

大瀧　もうちょっといろんなことが分かっていたら少しは話し相手になれたかもしれないですけど、こっちも若かったですし。孤独だったでしょうね。そうでもなきゃあんなことしないじゃないですか。

大森　そこに話が行くのは止めましょうか。

大瀧　そうですね。僕もあんまりよく知っているわけでもないですし。でも、そう言われれば結構ボツになってますね。「サマーローション」の後に「日立キドカラー」「（グリコの）コメッコ」と続けてボツになってる（笑）。

大森　ボツになったものは忘れるようにしてますんで（笑）。

大瀧　大森さんにとっては僕のだけじゃないでしょうしね。僕はこれしかないんで。なにしろ'73、'74年ってレコード出ていないんだから。レコーディングとかＣＭしかやってない。これぞっていうようなものをいつも頂くんだけれど、なかなかご期待に応えられないということが続きましたね。でも、ＣＭを始めてまだ半年経っていないんだもの、その辺を大目に見てもらいたいですよね（笑）。

大森　「コメッコ」は「ごまのはえ」でしたよね。覚えてますよ（笑）。

大瀧　それがボツになって、その後のブルボンの「ココナッツコーン」がＯＫになって、〝ココナッツ〟というリフレインを生かしてココナッツ・バンクの曲を作ったんです。「ごまのはえ」は、三菱電機の「JEAGAM」で終わりですね。あれも最初は英語版でしたけど、ボツでしたね、自慢じゃないけど（笑）。

大森　ウチに残っている資料ですと、「JEAGAM」のレコーディングの一回目は'73年8月16日。録り直しが10月7、8日ですね。スタジオは渋谷のジァン・ジァンですね。

大瀧　10月7、8日ですか。僕もその日付が分からなかったの。この二日という日付はですね、48時間スタジオキープなの。僕は隣の東武ホテルに泊まって、大森さんの事務所の関口さんというディレクターがスタジオの片隅で寝袋に寝るという二日間。僕が起きたらレコーディングするという。あれは印象に残ってますね。これがシュガー・ベイブをコーラスで使った最初ですね。

大森　シュガー・ベイブのメンバーとはその前には逢ってるんですよね。

大瀧　でもこの年ですよ。で、さっきの「JEAGAM」の録り直しの間に例の9・21があるんですよ。文京公会堂の「はっぴいえんど」の解散コンサート。あれ、元々は解散コンサートではなくて「はっぴいえんど」のメンバーの解散後、いま何をやっているかという発表会だったんですよ。

大森　あ、そういう趣旨だったんですか。

大瀧　そうです。細野（晴臣）、鈴木茂はキャラメル・ママをやって、松本（隆）はムーンライダーズ、僕はココナッツ・バンクをやっているんでその三つのグループが集まって、そこに（吉田）美奈子がいたり（南）佳孝がいたりという。ずっとそれでやっていたら、やっぱり4人がやらないと最後は締まらないんじゃないかということになって。直前になって19日と20日に二日間練習しただけですからね。なんとなくどこかで誰か目論んでいた大人がいたなという感じですけど（笑）。

大森　8月16日の「JEAGAM」の録音の時は頭がそこに行ってなかった？

大瀧　「JEAGAM」に頭は行ってない（笑）。ココナッツ・バンクを9・21にどうやって恥ずかしくなくデビューさせるかで頭が一杯。メンバーは歌も演奏も下手だったしね。なんとか誤魔化す方法はないかと考えていたときに伊藤銀次がたまたま学生の自主制作盤を見つけてきたんですよ。そこに電話番号が書いてあって気に入ったら連絡をくれと。その自主制作盤を作っていた奴が家に来たのが8月の十何日かですもんね。それが山下達郎なんですよ。あのレコードを聴いてそのコーラスで誤魔化そうと思った（笑）。で、彼が来て、意気投合してすぐにやってくれるということになった。そういう意味では、'73年は一年間の中で、息子が生まれて初対面した時から始まって、大森さんも初対面、伊藤さんも杉山さんも関口さんも初対面、「ごまのはえ」は伊藤銀次以外のメンバーとも初めて会って、山下達郎、大貫妙子もこの年が初対面なんですよね。しかも全部9月21日の前までに起きたんですからね。六重苦にプラスして、幸せなことの方がちょっと多かったんでプラマイゼロという感じですかね。

大森　すごい年だったんですねえ。

大瀧　ビッグバンですよ。

大森　ジァン・ジァンのスタジオのシュガー・ベイブはいまでも覚えてますよ。狭いスタジオでみんなで顔を寄せ合ってコーラスしてましたね。山下達郎さんが中心になって。それは印象に残ってますね。

大瀧　僕、昔からコーラスの時はワンマイクでやってましたしね。とにかくスタジオに二日間いたんですから。普通はCMにそんなに時間かけませんよ。長くても一時間半、二時間以内でしょう、当時。何度も次のセッションを待たせましたね。スタジオの外で。延々やりましたよね。大森さんは次の人への謝罪で大変だったと思いますよ。

大森　もう忘れましたけど（笑）。でも、どこかで決心したんでしょうね、大瀧さんにはそういうことが必要なんだと思ったんでしょうね。歌うだけじゃなくて自ら音作りをしてますから。

大瀧　エンジニアもやってミキサーも自分でやる。ココナッツ・バンクもシュガー・ベイブも自分でやりますけど、この時のCMのスタイルを踏襲してますね。他のCMでもどこのスタジオに行っても、録りは人にやってもらってもミックスは自分でやってました。ボツになっても良いようなものは人に回して（笑）。だから、さっきも言ったとおり、コマーシャル作家じゃないし、サウンド的な形で言うと自分のストーリーを延々続けているんですよ。「JEAGAM」の中でニューオリンズサウンドをやっているのも、別に「JEAGAM」には関係ないんです。自分の中でこういうものをやりたいということだけやってるんですよね。そんなことで'73年の暮れ、12月に山下がシュガー・ベイブのデビューコンサートをやるんですけど、彼らが僕のナイアガラレーベルからデビューすることが決定したんですね。ココナッツ・バンクとシュガー・ベイブの両方ともナイアガラレーベルから出るんだということで'73年が終わろうとしている時に、「サイダー'74」が来たんですよ。'73年はサイダーで始まってサイダーで終わりましたね。

「サイダー'76」のCMが山下達郎のアカペラになった理由

大森　大瀧さんは、「CMスペシャル」のレコード解説の中でも書かれてますけど「サイダー'74」をかなり納得されているようですね。

大瀧　そうですね。来年もやってほしいという話自体は9月か10月くらいには言われていた。それは非常に嬉しかったんですよ。僕は続けてくるとは思っていなかったんで。前回は手探り状態だったけれども、今回は目一杯やらせて貰おうと自分の中で決めて、一年間の禁を破って、いままでの連中と一緒にやったの。それがこのメンバーですね。

大森　ドラムが林立夫さん、ベースが細野（晴臣）さん、キーボード松任谷正隆さん、ギター鈴木茂さん、コーラスがシンガーズ・スリーとシュガー・ベイブという豪華メンバー。

大瀧　集大成ですよ。これは絶対に自分のものにしようという意気込みでやりました。自分で言うのもなんですけど、これは本当に良くできたんですよ。完璧だったなって思いました。絵も風吹ジュンが砂浜をぱっと走っている。ばっちりだったですね。いま見てもこのサウンド感と絵と本当に何も言うことがなくて、良くできたなって思って満足感に浸れるんですよ。それで、その頃シュガー・ベイブをプロデュースしなければいけないことになったんで、出来たら「サイダー」（「サイダー'75」）のCMを彼らにやらせてもらえないだろうか、という打診をしたんですよ。僕は二年間やったし代表的な作品も出来たし、知名度のない人達をどうやって知らしめるかということで。大森さんは、「考えておきましょう」みたいな感じで。

大森　そんな反応でしたか（笑）。

大瀧　絶対やるとは言いませんでした（笑）。でも、僕としてはこれでもう「サイダー」はおしまいというか、やったぞー的な気分になって、「サイダー'73」と「サイダー'74」のレコードを作りたくなったんですよ。なんとかレコードにしたい。「'73」をロングバージョンにしてこのメンバーの「'74」のいろんなバージョンを作って裏表にしてカップリングのシングルに出そうと。ある種のCMスペシャルのシングルですよね。アルバムまでは考えていなかった。曲数もないしね。そう思って「'74」をレコーディングしたんですけど、これを持って当時のマネージャーはレコード会社を随分歩いたはずです。打診のために。でも、どこでも言われたのは「CMのレコードなんか出せない」っていうことで各社からNGを食らってお蔵入りしました。僕としてはレコード会社がそれで決まって、シュガー・ベイブのアルバムを出してと思っていたんですけど、そうはならなかった。僕としては心の中ではプロデューサーの方に動いていたんですね。

大森 そうだったんですか。このレコーディングの時はそこまで考えてらしたんだ。

大瀧 '74年は花王の「トリートメント」がありましたね。あれも「ドレッサー」(髪のトリートメント剤の名前)には何にも関係ないニューオリンズの一つのスタイルでしたけど。相変わらずサウンドのネタはクライアントに関係ない(笑)。で、9月26日に「伊勢丹」をレコーディングしてるんですね。「どんな顔するかな」ね。これもボツになった。

大森 小気味よかったけどね。

大瀧 良かったね。この時にシンガーズ・スリー、シュガー・ベイブ、(吉田)美奈子を入れたんですよ。それでコーラスに厚みが加わって結構良かったんだけど見事にボツにされた(笑)。そこにさっきの話が浮上するんですよ。'75年の「サイダー」の話が。僕は、来年はシュガー・ベイブでどうでしょう、という話をした時点であの話が通っていたと思っていたんで準備をしていなかったんですよ。僕の方からその後、強く言ってなかったのも事実だったんですけど。大森さんとしては二年もやったんだから三年目も是非、というような普通の流れの中でやるものと思われていたんじゃないですか。

大森　そうしたいな、という気持ちはあっても、演出の結城さんとか代理店の気持ちとかを一応確認しないといけないですからね。「サイダー」は大瀧さんの世界であるという風になってましたもんね。

大瀧　まあ、そちら側から見れば、'74年にあれだけやってしまったら、いまさら他の人っていうのは普通は考えられないですよね。でも、僕としては、あれ、今年からじゃなかったっけというところでもあったんだけど、シュガー・ベイブのアルバムも出なかったし、しょうがないなと思うわけです。でも、準備もしてないですから。で、ボツになった「どんな顔するかな」をスピードを落として使った。再利用（笑）。オケ同じ。大笑いでしょ。そこがプロデューサー・エンジニア・アーティストだっていうところの最たることなわけですよ。歌を歌ったり曲や詞を書いたりとかというだけじゃなくて、技術的な知識もあるわけです。そういう例もいくらでも知っているんですよね。このままにボツにするのも勿体ないし、テンポが同じじゃばれるから、グッと落として。だから変な音がするんですけど。実はそこにダビングもしてるんですけどね。だから「どんな顔するかな」と「これからもうすぐ」は同じなんですよ。本当は。

大森　その話を初めて聞いた時は、ホントに感心しましたね。

大瀧　いつも言うんですけど、オケが一つあったら100曲出来るんです。作ろうと思えば。そのオケの中で聞こえてくるメロディーは100もあるんですよ。その中でどれを選ぶかなわけで。いまにして思えば鶏郎さんもそういうのしょっちゅうやってましたね。ですから「'75」はやっつけ仕事でした（笑）。

大森　でも、結果はやっつけになってないんですよね。

大瀧　この時点ではシュガー・ベイブのレコードはまだ出ていないんですけど、レコーディングはやってました。で、大森さんにはっきり言いました。僕は三年やったし、シュガー・ベイブもナイアガラからデビューします。お約束は果たしましたから、次回は一つ、シュガー・ベイブでお願いしますって。まさかシュガーが翌年解散するとは思ってなかったですからね（笑）。

大森　それで、「サイダー'76」が山下さんのアカペラになったわけです。

大瀧　いままでが'74年の暮れの話ですよね。'75年というのはナイアガラからシュガー・ベイブのアルバムが4月に出て、僕の「NIAGARA MOON」が5月に出るという、この二年間の年季奉公がようやく終わって本来のアルバムアーティストに戻ることが出来たんですけど、レコード会社には若干問題があったんですよね。

大森　エレックレコードですもんね。

大瀧　だって他はどこも出してくれないんだもの（笑）。CMのレコードですから。唯一CMでも良いだろうと言ってくれたのがエレックで。マネージャーがやってきて「エレックにしてください、エレックしかないです」って玄関で土下座された（笑）。俺はエレックは嫌いだってずっと言ってましたからね。カンベンしてよっていう。その前がURCでしょ。アングラフォークで、折角これから他に行こうというのに、（吉田）拓郎や泉谷（しげる）とかフォークの連中と一緒にされたくないしなあとか、そうでなくても岡林のバックバンドとか長い間言われてさ、とか散々文句言ってたんだけど、「ここしかないんです」って言われたの。そういう経緯だから最初に作った、シングルにしようと思った「サイダー」のバージョンを入れたら、自分としてはニューオリンズ・スタイルのノベルティー・タイプの曲をいっぱい作ったにもかかわらず、「サイダーのアルバム」とか言われましたよ、この間。だからシングルで先に出しておけば良かったんだよなあと改めて思いました（笑）。

大瀧のテレビ出演が予定されていた「サイダー'77」。そして幻の「サイダー'79」

大森　「サイダー」の話にはまだまだ続きがありますよね（笑）。1976年11月、「サイダー'77」のレコーディングが行われてます。26日、福生スタジオ、29・30日が音響ハウスですね。

大瀧　'75年、'76年はやっぱりCMの数は減ってますね。特に'76年になってからは「ドレッサー」一本しかやってない。それで「サイダー'77」が戻ってくるんですが、僕は一旦引き渡したものが戻ってくるとは思っていなかった。

大森　私の中では一年お休みになって頂いて、また復帰するというのは確信があったんですよ。結城さんがどのように考えられるかというのもありましたし。私自身は続けた方が、というより続けなきゃと思ってましたけど。

大瀧　僕は復帰する予定はなかったの。諦めが早いんで、未練がましくそういうのにしがみつくのが嫌いなんですよ。それで、向こうが取ってきた手が大笑いだった。CMに僕を引っ張り出そうというアイデアなの。いまでも残っているけれど、「ナイアガラジャンプ」という絵コンテが来たの。スキーの選手がジャンプでパッと飛んで骨折をするわけ、スキー場で。包帯でミイラみたいにぐるぐる巻きにされた選手を秋吉久美子が抱えて歩いて、二人ともサイダーの瓶を持ってる。そのぐるぐる巻きになった方を僕がやるというアイデアで。ついつい乗ってしまったの、面白いんじゃないかと思って（笑）。

大森　ロケにも行ったんですけど、残念ながら雪が降らなかったんですよね。

大瀧　行ったのよ、蔵王に。二日も泊まったというのに雪が降らなくて、それでボツになって曲だけになっちゃったという。最初はナイアガラジャンプというアイデアにほだされたんだよね。顔も全部ぐるぐる巻きで、眼だけ出ている。顔が出ないというところに打たれたんですよ（笑）。いまにして思えば、テレビCM初出演だったのにね。

大森　絵コンテが残っているんですか。

大瀧　残ってます。今度の「CMスペシャル」30周年記念には載せようと思ってますけど。

大森　ヒッチコックみたいな出演の仕方が良いねとか、映画の話をしたりしてた、あの撮影の時ですよね。小林旭さんへの想いとか。

大瀧　そうですよね。仕事の話はしたことないですね。野球とか映画の話が多かったね。自分でベータに落とした（小林）旭の総集編ビデオとかあって、みんなに見せたりね。

大森　それが「熱き心に」の下地になっているんですよ。

大瀧　でも、それから10年近く経つわけだものね。

大森　「サイダー」はもう一つあって、'78年11月24日にレコーディングしてますね。「サイダー'79」を。

大瀧　え！　11月24日っていうのはそっちだったのか。

大森　そうですよ。私の方の記録では。

大瀧　いや、俺は、勘違いしてましたね。その日は「日立」の「おしゃれさん」だったとばっかり思ってました。いやあ、そうだったんだねえ。

大森　'78年11月24日。

大瀧　お！　アルバム発売日の前日じゃないか。「LET'S ONDO AGAIN」の。何の話をしようとしているかと言うと、「サイダー'77」をやりますよね。あれが70年代最後の輝きなんですよ。「サイダー'74」から退潮期に入って、「'77」が締めのような形で気を入れてやって、その後はほとんど終わっているんですよ。'77年は大森さんとやったのは旭化成の「タマゴのタンゴ」と津村順天堂の「スメランド」二本なんですよ。後は作品もない。

大森　'78年に日本水産の「Good Day Nissui」というのがありますよ。

大瀧　そう、これもひどい話で、昨日もこの話題を娘としていたんだけど(笑)。僕、'75年から'78年の11月までにアルバム11枚作ったんですよ。3年間で11枚。年間4枚。いま作れって言われても絶対に出来ませんよ。忙しいよりもネタ枯れです。何にも出てこなくなる。その時に「Good Day Nissui」が来たんだけど全然やる気が起きない。〝Good〟だけは一緒だなと思って、ビーチボーイズの「GOOD VIBRATION」でやったんだけど、似ても似つかない。見事にお蔵になってます。フィルムはあるんだけどね、「スメランド」と「タマゴ」はオンエアされているんだけど、こっちはデモで終わりです。そうだろうなと思いましたね。

大森　そんな状態だったんでしたか。

大瀧　で、何をやっていたかというと、音頭なんですよ。レーベルの最後を音頭で飾ろうと、ありとあらゆるものを音頭にするというコミックアルバムを作って、それを契約の最後にしようと。そっちに頭が行っていて、なかなかCMにまで気が回らなかったんだね。「LET'S ONDO AGAIN」っていうアルバムは、コロムビアとの契約の最後の作品なんですよ。'78年11月25日。これで契約が切れたんです。3年間で12枚。すごいでしょう。アルバム12枚、シングル12枚ですよ。そんな契約だと思わなかったんですけどね。契約金で福生のスタジオに16チャンネルのテープレコーダーが買える。それだけしかなかった（笑）。

大森 すごい契約だったんですね。いま、初めて知った。

大瀧 ネタ枯れしますすよ。やっただけでもすごいでしょう。みんなに叩かれましたし、売れ行きもどんどん落ちて行きましたし、最後はやけくそになって音頭だけやって止めようと思った。だからCMでは割合耳なじみの良いものをやってたんだけど、コロムビアの方ではやらなかったの。だって、なんとかこの三年間の契約さえ終わればこれから自分のサウンドでやれるから、それまではやるまいと決めて、音頭路線とか、売れないものの路線の方に究極に走ったんですよ。その年季明けが'78年11月25日だったんですよ。そうか、「サイダー'79」のレコーディングは、その前日だったのか。

大森 あれは、レコードか何かには入れてませんでしたか。

大瀧 いや、「サイダー'79」はお蔵なんですよ。いままで世の中に出したことない。来年の30周年記念には入れますすけど。大森さんの記憶の中には、「サイダー'73」と「熱き心に」しかないんでしょう（笑）。

大森 いや、もちろんそんなことはありませんよ（笑）。

大瀧 あの時は、いま言ったようにネタ枯れだったのでオリジナルを作る才能の余裕がなかったの。大森さんからこういうタイプのサウンドをっていうスケッチだけでも良いからって言われたのが9月だったんで、外国曲のカバーでデモだけ録ったんですけど。これ、「A LONG VACATION」のサウンドなんです。「A LONG VACATION」のサウンドは、すでにこの時にやってるんですよ。ところが「A LONG VACATION」

が出るのは'81年3月25日ですから、「サイダー'79」の収録から二年半、このサウンドを自分で我慢しなければいけなかったんですよ。
大森 それは事情があったんですか。
大瀧 そう。「LET'S ONDO AGAIN」が出た25日に、改めて契約書をよく読んだら、この後も二年間はいままでの作品はコロムビアが発売出来るっていう契約だったの。つまり、'80年11月25日まではコロムビアから旧譜が出る。その間に新譜を出してしまうと市場の混乱が起きると考えて、'80年11月25日の年季明けまで待ったんですよ。
大森 いやあ、そこまでは僕には分からなかった。今日はすごい話を一杯聞いてますね。
大瀧 でしょう(笑)。この「サイダー'79」にはもっとすごい話があるんですよ。この時、モデルに予定されていたブルック・シールズが使えないというんで、オリジナルも作る必要がなくなってお蔵入りになったんですけど、日本語詞もついていて伊藤アキラさんが書いているんだけど、タイトルを聞いてくださいよ。「透明ガール」って言うんですよ。分かります? '81年に出る「A LONG VACATON」の一曲目は「君は天然色」ですよね。あの中で〝色をつけてくれカラーガール〟って歌ってるでしょ。〝天然色ガール〟なんですよ。お蔵になったのは「透明ガール」ですよ。これは当然松本(隆)は知らないわけです。僕と彼は長年没交渉でしたし、片方はボツ曲ですから。誰も知らないんですよ。だから、松本が書いてきた〝君は天然色 色をつけてくれカラーガール、天然色ガール〟っていう詞を見た時にびっくりしましたよ。「透明ガール」は、こういうことのためにお蔵になったのかと思った。「透明ガール」のこの話は、いまのいままで隠してきたんですよ、大森さんも覚えてないのをいいことに(笑)。

ＡＧＦのＣＭ「熱き心に」で小林旭という大きな存在に出会った。

大森 こうやって振り返ってもいろんなことがありましたね。

大瀧 ボツになったとか、お蔵になったとかね（笑）。ねえ、「Ａ面で恋をして」も大森さんじゃないの。

大森 そうです。'81年の資生堂。名作ですよ。そう言えばあれも、オンエアが中止になっちゃいましたね（笑）。

大瀧 「Ａ面で恋をして」はうまく出来たんですけどね。「サイダー'77」の再来みたいな感じでしたね。この頃って妙に忙しくなって、ＣＭもあんまりやらなくなっていたんですよ。僕の中でも断っていたケースが多くなっていて、大森さんから「資生堂」っていう話が来たときも、「サマーローション」の件があったんで、「相性が悪いからなあ」って言ったんだけど、一応「コピーだけ聞くから」って。それが運のつきでしたね（笑）。電話で「Ａ面で恋をして」って言われた時にあのメロディーが出来ちゃった。そういう風に電話で聞いてすぐ出来た時はやることにしてるんですよ。キリスト教的なので。妊娠したら産むという（笑）。

大森 作詞を誰にしようかということになって、松本さんになった。

大瀧 あれ、僕が推薦したんじゃなかった？

大森　そうですよ。

大瀧　詞がなくてコピーだけでしたからね。ちょうど松田聖子をやってた時期だったし。「風立ちぬ」の直後くらいだったかな。あの辺りが歌謡界に一番コミットしていた時期ですかね。ほんの三カ月半くらい。瞬間でしたけどね（笑）。

大森　「風立ちぬ」は私じゃなかったですけど、あれも名曲ですよね。

大瀧　あれもCMが最初でしたね。「グリコポッキー」。最初は本人が「歌いたくない」って逃げてたんですよ。「A面で恋をして」は上手く出来たんだけどね、モデルの女の子が「文春」で恋愛問題で叩かれてスキャンダルになって一週間でオンエアが中止になっちゃった。資生堂の呪いでしょうか（笑）。

大森　そうやって80年代になって、「サイダー'83」で一区切りするんですよね。レコーディングは'83年3月でした。

大瀧　まさに最後を飾るに相応しい。これはちょうど10年だからって無理矢理やらせてもらったんですよね。折角「'73」で始まった話だから10年で区切りをつけてCMも最後にしようと思ったんです。この後に出たアルバム「EACH TIME」も最後のアルバムになるんですけど、いろんなことを含めて身辺整理しようとし始めた時なんですね。これはもう大森さんがかなりご苦労をなさったと思いますよ。

大森　相手が変わってますからね。プロダクションサイドの担当とか。演出も結城さんから原賢司さんという方に変わったりもしてましたし。

大瀧　でも、「三ツ矢サイダー」に関しては'73年から'77年までの実績があるから、「三ツ矢サイダー」自体にとっての「大瀧詠一」のバリューはあったんじゃないですか。自分で言うのは何だけど、誰も言わないからまとめてしまえば（笑）。

大森　電通の担当者とかはみんな大瀧詠一ファンになってましたからね。

大瀧　大森さんもこれが最後の「サイダー」になったんでしたっけ。

大森　いや、「サイダー'84」があった、それは大貫妙子さん。'84年2月6日に録音してますね。これはアレンジを坂本龍一さんにお願いしてます。その後に「サイダー'85」も大貫さんで、アレンジは伊藤銀次さん。私はこれでジ・エンドですね。

大瀧　そうだったの、ター坊（大貫妙子）なんだ。坂本ね。彼は'78、'79年からター坊をやってるよね。そうか、そういう流れだったんだ。元シュガー・ベイブで。大瀧、シュガーという流れで銀次まで続いちゃった。そういう意味では流れを継いで終わりましたね。

大森　で、どうしましょうか。話はどこに行きましょう。

大瀧　それで、「熱き心に」ですよ。'85年の。その間、大森さんには随分いろんな話でスタジオに足を運んで頂きました。'84年に「EACH TIME」が出て、'84年の途中からは何もしてない状態で、'85年はなおさらそうだったんですけど、毎日スタジオにはいたんですけど、失礼なことをしてるんですよね。でも、僕の中では「サイダー'83」で終わったっていう気分があったので、気持ちが動かなかったんですよ。それがある日、大森さんが、信濃町のソニーのスタジオの階段を自信ありげに上がってきた。それは良く覚えてる。にこやかな顔で自信ありげにツカツカとやってきて「大瀧さん、今度は逃げられませんよ」って言ったんですよね。

大森　絶対に大瀧さんって決めてましたからね。逃げられませんよ、断れませんよって。

大瀧　あの時に、いままでにはないただならないものを感じたんですけれど、僕はいつものパターンで、

「言わないでくれ」と。僕が想像するからってまず三つ挙げた。つぎ五つ、その後に10個くらいと並べたんですよね。ビールとか化粧品とか、大森さんが持ってきそうなものを色々考えて、「この中に入っているようなものだったら断りますよ」って。大森さんは「いやいや」とか「なかなか」とか言ってるだけなの。

大森 当たりませんでしたねえ(笑)。

大瀧 そうやって10個まで聞いて、その中に入ってなかった時点で諦めた。負けたと思ったの。僕はいつもそういうのは当たるんですよ。〃一を聞いて十を知る〃というところがありますから。単に早とちりなだけなんだけど(笑)。大森さんはとにかく自信満々な表情で威圧的に来るわけですよ。〃分かるはずない〃っていう感じで、ムフムフ、ムフフって。こっちの前突っ張りを全部、右に左にひょいひょい牛若丸のようにかわして行くんですよ。それで、「参りました」と言ったんですよね、確か。

大森 その時に「小林旭さんです」と言ったんですけど「やります」ともなんとも言いません。返事はすぐにくれなかったですよね。ただ、深い沈黙がありました。

大瀧 沈黙でした? 内心は、そっちで来たかという感じでね。想像に入っていなかったから。あまりに近すぎた。だって10年前にビデオを見せているわけですからね。でも、'85年になんで小林旭だったんだろう、AGFは。

大森 やっぱり「北帰行」ですよ。朗々と広がりのある歌というんで。ディレクターと演出家とプロデューサーが「小林旭さんで」と言った時に、これはもう大瀧さん以外、私はやらないと決めてましたからね。

大瀧 それが自信ありげな表情に出ているわけですよ。僕はその時点でこれは天命と受け取ったから、そこで沈黙があるわけですよ。考え始めているんですよ、どのラインにしようか。「さすらい」にしようか「北帰行」にしようか。それで沈黙になったんじゃないですか。でも、出来なかったんですよ。どっちにしようか最後まで悩んだ。ロケ隊はもう出発して、向こうから「電話でもいいから、カセットでもいいから聴きたい」って連絡が来るわけ。「曲を聴いて撮りたい、曲を聴いて撮りたい」って。でも出来なかったんですよ。結局、「さすらい」と「北帰行」と二曲作って、一つにまとめちゃえば良いんだって、だから二部構成の長い歌になってるんだけど。あれが夜中に出来た時はインターホーンで女房をたたき起こして「聴け！」って。一生で一回だけですよ、そういうことしたのは。あんなことそれまでに一回もなかった。

大森　でも、その時点で作詞家は決めていたでしょう。

大瀧　阿久悠さんで決めてました。あ、そうだ、CMと言えばサントリーの「冬のリビエラ」を忘れてるじゃない。大森さんじゃなかったけど。あれは川崎徹さんから「大瀧詠一と森進一の組み合わせで何か」と言ってきたんですよ。最初はジャズで、ということだったんで「ハロー・ドーリー」みたいなのをやろうと思ったんだけど、うまく出来ない。自分の中にジャズがないんだって初めて気づいた。いざとなると出てこない。もちろん演歌も出てこない。あの時は、自分は流行作家にはなれないんだって思いました。自分の中にないものって出てこないんだね。しょうがないから松本に「何か作って」って頼んで、詞を書いてきて、あれを読んでいたらああいう詞になったんだけど。「熱き心に」の時に、「松本隆で」という声もありましたね。でも、僕は「小林旭に松本は合わないと思うから」って阿久さんにしたんですよ。

大森　男の歌だから阿久さんにしようと。阿久さんと大瀧さんは日比谷の東京會舘で逢いましたね。ほとんど言葉を交わさなかったですけど、曲を渡して、阿久さんはそれを持って伊豆の旅館かどこかに行かれたんですよね。一週間くらいして原稿用紙のマス目一杯の文字でファックスで届いた。

大瀧　大森さんのところに届いたんですよね。僕はそれを電話で読んで貰った。〝言葉を聞く〟という手法は結構良いんですよ。「A LONG VACATION」の時は「カナリア諸島にて」が最初に出来たんだけど、あれも電話で聴いたんですよ。松本が喋っている時にも身体がブルブル震えるような手応えというか、実感があった。そういうことがあったから大森さんに読んでもらったんだけど、「カナリア諸島にて」の時のような実感はまるでなかったですね。

大森　大瀧さんは、小林さんとお会いしたのはあの歌入れの時だけでしたっけ。

大瀧　あの時一回だけ。六本木のあの歌入れのスタジオが最初で最後。その時、銀座に誘われたんだけど、そんなところに行ったら大変だと思ったからね（笑）。それ以降も逢ってないです。一期一会。それで十分。作品の提供だけで良いんですよ。

大森　小林さんの娘さんが、大瀧さんのファンだったんですってね。あの大瀧さんがウチのお父さんに曲を書いてくれるはずがないって言われたらしくて、カセットを証拠に持って帰ると言われてましたよね。

大瀧　僕は以前、僕の仮歌を家で流していた時に、娘さんが二階から「これ、大瀧詠一でしょ！」って降りてきたっていう話を聞いたことがありますよ。それで「おう、お前知っているのか」って言ったっていう。上機嫌で「カセットをくれ」って持って行ったものね。

大森　'85年6月27日、六本木ソニーAスタですよ。あの時、ボーカル・セレクトしているスタジオには大瀧さん以外誰も入れなかったですよね。でも、僕は、どう進んでいるのか気になって、ピアノの下で身を隠して聞いていたんですよ。大瀧さんは知らないと思うけど、ヘッドホーンには、大瀧さんの声が返ってきてたんです。そうしたら、大瀧さんは、独り言言ってるの。プレスリーじゃなかったと思うけど、外国の歌手の名前を出して「まるで誰それじゃないか」って「ウッフッフッ」て笑いながらつぶやいている。

大瀧 あ、ほんと？ 聞いていたの？ でも、それは覚えてないなあ（笑）。

大森 あの時は、大瀧さんとしても相当気持ち良かったんじゃないですか。

大瀧 良かったですよ。それはだって、本当に念願が叶ったしね。実際に良かったし。どうなるかと思っていたのがだんだん良くなってきて「これは行けるぞ！」っていう高揚感があったし。「熱き心に」はうまく行ったね。「サイダー'73」の軋轢から色々あって「サイダー'74」で僕としては出来上がって、「サイダー'77」である種の終焉を迎えて。その後に再会して幻の「サイダー'79」があって、それが結果的には二年半も待って「A LONG VACATION」になって。その間に「A面で恋をして」で杉山登志と資生堂の呪いまであって（笑）。で、'85年に「熱き心に」で、それまでの流れと違った形で、大森さんと一緒に小林旭さんという大存在と出逢って、作品としても本当にうまく出来た。もう、これで燃え尽きましたね（笑）。

大森 これは僕だけの思いかも知れないけど、大瀧さんは岩手県、イーハトーブのご出身でしょ。僕、宮沢賢治さんの世界で有名な高校があるでしょ。「熱き心に」の後、あそこに行ったんですよ。

大瀧 花巻農業高校ですか。

大森 そうそう。そこへ行って半日くらいいたんですよ。「熱き心に」のあのメロディーは、あの風景で聴くと、三つ子の魂かなと思いましたね。

大瀧 風土には関係していると思いますよ。その場所に行くと分かるということはありますよね。僕、太宰治の小説は読んだことないけど、斜陽館に行った時に全部分かったような気がしたものね。こんなこと言うと太宰の好きな人に怒られそうだけど（笑）。宮沢賢治は読んだことないけど、読まなくても自分の中にあるように思ってるんですよ。(小林) アキラはぼくの従兄弟がすごく好きだった。僕は世代的には少しずれているからリアルタイムも後半の方なんです。従兄弟の影響なんですよ。「熱き心に」は彼も聴いてたと思うんで、良かったなと思いますけど。

大森 話が遡るんですけど、鶏郎さんについては、世代的にはどうなんでしたっけ。

大瀧 鶏郎さんは、「ミツワ石鹸」「明るいナショナル」「田舎のバス」「毒消しゃいらんかね」ですね。「日曜娯楽版」はさすがに知らない。だって昭和23年でしょ、生まれた年ですから。文化放送とかぼくの育ったところでは入りませんからね。後になって色々聞きましたね。

大森 大瀧さんと鶏郎さんの共通点をすごく感じるんですよ。

大瀧 それは光栄なんですよ。でも、僕はコマーシャルソングにコミットしたという実感がないから(笑)。猿回しの猿というと語弊があるけど、回した人がいるわけです。汽車で言うなら機関車の役。どこを走ったというより線路の上を走ったというだけで(笑)。目の前の線路を外れないように走った。その線路の方向は大森さんたちが分かっていたということでしょう。ずっとそうだったと思いますね。やっぱり中には入らなかったんですよ。入ろうとした時期もあったかもしれないけど片足をつけたくらいで。「はっぴいえんど」も呼ばれて行ったわけだし、CMにしてもたまたま大森さんに引っ張られて行ったわけで。「ナイアガラ」というレーベルにしても自宅のスタジオでテレコが欲しいということがきっかけだったし。エンジニアにしても、その時々でちょっとやるんだけどどれも長続きしないし。いつも、どうも何か違うなという感じだったから。70年代からやっていて、いまでも続けている人はプロなんだと思いますよ。そういう人達と比べると僕はアマチュアだったなと思いますよ。そこがCMには良かったんじゃないですか。その時々に自分のエリアで熱のあるサウンドを提供してきただけで、大森さんにそれをうまくチョイスして頂いたということでしょう。

大森　私自身は、大瀧さんがそうやって仕事をされていた時代が一番いきいきしてましたけど。でも、そういう意味で言えば鶏郎先生もプロではないですよね。何がプロかというのも難しいでしょうけど。

大瀧　続けた人ですよ、プロというのは。鶏郎さんも途中で止めているものね。「僕はアマチュアカメラマン」というのは、自分がアマチュアだということの宣言だったんじゃないの。逆手に取ったわけじゃないんでしょうけど、CMにはこういう手法が行けるだろうというのがあったんじゃないかな。何となくそんな気がする。簡単にその分野を止められる人はアマチュア。ずっと続けて行く人は、それが必然なんだからプロなんでしょう。だから大森さんは最後のプロなんですよ。

大森　そう言って頂けると何とも言葉になりません。でも、いつかまた大瀧さんとお仕事を出来ることを夢見てますよ。

大瀧　どうなんでしょう、それは（笑）。

（2006年1月　スタジオジブリにて）

大瀧詠一　おおたき・えいいち

1948年岩手県生まれ。1973年はっぴいえんど（大瀧詠一、細野晴臣、鈴木茂、松本隆）解散後、自身のレーベル〝Niagara〟を1975年に創設、主宰。同年シュガー・ベイブ（山下達郎、大貫妙子ら）のアルバム『SONGS』を発表して〝Niagara〟レーベルをスタート。以来、作曲家・アレンジャー・音楽プロデューサー・ラジオDJ・レコーディングエンジニア・著述家として多彩な活躍をする。代表曲に『幸せな結末』、『夢で逢えたら』、『A面で恋をして』など。CM楽曲だけを集めたCD『Niagara CM Special』もリリースしている。

エピローグ

ＣＭ音楽の歴史を書かないか――。

作詞家の伊藤アキラ氏からそんな提案を受けたのは２０００年の春だったと思う。

彼は、その前の年に出た拙著『読むＪ－ＰＯＰ１９４５―１９９９』（当時徳間書店刊・後に『読むＪ－ＰＯＰ１９４５―２００４』として朝日文庫から発売）を読んで「これのＣＭソング版が出来ないだろうか」と発案されたのだった。

『読むＪ－ＰＯＰ』は、作曲家、服部良一から宇多田ヒカルに至る戦後の大衆音楽の流れを個人的な体験や記憶、その当時の関係者らへの取材を交えつつ書いた日本のポップスに関する通史である。

ただ確かに、そこにはいわゆる〝レコード音楽〟しか扱われておらず、ＣＭ音楽は対象になっていなかった。考えてみれば、子供の頃には歌謡曲よりもＣＭで流れている音楽の方が身近だったりしたこともあるし、いまも口ずさめる曲も多い。ポップスとして聴かれてきた音楽の中にもＣＭソングとして世の中に知られるようになった曲も数限りない。そういう意味で言えば、ＣＭ音楽は、明らかに「もう一つのＪ－ＰＯＰ」として存在しており、伊藤アキラ氏の提案に対しては何の異論もなかった。

とはいうものの、そんな企画が形になるまでにやや時間がかかったのもＣＭ音楽が持っている特殊性と言って良いかも知れない。広告業界向けの雑誌ならいざ知らず、一般の読者向けに真正面から取り上げる対象として関心を示してくれる媒体や出版社も多くなかった。

しばらくしてそこに大森昭男という人物が登場するようになったことが状況を変える大きな説得力になった。彼のもとには膨大な資料や音源が残されており、何よりも彼自身が、歴史そのものでもある。彼と彼が残した作品を軸にして行けば単に事象を追っただけにはならない流れのある読み物になると思った。スタジオジブリの雑誌『熱風』が、連載の長期企画として快諾してくれたのは2003年の暮れのことだ。

連載を始めて戸惑ったのは、CM音楽に関しての体系的な資料や記録が思ったより少ないということだった。残されている関係者も多くない。企業側の人間も、その時点では会社の仕事として関わっており、永久的にその担当をしているわけではない。大森昭男という人物がいなかったら、ここまで体系的な流れは書けなかったのではないかと思う。そういう意味では、連載中の毎回が発見だった。

だった、と過去形にはしたものの、連載がそろそろ終了することになってから、思いがけない疑問と出逢うことになった。

それは、大げさに言ってしまうと、歴史を書き換えなければいけなくなる根本的な問題でもあった。いまや誰もが疑いもしないままに既成事実としていることへのアンチテーゼのようなものでもあるからだ。

CMソング第一号は、本当に三木鶏郎なんだろうか、という疑問だった。

＊

〝9月7日はCMソングの日〟――。

インターネットで「CMソングの日」という検索をすると、数百件のそういう結果が出てくる。マスコミ的な共通認識もそうなっており、2006年の9月7日にはテレビのワイドショーでもそんな特集が組まれていた。

なぜその日が「CMソングの日」になるのか。検索結果の一つ「週刊OCNスペシャル・9月7日はCMソングの日」にはこうある。

「1951年、ラジオ番組で日本初のCMソングがオンエアされたことに由来。小西六（現コニカ）の宣伝のために作られたそのCMソングのタイトルは『僕はアマチュアカメラマン』となっている」

平凡社の『世界大百科事典』の「CMソング」の項には、元電通の常務、内藤俊夫が、こう書いている。

「日本でも'51年、民間ラジオ放送開始と同時に登場した。第一号は三木鶏郎作詞作曲の『僕はアマチュア・カメラマン』（小西六写真工業）で、会社名も商品名も入らない歌だったが、番組の前後に放送され、番組提供社名を印象づけた」

日本で最初のCMソングは「僕はアマチュアカメラマン」で、それが放送されたのは1951年9月7日。客観的には、それが定説になっていると言って良いだろう。三木鶏郎企画研究所の「三木鶏郎史」にも「1951年9月7日・37歳・中部日本放送、新日本放送より三木鶏郎企画製作番組「冗談ウエスタン」始まる。同番組でコマーシャルソング第一号「僕はアマチュアカメラマン」（小西六）を発表」となっている。

三木鶏郎自身はどう認識していたのだろうか。『全日本放送広告会誌　CM特集号』（1960年4月号）では「CM第一号『僕はアマチュアカメラマン』」についてこう書いている。

「古い資料をひっぱり出して見ると、この第一作は1951・9・1民放開始の日、始めて（原文ママ）CBCから放送されたとある」

何げなく調べ始めた「9月7日」という日付が、違う意味を持ち始めたのは、この辺りからだった。三木鶏郎自身は自分の書いたCMソングが初めて流れた日を「9月1日」として認識していたことがあるということになる。それも、自らの記憶ではなく、〝古い資料によると〟という伝聞としてそう思っていたというのだ。

CMソング第一号が放送されたのは「9月7日」だったのだろうか、それとも放送開始日の「9月1日」だったのだろうか。三木鶏郎が見たという古い資料は何だったのだろうか。

日本の民間放送が始まったのは1951年9月1日、名古屋の中部日本放送（CBC）と大阪の新日本放送（NJB）、後の毎日放送である。

その日のタイムテーブルはどうなっているのだろうか。

結論から言うと答えは「NO」だった。その日、「僕はアマチュアカメラマン」は、流れていない。

9月1日、CBCもNJBも開局祝賀番組を放送しており、その中には「冗談ウエスタン」という番組名は記載されていない。少なくとも「9月1日」というのは三木鶏郎の、当時の勘違いということになる。

当の中部日本放送はどう記録しているのだろうか。1960年に発行された『中部日本放送十年史・東海の虹』という本にはこう記されている。

「CBCに初めてシンギングコマーシャルが現れたのは、開業一週間後の9月7日のことであった。これは小西六提供サクラ・フィルム・アワー『冗談ウエスタン』の『僕はアマチュアカメラマン』で三木鶏郎の作詞編曲を灰田勝彦が歌っているが、これが日本で最初のシンギングコマーシャルではなかったかと思われる」

CBC自身が、そう書いているのだから、「9月7日がCMソングの日」とされているのも何の問題もないということになる。三木鶏郎が「9月1日」と思っていたのは単なる勘違いだったと言って済ませてしまう事も出来るだろう。

ただ——。

1951年9月1日の番組表を見ていて、違う疑問にとらわれたのだ。

中部日本放送は朝6時半、新日本放送は午後11時59分30秒から本放送が始まり、途中に休憩時間を挟みつつではあるが、ほぼ終日何らかの番組が放送されている。その中に、CMソングらしきものは全く流れなかったのだろうか。

開局祝賀番組には当然のことながらスポンサーはついている。中部日本放送には〝三共〟〝専売公社〟〝明治製菓〟〝日本電気〟などの企業名があり、新日本放送にも〝大丸〟〝関西電力〟〝福助足袋〟などがある。「冗談ウエスタン」は9月7日に放送されたという。開局の1日から丸々一週間、CMソングは皆無だったのだろうか。

そんな疑問を決定づけたのは、本文の中でも何度か参考に引用している1977年に出た『コマソン繁盛記』の中の座談会「コマソンのいままで、これから」だった。出席者は藤本倫夫、角南浩、椎橋勇、山川浩二、司会が今泉武治。代理店や企業出身の広告関係者である。その中で山川浩二は、こう発言している。

「さっきの『アマチュアカメラマン』がコマソン第一号だと巷説はそうなっているが、それ以前があるんでしょう。ぼくは塩野義のペンギンがそれだと思うんですよ。あれは民放がはじまる前に作詩を募集している。つまり（昭和）26年9月以前にね。ヒョッとするとあれが第一号かもね。作詩は公募で、作曲は平岡照章って童謡の人ですね」

そんな彼の指摘は、司会の今泉武治の「第一号はもう少し検討しましょうよ」という発言で終わっている。

彼が言うように、誰もがそれが第一号だと思っている「僕はアマチュアカメラマン」の前に流れていたCMソングがあったとしたら。もし、それが事実だとしたら、どうなるのだろうか。

『コマソン繁盛記』の半年後、1978年1月に講談社から出た全日本CM協議会編『CM25年史』の中にもこんな記述がある。

「しかし、とりわけ注目されるのは第一週から早くもコマーシャルソングが登場したことであろう。二本あった」

という書き出しで、二本のCMソングが紹介されている。一本は言うまでもなく「僕はアマチュアカメラマン」である。そして、もう一本が、「ペンギンの歌」だ。こんな風に書かれている。

「もうひとつは、塩野義『ペンギンの歌』。こちらはじつに手回しがよく、前年四月『民間放送第一声を求む』という新聞広告を出し、ペンギンをテーマとする童謡と歌謡曲の歌詞を募って十数万通の応募を得、当選作をレコード化して放送を待ち構えていた。やはりコマーシャルっけはほとんどなく、ペンギンが同社のシンボルマークとして定着するまではふつうの童謡として遇され、NHKで放送されさえした」

民間放送が始まった第一週に二本のCMソングがあった。

一本が「僕はアマチュアカメラマン」であり、もう一本が、「ペンギンの歌」だった。少なくとも、それは広告業界でも認知されたことだった。

放送開始一年前、昭和25年4月29日の朝日新聞に塩野義製薬の「民間放送誕生」というその新聞広告が掲載されている。

〝民間放送第一声・ペンギン鳥の歌懸賞募集〟というものだ。〝題名は自由・但し出来るだけペンギン鳥の文字を入れる〟〝入賞作品3万円・入賞作品は有名作曲家により作曲の上、民間放送開始第一日目に特定放送局より放送予定〟となっている。つまり、民間放送誕生という新しいメディアに合わせた企画であることが分かる。その広告には10万通の応募があったというのである。

「ペンギンの歌」は、こんな歌詞だ。

〝氷のお山で　すましがお
いつもきどって　えんび服
もしもステッキ　かいこんで
黒いかばんを持ったなら

とてもりっぱなお医者さん
ペンギンペンギン　かわいいな〟

こうして三番までペンギンのたたずまいを歌い込んだ歌詞が続いている。作詞・重園よし雄、作曲・平岡照章となっている。

この塩野義製薬の広告について、毎日放送の記録にはこんな風に記述されている。

「大阪商人は甘くはない。『空気を売るのか』という懐疑心がスポンサーにはあり、未知の分野の営業活動は難航は予想された。

8月11日に、第一号のスポンサー契約が成立した。塩野義製薬が朝の時間帯を帯で買ってくれた。番組は平岡養一の木琴独奏による『ペンギンタイム』であった」

塩野義製薬は、新日本放送のスポンサー第一号だった。そして、そこには明らかに宣伝用の音楽が付随していた。

クライアント側はこの「ペンギンの歌」をどう記録しているのだろうか。

ペンギンは1948年以来、製造元であるサンスター歯磨きのキャラクターだった。当時、宣伝販売を担当していたのが塩野義製薬だった。両者は1969年に販売提携契約を解消。「ペンギンの歌」の記述はサンスターの社史『サンスター40年の軌跡』にあった。

「（昭和）26年9月1日、名古屋の中部日本放送（CBC）と大阪の新日本放送（現・毎日放送）がラジオによる最初の商業放送を開始したのであるが、これと同時に、サンスター歯磨きの〝ペンギンタイム〟が新日本放送の電波に乗った。

提供時間は午前7時15分から30分までの15分間、帯番組の形式であったが、このテーマソング『ペンギンさん』が平岡養一の木琴演奏とともに全国のお茶の間に流れた。この曲がやがて、多くの子供たちに親しまれるようになり、サンスター歯磨きのイメージアップに大きく貢献したのである」

午前7時15分から30分までの帯番組――。ということは、9月1日、2日の土日に行われた祝賀番組が終わって平常放送に入った第一週から流れていることになる。つまり9月3日である。

新日本放送の1951年9月3日の週の番組表は、毎日放送の社史『毎日放送の40年』に付録として残されていた。

そこには確かに7時15分から30分まで「ペンギンタイム（塩野義）」と記載されている。そして、金曜日の夜8時30分から9時までが「冗談ウエスタン（小西六）」である。放送第一週の金曜日というのが9月7日だ。つまり、である。「ペンギンタイム」は1951年9月3日に放送された。それは明らかに「僕はアマチュアカメラマン」よりも早かったことになる。

中部日本放送はどうだったのだろうか。社史にタイムテーブルそのものは掲載されてはいないものの、本文に「レギュラー番組として第一週から提供された番組」として、三共製薬の「医学の扉」、松坂屋の「家庭の時間」などとともに小西六の「冗談ウエスタン」が入っている。そこには新日本放送と同じ時間帯の金曜午後8時半から30分となっている。

結論を急ごう。「ペンギンの歌」は、「僕はアマチュアカメラマン」よりも早い1951年9月3日に放送された。ということは、〝CMソング第一号〟は「僕はアマチュアカメラマン」ではなく、「ペンギンの歌」ということになる。そして、「9月7日はCMソングの日」という根拠も存在しないことになる――。

なぜそうなってしまったのだろうか。

「それ以前があるんでしょう」と発言していた山川浩二は、そのことをどう思っているのだろうか。

「何をもって第一号とするかなんですよ。オンエアされたことで第一号とするのか、その曲が出来た時で第一号とするのか。それともみんなに知られて有名になったものをもって第一号にするのか。その解釈だと思いますね」

彼は、「ペンギンの歌」が「CMソング第一号ではないか」という質問に対してそう言って、こう続けた。

「『ペンギンの歌』は公募ですよね。あの頃、素人の作品と玄人の作品は分けて考えてたんですよ。ですから、シンギングコマーシャルとして当時まとめたものに公募作品は省いていると思います。そういう意味では、『ペンギンの歌』が第一号と言ってもかまわないと思いますよ」

ただ、そのことに触れている資料は『コマソン繁盛記』と『CM25年史』の中で、山川浩二の発言以外には見当たらなかった。それはなぜだったのだろうか。山川浩二は、こう言った。

「みんな大して興味がなかったんですよ。でも鶏さんの曲の方がだんだん有名になって行くから、徐々にそれが一号になっていったんだと思う。僕は、そうじゃないと思うところもあったから、ちょろっと言ってるということなんだと思いますよ」

歴史的事実の確定というのは、時間の経過がそうさせてしまうという一面もあるのかもしれない。もう少し検討しましょうよ、というところで終わっていたはずが、当事者が一線から去り、時が経つにつれて誰もが語らないままに、片方の事実が一人歩きしてしまう。

CMソング第一号もそういうことだったのかもしれないと思う。しかも、そのことが歴史的な意味を持つということとすらまだ誰も確信が持てない時代だった。「僕はアマチュアカメラマン」は、三木鶏郎自身の名声とともに雪だるま式に第一号になっていった。「ペンギンの歌」は、「そういえばそういう曲もあったね」という認識が、いつの間にか忘れ去られてしまう。

創成期の広告自体がそういうものだったのかもしれない。CMソングが「シャリコマ」として格下扱いされていたという話は、本文中に何度となく登場している。

CMソングの歴史——。

『中部日本放送十年史・東海の虹』の中に、こんな記述があった。

「服部時計店寄贈の時報時計がチンカラコンカラ軽快なリズムの予報音楽のあと正七時を報じ、『精工舎の時計が唯今七時をお報せしました』というコマーシャルの第一号が電波に乗った」

1951年9月1日のことである。民間放送が初めて放送された日にオンエアされたコマーシャルの第一号は「精工舎」だった。やはり、『東海の虹』にはこうある。

「時報装置の製作に関しては服部時計店片山俊三郎氏は当時を回想して次のように語っている。『一応、十秒程度の音楽を創るという基本線を打ち出した。そして服部良一氏に九秒のメロディ作曲を依頼したが、こんな短時間の作曲は経験がないというので相当に苦労されたようである。二十六年八月上旬、四、五曲のメロディの労作が出来た中から選んだのが現在まで続いている精工舎の時報メロディである。（中略）一日四回のコマーシャルの扱い方に頭を悩ました。売り込みに力点を置けば聴取者の抵抗を受け、せっかくの苦労も無意味になる。そこで『正確な時報』のPRを行うことに意見が一致し、『精工舎の時計が何時をお知らせします』というコマーシャルを出すことになった』」

民間放送から流れたCM第一号は精工舎の時報だった。そして、その作曲者こそ、〝J－POPの父〟と呼ばれる作曲家・服部良一だった。そんな事実は、CMソングが「もう一つのJ－POP」として始まった証ではないだろうか。そして、CMソングには、まだまだ未発掘の歴史的な出来事が埋もれているのではないだろうか。

CMソング50年の歩みは、再び、スタートラインに戻ってしまったのかもしれない。

＊

本当に大勢の方たちのお世話になりました。

何よりもインタビューに応じて頂いた全ての方々、そして、膨大なデータ資料とともに取材にお付き合い頂いた大森昭男さん、何かと相談に乗って頂いた伊藤アキラさん、ご意見番的存在だった山川浩二さん、広告音楽創成期、三木鶏郎時代からの生き証人でありつつ今でもそれぞれの分野で現役でご活躍のそんな大先輩お三方。当時の歴史的な資料を保存し、継承されている三木鶏郎企画研究所の竹松伸子さん。機関誌『熱風』での連載を快諾して頂いたスタジオジブリの鈴木敏夫プロデューサー、毎回取材に同席され、遅れがちな原稿に対応して下さった『熱風』編集長、田居因さん、さらに、この本を手に取って下さった貴方。心から感謝の気持ちを述べさせて下さい。

「広告音楽」は、まだまだ語られるべきことが沢山あります。本当にありがとうございました。

2007年6月・田家秀樹

積水ハウスシャーウッド「空想」

Cl. 積水ハウス
M. Arr. 井上 鑑

SUNTORY フラバン茶新商品飲料

Cl. サントリー
M. Arr. 井上 鑑

ビジット・ジャパン・キャンペーン「この国の人」

Cl. 国土交通省
M. Arr. Art. 加古隆

IWATAYA 新館オープンキャンペーン

Cl. 岩田屋
M. Art. EPO
Arr. EPO 秋元カヲル

2004

ブラックニッカ クリアブレンド「そのグラス」 P302

Cl. アサヒビール W. 永 六輔
M. 中村八大 Arr. 斉藤哲也 Art. ハナレグミ

アリナミン ブランド STAY P181 P234

Cl. 武田薬品工業
W. 一倉 宏 M. シューマン
Arr. 井上 鑑 Art. 吉田美奈子

伊藤園 濃い味烏龍茶

Cl. 伊藤園
M. Arr. 金子飛鳥

メナード コラックスEX

Cl. 日本メナード化粧品
M. Arr. 市川秀男

アクアフレッシュ

Cl. グラクソ・スミスクライン
M. Arr. 江藤直子

プライム「プライムの歌」

Cl. ライオン
M. Beverly Ross&Julius Dixon
Arr. 鈴木慶一 Art. 本間哲子

AC/公共広告機構「抱きしめる、という会話・父親と娘」

Cl. 公共広告機構
M. Arr. 徳武弘文

ブラックニッカ クリアブレンド「いい顔」

Cl. アサヒビール
W. 永 六輔 M. 中村八大
Arr. Art. 村上ゆき

積水ハウスSHAWOOD「光と影」「雨」

Cl. 積水ハウス
M. Arr. 井上 鑑

ソシエ「美しき人ガーデン」/「美しき人フルーツ」

Cl. ソシエ・ワールド
M. Arr. 服部隆之

TISSディープオフオイル「ポロポロン」

Cl. 資生堂
W. 朝井さとみ M. Arr. 鈴木慶一
Art. 中納良恵(EGO WRAPPIN)

2005

みちのく銀行 企業

Cl. みちのく銀行
M. 鈴木キサブロー Arr. 富田伊知郎
Art. れいち とみたいちろう

積水ハウスシャーウッド「大切な客人・文豪漱石」/「大切な客人・兼好法師」

Cl. 積水ハウス M. Arr. 井上 鑑

トヨペット「キャンペーン・ソング」

Cl. 東京トヨペット
W. M. Arr. Art. 曽我部恵一

ニノミヤ「二宮事件」

Cl. 二宮
M. Arr. 斎藤 毅

せんねん灸「正座・とんでもない」「MOTHER HAND」

Cl. セネファ
M. Arr. 美野春樹

P&Gアテント

Cl. P&G・ファー・イースト・インク
M. Arr. 井上 鑑

P&G アテント ロゴ

Cl. P&G・ファー・イースト・インク
M. Arr. 井上 鑑
Art. やまがたすみこ

TOYOPET「キャンペーンがはじまる朝」

Cl. 東京トヨペット
M. Arr. Art. 曽我部恵一

2006

真珠婚キャンペーン

M. ビゼー
Arr. 井上 鑑
Art. 木下千佐子

AC/公共広告機構臓器提供意思表示カード「生命を咲かせるカード」

Cl. 公共広告機構
M. Arr. 井上 鑑

SANYO AQUA「エアウオッシュと私」

Cl. サンヨー電機
M. Arr. 江藤直子

積水ハウスシャーウッド「陶版外壁ベルバーン」

Cl. 積水ハウス
M. Arr. 井上 鑑

ヤクルトレディ

Cl. ヤクルト
M. Arr. 井上 鑑

SADキャンペーン「顔をおおう手」

Cl. ソルベ
M. アイルランド民謡
Arr. 金子飛鳥

P&G アテント「閉めきった窓」

Cl. P&G・ファー・イースト・インク
M. Arr. 井上 鑑

松下電工 アラウーノ

Cl. 松下電工
M. Arr. 江藤直子

2007

FANCL 企業CM

M. Arr. Art. 鈴木大介

積水ハウス制震デビュー「SHEQAS/構造」「SHEQAS/ジョギング」

Cl. 積水ハウス
M. Arr. 斎藤 毅

積水ハウス制震デビュー「SHEQAS/IS ORDER」「SHEQAS/Be ECORD」

Cl. 積水ハウス M. Arr. 井上 鑑

資生堂エリクシールシュペリエル

Cl. 資生堂
M. Arr. Art. 矢野顕子

※このリストは大森昭男氏が記録してきた制作ノートのデータから作成した。

RICOH IPSiO 8000「正月登場」

Cl. リコー
M. パガニーニ Arr. 金子飛鳥
Art. ASKA Strings

ダイキン工業「落葉松林の風」

Cl. ダイキン工業
W. 野上 彰 M. 小林秀雄
Arr. 大島ミチル Art. 佐藤康子

ネスカフェ サンタマルタ「白パンダ・黒パンダ」

Cl. ネスレ日本
M. ハイドン Arr. 斎藤 毅

2001

P&Gアリエール ジェルウォッシュ ロゴ歌い込み

Cl. P&G・ファー・イースト・インク
W. M. Arr. Art. EPO

カルピスコンク「早春」「初夏」

Cl. カルピス
M. 筒美京平
Arr. 大島ミチル

ナショナルヘアドライヤー イオニティ「おはようの朝」

Cl. 松下電器産業
M. Arr. 江藤直子 Art. 福田ポプラ

JR九州 MY WAY CLUB「21世紀音頭」

Cl. 九州旅客鉄道
W. 仲畑貴志 M. Arr. 岩崎元是
Art. 斉藤妙子・生田弘子

P&Gパンパースコットンケア「瞳」

Cl. P&G・ファー・イースト・インク
M. Arr. 大島ミチル
Art. 生田弘子

花王ソフィーナエモリエル 2001 春夏

Cl. 花王
M. Arr. 井上 鑑
Art. 小田木 望

TOYOTA ALLEX「母と娘」「個人授業」「サスペンス映画」

Cl. トヨタ自動車 M. Arr. 斎藤 毅
Art. 中西俊博・五十嵐一生・美野春樹

テイジン 企業 SCIENCE MAKES FUTURE

Cl. 帝人
M. Arr. 井上 鑑

サントリーウイスキー響17年「新・響屋のもてなし」

Cl. サントリー
W. Art. 山崎ハコ M. 筒美京平 Arr. 井上 鑑

ネスレ Kit Kat「雨のひととき」「ブレイクをとろうよ」

Cl. ネスレコンフェクショナリー
W. M. Art. 杉 真理 Arr. 嶋田陽一

P&Gアリエール漂白剤プラス「ランドセル」

Cl. P&G・ファー・イースト・インク
M. Arr. Art. 美野春樹

P&G PANTENE PRO-Vコンディショナー「美しさへのこだわり」

Cl. P&G M. Arr. Seigen Ono
Art. 溝口 肇、中西俊博、パネ

SANKYO 志村さん&奥村さん「はり」「雨の音」

Cl. SANKYO
M. Arr. 斎藤 毅 Art. 賈鵬芳

SUBARU TRAVIQ「マエストロ」

Cl. 富士重工業
M. Beethoven
Arr. 樋口康雄

アトリックスハンドクリーム「Enjoy th 家事」

Cl. ニベア花王 M. ヨハンシュトラウス
Arr. 江藤直子 Art. 菅井えり

P&Gアリエールジェルウォッシュ「猫」

Cl. P&G・ファー・イースト・インク
M. Arr. 美野春樹
Art. やまがたすみこ

P&Gアリエールピュアクリーン「運び屋」

Cl. P&G・ファー・イースト・インク
M. Arr. 美野春樹

せんねん灸 太陽「沁みてくるんです」オフ「はがす・はる」「あったかい」

Cl. セネファ
M. Arr. 岩崎元是 Art. 石原詢子

日本通運 ペリカン便「稲刈り」「するめ」

Cl. 日本通運
W. M. 宮沢和史

コカコーラ ミネラルバランス「ミネラル不足物語」

Cl. 日本コカ・コーラ
M. Arr. 江藤直子 Art. 米田美保

ソニー生命 企業「Two Old Friends」

Cl. ソニー生命保険
M. Arr. 斎藤 毅

パンパースコットンケアM/L「飛び出すパンパ」

Cl. P&G・ファー・イースト・インク
M. Arr. 丸尾めぐみ Art. 渡辺久美子

2002

木徳神糧 無洗米「プロの手」

Cl. 木徳神糧
M. Arr. Art. massA（佐藤正治）

P&Gアリエール ジェルウォッシュ「チョコ（ひとりでできるもん）」

Cl. P&G NEA
M. Arr. 美野春樹 Art. やまがたすみこ

キッコーマン うちのごはん

Cl. キッコーマン
M. Arr. 中川いづみ

佐川急便 企業「Maru's Smile」

Cl. 佐川急便
M. Arr. Art. massA（佐藤正治）

キッコーマン うちのごはん ロゴ

Cl. キッコーマン
M. Arr. 井上 鑑
Art. やまがたすみこ

コスモ石油 コスモ・ザ・カード・エコ「葉隠れエコ」

Cl. コスモ石油
M. Arr. 金子飛鳥 Art. 金子飛鳥、本間哲子

HYUNDAI XG「信頼」

Cl. ヒュンダイ・モーター・ジャパン
M. Arr. 斎藤 毅
Art. ラ・クァルティーナ

HYUNDAI ロゴ

Cl. ヒュンダイ・モーター・ジャパン
M. Arr. 斎藤 毅
Art. 比山貴咏史

P&Gアテント ロゴ

Cl. P&G NEA
M. Arr. 井上 鑑
Art. やまがたすみこ

サントリー体内きれい茶リピュア「風が吹く」

Cl. サントリー W. 井上ひさし、山元護久
M. 宇野誠一郎 Arr. Art. 曽我部恵一

CTC 企業イメージVTR

Cl. 伊藤忠テクノサイエンス
M. Arr. Seigen Ono

SANKYO 企業「占い」

Cl. SANKYO
M. Arr. 斎藤 毅

ナビスコチップスターロング缶「ホントのキモチ」

Cl. ヤマザキナビスコ M. フォスター
Arr. 山本精一 Art. 山本精一、西浦真奈

P&Gアテント「回想」「笑顔」「おやすみ」

Cl. P&G NEA
M. Arr. Art. 井上 鑑

日通 ペリカン便「スノーボード」「東京ディズニーランド」

Cl. 日本通運
W. M. Arr. Art. 宮沢和史

ブラックニッカ「シズル（水割り）」

Cl. アサヒビール
W. 永 六輔 M. 中村八大
Arr. 美野春樹 Art. 石川セリ

2003

NTTブロードバンド2003パーソナル「気になるあの人」

Cl. NTT
M. Arr. 井上 鑑

東京電力5～6月節電ドラマ「オフィスの照明」「オフィスのエアコン」

Cl. 東京電力
M. Arr. 斎藤 毅

せんえん灸オフ「よもぎの力」

Cl. セネファ
M. Arr. Art. 瀬木貴将

ニッポンハムウィンターギフト「娘からの歳暮」

Cl. ニッポンハム
M. Arr. 美野春樹

花王ビオレ　ボディケアフォーム「どうして」

Cl. 花王
W. M. 和田　誠　Arr. 江藤直子

京セラ　C 102K「テクノロジー」

Cl. 京セラ
M. Arr. Art. 松谷　卓

花王エッセンシャルダメージケア

Cl. 花王
M. Arr. 金子飛鳥
Art. 金子飛鳥、塩谷　哲、井上　鑑

住友VISAカード「リボ払い」

Cl. 住友クレジットサービス
M. Arr. 斎藤　毅
Art. 三輪勝恵

味の素CI

Cl. 味の素
M. Arr. 井上　鑑
Art. 小田木　望

DDIだんぜん昼割「昼も安い」

Cl. 第二電電
M. Arr. Art. 武川雅寛

ツムラ　バスクリンソフレ「カサカサ1号・2号」「すべすべな人々。」

Cl. ツムラ
M. 曽我部恵一　Arr. Art. サニーデイ・サービス

P&G　アリエール漂白剤プラス「ティーザー」「2 in 1」「見逃したシミ」

Cl. P&G・ファー・イースト・インク
M. Arr. 金子飛鳥　Art. ASKA Strins

ハタダ　栗タルト・御栗タルト

Cl. ハタダ
M. Arr. 江藤直子
Art. 池谷京子

POWER ASTEL「事実／のど自慢」「事実／680円」

Cl. 東京通信ネットワーク㈱アステル東京事業部
M. Arr. 江藤直子　Art. えとうなおこ

セキスイツーユーホーム「アーシア誕生」

Cl. 積水化学工業
M. Arr. coba
Art. coba、十亀正司

FUJITSU　FM-V BL「MAHALO!」DP「OK!」

Cl. 富士通　M. 三宅榛名（シューマン）
Arr. Art. 三宅榛名

ナショナルソイエ「ワキ・アシ・ウデ　ヌード」

Cl. 松下電工
M. Arr. Seigen Ono　Art. 柚楽弥生

CTC　企業「ジャパメリカン・ドリーム」

Cl. 伊藤忠テクノサイエンス
M. Arr. Seigen Ono
Art. 安井豊野

FUJITSU　FM-V「占い」「ハワイ」

Cl. 富士通
M. Arr. Art. 三宅榛名

P&G　アリエール漂白剤プラス「おばあちゃん」

Cl. P&G・ファー・イースト・インク
M. Arr. 金子飛鳥　Art. ASKA Strings

コーヒーギフトはAGF「星空ウォッチング」

Cl. 味の素ゼネラルフーヅ
M. Arr. 桜井　順
Art. やまがたすみこ

VISAジャパングループ「バードアイ～地球飛行」

Cl. VISAジャパングループ
W. 暮醐　遊　M. 小林明子　Arr. 斎藤　毅
Art. 小林明子、ひばり児童合唱団

ミセスロイド　植物生れの防虫剤“衣類のお世話係”「お世話」「自然派」「にほひ」

Cl. 白元　M. Arr. 山本精一　Art. 上芝はじめ

2000

P&G　アリエール漂白剤プラス「またやった」

Cl. P&G・ファー・イースト・インク
M. Arr. 金子飛鳥　Art. ASKA Strings

ナビスコリッツ「いいことあった日」

Cl. ヤマザキナビスコ
M. Arr. 丸尾めぐみ
Art. 上野洋子

花王リーゼ　ワックスウォーター「観覧車」

Cl. 花王
W. 電通　M. 大貫妙子　Arr. 江藤直子
Art. 本上まなみ　Cho. 生田弘子

キリン素材厳選「自然〈土〉」「うまみ〈缶〉」

Cl. 麒麟麦酒
M. Arr. 井上　鑑
Art. SEGI＋INOUE

O-net「小雪・イメージ」「小雪とねこ」

Cl. オーエムエムジー
M. Arr. Art. 木住野佳子

カルピス　2000　コンク&ギフト

Cl. カルピス
M. 筒美京平　Arr. 井上　鑑、苫米地義久
Art. 苫米地義久

ダノン　フルーツセレクション「市場」

Cl. カルピス味の素ダノン
M. Arr. 菅井えり
Art. TECHIE、菅井えり

フジフイルム　当たるんですキャンペーン「フジの輝き」

Cl. 富士写真フイルム
W. 堀込高樹　M. Arr. Art. キリンジ

日本製粉　NIPPNのおいしい発明

Cl. 日本製粉
M. G.Gershwin
Arr. 市川秀男　Art. Jake

キリン素材厳選「自然〈雨〉」

Cl. 麒麟麦酒
M. Arr. 井上　鑑
Art. SEGI＋INOUE

コーヒーギフトはAGF「結婚式の司会」

Cl. 味の素ゼネラルフーヅ
M. Arr. 井上　鑑

サントリー　デカビタC「合図」「対決」

Cl. サントリー
M. Arr. 桜井　順
Art. エリック宮城

サントリー南アルプスの天然水「さよなら」

Cl. サントリー
M. 若月明人　Arr. 金子飛鳥
Art. ひばり児童合唱団

横浜ゴム　DNAdB

Cl. 横浜ゴム
W. M. Arr. 井上　鑑
Art. 比山貴咏史

岡三証券　オーティス倶楽部「フラッシュニュース」「フォーサイト」

Cl. 岡三証券
M. Arr. 斎藤　毅

キリン素材厳選「収穫の歓び」

Cl. 麒麟麦酒
M. Arr. 井上　鑑
Art. SEGI＋INOUE

ハウスシチューミクス「登場」「秋」「冬」

Cl. ハウス食品
W. 松本　隆　M. 筒美京平　Arr. 井上　鑑
Art. CM. 原田美枝子　CD. クミコ

月桂冠　定番酒　月「1億人ご開運」

Cl. 月桂冠酒造
M. Arr. 斎藤　毅
Art. 仙波清彦

SANKYO　企業「釘」

Cl. SANKYO
M. Arr. 吉川忠英

Nikon U「記念写真」「運動会」

Cl. ニコン
W. M. 大本友子　Arr. 石井AQ
Art. 大本友子　Cho. 生田弘子

NTT DoCoMo　マナー広告「休日の午後／ペイネ」

Cl. NTT DoCoMo
M. エルガー　Arr. 斎藤　毅

TOYOTA ALLEX「ALLEX de story」「ALLEX de movie」

Cl. トヨタ自動車
M. Seigen Ono　Arr. 斎藤　毅

アクアフレッシュ　ツイストクロス「デコボコを磨く」

Cl. スミスクライン・ビーチャム製薬
M. Arr. 岩崎元是　Art. 岩崎元是、やまがたすみこ

アリエールジェルウォッシュ「見覚えのない黄ばみ」

Cl. P&G・ファー・イースト・インク
M. Arr. Art. EPO

ナショナルソイエ「その毛のない人」

Cl. 松下電工
W. M. Arr. 加地秀基
Art. カジヒデキ

コーヒーギフトはAGF　店頭用ロゴ

Cl. 味の素ゼネラルフーヅ
M. 桜井　順　Arr. 井上　鑑
Art. やまがたすみこ

ナショナル　バスタイムリフレッシュ「プードル娘」

Cl. 松下電工
M. Arr. Art. 菅井えり

LYCOS「探しものは何ですか」

Cl. ライコスジャパン
W. M. 井上陽水　Arr. 井上　鑑
Art. 小田木　望・潘　幽燕

住友VISA「デビューカード」「アミティエ」「写真入り」「ギフトカード」

Cl. 住友クレジットサービス
M. Arr. 大島ミチル

Dole 100% ジュース「ギターと少女」

Cl. 雪印乳業
M. Arr. 井上 鑑
Art. 井上 鑑、窪田晴男

PGI "I Believe Platinum"「シャワーのあとで」「レッスン」
Cl. プラチナギルドインターナショナル
M. 井上 鑑
Art. 井上 鑑、金子飛鳥、山木秀夫

カルピス '98 コンク「やさしい風」「縁日のあとで」

Cl. カルピス
M. 簡美京平 Arr. 井上 鑑 Art. 江藤直子

キリンビバレッジ サウンドロゴ

Cl. キリンビバレッジ
M. Arr. Art. 井上 鑑

タニタ 脂肪計付ヘルスメーター「サーブ」「ボール・ボーイ」

Cl. タニタ
M. Arr. 鈴木慶一 Art. ムーンライダーズ

ナビスコリッツ「眺めのいい部屋」「オープンテラス」

Cl. ヤマザキナビスコ W. Linda Hennrick
M. Arr. 井上 鑑 Art. 鈴木精華

花王ビオレU「おばちゃん家」

Cl. 花王
M. Arr. 鈴木さえ子

大成パルコン「建設する家」

Cl. 大成建設
M. Arr. 大島ミチル

UCカード ロゴ「うれしいねUC」

Cl. UCカード
M. Arr. 鈴木さえ子
Art. 寺本えり子

UCカード 企業「かぐや姫と宇宙人」「リボ払い」「高速料金」「ギフトカード」
Cl. UCカード
M. Arr. 鈴木さえ子 Art. 古野博之

アリエールピュアクリーン「おかえり」

Cl. P&G・ファー・イースト・インク
W. M. 矢野顕子 Arr. 井上 鑑
Art. やまがたすみこ、惣領智子

にしき堂 サウンドロゴ

Cl. にしき堂
M. Arr. 若月明人
Art. やまがたすみこ

ワーゲン パサートワゴン「タクト」

Cl. フォルクスワーゲングループジャパン
M. Arr. 斎藤 毅

鹿島建設 なぜ鹿島はシリーズ「魚」「森」

Cl. 鹿島建設
M. Arr. Seigen Ono

カルピス ホット/ギフト

Cl. カルピス
M. 簡美京平 Arr. 井上 鑑
Art. やまがたすみこ、金子飛鳥

コーヒーギフトはAGF「初めての共演」

Cl. 味の素ゼネラルフーヅ
M. Arr. 井上 鑑
Art. やまがたすみこ

花王エッセンシャルダメージケア「帰省」

Cl. 花王
M. Art. 金子飛鳥、塩谷 哲、渡辺 等

住友VISAゴールドカード「サンセットクルーズ」

Cl. 住友クレジットサービス
M. Arr. 斎藤 毅

FUJITSU FM-V DP「フランスパン」BL「パラソル」

Cl. 富士通 M.(シューマン)三宅榛名
Arr. 三宅榛名 Art. 柴田 暦

資生堂不老林ライブ '98「十七年目の結論」

Cl. 資生堂
M. Arr. 金子飛鳥

郵政省 ふみの日切手「少女のラブレター」

Cl. 郵政省
M. Arr. 江藤直子
Art. 江藤直子、生田弘子

チロルチョコ「お帰りなさい」 P258

Cl. 松尾製菓
W. 一倉 宏
M. Arr. Art. 矢野顕子

フジEPION TIARA ix「リップスティック」

Cl. 富士写真フイルム
M. Arr. 斎藤 毅
Art. 江藤直子

花王ビオレU「お家に帰ろう」

Cl. 花王
M. フォスター
Arr. 鈴木さえ子

大阪ガス 炊飯器「カズオさんのお弁当」オーブンレンジ「小さなレンジ」

Cl. 大阪ガス
M. Arr. Art. BE THE VOICE

コーヒーギフトはAGF '98 Winter「愛車」

Cl. 味の素ゼネラルフーヅ
M. Arr. 井上 鑑 Art. やまがたすみこ

KIRIN 午後の紅茶 '99 春「春の訪問者」「英国兎」

Cl. キリンビバレッジ
M. Arr. 井上 鑑 Art. やまがたすみこ、金子飛鳥

セキスイハイム ブランド広告

Cl. セキスイマーケティングセンター
M. Arr. Seigen Ono

1999

PCクリニカ「デンタルウォッシュ&コート」

Cl. ライオン
M. Arr. 斎藤 毅

コーヒーギフトはAGF「快気祝い」「出産祝い」

Cl. 味の素ゼネラルフーヅ
M. Arr. 井上 鑑 Art. やまがたすみこ

Dole 100% ジュース「ハーモニカ」

Cl. 雪印乳業
M. Arr. 井上 鑑
Art. やまがたすみこ

PILOT Capless「見てのとおりの 新発想」

Cl. パイロット
M. Arr. 中川いづみ

カルピス '99

Cl. カルピス
W. Art. 太田裕美 M. 簡美京平
Arr. 井上 鑑

花王ビオレ 洗顔フォーム&ボディケアフォー

Cl. 花王
M.(フォスター)鈴木さえ子 Arr. Art. 鈴木さえ子

資生堂 薬用不老林ライブ「切り株」

Cl. 資生堂
M. Arr. 金子飛鳥
Art. ASKA Strings

P&G アリエールピュアクリーン「夜の洗濯」「兄妹」

Cl. P&G・ファー・イースト・インク
W. 一倉 宏 M. Art. 杉 真理 Arr. 井上 鑑

タニタ・カラダ・ハカル

Cl. タニタ
M. Arr. 鈴木慶一
Art. ムーンライダーズ

ナビスコリッツ 1999

Cl. ヤマザキナビスコ
M. Arr. Art. 市川秀男

ネピアテンダー「もし寝たきりになったら」

Cl. 王子製紙
M. Arr. 井上 鑑
Art. 吉川忠英

六甲のおいしい水「私は水を決めています」

Cl. ハウス食品
M. Arr. 清水一登
Art. れいち

セキスイツーユーホーム「ブランド」

Cl. セキスイマーケティングセンター
M. Arr. 中川いづみ

明治AYA「万華鏡」(花の首飾り)

Cl. 明治乳業
W. 菅原房子・なかにし礼 M. すぎやまこういち
Arr. 大島ミチル

FUJITSU FM-V BL「あけます」DP「ふたり」他

Cl. 富士通
M. Arr. Art. 三宅榛名

JR西日本サマーキャンペーン「サマーJR」

Cl. 西日本旅客鉄道
W. 博報堂、松塚しのぶ M. 杉 真理
Arr. 斎藤 毅 Art. 峠 恵子

カゴメ六条麦茶「麦茶先生」

Cl. カゴメ
M. Arr. Art. 江藤直子

コーヒーギフトはAGF '99 SUMMER GIFT「テーラー」

Cl. 味の素ゼネラルフーヅ
M. Arr. 井上 鑑 Art. やまがたすみこ

P&G　アリエールピュアクリーン
「いちばん清潔」

Cl. P&G・ファー・イースト・インク　W. 暮鬮　遊
M. 小林明子　Arr. 斎藤　毅　Art. 太田裕美

アサヒ　REDS「魅惑のワルツ」

Cl. アサヒビール
W. MANNING　M. MARCHETTI
Arr. 斎藤　毅　Art. JAKE H.C.

ナビスコリッツ「私のかんたんメニュー」

Cl. ヤマザキナビスコ
M. Arr. 江藤直子

資生堂　ELIXIR　エステティブポリッシュ
「スリードッグナイト」

Cl. 資生堂
M. Arr. 井上　鑑

アステル　家族割引「中華料理店の家族」

Cl. アステル東京
M. BEGIN
Arr. 江藤直子

ダイナースクラブ
「あの店に行ってみよう・加盟店」
Cl. 日本ダイナースクラブ
W. Linda Hennrick　M. Arr. 斎藤　毅
Art. 細川綾子

住友 VISA カード「30周年」

Cl. 住友クレジットサービス
W. Alex North　M. Hy Zaret
Arr. 斎藤　毅　Art. Michael.G

清水建設「まごころのうた」

Cl. 清水建設
W. 糸井重里、柳原幼一郎　M. Art. 柳原幼一郎
Arr. 春日博文

日立製作所　企業　Super TFT「指揮者」

Cl. 日立製作所
M. ベートーベン
Art. 東京シティフィル

明治 AYA「なごり雪」

Cl. 明治乳業
W. M. Art. 伊勢正三
Arr. 斎藤　毅

TOTO　PR Video「わが家は楽園」

Cl. TOTO
M. Arr. 江藤直子

アサヒあじわい緑茶「おいしい緑茶に…」

Cl. アサヒ飲料
M. Arr. 井上　鑑

アサヒ黒生「STAR BALL（テラス）」

Cl. アサヒビール
M. Arr. 市川秀男
Art. Jake H.C.

アサヒ黒生「STAR BALL」

Cl. アサヒビール
M. 市川秀男
Arr. 斎藤　毅

アステル「心の会話」 P182 P183

Cl. アステル東京
W. M. Arr. Art. 横原敬之

カルビーさやえんどう「バカンス」「花火」

Cl. カルビー
M. Arr. Art. 小林　潔

JR 九州　駅長おすすめの「ゆ」

Cl. 九州旅客鉄道
M. 谷山浩子　Arr. 斎藤　毅
Art. 大竹しのぶ

ツムラ　企業　'97

Cl. ツムラ
W. ソロンゴ、金子飛鳥　M. Arr. 金子飛鳥
Art. ソロンゴ

ロッテガーナミルクチョコレート
「会いたくて」

Cl. ロッテ
M. Arr. 曽我部恵一　Art. サニーデイ・サービス

ライオン PC クリニカ

Cl. ライオン
M. Arr. 斎藤　毅

愛知労済　企業「家族の肖像」

Cl. 愛知労済
W. M. 大本友子　Arr. 井上　鑑
Art. ル・クプル

アリエールピュアクリーン「赤ちゃん」

Cl. P&G・ファー・イースト・インク
W. M. Arr. Art. EPO

ポッカコーヒー「男の味は顔に出る」

Cl. ポッカコーポレーション
W. 横道浩明
M. Arr. Art. 憂歌団

S&B あら挽きカレー「宣言」

Cl. エスビー食品
M. Arr. 斎藤　毅

サントリー新レッド「夕焼けレッド」

Cl. サントリー
W. 伊藤アキラ　M. 杉　真理
Arr. 斎藤　毅　Art. ザ・キングトーンズ

ダイナースクラブ「'97　三つのニュース」

Cl. 日本ダイナースクラブ
M. Arr. 井上　鑑

タニタ脂肪計付ヘルスメーター
「タニタ・カラダ」

Cl. タニタ
M. Arr. 鈴木慶一

花王ビオレ U　サウンドロゴ

Cl. 花王
M. Arr. 鈴木さえ子

花王ビオレ U「アイスクリーム」

Cl. 花王
M. Arr. 鈴木さえ子

アリエールピュアクリーン
「私のお気に入り」「テニス」

Cl. P&G・ファー・イースト・インク
M. Arr. 塩谷　哲

FUJITSU　FM-V
DP「渚にて」BL「キャフェにて」

Cl. 富士通
M.（シューマン）三宅榛名　Arr. Art. 三宅榛名

SONY ハイビジョンテレビ WEGA
「システィーナ修復作業」

Cl. ソニーマーケティング
M. Arr. 井上　鑑　Art. 桐ケ谷俊博、楠瀬誠志郎

TOYOTA　AVARON「最後の家族旅行」

Cl. トヨタ自動車
W. 塚田　茂　M. 宮川　泰
Arr. 大島ミチル

アリエールピュアクリーン「台紙」

Cl. P&G・ファー・イースト・インク
M. Arr. Art. EPO

キャンベルスープ「大きくなったら」

Cl. キャンベルナカノ
M. Arr. 江藤直子

コーヒーギフトは AGF '97　WINTER
「いつもありがとう」

Cl. 味の素ゼネラルフーヅ
M. Arr. 大島ミチル　Art. やまがたすみこ

日産　活性化広告　ZONE BODY「基準」

Cl. 日産自動車
M. Arr. 斎藤　毅
Art. 池田光夫

資生堂肌水「全身肌水」「ミネラル素肌」

Cl. 資生堂
M. Arr. 岩崎元是
Art. ViVi、生田弘子

西武　'97　X'mas「デミ・ムーア」

Cl. 西武百貨店
M. BIZET　Arr. 斎藤　毅
Art. ひばり児童合唱団

日立　液晶フローラ「目にやさしい」

Cl. 日立製作所
M. Arr. 井上　鑑
Art. 比山貴咏史

JAL マイレージバンク
「機上空前のキャンペーン」

Cl. 日本航空
M. Arr. 大島ミチル

ペアーズ「マーメイド」

Cl. 日本リーバ
M. Arr. 福岡ユタカ
Art. 本間哲子、やまがたすみこ

1998

PGI「踊るプラチナ」

Cl. プラチナギルドインターナショナル
M. Arr. Seigen Ono

サントリーウィスキー「グラス」

Cl. サントリー
M. Arr. Seigen Ono

FUJITSU　FM-V
DP「お茶漬け」BL「床屋」

Cl. 富士通　M.（シューマン）三宅榛名
Arr. 三宅榛名　Art. 三宅榛名、柴田暦

JR 東日本　新しい旅
「そば打ち」「山菜採り」 P184

Cl. 東日本旅客鉄道　W. 一倉　宏、宮沢和史
M. Art. 宮沢和史　Arr. 井上　鑑

カルピスブレンディカフェラモード「歌姫」

Cl. カルピス
M. Arr. 越　美晴
Art. 常磐貴子

ライオン　PCクリニカ

Cl. ライオン
M. Arr. 斎藤　毅
Art. やまがたすみこ、生田弘子

北越銀行　'96
「目覚め」「ティータイム」「テニス」

Cl. 北越銀行
M. Arr. 江藤直子

毎日新聞　企業「地球」

Cl. 毎日新聞
M. Arr. Art. 金子飛鳥

Kodak　'96　'どきどきをどうぞ「森」

Cl. 日本コダック
M. 杉　真理　Arr. 金子飛鳥
Art. 金子飛鳥、生田弘子

アサヒ黒生「Beer Terrace」「Jazz Bar」

Cl. アサヒビール
W. Linda Hennlick　M. 市川秀男
Arr. 井上　鑑　Art. 鈴木道子

アステル'96　前園真聖「ロッカー」「公園」

Cl. アステル東京
W. 一倉宏（CD. 十田代五月）
M. Arr. BEGIN　Art. BEGIN　前園真聖

ソシエ・de・エステ
「グラマラス・スリム宣言」
Cl. ソシエ・de・エステ銀座ワールド
M. Arr. 菅井えり Art. 本間哲子
Cho. 菅井えり、広谷順子、三松亜美、松谷レオ

味の素　コーン油・べに花油
「ピュアオイル」

Cl. 味の素
M. Art. 大貫妙子　Arr. 大島ミチル

FUJITSU　FM-V DESK POWER
「KISS」

Cl. 富士通
M.（シューマン）三宅榛名　Arr. Art. 三宅榛名

KIRIN午後の紅茶　'96「コイズミトランク」

Cl. キリンビバレッジ
M. Arr. 岩崎元是

カゴメ六条麦茶「夏のごちそう」

Cl. カゴメ
M. Arr. 江藤直子

ソニー生命　企業
「コンサルティング・医者」
「コンサルティング・弁護士」

Cl. ソニー生命保険　M. Arr. 斎藤　毅

ビタシャワーE「Eってなーに」

Cl. 日本リーバ
M. Arr. 岩崎元是
Art. 鈴木蘭々

Lactia「ストレートトーク」

Cl. 日本コカ・コーラ
M. Arr. 斎藤　毅
Art. 相曽晴日

P&Gアリエール「体操」

Cl. P&G・ファー・イースト・インク
W. 暮醐　遊　M. Art. 小林明子
Arr. 江藤直子

WINDY　企業

Cl. ウィンディ
W. M. 下田逸郎　Arr. 斎藤　毅
Art. 広谷順子

アサヒ黒生　'96秋「宇宙遊泳」

Cl. アサヒビール
W. Linda Hennrick
M. Arr. 市川秀男　Art. 鈴木道子

岡三証券

Cl. 岡三証券
W. M. Art. 矢野顕子
Arr. 斎藤　毅

資生堂　ELIXIR
ドラマティカルエッセンス「Night Bird」

Cl. 資生堂
M. Arr. Art. 矢野顕子

日立　CI「HERE THE FUTURE」

Cl. 日立製作所
M. Arr. 大島ミチル

アデランス　EVE more「夫婦」「電話」

Cl. アデランス
M. Arr. 江藤直子

カゴメ　スパイス&ワインケチャップ
「Omelette」

Cl. カゴメ
M. Arr. 市川秀男　Art. 福田ポプラ

キャンベルスープ
「キャンベル氏ごあいさつ」「つくり方」
「日本人好み」

Cl. キャンベルナカノ　M. Arr. 江藤直子

トヨタCAMRY, GOA CAMRY

Cl. トヨタ自動車
M. Arr. 大島ミチル

資生堂ELIXIR　エステティブマスク

Cl. 資生堂
M. Arr. 清水靖晃

資生堂ELIXIR
スマイリッシュパウダリーパクト

Cl. 資生堂
M. Arr. Art. 清水靖晃

日テレ　'96　秋のキャンペーン
「そんなあなたも日テレちゃん」

Cl. 日本テレビ
M. Arr. 大本友子　Art. 大本友子、藤田恵美

味の素ほんだし「食べるみそ汁」春・秋

Cl. 味の素
M. Arr. NaO 2

DDIα

Cl. 第二電電
W. M. Stevie Wonder
Arr. 大島ミチル　Art. ひばり児童合唱団他

FUJITSU　FM-V BIBLO「フィレンツェ」、
DESK POWER「パンクズ」

Cl. 富士通
M. Arr. Art. 三宅榛名

JAカード「咲かせよう」

Cl. 農林中央金庫
M. Arr. 井上　鑑
Art. やまがたすみこ、国分友里恵

JA貯金「踊る新社会人」

Cl. 農林中央金庫
M. Arr. 鈴木慶一
Art. 原田知世

NTT　CI

Cl. 日本電信電話
M. Arr. 井上　鑑
Art. やまがたすみこ、松谷レオ

コイケメディカル「BACK TO THE AIR」

Cl. コイケメディカル
W. Linda Hennrick
M. Arr. Art. 石川鷹彦

トヨタ　CALDINAスペシャルパッケージ

Cl. トヨタ自動車
M. Arr. 井上　鑑

JAL「全席禁煙キャンペーン」

Cl. 日本航空
M. Arr. 朝川朋之

アサヒ黒生　'96　X'mas '97　WINTER

Cl. アサヒビール
W. Linda Hennrick
M. Arr. 市川秀男　Art. 鈴木道子

住友VISAカード「リボ払い」
「30周年キャンペーン」

Cl. 住友クレジットサービス
M. Arr. 斎藤　毅　Art. 三輪勝恵

JR東日本　冬は新潟

Cl. 東日本旅客鉄道
M. 井上　鑑　Arr. 井上鑑、EPO
Art. EPO

KIRIN午後の紅茶　'97春「春のスケッチ」

Cl. キリンビバレッジ
M. Arr. 井上　鑑
Art. 吉川忠英

ナショナル
ソイエ「電車通勤」・サラシェ「会議」

Cl. 松下電工
M. Arr. 江藤直子

カネボウ　ブランシール
「火棘の実・枝」「火棘の実・光」

Cl. カネボウ化粧品
M. Arr. 井上　鑑　Art. 賈　鵬芳

西武　企業
「わたしを、つくる。宣言」「オープン」

Cl. 西武百貨店
M. BIZET　Arr. 大島ミチル

明治AYA「日本がつくったAYA」

Cl. 明治乳業
W. M. 伊勢正三
Arr. 斎藤　毅

1997

アサヒ　REDS「品質」

Cl. アサヒビール
M. Arr. 斎藤　毅

アステル
「前園引越」「加入料無料　Boy & Girl」
Cl. アステル東京
W. 田代五月、一倉　宏　M. BEGIN
Arr. 斎藤　毅

FUJITSU　FM-V DESK POWER
「チャンバラ」

Cl. 富士通
M.（シューマン）三宅榛名　Arr. Art. 三宅榛名

コーセー　雪肌精「白い雪」

Cl. コーセー
M. Arr. 井上　鑑

サントリー　南アルプスの天然水「春」

Cl. サントリー
W. M. 金子飛鳥
Art. 大滝秀治

ダイナースクラブ「サラブレット・レストラン」「サラブレット・ホテル」

Cl. 日本ダイナースクラブ
W. Linda Hennrick
M. Arr. 斎藤　毅　Art. 細川綾子

パナコラン「ミクロの肩こり」

Cl. 松下電工
M. Arr. 大島ミチル

ピュアウォーター「GRASS」「赤ちゃん」「紅茶」

Cl. ピュアウォーター
M. Arr. 江藤直子

殖産住宅　ホーメスト　輝

Cl. 殖産住宅
M. Arr. Art. 江藤直子

大正製薬ナロンエース「洗濯」「来客」

Cl. 大正製薬
M. Arr. 鈴木さえ子

大阪ガス　企業「炎」

Cl. 大阪ガス
W. Linda Hennrick
M. Arr. 石川鷹彦　Art. 松谷冬太、松谷麗王

DDIセルラー「レビュー」

Cl. 第二電電
M. Arr. 白井良明
Art. 須原直史

FUJITSU FM-V DESKPOWER「夏休み」BIBLO「海外出張」

Cl. 富士通
M. シューマン　Arr. Art. 三宅榛名

KIRIN 午後の紅茶'95夏「コイズミトランク」

Cl. キリンビバレッジ
M. Arr. 岩崎元是

サントリー　南アルプスの天然水「夏」

Cl. サントリー
W. M. Arr. 金子飛鳥
Art. 金子飛鳥、生田弘子

HONDA　NEW Inspire '95「議論」「詩人」

Cl. 本田技研工業
M. Arr. 斎藤　毅

am pm「あんしん二重丸」「サンドイッチキャンペーン」

Cl. エーエム・ピーエム・ジャパン
M. Arr. 岩崎元是

HONDA　Inspire「詩人」

Cl. 本田技研工業
M. Arr. Art. 巻上公一

KIRIN　午後の紅茶　'95　秋冬

Cl. キリンビバレッジ
M. Arr. 井上　鑑
Art. 吉川忠英

P&G　アリエール（東北）

Cl. P&G・ファー・イースト・インク
M. 筒美京平　Arr. 石川鷹彦
Art. 下成佐登子、生田弘子

SHARP ZAURUS PI-6000「信号待ち」

Cl. シャープ
M. Arr. 斎藤　毅

資生堂ELIXIR　クリアエマルジョンパクト

Cl. 資生堂
M. 矢野顕子
Arr. Art. 大村憲司

資生堂ELIXIR　ドラマティカルエッセンス

Cl. 資生堂
M. Arr. Art. 矢野顕子

西武百貨店　企業「ミッソーニ」

Cl. 西武百貨店
M. Arr. 江藤直子

DDIセルラー「屋形船」

Cl. 第二電電
M. Arr. 白井良明
Art. やまがたすみこ

ナショナルリファイン「リファインが始まった日・日記」

Cl. 松下電工
M. Arr. 江藤直子

明治　スーパープレミアムアイスクリーム AYA「しあわせの降る町」

Cl. 明治乳業
M. Arr. Art. 金子飛鳥

FUJITSU　FM-V '96春「上手になったね」

Cl. 富士通
M. シューマン
Arr. Art. 三宅榛名

日本財団　CI

Cl. 日本財団
M. Arr. 大島ミチル
Art. ひばり児童合唱団

FUJITSU　FM-V WINDOWS '95対応「冬の花」

Cl. 富士通
M. シューマン　Arr. Art. 三宅榛名

P&Gアリエール「虹を架けよう」

Cl. P&G・ファー・イースト・インク
W. 吉田美奈子　M. 筒美京平
Arr. 岩本正樹　Art. 国分友里恵

アサヒ黒生「犬と夜」

Cl. アサヒビール
W. Linda Hennrick
M. Arr. 市川秀男　Art. 鈴木道子

カネボウシャンプーSALA エクストラダメージ

Cl. カネボウ化粧品本部
W. 大本友子　M. Arr. 須原直史　Arr. 井上　鑑

ナショナルゆかほっと「いい・ゆか・かげん」

Cl. 松下電工
M. Arr. 大島ミチル　Art. 井上咲耶

マツダ　NEWセンティア「ショーン・コネリー」

Cl. マツダ
M. Arr. 斎藤　毅　Art. 池田光夫

不二家のケーキ　トルテ「三人姉妹」

Cl. 不二家
M. Arr. 江藤直子

Kodak '96「ドキドキをどうぞ」

Cl. 日本コダック
M. 杉　真理　Arr. 杉　真理・島田陽一
Art. 杉　真理、生田弘子、池谷京子

アサヒ黒生「探偵」「X'mas」

Cl. アサヒビール
W. Linda Hennrick
M. Arr. 市川秀男　Art. 鈴木道子

資生堂ELIXIR　ドラマティカルエッセンス

Cl. 資生堂
M. 矢野顕子
Arr. 斎藤　毅

ナショナルエステ'96　ソイエ「草むしり」ストレートメイク「なんとかしたい」

Cl. 松下電工
M. Arr. 江藤直子

1996

資生堂SHE'S洗顔ウォーター「洗う泡」

Cl. 資生堂
M. Arr. 井上　鑑
Art. やまがたすみこ、生田弘子

JR九州ソニックにちりん倍増「人間だったら」

Cl. 九州旅客鉄道
M. Arr. 鈴木慶一

資生堂　ELIXIR '96夏 クリアサンシェードパクト「映画館」

Cl. 資生堂
M. Arr. Art. 矢野顕子

資生堂　ELIXIR '96夏 ドラマティカルエッセンス「イラスト」

Cl. 資生堂
M. Arr. Art. 矢野顕子

住友VISAカード「ウッドペッカー」

Cl. 住友クレジットサービス
M. Arr. 斎藤　毅
Art. 三輪勝恵

住友海上　企業「くらしの中のマーク」

Cl. 住友海上火災
W. Linda Hennlick　M. ショパン
Arr. 斎藤　毅　Art. スリーグレイセス

西武百貨店　企業「Ralph & Licky Lauren」

Cl. 西武百貨店
M. Arr. 市川秀男

Schick Lady Protector「光」

Cl. ワーナーランバート
M. Arr. 菅井えり
Art. 菅井えり、広谷順子

ナビスコリッツ「おいしさ、いろいろ」

Cl. ヤマザキナビスコ
M. Arr. NaO 2

ハイシーBメイト「おぼえてね」

Cl. 武田薬品工業
M. Arr. Art. 大本友子

JCB '94 X'mas Party

Cl. JCB
M. Arr. 斎藤 毅

JR東日本「その先の日本へ」'94 P178 P293

Cl. 東日本旅客鉄道 W. 日本語詞：大貫妙子
M. Jose Padilla Sanchez
Arr. 斎藤 毅 Art. 大貫妙子

ファイザー製薬 CI

Cl. ファイザー製薬
M. Arr. 岩崎元是
Art. 松谷レオ

リプトン紅茶イエローラベル「鹿」

Cl. 日本リーバ
W. Ken Koike Frankel
M. Arr. 井上 鑑 Art. 松谷冬太

NTT CI

Cl. NTT
M. Arr. 井上 鑑
Art. 井上 鑑、やまがたすみこ

クアタイム '94夏「汗のたまるところ」

Cl. エーザイ
M. Arr. 江藤直子

JAL スーパーリゾートエクスプレス「楽園に鳥が飛ぶ」

Cl. 日本航空デザインセンター
W. Tonny Tauwela M. Arr. 斎藤 毅
Art. アグネス木村、Anthony 桜沢

シントミゴルフ「ぼくはゴルフで悩んでる」

Cl. シントミゴルフ
W. 糸井重里 M. 鈴木キサブロー
Arr. 白井良明 Art. 斉藤哲夫

ワールド CI

Cl. ワールド
M. Arr. 斎藤 毅
Art. 牧野正人

JR東日本 企業「変わらないもの・変わるもの」

Cl. 東日本旅客鉄道 W. 矢川澄子 M. 矢野顕子
Arr. 井上 鑑 Art. スリーグレイセス

'94 キリン 冬仕立て P183

Cl. 麒麟麦酒
W. M. 宮沢和史 Arr. 朝本浩史、宮沢和史
Art. THE BOOM

P&G REJOY「温泉旅行」

Cl. P&G
M. Arr. 斎藤 毅

ヘーベルハウス DUET

Cl. 旭化成工業
M. Arr. 大島ミチル

ヘーベルハウス FREX

Cl. 旭化成工業
M. Arr. 大島ミチル

資生堂ラスティア「はずむ、はずむ」

Cl. 資生堂
W. M. Art. かの香織
Arr. 吉田 智

TOTOシステムキッチン「フラミンゴ」

Cl. TOTO
W. Albert Gamse M. Joseph M.Lacalle
Arr. 斎藤 毅 Art. Charito

TOYOTA CELSIOR

Cl. トヨタ自動車
M. イングランド民謡
Arr. 市川秀男

UHA味覚糖「おさつどきっ」

Cl. UHA味覚糖
W. M. Arr. 鈴木さえ子
Art. 斉藤美和子

オッペン化粧品 玉玲デイエッセンス「カサカサの朝」

Cl. オッペン化粧品
M. Arr. 大島ミチル

日本テレビ '94 秋のキャンペーン

Cl. 日本テレビ
W. M. Arr. Art. 矢野顕子

Benesse 社名変更予告

Cl. 福武書店
M. Arr. 鈴木キサブロー
Art. とみたいちろう、谷口節

PCクリニカ「ハブラシソング」

Cl. ライオン
M. Arr. 鈴木さえ子
Art. 村松恵里

am pm 商品「言っちゃ悪いけど」企業「いいこと実現中」

Cl. エーエム・ピーエム・ジャパン
M. Arr. 岩崎元是

Benesse CI

Cl. 福武書店 M. Arr. 井上 鑑
Art. やまがたすみこ、松谷冬太、松谷レオ、ひばり児童合唱団

JAL SUPER RESORT「楽園に鳥が飛ぶ」

Cl. 日本航空
M. Arr. 小林 潔

NTT「テレジョーズ」「テレワイズ」

Cl. NTT
M. Arr. 斎藤 毅

サントリーブランデー X・O「香は不思議」

Cl. サントリー
W. DINESH PANDIT
M. Arr. Art. 金子飛鳥

シャープカラーワープロ「あざやか書院」

Cl. シャープ
M. Arr. 斎藤 毅
Art. 菅井えり

ナショナルゆかほっと「ユカ&ダンボウのしあわせ」

Cl. 松下電工
M. Arr. 大島ミチル

富士通FM「ザ・初心者」

Cl. 富士通
M. シューマン
Arr. Art. 三宅榛名

ナショナルシェイバー「ざらつかない人生、赤ちゃん」

Cl. 松下電工 W. Jake H.Concepcion
M. 市川秀男 Arr. 今村直樹 Art. Jake H.C

出光ゼアス「残してきた風景」

Cl. 出光興産
M. Arr. Art. 石川鷹彦

コーセー「グランデーヌ」

Cl. コーセー
M. Arr. 斎藤 毅

ナショナル ストレートメイク「普通の女の子の声」

Cl. 松下電工
M. Arr. 江藤直子

ナショナル 新イオントリートメント「姉の説明」

Cl. 松下電工
M. 大島ミチル Arr. 江藤直子

ヘーベルハウス「読書フェア」

Cl. 旭化成工業
M. Arr. 江藤直子

味の素「ちゃんと」シリーズ

Cl. 味の素
M. Arr. 斎藤 毅 Art. 石川鷹彦

よかいち '95「お米」「ええ夢」

Cl. 宝酒造
M. Arr. 井上 鑑
Art. 川村昌子

LIPTONリーフポシェット「新しいカタチ」

Cl. 日本リーバ
W. Linda Hennrick
M. Arr. 市川秀男 Art. スリーグレイセス

JALマウイ島「想像を越えるハワイ」

Cl. 日本航空
W. Dreena L.Kane M. 小林 潔 Arr. 井上 鑑
Art. やまがたすみこ、金子飛鳥、岩崎元是

1995

富士通FM-V Desk Power C

Cl. 富士通
M. シューマン
Arr. Art. 三宅榛名

NTTデータ通信 企業「共生」

Cl. NTTデータ通信
M. Arr. 岡田 徹
Art. 上野洋子

アリエール パワーミクロ「消費者テストの報告」「目隠し」

Cl. P&G・ファー・イースト・インク
M. 簡美京平 Arr. 大島ミチル

エリス「エリスのはなうた」

Cl. 大王製紙
M. 矢野顕子
Art. 桐島かれん

富士通FM-V BIBLO「出張」

Cl. 富士通
M. シューマン
Arr. Art. 三宅榛名

am pm「あんしん二重丸」

Cl. エーエム・ピーエム・ジャパン
M. Arr. 岩崎元是

IBM OS／2 ワープ「呉服」

Cl. IBM JAPAN
M. Arr. Art. 石川鷹彦

サロモン「START」「GOAL」

Cl. サロモン&テーラーメード
M. Arr. 斎藤　毅

東海銀行「家計定期／カード積立」

Cl. 東海銀行
M. Arr. 大島ミチル

日産　新型ブル

Cl. 日産自動車
M. Arr. 岩崎元是

JR九州「走れ列車」

Cl. 九州旅客鉄道
W. 仲畑貴志　M. 三宅伸治
Arr. 白井良明　Art. 三宅伸治（MOJO CLUB）

オンワード樫山「組曲」'93　秋

Cl. オンワード樫山
M. Arr. Art. Morgan Fisher

ふじっ子煮

Cl. フジッコ
M. Arr. 斎藤　毅

キリン冬仕立て「冬の稲妻」

Cl. 麒麟麦酒
W. 谷村新司　M. 堀内孝雄
Arr. 土方隆行　Art. 内藤やす子、松谷冬太

メガネスーパー　'93秋冬

Cl. 共立
M. Arr. 斎藤　毅

旭化成ヘーベルハウス　'93　FREX-3

Cl. 旭化成工業
M. Arr. 大島ミチル

'93　キッコーマン
万上特選純もち米本みりん

Cl. キッコーマン
M. Arr. 斎藤　毅

am pm「新聞」「置き手紙」

Cl. エーエム・ピーエム・ジャパン
M. Arr. 岩崎元是

BIG JOHNニューエクストラ「橋」

Cl. ビッグジョン
M. (アメイジング・グレイス)
Art. 松谷冬太

P&G　ウルトラアリエール「朝の光」

Cl. P&G・ファー・イースト・インク
W. 田口　俊　M. 筒美京平
Arr. 斎藤　毅　Art. 山本潤子

ごはん食推進委員会　'93

Cl. ごはん食推進委員会
M. Arr. 岩崎元是
Art. 田原俊彦

ツムラ　ニューバスクリン　日本の名湯
「登別カルルス」

Cl. ツムラ
M. Arr. 斎藤　毅

エーザイ　クアタイム
「ムズムズ・カサカサ」

Cl. エーザイ
M. Arr. 江藤直子

東海銀行「いろいろな桃子」

Cl. 東海銀行
M. Arr. 大島ミチル

東海銀行「オーケストラ」

Cl. 東海銀行
M. Arr. 大島ミチル

東芝日曜劇場オープニング　30″

Cl. 東芝
W. M. Art. 大貫妙子
Arr. フェビアン・レザ・パネ

POLA APEX

Cl. ポーラ化粧品
M. Arr. 斎藤　毅

サッポロ〈生〉黒ラベル　'94

Cl. サッポロビール
W. 永　六輔　M. Arr. 中村八大
Art. 坂本　九

サッポロ一番「ごくらく麺」

Cl. サンヨー食品
M. Arr. 大島ミチル
Art. やまがたすみこ、鈴木精華

ナショナル・エステ　'94

Cl. 松下電工
M. Arr. 大島ミチル
Art. 河井英理

ナショナルシステムフロート「まだ剃れる」

Cl. 松下電工
M. Arr. 井上　鑑

野村證券「face to face」

Cl. 野村證券
W. M. 杉　真理　Arr. 井上　鑑　CD. 古川昌義
Art. 楠瀬誠志郎　Cho. David Rhodes

1994

サッポロ一番　ごくらく焼きそば　ロゴ

Cl. サンヨー食品
M. Arr. 大島ミチル

DDI　なかよしネット

Cl. 第二電電
W. M. Stevie Wonder　Arr. 井上　鑑
Art. 松谷冬太、松谷レオ、スリーグレイセス

サントリー　樹氷　'94

Cl. サントリー
W. 荒木とよひさ　M. 三木たかし
Arr. 井上　鑑　Art. 太田裕美

サントリー　南アルプスの天然水

Cl. サントリー
M. Arr. 若月明人
Art. ひばり児童合唱団

メガネスーパー　'94「踊るテレビ」

Cl. 共立
M. Arr. 井上　鑑

東京ガスグループ
「東京の名所」（スーマーおばさん）

Cl. 東京ガスグループ　W. M. 矢野顕子
Arr. 井上　鑑　Art. 矢野顕子、松谷冬太

日本テレビ　Virginキャンペーン　'94春

Cl. 日本テレビ
W. M. Art. 太田裕美
Arr. 井上　鑑

'94　JCBカード　A

Cl. JCB
M. Arr. 斎藤　毅

'94　JCBカード　B

Cl. JCB
M. Arr. 井上　鑑

'94　NTTグループ「未来へWAVE」

Cl. NTTグループ広報
M. Arr. 斎藤　毅

94　ハインツトマトケチャップ

Cl. ハインツ日本
M. Arr. 岩崎元是
Art. ひばり児童合唱団、CANDEE、岩崎元是

MTB「感動、発見！」

Cl. 自転車産業振興会
W. M. Art. 斉藤哲夫
Arr. 白井良明

NTTデータ通信　事業広告
「クルマ」「ジャガイモ」

Cl. NTTデータ通信
M. Arr. Art. 小林靖宏

エースコック大盛いか焼きそば
「トレーニング」

Cl. エースコック
M. Arr. 大島ミチル

ダイナースクラブ

Cl. 日本ダイナースクラブ
W. ドロシー・フィールズ　M. ジミー・マクヒュー
Arr. 市川秀男　Art. 細川綾子

パナソニック　トランシーバー
「プラットホームアローン」

Cl. 松下電器産業
M. Arr. 大島ミチル

ユナイテッド航空
「MILEAGE PLUS CARD」

Cl. ユナイテッド航空
M. ジョージ・ガーシュイン　Arr. 大島ミチル

東海銀行「バックス・バニー通帳」

Cl. 東海銀行
M. Arr. 大島ミチル
Art. 小林靖宏

日本船舶振興会「A MOTHER'S ARMS」

Cl. 日本船舶振興会
W. M. Linda Hennrick
Arr. 井上　鑑　Art. スリーグレイセス

am pm　'94　商品　企業

Cl. エーエム・ピーエム・ジャパン
M. Arr. 岩崎元是

DDI "I JUST CALL TO SAY I LOVE YOU"

Cl. 第二電電
W. M. Stevie Wonder　Arr. 井上　鑑
Art. 松谷冬太、松谷レオ

DDI　企業「電話ありがとう」

Cl. 第二電電
M. Arr. 斎藤　毅
Art. 藤森亮一

ユナイテッド航空　企業「文楽」

Cl. ユナイテッド航空
M. ジョージ・ガーシュイン
Arr. 井上　鑑

資生堂リンスインシャンプー
スムス「マスマススムス」

Cl. 資生堂
M. Arr. 岩崎元是　Art. 中江有里

森永小枝　'92「顔」

Cl. 森永製菓
M. 井上　鑑
Arr. 山田実穂子

日産　STEADY PULSAR

Cl. 日産自動車
M. Arr. 桜井　順
Art. スリーグレイセス

日立電子レンジ　G7「焼きもの上手」

Cl. 日立製作所
M. Arr. 大島ミチル

am pm「宣言」「喰ねえ」ロゴ

Cl. エーエム・ピーエムジャパン
M. Arr. 岩崎元是
Art. 菅井えり

De Beers「Milestone Diamond」

Cl. De Beers
W. Linda Hennrick　M. 杉　真理
Arr. 斎藤　毅　Art. スリーグレイセス

カゴメトマトジュース「トマトの森」

Cl. カゴメ
W. M. Art. 谷山浩子
Arr. 斎藤　毅

ANA'S　ラ・九州　'92

Cl. 全日空
M. Arr. Art. 小林靖宏

JR九州「愛とか勇気とか」

Cl. 九州旅客鉄道
W. Jacques Plante（訳詞：忌野清志郎）
M. Hedy West　Arr. HIS

KOSE　INNTELLIGE '93 SUMMER

Cl. コーセー
W. Linda Hennrick
M. Arr. 江藤直子　Art. 江黒真理

ツムラ　日本の名湯「登別・十和田・龍神」

Cl. ツムラ
W. 川崎　徹　M. Arr. 斎藤　毅
Art. 小川美潮

出光　100%ガソリン「100ならとれる」

Cl. 出光興産
M. Arr. Art. 巻上公一

日立冷蔵庫「決意」

Cl. 日立製作所
W. 川崎　徹　M. Arr. 江藤直子
Art. 広谷順子、本田淳子

松下電工　A&I

Cl. 松下電工
M. Arr. Art. 丸尾めぐみ

清水建設　'93「鉄人パパ」

Cl. 清水建設
W. 糸井重里
M. Arr. Art. 忌野清志郎

コーヒーギフトはAGF　サウンドロゴ

Cl. 味の素ゼネラルフーヅ
M. Arr. 桜井　順
Art. 鈴木康博　スリーグレイセス

サントリーウィンターギフト　'92

Cl. サントリー
W. 田口　俊　M. 杉　真理
Arr. 斎藤　毅　Art. 石川さゆり

味の素ぷるぷる豆腐「とうふマスク」

Cl. 味の素
M. Arr. 白井良明

健勝苑グループ　企業

Cl. 松栄
M. Arr. 斎藤　毅

資生堂シャワーソープ
「ゴシゴシ体操」（マリオネット人形）

Cl. 資生堂
M. Arr. 小林靖宏　Art. 宮沢りえ

東海銀行　東海ちょっとコール
「ウェイトレス」「窓ふき」 CI

Cl. 東海銀行
M. Arr. Art. 丸尾めぐみ

JRA　'93春

Cl. JRA
M. Arr. 斎藤　毅

キリンビール　'93お正月「吉永小百合」

Cl. 麒麟麦酒
M. リスト
Arr. 斎藤　毅

やまや　企業　'93「出会い」「恋人」

Cl. やまや
M. Arr. Art. 矢口博康

三菱エアコン霧ヶ峰F「口上」「納得」

Cl. 三菱電機
M. Arr. 斎藤　毅

味の素　Cook Do　'93

Cl. 味の素
M. Arr. 井上　鑑

1993

'93　NTTグループ広告「ハクガン」

Cl. NTTグループ
M. Arr. Art. 加古　隆

資生堂トーヒスト育毛ローション

Cl. 資生堂
M. Arr. 斎藤　毅

タイガー清水器ロカフレッシュ

Cl. タイガー魔法瓶
M. Arr. 若月明人
Art. 金子大悟

ふじっ子　手もみ浅漬けの素、ぬか漬けの素

Cl. フジッコ
M. Arr. 市川秀男

メガネスーパー「通勤」「親子」

Cl. 共立
M. Arr. 斎藤　毅
Art. 高泉淳子

JRA '93春

Cl. JRA
M. Arr. 斎藤　毅

ポーラデイリーコスメ「麗子像」

Cl. ポーラデイリーコスメ
M. Arr. 金子飛鳥
Art. 川村昌子

三菱地所　企業　'93
横浜ランドマークタワー　アセットホーム

Cl. 三菱地所
M. いずみたく　Arr. 美野春樹

朝日生命　人生倶楽部
「屋台」「電話ボックス」「晩酌」

Cl. 朝日生命
M. Arr. 斎藤　毅

東京ガス　ガス冷暖房「東京ドーム」

Cl. 東京ガス
M. Arr. 清水一登

日立冷蔵庫「味見」

Cl. 日立製作所
M. Arr. 江藤直子

NEC　PC

Cl. NEC
M. Arr. 井上　鑑

NTT「TED 4」KOBE

Cl. NTT
M. Arr. 斎藤　毅

資生堂シャワーソープ　'93
「さっぱりがいい」
「シャワーのあとのリラックス」

Cl. 資生堂　M. Arr. 斎藤　毅

'93　SUNTORY WHISKY SUMMER GIFT
「ウィスキーがお好きでしょ」

Cl. サントリー　W. 田口　俊　M. 杉　真理
Arr. 斎藤　毅　Art. 石川さゆり

NEC　98+windows 3.1

Cl. NEC
M. Arr. 斎藤　毅

コーヒーギフトはAGF　'93　ロゴ

Cl. 味の素ゼネラルフーヅ
M. 桜井　順　Arr. 岩崎元是
Art. 高橋洋子

トヨタコロナ
「中村雅俊のただいま授業中」

Cl. トヨタ自動車
M. Arr. 大島ミチル

本格焼酎　よかいち「四条隆彦」

Cl. 宝酒造
M. Arr. 井上　鑑

本格焼酎　よかいち「莫山先生」

Cl. 宝酒造
M. Arr. 井上　鑑
Art. 川村昌子（琴）

三菱IHジャー炊飯器「おいしいごはんができるまで」

Cl. 三菱電機
M. Arr. 江藤直子

資生堂アンジェリーク「天使」

Cl. 資生堂
M. Arr. 清水靖晃
Art. Vo. かの香織／演奏：清水靖晃

信越化学「Dear Children II」

Cl. 信越化学
Arr. 斎藤 毅

「新編集・新サリダ」の歌

Cl. 学生援護会
M. Arr. 鈴木さえ子
Art. 太田知子、前北美弥子

東京ガス 企業 つぎの気持ちいい「グリーンビジネス」

Cl. 東京ガス
M. Arr. Art. 小林靖宏

味の素 ほんだし"お箸の国"「叱られて」

Cl. 味の素 W. 松井五郎
M. 玉置浩二 Arr. 安全地帯&星 勝
Art. CDより

ISUZU BIGHORN

Cl. いすゞ自動車
W. 星野 操 M. Arr. 斎藤 毅
Art. スリーグレイセス

資生堂フリシェ No.2

Cl. 資生堂
M. Arr. 井上 鑑
Art. やまがたすみこ

新型B-ing

Cl. リクルート
M. Arr. 斎藤 毅

東京ガス 企業 つぎの気持ちいい「レストラン」「スポーツクラブ」

Cl. 東京ガス
M. Arr. 小林靖宏

GAT'N サウンドロゴ

Cl. リクルート
M. Arr. Art. 廣田龍人

JRA '92

Cl. JRA
W. 伊藤アキラ M. 杉 真理
Arr. 斎藤 毅 Art. 伊豆田洋之

だから肥後銀行

Cl. 肥後銀行
M. Arr. Art. 菅井えり

ニベア花王「ジムデオドラント」'92

Cl. ニベア花王
M. Arr. Art. NaO 2

協和焼酎 大五郎「故郷に帰る」

Cl. 協和発酵工業
W. 伊藤アキラ M. 鈴木キサブロー
Arr. 富田伊知郎 Art. とみたいちろう

資生堂リンスインシャンプー スムス「スムスムスメ」

Cl. 資生堂
M. Arr. 岩崎元是 Art. 中江有里

清水建設 '92「パパの手の歌」

Cl. 清水建設
W. 糸井重里 M. Arr. 忌野清志郎
Art. 忌野清志郎&2.3'S

農林中央金庫 '92「JA」

Cl. 農林中央金庫
W. 伊藤アキラ M. Arr. 丸尾めぐみ
Art. 岩崎元是

タッパウェア 働き者のお母さん「買物」「洗濯」

Cl. 日本タッパウェア W. 糸井重里
M. Art. 矢野顕子 Arr. 斎藤 毅

NTT「ネットワーク」「社員」

Cl. NTT
W. M. Arr. Art. 矢野顕子

サントリーブランデー X·O「マンボ」

Cl. サントリー
W. M. Arr. Art. オルケスタ・デ・ラ・ルス

1992

味の素 Cook Do '92

Cl. 味の素
M. Arr. 斎藤 毅

サントリー香梅酒「上海木馬」

Cl. サントリー
M. Arr. 井上 鑑
Art. 賈 鵬芳

資生堂 スーパーマイルドシャンプー「すこやか」

Cl. 資生堂
M. Arr. 丸尾めぐみ Art. 渡辺 等

東海銀行スーパー定期「いばり犬」

Cl. 東海銀行
M. Arr. 斎藤 毅

evian「ボトル」

Cl. エビアン
M. Arr. 清水靖晃
Art. Michel Flynn

JRA「学生」「生徒」

Cl. JRA
M. Arr. 斎藤 毅

JR西日本 企業「中村児太郎」

Cl. 西日本旅客鉄道
M. Arr. 井上 鑑
Art. 川村昌子

NTT '92 企業

Cl. NTT
M. 矢野顕子、ベートーヴェン
Arr. 若月明人

NTT DOCOMO CI

Cl. NTT移動通信網
M. Arr. 井上 鑑
Art. 井上咲耶、ひばり児童合唱団

大正アイリス「熱帯の海」「子供」

Cl. 大正製薬
W. M. Art. 谷山浩子
Arr. 斎藤 毅

朝日生命 人生倶楽部「屋上」「動物園「夜桜」

Cl. 朝日生命
M. ブラガ Arr. 若月明人

朝日生命 人生倶楽部 今井美樹「人生」

Cl. 朝日生命
M. Arr. 斎藤 毅

帝人 企業 '92

Cl. 帝人
M. Arr. Art. 吉田美奈子

JA '92「協同カード」「正月」

Cl. 農林中央金庫
M. Arr. 丸尾めぐみ
Art. 川村昌子

コーセー アンテリージェ レジュームファンデーション '92秋

Cl. コーセー
M. Arr. 井上 鑑 Art. 原 善伸

ゴルフのVICTORIA「クイズ」

Cl. ヴィクトリア
M. Arr. 井上 鑑

チオビタドリンク「反省だけなら」

Cl. 大鵬薬品工業
M. Arr. 斎藤 毅

月桂冠生酒「ムーンドリンク」

Cl. 月桂冠
M. Arr. 斎藤 毅

資生堂 新・アウスレーゼ「雲」

Cl. 資生堂
W. Linda Hennrick M. ドヴォルザーク
Arr. 斎藤 毅 Art. 川平慈英

六甲のおいしい水 '92

Cl. ハウス食品
M. Arr. Art. 吉田美奈子

タチカワブラインド シルキーちゃんのお部屋「テレビ」「ケーキ」「犬」

Cl. タチカワブラインド W. Linda Hennrick
M. Arr. 斎藤 毅 Art. Michel Flynn

肥後銀行 '92「夏・冬」'93「年頭」

Cl. 肥後銀行
M. Arr. 江藤直子

マキロンかゆみどめパッチ

Cl. 山之内製薬
M. T.Oesten Arr. 斎藤 毅
Art. 阪口あや

富士銀行「夏のボーナス」

Cl. 富士銀行
M. Arr. 周防義和

LARK CUP GOLF

Cl. フィリップモリス
M. Arr. 井上 鑑

エースコック スーパーカップ2

Cl. エースコック
W. ビートたけし M. グレート義太夫
Arr. 斎藤 毅

チオビタドリンク「HARD WORKIN'MAMA」

Cl. 大鵬薬品工業㈱　W. Linda Hennrick
M. Arr. 市川秀男　Art. Linda Hopkins

リリカラ　企業

Cl. リリカラ
M. Arr. 江藤直子

清水建設　CI

Cl. 清水建設
M. Arr. 井上　鑑

日産自動車　企業「スクラップ」

Cl. 日産自動車
W. Ross Parker（訳詞：矢川澄子）
M. Hughie Charles
Arr. 井上　鑑　Art. 加川　良

EUNOS "PRESSO" 新登場

Cl. ユーノス
W. 床鍋剛彦　M. Arr. 井上　鑑
Art. Michelle Flynn

JT "CABIN '85"

Cl. 日本たばこ産業
M. Arr. 井上　鑑
Art. マイケル・G

KAGOME CI

Cl. カゴメ
M. Arr. 桜井　順
Art. 池谷京子

KIRIN　JIVE '91春夏

Cl. キリンビバレッジ
M. Arr. 井上大輔

NTT 刺しゅう電報「母の日の歴史」

Cl. NTT
M. ブランド
Arr. 市川秀男

エーザイ　チョコラBB「肌が少し荒れただけで」

Cl. エーザイ
Arr. 斎藤　毅

コスモ石油「田村英里子」

Cl. コスモ石油
M. Arr. 鈴木さえ子
Art. MOJO

シャープ　ツインBSテレビ

Cl. シャープ
M. Arr. 斎藤　毅

トヨタコロナNEWセレクトサルーンG

Cl. トヨタ自動車
Arr. 大島ミチル

リクルートB-ing「みかんの花」

Cl. リクルート
W. 加藤省吾　M. 海沼　実
Arr. 若月明人　Art. やまがたすみこ

三井海上　オープニングセレモニー

Cl. 三井海上
M. Arr. 斎藤　毅

東海銀行

Cl. 東海銀行
M. Arr. 斎藤　毅

肥後銀行

Cl. 肥後銀行
W. 結城臣雄　M. Arr. 菅井えり
Art. ERI

味の素ギフト　'91夏

Cl. 味の素
W. 伊藤アキラ　Arr. 山田実穂子
Art. 中村雅俊

NTT　R

Cl. NTT
M. Arr. 斎藤　毅

コスモ石油マグナムキャンペーン「ホタル姫」

Cl. コスモ石油　W. 安念俊彦
M. Arr. Adi　Art. 田村英里子

リリカラ　企業「ヨーロッパの窓」

Cl. リリカラ
M. Mozart、江藤直子
Arr. 斉藤　毅、朝川朋之

De Beers　DIAMOND COLLECTION「待ちぼうけ」

Cl. De Beers　Arr. 斎藤　毅
Art. スリーグレイセス

サントリー「香梅酒」

Cl. サントリー
M. Arr. 井上　鑑

ツムラ　日本の名湯「あがり湯いらず」「くつしたいらず」

Cl. ツムラ
M. Arr. 斎藤　毅

資生堂FRISCHE

Cl. 資生堂
M. Arr. 井上　鑑
Art. やまがたすみこ

AGF　Mr.MAXIM「法廷」「乗馬」 P241

Cl. 味の素ゼネラルフーヅ
M. Arr. 樋口康雄

JT　企業「多角化事業」

Cl. JT
M. Arr. 斎藤　毅
Art. 相曽晴日

PARCO '91　秋のキャンペーン「家族」「エーグルダンス」

Cl. パルコ
M. Arr. 斎藤　毅　Art. ひばり児童合唱団

サンヨーぴったりツイン洗濯機「洗剤ストップ」

Cl. 三洋電機
M. Arr. 山田実穂子

'91　秋チオビタドリンク「世間のおとうさんへ」

Cl. 大鵬薬品工業
M. Arr. 斎藤　毅

GAT'N　ロゴ

Cl. リクルート
M. Arr. 富田伊知郎
Art. とみたいちろう

JRA　'92

Cl. JRA
M. Arr. 斎藤　毅
Art. 加川　良

Nikon　F-401X

Cl. ニコン
W. 伊藤アキラ　M. 鈴木キサブロー
Arr. 斎藤　毅　Art. 鈴木康博

TOTOマンションブロー「働きバチ」

Cl. TOTO
M. Art. 谷山浩子
Arr. 斎藤　毅

TOYOTA　アリスト「創世」

Cl. トヨタ自動車
M. Arr. 斎藤　毅

UCC品質広告「BIG COFFEESTORY」

Cl. UCC
W. 岡田冨美子　M. 樋口康雄
Arr. 斎藤　毅　Art. 久野綾希子

ジョンソン　プスムス「おとなりさん」

Cl. ジョンソン&ジョンソン
M. Arr. Art. 菅井えり

ニッセキハウス工業「主婦の眼差し」

Cl. ニッセキハウス
M. Arr. 斎藤　毅

リクルート「GAT'N」

Cl. リクルート　W. M. Arr. 吉田美奈子
Art. 内藤やす子　Cho. 吉田美奈子

丸井　M-1カード

Cl. 丸井
W. Linda Hennrick　M. ショパン
Arr. 斎藤　毅　Art. スリーグレイセス

資生堂ヘアメークシャンプー「桜の園」

Cl. 資生堂
M. Arr. 江藤直子

富士通「源氏物語」

Cl. 富士通
M. Arr. 斎藤　毅
Art. やまがたすみこ

コーセー　アンテリージェ2

Cl. コーセー
M. Arr. 井上　鑑

サントリー　'91　冬のギフト「ウィスキーで逢いましょう」

Cl. サントリー　W. 伊藤アキラ
M. Arr. 鈴木キサブロー　Art. 堺　正章、研　ナオコ

シャープエアコン　ウィンダム「キャッチボール」

Cl. シャープ
M. Arr. 斎藤　毅　Art. やまがたすみこ、岩崎元是

シャープ電子システム手帳

Cl. シャープ
M. Arr. 斎藤　毅

ジョンソン・プスムス「おとなりさん」

Cl. ジョンソン&ジョンソン
M. Arr. 菅井えり
Art. 井上利衣

伊勢丹「遊カード」

Cl. 伊勢丹
M. Arr. 江藤直子

日石ワンナップカード

Cl. 日本石油
M. Arr. 斎藤　毅

日本生命「静かな時間」

Cl. 日本生命
M. フランツ・リスト
Arr. 斎藤　毅

VAPE '91 リキッド「キュウカク鳥」マット「天体観測」

Cl. フマキラー
M. シューベルト、バッハ　Arr. 斎藤　毅
Art. 吉川忠英

サントリーモルツ「小料理屋の人々」

Cl. サントリー
W. 仲畑貴志　M. 来生たかお
Arr. 斎藤　毅　Art. 五木ひろし

De Beers Diamond 25th Anniversary (Try to remember)

Cl. De Beers
W. T.Jones　M. H.Schmidt
Arr. 斎藤　毅　Art. Jake H.C.

NTT「デラックス刺繍電報」

Cl. NTT
M. 田中博信
Arr. 山田実穂子

NTT「演歌」

Cl. NTT
W. 宗方英作　M. Arr. 富田伊知郎
Art. とみたいちろう

SONY　Family Studio

Cl. ソニー
M. Arr. 鈴木さえ子

TOTO　シャンプードレッサー「娘よ、母より美しくなれ」

Cl. TOTO
M. Arr. 若月明人　Art. えとうなおこ

サントリー　ウィンターギフト「ウィスキーがお好きでしょ」

Cl. サントリー　W. 田口　俊
M. 杉　真理　Arr. 斎藤　毅　Art. 石川さゆり

ツムラ「トリム誕生」

Cl. ツムラ
W. Linda Hennrick
M. Arr. 岩崎元是　Art. 岩崎元是、ERI

マクドナルド「ビッグマックランチキャンペーン」

Cl. 日本マクドナルド
M. Arr. 井上　鑑　Art. ERI

三菱ピース「蝶がとまるマーカー」

Cl. 三菱鉛筆
M. Arr. 井上　鑑

資生堂シャワーソープ「冬のお風呂」

Cl. 資生堂
M. Arr. 井上　鑑

清水建設「パパの歌」

Cl. 清水建設
W. 糸井重里
M. Arr. Art. 忌野清志郎

大垣共立銀行

Cl. 大垣共立銀行
M. Arr. 大島ミチル

NTT　4D化キャンペーン「風船」

Cl. NTT
M. Arr. 斎藤　毅

なんだかんだと埼玉銀行「銀行」「プラットホーム」

Cl. 埼玉銀行
M. ベイリイ　Arr. 鈴木さえ子

東京ガス　企業PR「けんか」「質問」

Cl. 東京ガス
M. Arr. 斎藤　毅

北海道拓殖銀行「森の住人の話」

Cl. 北海道拓殖銀行
M. Arr. 市川秀男

JR東日本「成田エクスプレス開通」

Cl. 東日本旅客鉄道
M. Arr. 斎藤　毅

MYCASA「アートポスター」

Cl. (ニチイ) エーゼット商事
Arr. 大島ミチル
Art. 福里明久

NTT　4D化キャンペーン「年末年始」

Cl. NTT
M. Arr. 丸尾めぐみ
Art. 前田了介

サッポロ　CI

Cl. サッポロビール
M. Arr. 井上　鑑

資生堂メッシュセンターイン

Cl. 資生堂
M. Arr. 丸尾めぐみ

資生堂　UVホワイト・スポッツホワイト・ホワイトパクト

Cl. 資生堂
M. Arr. 斎藤　毅

キリンドラフト　'91「草野球」(中村雅俊、鈴木保奈美)

Cl. 麒麟麦酒　W. 糸井重里
M. Arr. 岩崎元是　Art. 細川たかし (Cho. 岩崎元是)

1991

コーセー　アンテリージェ　夏「2ウェイファンデーション」

Cl. コーセー
M. Arr. NaO 2

EUNOS ROADSTER「五色の曙」

Cl. ユーノス
W. 湊　昭良 (ラテン語訳：大谷)
M. Arr. 斎藤　毅　Art. 桐ヶ谷仁、桐ヶ谷俊博

JAZZ INN「猫」

Cl. 日本ペプシコ
M. Arr. 斎藤　毅

カネボウ "季節のデザート"「高橋洋子」

Cl. 鐘紡　カネボウ食品本部
M. Arr. 大島ミチル

三菱MINICA「キャッチフレーズ」

Cl. 三菱自動車
M. Arr. 白井良明

'91　キッコーマン万上本みりん

Cl. キッコーマン
M. Arr. 斎藤　毅

'91　春の西友大市

Cl. 西友
W. 廣澤兼優　M. 服部良一
Arr. 大島ミチル　Art. 森の木

ANA　'91沖縄「ピース」

Cl. 全日空
M. Arr. 井上　鑑

JR西日本「3・16新ダイヤ」

Cl. 西日本旅客鉄道
M. Arr. 丸尾めぐみ

NTT　CI

Cl. NTT
M. Arr. 桜井　順
Art. スリーグレイセス

NTT値下げキャンペーン

Cl. NTT
M. モーツァルト
Arr. Art. 菅井えり

SONY　PIXY　'91　P268

Cl. ソニー
M. Arr. 斎藤　毅

資生堂リバイタルアロマティック

Cl. 資生堂
M. Arr. 樋口康雄

'91　東レ　トレビーノスーパーミニ

Cl. 東レ
M. Arr. Art. 菅井えり

JAL　'91　企業

Cl. 日本航空
M. Arr. 斎藤　毅

Panasonic　オーダー自転車「のっぽのムルアカさん」

Cl. 松下電器産業
M. Arr. 斎藤　毅

PARCO「スーマーおばさん」(素直になりたい)

Cl. パルコ
W. 糸井重里　M. Arr. Art. 矢野顕子

UCC　N19シリーズ

Cl. UCC
M. Arr. 斎藤　毅

コスモ石油　企業「加勢大周」

Cl. コスモ石油
W. 山本秀行、安念俊彦
M. Art. 田中博信　Arr. 小島久政

サントリービアヌーボー　'91夏

Cl. サントリー
M. Arr. 大島ミチル
Art. JIVE

メルシャンセレクト「あがっていけば」

Cl. 三楽
M. Arr. 樋口康雄
Art. Anna Banana

丸井のメガネ　'90春

Cl. 丸井
M. Arr. 斎藤　毅

資生堂シャワーソープ「TALK」

Cl. 資生堂
M. Arr. 井上　鑑

日本触媒　企業（エブリナ）「水遊び」

Cl. 日本触媒化学工業
M. 外国民謡　Arr. Adi
Art. 佐藤正治

日本盛　生貯蔵酒「じゃんけん」

Cl. 西宮酒造
W. 糸井重里、遠藤賢司
M. Arr. Art. 遠藤賢司

NTT グループ「夢の化石」

Cl. NTT グループ
M. Arr. 井上　鑑

ピュリナ「たのしい食事」

Cl. ピュリナ大洋ペットフッド
M. Arr. 富田伊知郎
Art. とみたいちろう

key Coffee　サマーギフト「カフェ・クレ」

Cl. キーコーヒー
M. Arr. 井上　鑑

UCC THE BLEND 114,117
「コーヒーのつぶやき」

Cl. UCC
M. 市川秀男　Arr. 市川秀男

アメリカ屋靴店　企業「青い道」

Cl. アメリカ屋靴店
M. Arr. 井上　鑑

キッコーマン特選丸大豆しょうゆ

Cl. キッコーマン
M. Arr. 斎藤　毅

メルシャン　ロゴ

Cl. 三楽
M. Arr. 樋口康雄
Art. RISA（白石リサ）

三井生命　企業「特上にしてください」

Cl. 三井生命
M. Arr. 斎藤　毅
Art. 斎藤ネコカルテット

NTT　4D化キャンペーン第2期

Cl. NTT
M. Arr. 丸尾めぐみ

PARCO　'90夏「滝」「桟橋」

Cl. パルコ
M. Arr. 斎藤　毅

TOTOのシャワー

Cl. TOTO
M. Arr. Art. 鈴木さえ子

エーザイ　チョコラBB「今夜は泣くぞ」

Cl. エーザイ
M. Arr. 斎藤　毅
Art. 小林靖宏

ユナイテッド航空「ゴルフ」

Cl. ユナイテッド航空
M. ジョージ・ガーシュイン
Arr. 樋口康雄

三井海上コーポレートソング
「跳んで限りなく」

Cl. 大正海上　W. 新田慎二（補作詞：伊藤アキラ）
M. 小林明子　Arr. 斎藤　毅
Art. やまがたすみこ、菅井エリ、藤井健、小林正明

資生堂レシェンテ「レディブラウンを探せ」

Cl. 資生堂
W. Dick Rudolph
M. Arr. 井上　鑑　Art. 笠井紀美子

日清中華そば　らうめん「おぺれった」

Cl. 日清食品
M. Arr. 鈴木慶一　Art. 藤井　健、小林裕子
（Cho. マシュマロウェイブ）

NTT「100年目の電話生活」

Cl. NTT グループ
M. 鈴木さえ子
Arr. 若月明人

ハウス本中華「本式中国」

Cl. ハウス食品
M. Arr. 斎藤　毅
Art. 小川美潮

ピュリナ「キャットチャウ　5ミックス」

Cl. ピュリナ大洋ペットフッド
M. Arr. 菅井えり
Art. 小林亜梨沙

旭化成　企業　'90「アストゥリアス」

Cl. 旭化成工業
Arr. 斎藤　毅
Art. 原　善伸

学生援護会「女の出発」

Cl. 学生援護会
W. 一倉　宏　M. 三木たかし
Arr. 市川秀男　Art. 斉藤恵子

三菱 MINICA　新 DANGAN

Cl. 三菱自動車
M. Arr. 白井良明

森永小枝「君の笑顔」「がんばれ」

Cl. 森永製菓
M. Arr. 井上　鑑
Art. やまがたすみこ

JR東海「京都遊学」

Cl. 東海旅客鉄道
W. Linda Hennrick　M. Brian　山越
Arr. 鈴木さえ子　Art. Michael Guinn

エーザイ　ユベロンゴールド
「疲れにEじゃないか」

Cl. エーザイ
M. Arr. 若月明人

ツムラ　浴剤「トリム」

Cl. ツムラ
W. Linda Hennrick
M. Arr. 八木正生　Art. 笠井紀美子

資生堂タクティクス「待ち伏せ」

Cl. 資生堂
M. Arr. 鈴木慶一

資生堂ヘアメイクシャンプー

Cl. 資生堂
M. Arr. 斎藤　毅
Art. 相曽晴日

東京ガス　企業PR「あなたらしさ」

Cl. 東京ガス
M. Arr. 市川秀男

日本ガイシ　企業「炎」

Cl. 日本ガイシ
M. Arr. 野人（福岡康子）
Art. 村田有美

日本マクドナルド　ビッグマック
「ビーフ・クォリティ」

Cl. 日本マクドナルド
M. Arr. 斎藤　毅　Art. 相曽晴日

明治トルテ「トルテの歌」

Cl. 明治製菓
Arr. Art. 菅井えり

AGF マキシムレギュラーコーヒー

Cl. 味の素ゼネラルフーヅ
W. 仲畑貴志　M. Arr. 鈴木慶一&鈴木さえこ
Art. 鈴木慶一&鈴木さえ子

ANA'S CARIB

Cl. 全日空
M. Arr. 鈴木さえ子

TDK　HIGH CONTACTVIDEO TAPE
「謎のビデオテープ」

Cl. TDK
M. Arr. 斎藤　毅

UCC　FM キッス用

Cl. UCC
M. Arr. 市川秀男

エーザイ　クアタイム

Cl. エーザイ
M. Arr. 井上　鑑
Art. 広谷順子

クマヒラ貸金庫「夜もおちおち」

Cl. 熊平製作所
M. モーツァルト　Arr. 斎藤　毅
Art. 茶谷宏子、武村浩子

サントリー　南アルプス天然水

Cl. サントリー
M. Arr. 若月明人
Art. ひばり児童合唱団

タイガーマイコン沸騰ポット
「光る・ザ・トップ」

Cl. タイガー魔法瓶
M. Arr. 鈴木さえ子

ダイワハウス「まあるい灯り」

Cl. 大和ハウス工業
M. Arr. 市川秀男

三菱ジャー炊飯器「水かげんまちがえま線」

Cl. 三菱電機
M. Arr. 斎藤　毅

小学館「日本列島大地図館」

Cl. 小学館
M. Arr. Art. 深草アキ

サントリー「COURVOISIER」

Cl. サントリー
M. Arr. 若月明人
Art. 東京混声合唱団、やまがたすみこ

サントリービール冴「自然の冴」

Cl. サントリー
M. Arr. 市川秀男

チオビタドリンク
「疲れているのは誰でしょう」

Cl. 大鵬薬品
M. Arr. 鈴木慶一

ミキハウス　企業

Cl. 三起商行
M. Arr. 丸尾めぐみ

日本ガイシ「不思議な光」

Cl. 日本ガイシ
M. Arr. 樋口康雄

日本生命　企業「手紙」

Cl. 日本生命
W. J.B.Clement　M. A.Renard
Arr. 斎藤　毅

味の素ライスクック

Cl. 味の素
M. Arr. 白井良明

cinema de cinema　先付け

Cl. シネマ ドゥ シネマ
M. Arr. 斎藤　毅
Art. 小林靖宏

FUJI COLOR SUPER HG '90
「お正月を写そう」

Cl. 富士写真フイルム
M. Arr. ERI

サントリー　COURBOISIER

Cl. サントリー
M. Arr. 若月明人
Art. やまがたすみこ

銀行三行　'89ボーナス「笑顔」「子守歌」

Cl. 興銀・長銀・日債銀
M. Arr. Art. 越　美晴

資生堂レシェンテ
「オランジェ・デ・キドル」

Cl. 資生堂　W. 床鍋剛彦　M. Arr. 井上　鑑
Art. ラジ、やまがたすみこ、惣領智子、楠木勇有行

日本盛「'89　お歳暮」

Cl. 西宮酒造
M. Arr. 白井良明

HONDA ASCOT
"TAKE THE［A］SEDAN"

Cl. 本田技研工業　W. M. 桜井　順
Arr. 井上　鑑　Art. スリーグレイセス

IBM·PS　55／Z「藤田監督」

Cl. 日本IBM
M. Arr. 市川秀男

JAL　企業イメージ「フリット」

Cl. 日本航空
M. Arr. 井上　鑑

JALAN「平成じゃらん節」

Cl. リクルート
W. 石井昌彦、巻上公一　M. 矢野顕子
Arr. Adi　Art. 巻上公一

キリンラガービール「ラ党の人々」

Cl. 麒麟麦酒
M. Arr. 桜井　順

トーヨーサッシ　アリーズ
「お前の夜が心配だ」

Cl. トーヨーサッシ　W. Linda Hennrick
M. Art. 小林明子　Arr. 斎藤　毅

フジテレビ「冬のキャンペーン」

Cl. フジテレビ
W. 岡本おさみ　M. 吉田拓郎
Arr. 鈴木さえ子　Art. 鈴木さえ子、ERI

西武・西友「冬の日本一の市」

Cl. 西武・西友
M. Arr. 井上　鑑
Art. 川村昌子

EUNOS「COSMO」

Cl. ユーノス
M. Arr. 井上　鑑

シトロエンAX

Cl. ユーノス
M. Arr. 井上　鑑

Vapeマット　'90

Cl. フマキラー
M. Arr. 井上　鑑
Art. 田原俊彦

1990

De Beers「Diamond Summer Fair '90」

Cl. De Beers
M. Arr. 白井良明

KIRIN LAGER BEER「証言シリーズ」

Cl. 麒麟麦酒
M. Arr. 鈴木慶一

PEPSI JAZZ'IN　「あんたはケチや」

Cl. 日本ペプシコ
M. Arr. 市川秀男

サントリービール"冴"「春の鯛」

Cl. サントリー
M. Arr. 井上　鑑
Art. 深草アキ（秦琴）

シティバンク「眠ってる間に…」

Cl. シティバンク
M. Arr. 斎藤　毅

日本テレコム「木綿のハンカチーフ」

Cl. 日本テレコム
M. Arr. 鈴木慶一
Art. 田中博信

AVON「TEXTONE」

Cl. エイボン・プロダクツ
M. Arr. 大島ミチル
Art. 広谷順子

HONDA ASCOT '90 Ⅱ

Cl. 本田技研工業
M. Arr. 斎藤　毅

JAL「小林浩美」

Cl. JAL
M. Arr. 井上　鑑
Art. やまがたすみこ、坪倉唯子、ERI

NTT「東京4D化計画」

Cl. NTT
M. Arr. 鈴木さえ子

NTTエレガント押し花電報

Cl. NTT
M. Arr. 斎藤　毅

SONY PIXY「屋上」

Cl. ソニー
M. Arr. 斎藤　毅

SUNTORY BRANDY X·O「CARMEN」

Cl. サントリー　M. Arr. 樋口康雄
Art. マリアーナ・ニコレスコ
（Cho. 茶谷宏子・岩波由美子）

セゾン生命「ならんで生きたい」

Cl. セゾン生命
W. 岩崎俊一（英訳）Linda Hennrick
M. Arr. 若月明人　Art. 福田ポプラ

三菱プロパス「直ちゃんのプロパス」

Cl. 三菱鉛筆
M. シューマン
Art. えとうなおこ

大阪花博　郵政共同館「THE NATERE」

Cl. 郵政省・NTT・KDD
M. Arr. 井上　鑑

FUJI COLOR SUPER HG「春」

Cl. 富士写真フイルム
M. ERI
Art. ERI

HONDA ASCOT「夏」（JOKING LOVE）

Cl. 本田技研工業
W. Arr. 桜井　順
Art. スリーグレイセス

KIRIN　午後の紅茶「紅茶売りのおじさん」

Cl. 麒麟麦酒
M. Arr. Art. 小林靖宏

SAKURA CARD「SAKURAくん」

Cl. 太陽神戸三井カードグループ
M. Arr. 鈴木さえ子
Art. 野宮真貴

ダイヤモンドゴルフ
「チャップリンのゴルフ狂時代」

Cl. ダイヤモンドゴルフ
M. Arr. 桜井　順

チオビタドリンク「働くだけが人生か」

Cl. 大鵬薬品
M. Arr. 白井良明

ハウス特選わさび「実感」

Cl. ハウス食品
M. Arr. 白井良明

メルシャンセレクト「お天気ワイン」

Cl. 三楽
M. Arr. Adi
Art. 金子飛鳥

日産セドリック「新5速ATクルージング」

Cl. 日産自動車
M. Arr. 井上 鑑

日本ガイシ 企業「鍵穴」

Cl. 日本ガイシ
M. Arr. 樋口康雄

農協ローン '89

Cl. (農協) 農林中央金庫
M. Arr. 白井良明

89 夏の西友大市

Cl. 西友
M. Arr. 大島ミチル
Art. ひばり児童合唱団

エーザイ チョコラBB '89

Cl. エーザイ
M. Arr. 斎藤 毅
Art. 小林靖宏

オリンパス「とまり木」

Cl. オリンパス光学工業
M. Arr. 市川秀男
Art. 中川昌三

競馬学校生徒募集

Cl. JRA
W. 及川恒平 M. Arr. 梅垣達志
Art. 小柴大造

資生堂モーニングフレッシュスピーディ「太極拳」

Cl. 資生堂
M. Arr. 鈴木さえ子

住友ヤングゴールドカード20S、住友VISAインフォメイション

Cl. 住友VISA
M. Arr. 桜井 順 Art. 中島啓江

神戸製鋼「あっという人」「KOBELCO」ロゴ

Cl. 神戸製鋼所
M. Arr. 斎藤 毅

大正海上 企業「虹をつかむ男」

Cl. 大正海上火災
M. Arr. Art. 矢野顕子

De Beers Sweet Ten Diamond

Cl. De Beers
W. Linda Hennrick M. ブールトン
Arr. 斎藤 毅 Art. Lonnie Hirsch

EUNOS CI LOGO

Cl. ユーノス
Art. ウィリアム・カリー (Na)

NTT '89 企業「マウンテンゴリラ」 P268

Cl. NTTグループ
M. Arr. 斎藤 毅

TOTOシャンプードレッサー「むすめのはだか」

Cl. TOTO
M. Arr. 鈴木慶一 Art. ERI

VISA CARD「チャイニーズレストラン」

Cl. VISAジャパン
M. Arr. 市川秀男
Art. 市川秀男、えとうなおこ

サントリービール"冴"「海の冴」

Cl. サントリー
M. Arr. 斎藤 毅

トーヨーサッシ「アリーズ」

Cl. トーヨーサッシ
M. Arr. 桜井 順

旭化成 '89「シャガール」 P261

Cl. 旭化成
M. Arr. 斎藤 毅

三菱プロパス「ここってところにプロパス」

Cl. 三菱鉛筆
M. Arr. 丸尾めぐみ

7—11企業VOL.12「わたしのどうしても」

Cl. セブン・イレブン・ジャパン
M. Arr. 丸尾めぐみ

「えくぼ」創刊

Cl. 講談社
M. Arr. 鈴木慶一

シュトローエン

Cl. ユーノス
M. Arr. 市川秀男

ロードスターBX

Cl. ユーノス
M. Arr. Art. 小林靖宏

三共ルル「歌姫ルル」

Cl. 三共製薬
M. Arr. 桜井 順
Art. 伊集加代子

日本自転車振興会「パフォーマンス」

Cl. 日本自転車振興会
M. Arr. 西田正也

農協果汁「果汁のある森」

Cl. (農協) 全農直販
M. Arr. 斎藤 毅

良質生活APITA「買い物」「橋」「洗濯」「蝸蝸牛」

Cl. アピタ
M. Arr. 若月明人

NTT刺繍電報

Cl. NTT
M. Arr. 市川秀男

TOKUHON ロゴ

Cl. トクホン
M. Arr. Art. 菅井えり

アストリア スティックコーヒー「深夜の散歩」

Cl. 片岡物産
M. Arr. 白井良明

カゴメケチャップ「赤いキッス」

Cl. カゴメ
W. 阿久 悠 M. 小林亜星
Arr. 鈴木慶一 Art. れいち

サントリー ヨーグリーナ ロゴ

Cl. サントリー
M. Arr. 鈴木慶一
Art. 比山 清

シオノギ パイロンAM錠「かぜ文字」

Cl. 塩野義製薬
M. Arr. 斎藤 毅
Art. れいち

ニッポン放送「かぼちゃ計画、もも計画」

Cl. ニッポン放送
M. Arr. 市川秀男
Art. とみたいちろう

フジッコ「お茶碗」

Cl. フジッコ
M. Arr. 斎藤 毅

フジテレビ '89秋のキャンペーン

Cl. フジテレビ
W. (仏訳) 床鍋剛彦 M. Arr. 桜井 順
Art. 河野浩子、小原 孝

資生堂スーパーマイルドシャンプー Part.5「お知らせ」「やさしくたのむよ」

Cl. 資生堂
M. Arr. 鈴木さえ子 Art. 亀石美明

東京電力「コンセントはあなたのお部屋のお店です。」

Cl. 東京電力
M. Arr. 若月明人 Art. ERI

日本盛「晩酌」

Cl. 西宮酒造
W. 糸井重里、遠藤賢司
M. Arr. Art. 遠藤賢司

味の素「おいしさキャンペーン」

Cl. 味の素
M. Arr. 大島ミチル

明治「ヨーグルトでつくったドレッシング」

Cl. 明治乳業
M. Arr. 斎藤 毅

MIZUNO「全力庭球宣言」

Cl. MIZUNO
M. Arr. 斎藤 毅

フマキラーVapeリキッド '90

Cl. フマキラー
M. Arr. 斎藤 毅

農協牛乳 '90

Cl. 全国農業協同組合連合会
M. Arr. 井上 鑑

EUNOS 100&300

Cl. ユーノス
M. Arr. 井上 鑑

FUJI COLOR "WORLD CUP 1990 ITALY"

Cl. 富士写真フイルム
M. Arr. 市川秀男

東京電力　企業"胸の振子"「あかり」

Cl. 東京電力
Arr. 斎藤　毅

明星チャイナタウン
「アーバン・ランデブー」

Cl. 明星食品
M. Arr. 斎藤　毅

JRA '89「今年も馬年」

Cl. JRA
M. Arr. 市川秀男

SEIKO BUSINESS TIMING「登場」

Cl. 服部セイコー
M. Arr. 斎藤　毅
Art. 清田規子

旭化成　正月スペシャル
「モネの光」「モネの時間」

Cl. 旭化成
M. Arr. 斎藤　毅　Art. 茶谷宏子

資生堂　スーパーマイルドシャンプー
Part.2

Cl. 資生堂
M. Arr. 鈴木さえ子

1989

JRA'89　地方開催

Cl. JRA
M. Arr. 市川秀男

JRA Green Spirit　'89
「Now and forever」
Cl. JRA
W. Linda Hennrick
M. Arr. 市川秀男　Art. やまがたすみこ

JR東日本「ダイヤ改正」

Cl. 東日本旅客鉄道
W. M. Arr. Art. ERI

JR東日本「細道へおいでよ」

Cl. 東日本旅客鉄道
M. Arr. 矢野顕子

The Blend of Nikka '89春

Cl. ニッカウヰスキー
M. Arr. 斎藤　毅

UCC　サウンドロゴ

Cl. UCC
M. Arr. 丸尾めぐみ
Art. ERI

キリンラガービール「証言」シリーズ

Cl. 麒麟麦酒
M. Arr. 鈴木慶一

サントリーワインレゼルブ
「とんねるず呪文」

Cl. サントリー　W. Art. Linda Hennrick
M. 吉川忠英　Arr. 斎藤　毅

センイチさんのセンロック
「ユニフォーム」「キャンプ」「街」

Cl. 第一製薬
M. Arr. 井上　鑑

マイカル本牧　OPEN

Cl. ニチイ
M. Arr. 斎藤　毅

ミミー缶「彼女の意思」

Cl. 日本ペットフード
M. Arr. 丸尾めぐみ

HISAMITSU　サウンドロゴ

Cl. 久光製薬
M. Arr. 井上　鑑
Art. やまがたすみこ

JRA「桜花賞」'89

Cl. JRA
M. Arr. 鈴木慶一

JRA「皐月賞」「天皇賞」

Cl. JRA
M. Arr. 鈴木慶一

MY FIRST SONY LONG VERS.

Cl. ソニー・クリエイティブ・プロダクツ
W. M. Art. 杉　真理
Arr. 杉　真理・京田誠一

NISSHINBO
「ロマンティック・インダストリー」

Cl. 日清紡
M. Adi（金子飛鳥、佐藤正治）　Art. Adi

PERSONAスプリングフェスタ　'89

Cl. マツダ
M. Arr. 井上　鑑

UCC The Blend
「レギュラーを飲んでるあなたに」

Cl. UCC
M. Arr. 市川秀男

アリナミンA '89

Cl. 武田薬品工業
M. Arr. 樋口康雄

サッポロ「クラシック」'89

Cl. サッポロビール
M. Arr. 井上　鑑
Art. 左木伸誘

サントリー「CREST」

Cl. サントリー
M. Arr. 樋口康雄

サントリー樹氷「花」

Cl. サントリー
M. 滝廉太郎　Arr. 若月明人
Art. 清田規子

ビクターS-VHS
「ディテールからニュアンス」

Cl. 日本ビクター
M. Arr. 樋口康雄

プリマハム「デリシェ」

Cl. プリマハム
M. Arr. 若月明人

ミサワリゾート　企業「海」

Cl. 三沢ランド
M. ショパン

ワンダーペット「ブルーナ」
CAT, DOG
Cl. ピップフジモト
W. Chris Mosdell　M. Arr. 井上　鑑
Art. Cassia Mosdell

資生堂スーパーマイルドシャンプー
「図書館」

Cl. 資生堂
M. Arr. 鈴木さえ子　Art. ERI、鈴木さえ子

東京電力　'89　Part.Ⅱ「この道」

Cl. 東京電力
W. 北原白秋　M. 山田耕作
Arr. 斎藤　毅

東京電力　'89　Part.Ⅱ
「バチャー家のおやすみ」

Cl. 東京電力
M. ドヴォルザーク　Arr. 市川秀男

'89　味の素　まろみ「かぼちゃ」

Cl. 味の素
M. Adi（金子飛鳥、佐藤正治）

JRA　'89
「オークス」「日本ダービー」「宝塚記念」

Cl. JRA　W. 鈴木慶一、藤田雅弘
M. Arr. 鈴木慶一　Art. 小林　薫

JTB　'89
「のんびり父さん」「のんびり母さん」

Cl. JTB
M. Arr. 鈴木慶一

UCC「オリジナル・ブレンド　'89」

Cl. UCC
M. Arr. 桜井　順

三井不動産　Let's「ネコ家族」

Cl. 三井不動産
M. Arr. 斎藤　毅

日本テレコム　'89「渥美清」

Cl. 日本テレコム
M. Arr. 井上　鑑
Art. 伊東恵里

日本盛　'89「登場」「河原」

Cl. 西宮酒造
M. 鈴木キサブロー、今　剛
Arr. 今　剛

AC　'89「アイバンクキャンペーン」

Cl. 公共広告機構
M. Arr. 丸尾めぐみ

EQ 3「胃のプール」

Cl. SK&S
M. Adi（金子飛鳥、佐藤正治）
Art. Adi

SONY PIXY　'89　P268

Cl. ソニー
M. Arr. 斎藤　毅

サントリーサマーギフト　'89

Cl. サントリー
W. Linda Hennrick、桜井　順
M. Arr. 桜井　順　Art. スリーグレイセス

タケダ胃腸薬21「ポートレート」

Cl. 武田薬品工業
M. Arr. 丸尾めぐみ

ASTORIA「イヌ」

Cl. 片岡物産
M. Arr. 丸尾めぐみ

MIKI HOUSE

Cl. 三起商行
M. Arr. 斎藤　毅

SONY オーディオテープ「PEOPLE」

Cl. ソニー
W. Bob Merrill　M. Jule Styne
Arr. Art. 吉田美奈子

キチンとおいしい First Kitchen サウンドロゴ

Cl. サントリー
M. Arr. 丸尾めぐみ

ブルボン　チョコあーんぱん「君の手」

Cl. 北日本食品工業
M. Arr. 丸尾めぐみ
Art. ひばり児童合唱団

東芝　電子レンジ

Cl. 東芝家電
M. Arr. 斎藤　毅

日産セドリック「プール」 P341

Cl. 日産自動車
M. Art. 坂本龍一
Arr. 坂本龍一（川崎絵都夫）

First Kitchen「ベーコンエッグバーガー」

Cl. サントリー
M. Arr. 市川秀男

JR東海　新東海道物語「熱海」

Cl. 東海旅客鉄道
W. 床鍋剛彦　M. Arr. 桜井　順
Art. 嵯峨美子

MIZUNO SUPER STAR「落ちてゆく男」

Cl. ミズノ
M. Arr. 井上　鑑
Art. 佐藤正治

ウールマーク「メリノはケケケの王様です」 P268

Cl. 国際羊毛事務局
M. Arr. 斎藤　毅
Art. 小川美潮

エーザイ　企業　'88

Cl. エーザイ
M. Arr. 若月明人

ブルボン「チーズケーキ」「キュービーロップ」「ニューベーシッククッキー」

Cl. 北日本食品工業　M. Arr. 丸尾めぐみ

三菱ブロッキー

Cl. 三菱鉛筆
M. Arr. 丸尾めぐみ

CIMA「誰のシーマ」

Cl. 日産自動車
M. Arr. 斎藤　毅

JRA「エリザベス女王杯」 P269

Cl. JRA
M. Arr. 斎藤　毅
Art. 岩崎元是、やまがたすみこ

UCC "THE BLEND"「2／500」

Cl. UCC
M. Arr. 斎藤　毅

サントリーワインレゼルブ「クッキング千香子」

Cl. サントリー
W. 一倉　宏　M. Arr. 鈴木慶一　Art. 太田裕美

ミツカンおむすび山「唄」

Cl. 中埜酢店
M. Arr. 小林正明

旭化成　企業イメージ「モネ」

Cl. 旭化成
M. Arr. 斎藤　毅
Art. 原田　節

森永チョコフレーク「モーちゃん」

Cl. 森永製菓
M. Arr. 鈴木慶一

積水ハウス「New York」

Cl. 積水ハウス
M. Arr. 井上　鑑

東芝アーリーズ　'88「陽炎」「炎」

Cl. 東芝
M. Arr. 丸尾めぐみ

味の素まろみ「石川さゆり　'88秋」

Cl. 味の素
M. Arr. 斎藤　毅

BMW セールスウェーブキャンペーン

Cl. BMW
M. Arr. 斎藤　毅

JTB「CI キャンペーン」

Cl. 日本交通公社
M. Arr. 樋口康雄

NTT「書・情報は生きている」

Cl. NTT
M. Arr. 井上　鑑
Art. 宮田まゆみ

PARCO「きものキャンペーン」「イメージキャンペーン」

Cl. パルコ
M. Arr. 斎藤　毅

TOTO THE KITCHEN「ショールーム」

Cl. TOTO
M. Arr. 若月明人

VISA カード「長島茂雄」

Cl. VISA ジャパン
M. Arr. 市川秀男

横川電機　企業「A の前」

Cl. 横川電機
M. Arr. 丸尾めぐみ
Art. 岩崎元是、やまがたすみこ

日本盛晩酌「新晩酌セット」

Cl. 西宮酒造
M. Arr. 大島ミチル

VAPE '89「マット」

Cl. フマキラー
M. Arr. 斎藤　毅

VAPE '89「リキッド」

Cl. フマキラー
M. Arr. Art. 矢野顕子

東京電力　'89　Part.1「ペチカ」

Cl. 東京電力
W. 北原白秋　M. 山田耕作
Arr. 斎藤　毅

日清らうめん「蒸気オルガン」

Cl. 日清食品
M. Arr. 丸尾めぐみ

OPEL「Ich flieg 'zu dir」

Cl. いすゞ自動車
W. Marco Bruno
M. Arr. 斎藤　毅　Art. 林　牧人

PERSONA

Cl. マツダ
M. Arr. 市川秀男
Art. Charito

PILOT V-PEN「三味線」

Cl. パイロット
M. Arr. 太田幸子

SEIKO オートクォーツ「ローリング」

Cl. 服部セイコー
M. Arr. 樋口康雄

VISA カード「ホログラフの鳩」

Cl. VISA ジャパン
W. 暮醐　遊　M. Art. 小林明子
Arr. 斎藤　毅

サントリー樹氷「泉谷しげると悪友」

Cl. サントリー
Arr. 若月明人
Art. 清田規子

チオビタドリンク「姉妹」

Cl. 大鵬薬品工業
M. Arr. 斎藤　毅
Art. 斎藤ネコカルテット

GUNZE GQ-1「緒形拳アンダーウェアを語る」

Cl. グンゼ
M. Arr. 市川秀男

MY FIRST SONY

Cl. ソニー・クリエイティブ・プロダクツ
M. Arr. Art. 杉　真理

SONY VIDEO & SYSTEM「列車」

Cl. ソニー
M. Arr. 斎藤　毅

サントリー X・O「夕星の歌」

Cl. サントリー
W. Richard Wagner
Art. Bernd Weiki

ブルボン・モナード「おいしい顔」

Cl. 北日本食品工業
M. Arr. 鈴木さえ子

日本生命　Just & Big You「キャッチボール」
Cl. 日本生命
W. 川崎　徹　M. 外間隆史
Art. 成田　忍　Art. 遊佐未森

三井銀行「パディントンの夢」
Cl. 三井銀行
M. Arr. 鈴木さえ子

1988

SONY　ハンディカム
Cl. ソニー
M. Arr. 惣領泰則
Art. 惣領智子

オリンパス「IZM」
Cl. オリンパス光学工業
M. Arr. 井上　鑑

資生堂アウスレーゼ「名球会　'88」
Cl. 資生堂
M. Arr. 斎藤　毅

朝日ソーラー「天気力エネルギー」
Cl. 朝日ソーラー
M. Arr. 大島ミチル

MAX FACTOR '88夏
Cl. マックスファクター
M. Arr. 鈴木慶一
Art. WEBB

資生堂「新しいYOU CAN」
Cl. 資生堂
M. Arr. 井上　鑑
Art. やまがたすみこ、桐ケ谷俊博

雪印8Pチーズフード「愛の引潮」「愛の湯煙」
Cl. 雪印乳業
Art. 斎藤　毅

東急ハンズ三宮店OPEN
Cl. 東急ハンズ
M. Arr. 斎藤　毅
Art. れいち

FASHION ENARGY '88
Cl. オンワード樫山
M. Arr. 井上　鑑
Art. 福田ポプラ

GREEN SPIRIT JRA
Cl. J.R.A.
W. Linda Hennrick　M. Arr. 市川秀男
Art. やまがたすみこ、Linda Hennrick

JRA「皐月賞」　P269
Cl. JRA
M. Arr. 斎藤　毅

MON CAFE「ラップ」「マジック」、ASTORIA
Cl. 片岡物産
M. Arr. 市川秀男　Art. とみたいちろう

P.G.I.「熱く、シック。プラチナ」
Cl. P.G.I.
M. Arr. 斎藤　毅

TOTOシャンプードレッサー「人魚」
Cl. TOTO
M. Arr. 渡辺蕗子
Art. かの香織

アリナミンA '88「オーストラリア」
Cl. 武田薬品工業
M. Arr. 樋口康雄

サッポロびん生「うまさに力がある」
Cl. サッポロビール
M. Arr. 大島ミチル

サントリー「白州東蒸留所」　P269
Cl. サントリー
M. Arr. 斎藤　毅

サントリーNCAA '88「まき割り」「洗濯」
Cl. サントリー
M. Arr. 井上　鑑

フマキラーベープ「帰省」
Cl. フマキラー
M. Arr. 渡辺蕗子

ブルボン　チーズおかき「おひとついかが」
Cl. 北日本食品工業
M. Arr. 丸尾めぐみ

マーテル　'88改訂
Cl. 旭光学商事
M. Arr. 斎藤　毅

大阪ガス　企業PR　料理篇「火の力」
Cl. 大阪ガス
M. Arr. 斎藤　毅
Art. 小林靖宏

東レ　「快適せんい」
Cl. 東レ
M. Arr. 斎藤　毅
Art. 茶谷宏子

東レ　Eフィルター「瞳」
Cl. 東レ
M. Arr. 大島ミチル

味の素「おいしさはいりませんか」'88
Cl. 味の素
M. Arr. 鈴木さえ子

味の素まろみ「石川さゆり」
Cl. 味の素
M. Arr. 丸尾めぐみ

JRA「オークス」「ダービー」「宝塚記念」　P269
Cl. JRA
M. Arr. 斎藤　毅

JRA「桜花賞」　P269
Cl. JRA
M. Arr. 斎藤　毅

JRA「天皇賞」　P269
Cl. JRA
M. Arr. 斎藤　毅

KONICA Z-up　80「ズーレンコ」
Cl. コニカ
M. Arr. 井上　鑑

PARCO「いしだあゆみ」
Cl. パルコ
W. Linda Hennrick
M. Arr. 芳野藤丸　Art. 内藤やす子

UCC THE COFFEE「登場」
Cl. UCC
W. Linda Hennrick　M. Arr. 樋口康雄
Art. 諏訪マリー

チオビタドリンク「やめちゃえばいいのに」
Cl. 大鵬製薬
M. Arr. 斎藤　毅
Art. 藤森亮一

ブルボンパリーゼ「素敵な口元」
Cl. 北日本食品工業
M. Arr. Art. 丸尾めぐみ

三井銀行「パディントンの夢」
Cl. 三井銀行
M. Arr. 鈴木さえ子

大阪ガス「幸せのエネルギー」ロゴ
Cl. 大阪ガス
M. Arr. 斎藤　毅

東京電力「胸の振子」
Cl. 東京電力
W. サトウハチロー　M. 服部良一
Art. 斎藤　毅　Art. やまがたすみこ、茶谷宏子

日清カップヌードル「イメチェン」
Cl. 日清食品
M. Arr. 斎藤　毅

味の素ルーミック　スパゲッティソース
Cl. 味の素
M. Arr. 丸尾めぐみ

CLAUSTHALER（クラウスターラー）
Cl. 片岡物産
M. 中村裕介　Arr. 中村裕介、神代明夫
Art. 浦田健志

NTTグループ「地球のお母さん」
Cl. NTTグループ
W. ヘイドゥーク　M. ドヴォルザーク
Art. 斎藤　毅　Art. 西　明美

ユナイテッド航空　企業　'88
Cl. ユナイテッド航空
M. ジョージ・ガーシュイン
Arr. 樋口康雄

熊本PARCO　2周年
Cl. パルコ
M. Arr. 西田正也

第一生命　ロゴ
Cl. 第一生命
M. Arr. 若月明人
Art. 桐ケ谷俊博、広谷順子

AGF　新マキシム「David Byrne」
Cl. 味の素ゼネラルフーヅ
W. Linda Hennrick（Ricky Lin）
M. 鈴木雄大

月桂冠「お膳立て」

Cl. 月桂冠
M. Arr. 鈴木慶一

味の素「おいしさキャンペーン」

Cl. 味の素
M. Arr. 鈴木さえ子

A&D「アルタンスの物語」

Cl. 赤井電機
M. Arr. 井上 鑑

ANA SPOT NEWS

Cl. 全日空
M. Arr. 惣領泰則

PARCO MEN'S FESTA '87

Cl. パルコ
M. Arr. 吉川忠英

PENTADECAN「増える」

Cl. ライオン
M. Arr. 井上 鑑
Art. とみたいちろう

THE BLEND 114,117

Cl. UCCコーヒーボトラーズ
M. Arr. 井上 鑑

サントリーワインレゼルブ「チンチン」

Cl. サントリー
M. 加藤和彦 Arr. 大島ミチル
Art. 大空はるみ(TANTAN)

とらばーゆ関西版「うれしくって来る」

Cl. リクルート
M. Arr. 斎藤 毅

ぼくらは体力のみもの"ミロ"

Cl. ネスレ日本
M. Arr. 若月明人
Art. 田中星児

出光 100ガソリン「POWER ON」

Cl. 出光興産
Arr. 市川秀男

西友大市「人に恵みあれ。」

Cl. 西友
M. Arr. 大島ミチル
Art. 大空はるみ

朝日新聞「やあ小さな仲間たち」

Cl. 朝日新聞
M. Arr. 市川秀男

日本勧業角丸証券 企業

Cl. 日本勧業角丸証券
M. Arr. 美野春樹

日本盛の晩酌「電話」

Cl. 西宮酒造
M. Arr. Art. 鈴木さえ子

日立インターフェイス「ポプリーヌ」

Cl. 日立製作所
M. Arr. 鈴木さえ子

BRIDGESTONE「ワールドテクノロジー」

Cl. ブリヂストン
M. Arr. 斎藤 毅
Art. 徳永兼一郎

JRA「開催告知」

Cl. JRA
M. Arr. 市川秀男

KIRIN WINE CLUB

Cl. 麒麟麦酒
M. Arr. 斎藤 毅

カルビーえびせんフレンチ

Cl. カルビー
W. 伊藤アキラ
M. Arr. 鈴木さえ子

日本通運 引越便「陸と海と空と」

Cl. 日本通運
M. Arr. 市川秀男

サッポロ生ビール オクトーバーフェスト「世界」

Cl. サッポロビール
W. 有木林子 M. Arr. 崎谷健次郎
Art. 楠瀬誠志郎

月桂冠の御歳暮 '87

Cl. 月桂冠
M. Arr. 鈴木慶一

三越「冬の贈り物」'87

Cl. 三越
M. Arr. 渡辺蕗子

生活情報紙「レタスクラブ」

Cl. 西武タイム
W. Art. やまがたすみこ
M. Arr. 井上 鑑

千趣会「不思議の国」

Cl. 千趣会
M. Arr. 斎藤 毅
Art. 美尾洋乃

味の素みりんタイプ発酵調味料「まろみ」

Cl. 味の素
M. Arr. 惣領泰則
Art. やまがたすみこ

A&G「GX Compo 930」

Cl. 赤井電機
M. Arr. 井上 鑑

ASAHI BEER サウンドロゴ

Cl. 朝日麦酒
M. Arr. 樋口康雄
Art. 桐ケ谷俊博

CEDRIC No.3

Cl. 日産自動車
M. Arr. 樋口康雄

MIZUNO SUPER STAR EXERCISE UNIT

Cl. 美津濃
M. Arr. 樋口康雄

SONY ED Beta

Cl. ソニー
M. Arr. 樋口康雄

アサヒ 100%モルト

Cl. 朝日麦酒
M. Arr. Art. 吉田美奈子

リクルート 企業CIロゴ

Cl. リクルート
M. Arr. 鈴木さえ子
Art. 広谷順子

'88 ASAHI 100% MALT「YOU WERE MADE FOR ME」

Cl. 朝日麦酒 W. Linda Hennrick
M. Arr. Art. 鈴木雄大

BRIDGESTONE「春のラジアルフェア」

Cl. ブリヂストン
M. Arr. Art. 細野晴臣

LIVE ASAHI LIVE WORLD

Cl. 朝日麦酒
W. 泉谷直木(補作:山川啓介)
M. Arr. 惣領泰則 Art. 惣領智子

MAX FACTOR '88 春のキャンペーン

Cl. マックスファクター
M. Arr. 斎藤 毅

MIZUNO RUNBIRD SHOES「カール・ルイスの口笛」

Cl. 美津濃
M. Arr. 市川秀男

MIZUNO RUNBIRD SHOES「テクノランナー」

Cl. 美津濃
M. Arr. 西田正也

THE BLEND 114,117「ゲスト」

Cl. UCCコーヒーボトラーズ
M. Arr. 鈴木さえ子

VISAカード '88「ベン・ジョンソン」

Cl. VISA JAPAN
M. Arr. 惣領泰則
Art. EVE、比山 清、惣領智子

サントリー 企業「第三の蒸留所、開く」

Cl. サントリー
M. Arr. 斎藤 毅

フマキラー VAPE '88

Cl. フマキラー
M. Arr. 渡辺蕗子

岩田屋 '88

Cl. 岩田屋
M. Arr. 桜井 順

月桂冠「磯釣り」

Cl. 月桂冠
M. Arr. 鈴木慶一

西武・西友「日本一の市」 P260

Cl. 西武百貨店・西友
M. Arr. 斎藤 毅

日産CEDRIC「CIMA」

Cl. 日産自動車
M. Arr. 市川秀男

天神コアのテーマ

Cl. 西鉄天神コアビル
M. Arr. 井上 鑑
Art. 篠崎史子

日本テレビ放送網「春のキャンペーン」

Cl. 日本テレビ
M. Arr. 大島ミチル

福武書店 チャレンジ英和辞典

Cl. 福武書店
M. Arr. 山崎 稔
Art. タイロン橋本

JALPAK「太地喜和子」

Cl. 日本航空
M. Arr. 美野春樹

NIKKA CIDRE '87

Cl. ニッカウヰスキー
M. Arr. 樋口康雄

PARCO '87 夏のキャンペーン「戯れ」「誘惑」

Cl. パルコ
M. Arr. 氏木 毅 Art. うじきつよし

PARCO '87 春のスーパーバザール

Cl. パルコ
M. Arr. 大島ミチル

SUNTORY WHISKY "Finger Campaign"

Cl. サントリー
M. Arr. 市川秀男

サントリーエード '87

Cl. サントリー
M. Arr. 市川秀男

サントリー料理天国「パスタソース」

Cl. サントリー
M. Arr. 若月明人

ブリヂストン CITHARA

Cl. ブリヂストン
W. Art. Maite Ruellar
M. Tommy Snyder Arr. 市川秀男

ブルボン レディベイク「花のワルツ」

Cl. 北日本食品工業
M. チャイコフスキー
Arr. Art. 美野春樹

協栄生命「人生は波乗り」

Cl. 協栄生命
M. Arr. 斎藤 毅

朝日新聞「S」

Cl. 朝日新聞東京本社
M. Arr. 若月明人

味の素「おいしさは、いりませんか」

Cl. 味の素
M. Arr. Art. 矢野顕子

味の素「パルスイート」S or P

Cl. 味の素
M. Arr. 大島ミチル
Art. やまがたすみこ 比山 清

TOTO シャンプードレッサー「娘はこまっていました」

Cl. TOTO M. 立花ハジメ
Arr. 立花ハジメ、藤井丈司 Art. 福原まり

サントリー NCAA '87

Cl. サントリー
W. 吉田真弓 M. Arr. 井上 鑑
Art. 伊豆田洋之

マキシムアイス '87

Cl. 味の素ゼネラルフーヅ
M. Arr. 市川秀男
Art. ルシア塩満

禁煙パイポ「想い出煙草」 P110

Cl. アルマン
W. 吉岡 治 M. 三木たかし
Arr. 市川秀男 Art. 藤 圭子

資生堂バブル・レギュラー「ちょっと贅沢」

Cl. 資生堂
M. Arr. 市川秀男

DDI TEASER

Cl. DDI 第二電電
M. Arr. 樋口康雄

グリコカフェオーレ '87

Cl. グリコ協同乳業
M. 矢野顕子 Arr. 市川秀男
Art. Charito

サントリーサマーギフト '87

Cl. サントリー
W. M. Arr. 矢野顕子

トクホンダッシュ「中野浩一」

Cl. 鈴木日本堂
M. Arr. 井上 鑑

トクホンチール「二人乗り」

Cl. 鈴木日本堂
M. Arr. 井上 鑑
Art. 小出博司

ビクタービデオテープ Super HG「ヤリイカ」

Cl. 日本ビクター
M. Arr. 鈴木さえ子

マーテルコニャック「マルチェロ」 P266

Cl. サントリー
M. Arr. 斎藤 毅
Art. 原田 節

資生堂バブル石鹸ギフト

Cl. 資生堂
W. 白山早二
M. Arr. 鈴木慶一

日本中央競馬会「WINS」

Cl. JRA
M. Arr. 吉川忠英
Art. やまがたすみこ

Friendly skies of United '87

Cl. ユナイテッド航空
M. Arr. 樋口康雄
Art. イブ

NTT 情報文化シリーズⅡ「打つ」「舞う」

Cl. NTT
M. Arr. 井上 鑑

SONY ハンディカム・プロ

Cl. ソニー
M. Arr. 樋口康雄

アリナミンA '87「ジャングル」

Cl. 武田薬品工業
M. Arr. 樋口康雄

ブルボンショコラクレープ「ピアノパーティ」

Cl. 北日本食品工業
M. Arr. Art. 美野春樹

ブルボンチョコスナック きこりの切株

Cl. 北日本食品工業
M. Arr. 市川秀男

出光 100ガソリン

Cl. 出光興産
M. Arr. 井上 鑑

全日空 "Sailing"「リンドバーグ」「出逢い」

Cl. 全日空
W. M. Gavin Sutherland
Arr. Art. 吉田美奈子

日本生命 just BIG-YOU

Cl. 日本生命
W. 中原中也 M. Arr. 井上 鑑
Art. 楠瀬誠志郎

NTT トークの日「言っちゃえ」「電話ぐらいしろよな」

Cl. NTT
M. Arr. 市川秀男

P.G.I.'87

Cl. プラチナ・ギルド・インターナショナル
M. Arr. 斎藤 毅

PARCO「ボクサーと女」

Cl. パルコ
M. Arr. 鈴木さえ子

ブルボンチョコあーんぱん

Cl. 北日本食品工業
W. 伊藤アキラ M. Arr. 大島ミチル
Art. 桐ケ谷俊博

共石シェットGP

Cl. 共同石油
M. Arr. Art. うじきつよし

斎藤昌子さんの季節の歌

Cl. ヒゲタ醤油
W. 伊藤アキラ M. Arr. 若月明人
Art. 斎藤昌子

森永チョコフレーク

Cl. 森永製菓
M. Arr. 鈴木慶一

カコナール「風邪をひいたら聖子さん」

Cl. 山之内製薬
M. Arr. 鈴木さえ子
Art. 松田聖子

カネボウ「DADA」

Cl. カネボウ化粧品
M. Arr. 斎藤 毅

ブルボンのぼりっこ「おしゃべり」

Cl. 北日本食品工業
M. Arr. 鈴木さえ子
Art. 小川美潮

東芝マイコン保温釜「ダブルメモリー」

Cl. 東芝
M. Arr. 大島ミチル

農協給油所「夏の謝恩キャンペーンソング」

Cl. 農協
W. 伊藤アキラ

「Creation My Heart」

Cl. 東京ファッション協会
W. 松本一起　M. Arr. 坂本龍一
Art. 和田加奈子、EVE

コスモ　ニューハイオクガソリン

Cl. コスモ石油
M. Arr. 井上　鑑

ブルボン「アートライン」

Cl. 北日本食品工業
M. Arr. かしぶち哲郎

ブルボンウィズバーガー「まんなか」

Cl. 北日本食品工業
M. Arr. 鈴木さえ子
Art. 鈴木さえ子、美尾洋乃

ブルボンチュエル「白いブランコ」

Cl. 北日本食品工業
W. 林　寧彦
M. Arr. 鈴木慶一

西武　'86秋

Cl. 西武百貨店
W. 川崎　徹　M. Arr. 嵐野英彦
Art. 松本小雪

浅草ROX「銀輪の大群」 P099

Cl. TOC
W. 糸井重里
M. Arr. 矢野顕子

「アパマン」&「ハウザー」

Cl. アパマン　ハウザー
M. Arr. 若月明人
Art. やまがたすみこ

ブルボンウィズバーガー「まんなか」

Cl. 北日本食品工業
Arr. 鈴木さえ子
Art. 鈴木さえ子、美尾洋乃

マツダM「乗馬」「卒業」

Cl. マツダ
M. ハイドン
Arr. 樋口康雄

浅草ROX「じてんしゃでおいで」 P099 P251 P252

Cl. 浅草ROX
W. 糸井重里
M. Arr. Art. 矢野顕子

PARCO '86秋冬キャンペーン

Cl. パルコ
M. Arr. 樋口康雄

SONY「LIBERTY」

Cl. ソニー
W. MINNIE SHADY、AKI
M. Arr. 吉田美奈子　Art. 鈴木雅之

サントリー料理天国
「どうぶつランチパックプレゼント」

Cl. サントリー
M. Arr. Art. 鈴木さえ子

ブルボンウィズバーガー　新版

Cl. 北日本食品工業
M. Arr. 山崎　稔
Art. やまがたすみこ

ペンタデカン

Cl. ライオン
M. Arr. 樋口康雄
Art. とみたいちろう

マツダM「ボーカル」

Cl. マツダ
M. ハイドン　Arr. 樋口康雄
Art. 茶谷宏子

ロメオとジュリエット

Cl. 劇団四季
M. Arr. 樋口康雄

新型ルーチェ「ハープ協奏曲」

Cl. マツダ
M. ヘンデル
Arr. 樋口康雄

長崎バイオパーク

Cl. 長崎バイオパーク
M. Arr. 惣領泰則
Art. 惣領智子

New Blend Hi-Nikka '87「現在人」

Cl. ニッカウヰスキー
W. 阿木燿子　M. 鈴木キサブロー
Arr. 井上　鑑　Art. 陣内孝則

New Blend Hi-Nikka「カフェグレーン」

Cl. ニッカウヰスキー
M. Arr. 井上　鑑

SEIKO CAIスクール「生徒募集」

Cl. SEIKO CAIシステム
M. Arr. 斎藤　毅

アコム「ケントのペース」

Cl. アコム
M. Arr. 市川秀男
Art. 伊東恵里

日本テレビ「春」のキャンペーン

Cl. 日本テレビ
M. ブラームス
Arr. 井上　鑑

86　西武のお歳暮
「ありがとうを、アリガト。」

Cl. 西武百貨店
M. Arr. 嵐野英彦　Art. 松本小雪

NTT　情報と文化
「進化」「花かまきり」「木の葉虫」

Cl. NTT
M. Arr. 井上　鑑　Art. ひばり児童合唱団

東京電力　電気温水器「踊る汗」

Cl. 東京電力
M. Arr. 市川秀男

JALフライトキャンディサービス P261

Cl. 日本航空
M. Arr. 斎藤　毅

SONY　LAND 2「視力検査」

Cl. ソニー
M. Arr. 市川秀男

森永チョコフレーク「先生」「友達」

Cl. 森永製菓
M. Arr. 鈴木慶一
Art. スーザン

FASHION ENERGY '87

Cl. オンワード樫山
Arr. 鈴木慶一
Art. Isabelle Antena

SEIKO企業　スポーツ「振り返るレーサー」

Cl. 服部セイコー
M. Arr. 井上　鑑
Art. 楠瀬誠志郎

ガス衣類乾燥機「乾太くん」

Cl. 東京ガス
M. Arr. 山崎　稔

ファミリーマート「年末年始」

Cl. ファミリーマート
M. 井上　鑑
Art. 伊東恵里

フマキラーベープ　'87

Cl. フマキラー
M. Arr. 梅林　茂

マスタックスビデオテープHGE
「テープの鏡」

Cl. 日立家電販売
M. Arr. 井上　鑑

岩田屋　'87

Cl. 岩田屋
M. Arr. 鈴木さえ子

浅草ROX「梅春」 P099

Cl. TOC
W. 糸井重里
M. Arr. Art. 矢野顕子

1987

全日空　太平洋線「2—2—2」

Cl. 全日空
M. Arr. 市川秀男

SEIKO　いく年くる年「アッカンベー」

Cl. 服部セイコー
M. Arr. 中西俊博

Vaseline「三姉妹」

Cl. チーズブローポンズジャパン
M. Arr. Art. 矢野顕子

サントリーワイン　レゼルブ「加藤和彦」

Cl. サントリー
M. Arr. 加藤和彦

資生堂　You Can「髪が元気」「セリフ」

Cl. 資生堂
M. 斎藤　毅

サンヨーコート「わたしの一番大きな服」

Cl. 旭化成
M. Arr. 鈴木さえ子

ベーブ '86「器具」「マット」

Cl. フマキラー
M. Arr. 鈴木さえ子

岩田屋 '86

Cl. 岩田屋
M. Arr. 市川秀男

西武 '86 元禄ルネッサンス
「温泉」「春」「ロゴ」

Cl. 西武百貨店
M. Arr. 嵐野英彦 Art. 松本小雪、永田峰雄

Friendly skies of United「花」

Cl. ユナイテッド航空 M. Arr. 樋口康雄
Art. 惣領智子、やまがたすみこ、坪倉唯子、
藤島 新、黒澤裕一

New Blend Hi-NIKKA

Cl. ニッカウヰスキー
W. 阿久 悠 M. 茅野藤丸
Arr. 甲斐正人 Art. 内藤やす子

SONY 企業篇

Cl. ソニー
M. ブッチーニ
Arr. 嵐野英彦

サントリージェットストリーム
「セイシュン坊や」

Cl. サントリー
M. Arr. 鈴木慶一

1986

ブルーミング中西「ハンカチーフギフト」

Cl. ブルーミング中西
M. Arr. 井上 鑑

大信販「パーティ」

Cl. 大信販
M. Arr. 市川秀男

明星・青春という名のラーメン'86
「胸さわぎチャーシュー」
「勝手にミートボール」
Cl. 明星食品
W. 清水宏美 M. Arr. 鈴木慶一 Art. 比山 清

First

Cl. First-Kitchen
M. Arr. 市川秀男
Art. とみたいちろう

オンワード樫山 Fashion Energy

Cl. オンワード樫山
W. 吉田真弓 M. Arr. 坂本龍一
Art. 佐藤奈々子

シャープのエアコン インテリアタイプ
「立木さん」「佐藤さん」

Cl. シャープ
W. 高津 賢 M. Arr. 山崎 稔

「そしてここから」「就実学園歌」

Cl. 就実学園
W. M. 小椋 佳 Arr. 若月明人
Art. 小椋 佳、久我達

ビクターGR

Cl. 日本ビクター
M. Arr. かしぶち哲郎

資生堂ヴィンテージ名球会「男を語る」

Cl. 資生堂
M. Arr. 樋口康雄

NIKKA CIDRE「現代の女」

Cl. ニッカウヰスキー
M. Arr. 樋口康雄

P.and「新妊婦さんへ」

Cl. 小学館
M. Arr. 井上 鑑

SONY Hi-Band Betamax

Cl. ソニー
M. Arr. 斎藤 毅

SUNTORY ALL MALT BEER MALT'S
「森の二人」

Cl. サントリー
M. Arr. 井上 鑑

グリコカフェゼリー「カッ!」

Cl. グリコ協同乳業
M. Arr. 鈴木さえ子
Art. 清原正姫

タケダ胃腸薬21「おにぎり」

Cl. 武田薬品工業
M. Gabriel Faure
Arr. 若月明人

資生堂ウィズ
シャンプー&リンス「バスルーム」

Cl. 資生堂 M. Arr. 市川秀男
Art. タイム・ファイブ

'86 アリナミンA「ブラジル」

Cl. 武田薬品工業
M. Arr. 樋口康雄

'86 サントリーエード「カモノハシ」

Cl. サントリー
Arr. 鈴木慶一

「Friendly Skies of United」Oldies

Cl. ユナイテッド航空 M. Arr. 樋口康雄
Art. 惣領智子、やまがたすみこ、藤島 新、
黒沢裕一

サントリー料理天国「グルメ缶詰」

Cl. サントリー
M. Arr. 市川秀男

なみだロート「光の中で」

Cl. ロート製薬
M. Arr. 井上 鑑

資生堂 YOU CAN「シャボン玉」

Cl. 資生堂
M. Arr. 若月明人

西武 '86 夏の贈物「子供」「カバ」

Cl. 西武百貨店
M. Arr. 嵐野英彦
Art. 松本小雪

JOHN CASABLANCAS開校

Cl. レイトン・ハウス
M. Arr. 井上 鑑

L-3 (ENTRY)

Cl. 日本たばこ産業
M. Arr. 井上 鑑

PENTAX SPORTS

Cl. 旭光学商事
M. Arr. 東郷昌和
Art. VOICE

PIONEER「WAVE」

Cl. パイオニア
M. Arr. 井上 鑑

Sharp AV「Willing」

Cl. シャープ
M. フォスター
Arr. 加藤磐郎

SUNTORY SUMMER GIFT '86

Cl. サントリー
W. 吉田真弓
M. Arr. 市川秀男

サントリー焼酎 雪「ヤマトナデシコ」

Cl. サントリー
W. 岩里祐穂 M. 岩里未央
Arr. 見岳 章 Art. 新井薫子

ビクターのテレビ「熱帯魚」

Cl. 日本ビクター
Arr. 市川秀男
Art. Charito

ワコール「スリム」

Cl. ワコール
M. Arr. 井上 鑑
Art. 中西俊博

月桂冠生酒「河」

Cl. 大倉酒造
M. Arr. 樋口康雄

中部電力3D「ELECTRIC JOURNEY」

Cl. 中部電力
M. Arr. 惣領泰則

BURBON "High Blend"
「暗闇にぬすむ接吻」

Cl. 北日本食品工業
W. 岩谷時子 M. Arr. かしぶち哲郎 Art. 梓みちよ

Marim '86 「白いスニーカー」「雨のパリ」

Cl. 味の素ゼネラルフーヅ
W. Michel Fourau
M. Arr. 井上 鑑 Art. Michel Fourau

PARCOグランバザール '86夏

Cl. パルコ
M. 鈴木さえ子
Arr. Psycho Perches

SUNTORY MALT'S「夏の二人」

Cl. サントリー
M. Arr. 井上 鑑

ガス衣類乾燥機 乾太くん「HELP」「子供」

Cl. 東京ガス
M. Arr. 山崎 稔
Art. Shy

PARCO「内田裕也」

Cl. パルコ
M. M.K.オギンスキー
Arr. 一柳　慧

サントリー生樽「真夏」

Cl. サントリー
M. Arr. 鈴木慶一

日本テレビステーション　I.D.　ロゴ

Cl. 日本テレビ
M. Arr. 井上　鑑
Art. 東郷、小出、やまがた、惣領

KDD ISD「我慢」

Cl. 国際電信電話
M. Arr. 樋口康雄

LAKELAND　'85秋冬

Cl. オンワード樫山
M. Arr. 樋口康雄

青春という名のラーメン「知的なタコイカ」「胸さわぎチャーシュー」「努力もち」

Cl. 明星食品
W. 清水宏美　M. Arr. 市川秀男　Art. 円道一成

明治プチクレープ「もの想い」

Cl. 明治製菓
W. 清水宏美　M. Arr. 市川秀男
Art. 惣領智子、藤井　健

KDD「たのもしい味方」

Cl. KDD
M. Arr. 樋口康雄
Art. EVE

PARCO「ドミニク・サンダ」

Cl. パルコ
M. Arr. 井上　鑑
Art. 茶谷宏子

タチカワ　ロゴ

Cl. 立川ブラインド
M. Arr. 若月明人

とらばーゆ　FM用

Cl. リクルート情報出版
M. Arr. 井上　鑑

ブラザー　コンパルαII「ジグザグ」

Cl. ブラザー工業
M. Arr. 井上　鑑

ベルビー赤坂

Cl. ベルビー赤坂
M. Arr. 市川秀男

ホテル計画「イメージ」

Cl. ホテル計画
M. Arr. 中村弘明

岩田屋「犬と猫」

Cl. 岩田屋
M. Arr. 若月明人

三菱ミニカ「ダリランド」

Cl. 三菱自動車
M. Arr. 井上　鑑
Art. やまがたすみこ、坪倉唯子

象印多機能マイコン炊飯ジャー「いろいろ炊ける」

Cl. 象印マホービン
M. Arr. 鈴木さえ子　Art. 小川美潮

東芝インバーター・ファンヒーター「ハワイの春」

Cl. 東芝
M. Arr. 若月明人

AJINOMOTO　ロゴ

Cl. 味の素
M. Arr. 井上　鑑
Art. やまがたすみこ

P.and

Cl. 小学館
M. Arr. 鈴木慶一

SEIKO　ラ・サール

Cl. 服部セイコー　W. 吉田真弓・Judith Connor
M. Tchikovsky　Arr. 市川秀男
Art. チャリート

SONYダイナミクロン「花少女」

Cl. ソニー
M. Art. 矢野顕子
Arr. 矢野顕子、坂本龍一

サントリー料理天国「料理がよろこぶ」

Cl. サントリー
M. Arr. 鈴木さえ子
Art. Linda Hennrick

スバル　ブランド

Cl. 富士重工
M. Arr. 樋口康雄

伊勢丹「シンデレラ・シティ」

Cl. 伊勢丹
M. Arr. Art. 鈴木博文

高砂殿スペシャルパッケージ「羊とオットセイ」

Cl. 高砂殿
W. 宮坂繁登　M. Arr. 鈴木さえ子
Art. 鈴木さえ子、美尾洋乃

NISSAN BLUE BIRD MAXIMA

Cl. 日産自動車
M. George Gershwin
Art. 松谷　翠

シャープ　ザ・ハイクッカー「バーコード・クッキング」

Cl. シャープ　M. Arr. 青山　光（山崎　稔）
Art. 惣領智子、やまがたすみこ

'86　Simple Life「春」「夏」

Cl. レナウン
M. Arr. 井上　鑑
Art. ひばり児童合唱団

PARCO「モネ」

Cl. パルコ
M. Arr. 井上　鑑

PIONEER「WAVE」

Cl. パイオニア
M. Arr. 井上　鑑

SEIKOクレドール

Cl. 服部セイコー
M. Arr. 樋口康雄
Art. Solo Vln. 漆原啓子

SONYブラックトリニトロン「LAND」

Cl. ソニー
M. Arr. 市川秀男

SUNTORY GIFT '85　WINTER

Cl. サントリー
W. Minnie Shady、Aki
M. Arr. Art. 吉田美奈子

VICTOR HQ「彫刻の女」

Cl. 日本ビクター
M. Arr. 樋口康雄

キリンレモン　2101「都会」

Cl. 麒麟麦酒
Arr. 中村弘明

とらばーゆ5周年

Cl. リクルート情報出版
M. Arr. 市川秀男
Art. 惣領智子

ぴかいちくん「ガラス」

Cl. 三菱電機
M. Arr. 若月明人

ワコール　ソフィ・ブラ「手のひら」

Cl. ワコール
M. Arr. 鈴木さえ子

生活創庫アピタ

Cl. アピタ
M. Arr. 鈴木さえ子

西武　PILOBOLUS

Cl. 西武百貨店
M. Arr. 井上　鑑

AJINOMOTO「万華鏡」

Cl. 味の素
M. Arr. 井上　鑑

コーセー　'86　春のキャンペーン

Cl. コーセー化粧品
W. Arr. 鈴木さえ子、鈴木慶一
M. 鈴木さえ子　Art. 野宮真貴

コスモ証券「タコノマクラ」

Cl. コスモ証券
M. Arr. Art. 矢野顕子

ハウスチョコフルークバー「スロットマシーン」

Cl. ハウス食品
M. Arr. 山崎　稔

三菱BBジラフ「ゴア星人登場」

Cl. 三菱電気
M. Arr. 市川秀男

資生堂　ON AIR & ON WAVE「ダチョウ」

Cl. 資生堂
M. Arr. 鈴木慶一
Art. 小川美潮

青春という名のラーメン「チャーシュー」「努力もち」

Cl. 明星食品
W. M. Arr. うじきつよし　Art. 子供ばんど

小学館「マミイ」

Cl. 小学館
W. 松本伸二
M. Arr. Art. 鈴木さえ子

日立館テーマ「まわるとすすむ」

Cl. 日立製作所
W. 伊藤アキラ　M. Arr. かしぶち哲郎
Art. ひばり児童合唱団

日立館第２劇場

Cl. 日立製作所
M. Arr. 鈴木慶一＆さえ子

全日空沖縄キャンペーン「碧のアリア」 P180

Cl. 全日空
W. 栃内　淳　M. Arr. かしぶち哲郎
Art. 鈴木雄大

1985

三ッ矢サイダー　'85 P293 P373

Cl. 朝日麦酒
W. M. 大貫妙子　Arr. 伊藤銀次
Art. 大貫妙子（Cho. EPO、安部恭弘）

'85　SKOAL

Cl. オンワード樫山
M. Arr. 市川秀男

NEWS '85

Cl. 麒麟麦酒
Arr. 市川秀男

マクドナルド　ブレックファースト「サラリーマン」「ファミリー」

Cl. 日本マクドナルド
W. 荒木とよひさ　M. 山崎　稔　Arr. 市川秀男

SONY Jumbo TRON「鯨」「象」

Cl. ソニー
M. Arr. 井上　鑑

サントリーELK

Cl. サントリー
M. Arr. 井上　鑑

ムーンバット「ムナック誕生」

Cl. ムーンバット
M. ヨハン・シュトラウス
Arr. 大島ミチル

丸井ビサルノ　'85

Cl. 丸井
M. Arr. 樋口康雄

資生堂　YOU CAN「鏡」

Cl. 資生堂
M. Arr. 樋口康雄

日立マスタックス　ポータブル

Cl. 日立家電
M. Arr. 美尾洋乃

日立館　第三劇場

Cl. 日立製作所
M. Arr. 井上　鑑

AZ '85

Cl. ニチイ
M. リスト（愛の夢）
Arr. 市川秀男

Qtai　サウンドロゴ

Cl. 学生援護会
M. Arr. 若月明人
Art. 小出博志、やまがたすみこ

サントリーNCAA「カール・ルイスNo.1」改訂

Cl. サントリー
M. Arr. 井上　鑑　Art. やまがたすみこ、惣領智子

だんだん禁煙ブリーズ　ロゴ

Cl. 藤増研究所
M. Arr. 若月明人

ママローヤル「輪をかけて」

Cl. ライオン
M. Arr. 若月明人

丸井渋谷２店オープン

Cl. 丸井
M. Arr. 福原まり、矢口博康

吉原製油「おいしいね」

Cl. 吉原製油
M. Arr. 鈴木慶一
Art. 美尾洋乃、ひばり児童合唱団

資生堂ヘアコロン シャンプー＆リンス「ピクニック」

Cl. 資生堂
M. Arr. 鈴木慶一

日清中華風涼麺「ラッコ」日清ソース焼きソバ「アロハ」

Cl. 日清食品
M. Arr. 矢口博康

'85　春　とらばーゆ「洗濯」

Cl. リクルート情報出版
M. Arr. 鈴木慶一、鈴木さえ子

NEC NEFAX　11

Cl. NEC
M. Arr. 市川秀男
Art. 藤井　健、惣領智子

アリナミンA　'85「インド」

Cl. 武田薬品工業
M. Arr. 樋口康雄

うまくて、おいしいサントリー生樽「姉妹」

Cl. サントリー
M. Arr. 鈴木慶一
Art. スーザン

キリンレモン2101　'85夏

Cl. 麒麟麦酒
W. 湯川れい子　M. 鈴木キサブロー
Arr. 和泉一弥　Art. 杉本哲太

サントリーNCAA カール・ルイス「待ち伏せ」

Cl. サントリー
M. Arr. 市川秀男

サントリーワインクーラー「MONICA」

Cl. サントリー
W. かしぶち哲郎(英詞 Judith Connor、吉田真弓)
M. Arr. かしぶち哲郎　Art. 福田ポプラ

ミヤマ「設計」「施工」「アフターケア」

Cl. ミヤマ
M. チャイコフスキー
Arr. 若月明人

岡三証券「熱帯魚」

Cl. 岡三証券
M. Arr. 市川秀男
Art. やまがたすみこ

岩田屋「おかげさまで50周年」

Cl. 岩田屋
M. Arr. 若月明人

資生堂シャワーコロン「美術館」

Cl. 資生堂
M. Arr. 井上　鑑

東芝コア「山海塾イン・ジャパン」

Cl. 東芝
M. Arr. 井上　鑑

コットンポケット

Cl. リプトン
M. Arr. 樋口康雄

サントリーエード「コアラくんのともだちグラス」

Cl. サントリー　W. 伊藤アキラ
M. Arr. 鈴木慶一　Art. 佐古彰彦

サントリーリザーブ「御中元」

Cl. サントリー
M. Arr. 樋口康雄

サントリー生樽　'85夏

Cl. サントリー
M. Arr. 鈴木慶一

ファミリーマート「ジオラマ」

Cl. ファミリーマート
W. 伊藤銀次、清水宏美
M. Arr. 伊藤銀次　Art. 伊藤銀次　Cho. 小室和之

プラチナかぐや姫

Cl. P・G・I
M. Arr. 井上　鑑

マクドナルド・ブレックファースト　No.2

Cl. 日本マクドナルド
W. 荒木とよひさ　M. 山崎　稔
Arr. 市川秀男　Art. 東郷、小出、やまがた、惣領

資生堂　YOU CAN

Cl. 資生堂
W. M. Arr. 市川秀男

明治ラッキースティック「親ごころ」

Cl. 明治製菓
M. Arr. 鈴木慶一
Art. 福田ポプラ

AGFマキシム「熱き心に」 P369 P377 P373 P378

Cl. AGF　W. 阿久　悠　M. 大瀧詠一
Arr. 大瀧詠一　Str. Arr. 前田憲男
Art. 小林　旭

FUJIX-8「キミはベストシーン」

Cl. 富士写真フイルム　W. 伊藤アキラ
M. Arr. 鈴木慶一　Art. 武川雅寛、やまがたすみこ、ひばり児童合唱団

カフェリゾート　'84秋冬

Cl. 味の素ゼネラルフーヅ
M. Arr. Art. 井上　鑑

「とらばーゆ」　'84秋 P179 P180 P181

Cl. 日本リクルートセンター
M. Arr. かしぶち哲郎

三菱ピカイチくん「夕景」

Cl. 三菱電機
M. Arr. 若月明人

三菱ミニカ「ON PARADISE」

Cl. 三菱自動車
M. Arr. 井上　鑑

資生堂ハンドクリーム「めずらしい貝」

Cl. 資生堂
M. Arr. 大島ミチル
Art. 天地総子

象印電気エアポット「ミニデカ」

Cl. 象印マホービン
M. Arr. 樋口康雄
Art. やまがたすみこ、惣領智子

日水　海の元気だ「大竹しのぶ」

Cl. 日本水産
M. Arr. 若月明人

有楽町西武 OPEN

Cl. 西武百貨店
M. Arr. 鈴木さえ子

タイガー
リビングラック＆ケース「君達の城」

Cl. タイガー魔法瓶
M. Arr. 鈴木さえ子

フマキラーベープ「裸で眠れる夏」

Cl. フマキラー
M. Arr. 鈴木さえ子

三菱ミニカ　No.4

Cl. 三菱自動車
M. Arr. 井上　鑑

資生堂リバイタル　'85

Cl. 資生堂
M. Arr. 坂本龍一

雪印モナデザート　ロゴ

Cl. 雪印乳業
M. Arr. 若月明人
Art. やまがたすみこ

HONDA LEAD「ヤマニン・ペガサス」

Cl. 本田技研工業
W. 吉田真弓、Judith Connor
M. Arr. 井上　鑑　Art. 西城秀樹

NISSAN LANGLEY renoma SUPER-X

Cl. 日産プリンス自動車販売
W. 大津あきら　M. 鈴木キサブロー
Arr. 大島ミチル　Art. 佐伯博志

SONY WALKMAN「着がえる6色」

Cl. ソニー
M. Arr. 鈴木さえ子

TOYOTA　企業CM「ジオラマ」

Cl. トヨタ自動車
M. Arr. Art. 矢野顕子

カシオデータバンク　Night & Day

Cl. カシオ計算機
M. Arr. 市川秀男

クノール中華ぞうすい「自転車」

Cl. 味の素クノール
M. Arr. 鈴木慶一
Art. ムーンライダーズ

グリコプッチンプリン
「ゴジラ涙のロードショーの巻」

Cl. グリコ協同乳業
M. Arr. 若月明人

サントリー料理天国
「おやちゃいランチパックプレゼント」

Cl. サントリー
M. Arr. 若月明人　Art. 惣領智子

チケットセゾン　BGM

Cl. 西武百貨店
M. Arr. 鈴木慶一
Art. 鈴木さえ子、美尾洋乃

マクドナルド　モーニングキャンペーン

Cl. 日本マクドナルド
M. Arr. 市川秀男
Art. やまがたすみこ

原宿VIVRE21　OPEN & REGULAR P293

Cl. VIVRE（ニチイ）
M. Art. 大貫妙子
Arr. Jean Musy

合同酒精「hit！」

Cl. 合同酒精
M. Arr. 鈴木慶一

森の不思議

Cl. 藤沢薬品工業
M. Arr. 市川秀男

東芝コア　'84「山海塾」

Cl. 東芝
M. Arr. 樋口康雄

日立館「第一劇場」

Cl. 日立製作所
M. Arr. かしぶち哲郎

サントリーマイルド焼酎「雪のシズル」

Cl. サントリー
M. Arr. 樋口康雄

チキンマックナゲット「ナゲットパーティ」

Cl. 日本マクドナルド
Arr. 若月明人

つくば博　住友館「大地の歌」

Cl. 住友グループ
W. 矢野顕子　M. Arr. 坂本龍一
Art. やまがたすみこ

バスクリンミニ　120「美人の湯」

Cl. 津村順天堂
W. Apfel　M. Arr. 市川秀男
Art. 瀬間千恵

ファミリーマート「鍋焼きうどん」

Cl. ファミリーマート
M. Arr. 井上　鑑

宇都宮 ams オープン

Cl. 西武百貨店
M. Arr. 福原まり

高砂殿スペシャルパッケージ

Cl. 高砂殿
M. Arr. 鈴木さえ子
Art. 鈴木さえ子、美尾洋乃

三菱ギャランΣ「ニューヨーク」

Cl. 三菱自動車
W. 吉田真弓、Judith Connor
M. Arr. 市川秀男　Art. 宮本典子

資生堂クレ・ド・ポー「干潮」

Cl. 資生堂
M. Arr. 嵐野英彦
Art. 東京コンサーツ

西武　冬の贈りもの「私が、入ります」

Cl. 西武百貨店
M. Arr. 井上　鑑

雪印モナデザート

Cl. 雪印乳業
M. Arr. 広瀬量平
Art. パトリック・ガロワ

'84　サヨナラセール　PARCO

Cl. パルコ
M. Arr. 市川秀男

キッコーマンデリシャスソース「ズズンパ」

Cl. キッコーマン
W. 松本伸次　M. Arr. 鈴木慶一
Art. 鈴木さえ子、他

キリンレモン2101　'85

Cl. 麒麟麦酒
W. 湯川れい子、栃内　淳
M. Arr. 鈴木キサブロー、和泉一弥　Art. 杉本哲太

サントリーNCAA
「カール・ルイス　No.1」

Cl. サントリー
M. Arr. 井上　鑑

ファミリーマート「年末」「年始」

Cl. ファミリーマート
M. Arr. 鈴木さえ子
Art. 鈴木さえ子、美尾洋乃

ミノルタα

Cl. ミノルタカメラ
M. Arr. 井上　鑑
Art. やまがたすみこ

三菱OA「ネットワーク」

Cl. 三菱電機
M. Arr. 市川秀男
Art. やまがたすみこ、惣領智子

資生堂 INOUI '85春

Cl. 資生堂
M. Arr. 井上　鑑

資生堂ヘアコロン
ブロー＆グロウ「お待たせ」

Cl. 資生堂
M. Arr. 鈴木さえ子

資生堂　春の化粧品デー　'84

Cl. 資生堂
M. Arr. 市川秀男
Art. やまがたすみこ、惣領智子

日水「海の元気だ」

Cl. 日本水産
M. Arr. 若月明人
Art. クラウン少女合唱団

VISA　サウンドロゴ

Cl. 協和銀行
M. Arr. 大島ミチル
Art. やまがたすみこ、比山　清

カフェ・リゾート　'84

Cl. 味の素ゼネラルフーヅ
W. 真木　準　M. Arr. 井上　鑑
Art. やまがたすみこ

キヤノンミニコピア「あひる」

Cl. キヤノン販売
M. Arr. 市川秀男

サントリー　ノアノア「美しき天然」

Cl. サントリー
W. 武島羽衣　M. 田中穂積
Arr. 鈴木慶一　Art. ムーンライダーズ

サントリー「サブリナ」

Cl. サントリー
W. ドイツ語詞：茶谷宏子　M. Arr. 嵐野英彦
Art. 茶谷宏子

ティモレ　ロゴ

Cl. 日本リーバ
M. 市川秀男
Art. 清原正姫

どこより元気なファミリーマート

Cl. （西友）ファミリーマート
M. Arr. 井上　鑑
Art. やまがたすみこ

モリ・ハナエ「蝶」

Cl. 小林製薬
M. Arr. 井上　鑑
Art. やまがたすみこ

資生堂ヘアコロンシャンプー「オバケ」

Cl. 資生堂
M. Arr. 鈴木さえ子

APPLE「来迎」

Cl. APPLE COMPUTER JAPAN
M. Arr. 井上　鑑
Art. やまがたすみこ

SONYベータプラス「聖子」

Cl. ソニー
M. Arr. 樋口康雄

TECH21「エムパイア」

Cl. 資生堂
M. Arr. 井上　鑑

アイワのAVIMAX「トーテムポール」

Cl. アイワ
M. Arr. 市川秀男
Art. SANDI

キリンレモン2101「バージンブルー」

Cl. 麒麟麦酒　W. さがらよしあき
M. 鈴木キサブロー
Arr. 鈴木キサブロー、大島ミチル　Art. SALLY

サントリーエード
コアラCMグラスプレゼント

Cl. サントリー
M. Arr. Art. 矢野顕子

サントリー料理天国

Cl. サントリー
M. Arr. 大島ミチル

シチズンEXCEED「スキャンダル」

Cl. シチズン時計
Arr. 市川秀男

スズキ・カルタス「ヨロシク」

Cl. スズキ
M. Arr. 樋口康雄

西武「夏は、交差点。」

Cl. 西武百貨店
M. Arr. かしぶち哲郎
Art. ムーンライダーズ

日産スタンザ「家物語」

Cl. 日産自動車
W. 吉田真弓、Judith Connor
M. Arr. Art. 鈴木慶一

SONY WALKMAN「聖子」

Cl. ソニー
M. Arr. 市川秀男

サッポロカップ「夏」B

Cl. サッポロビール
M. Traditional
Arr. 市川秀男　Art. 中川昌三（FL）

サッポロカップ「夏」A

Cl. サッポロビール
M. Arr. 井上　鑑

ペンギンついちゃったサントリー生樽

Cl. サントリー　W. 川崎　徹
M. A：所ジョージ、B：鈴木慶一
Arr. 鈴木慶一　Art. 所ジョージ、高樹沙耶

夏だぜスバルフェア

Cl. 富士重工業
M. Arr. 鈴木さえ子

資生堂INOUI「花火」&「教会」

Cl. 資生堂
M. Arr. 井上　鑑

資生堂セルフィット

Cl. 資生堂
M. Arr. 大島ミチル
Art. やまがたすみこ

カフェスタ　カフェオレ

Cl. 味の素ゼネラルフーヅ
M. Arr. 鈴木さえ子

日本テレビ“おもしろまじめ”

Cl. 日本テレビ
M. Arr. 井上　鑑

味の素「若者」A

Cl. 味の素
W. Linda Hennrick　M. 土方、坂井
Arr. 笹路正徳　Art. NAZCA

味の素「若者」B

Cl. 味の素
W. 吉田真弓、Judith Connor　M. Arr. 井上　鑑
Art. 藤井康一、マイク・ダン

味の素「老人と子供」

Cl. 味の素
M. Arr. 樋口康雄

BLENDY「I'm into you」

Cl. 味の素ゼネラルフーヅ
W. M. Arr. Art. 吉田美奈子

De Beers　コレクション　'85

Cl. De Beers
M. Arr. 樋口康雄

KDD　世界をつなぐ「0051」

Cl. KDD
M. Arr. 樋口康雄
Art. やまがたすみこ、惣領智子、坪倉唯子

NEC　企業篇

Cl. NEC
M. Arr. 樋口康雄

SUPER NIKKA「ロイ・シャイダー」

Cl. ニッカウヰスキー
M. Arr. 樋口康雄

グリコ・マリンバ「小女隊」

Cl. 江崎グリコ
M. Arr. 大島ミチル

レナウンアーノルドパーマー　'85

Cl. レナウン
W. 糸井重里　M. Arr. 井上　鑑
Art. とみたいちろう、Linda Hennrick

丸井のインテリア館
「石と花」「ダンガリーシャツ」

Cl. 丸井
M. Arr. 市川秀男

西武　秋のキャンペーン
（有楽町西武「ティーザー」）

Cl. 西武百貨店
M. Arr. 鈴木さえ子

西武ハビタ「新聞」「にわとり」

Cl. 西武百貨店
M. Arr. 鈴木慶一

朝日生命「男」&「女」

Cl. 朝日生命
M. Arr. 市川秀男

東芝ホットカーペット「ヒップとアンヨ」

Cl. 東芝
M. Arr. 若月明人
Art. やまがたすみこ

'84秋　日清チキンラーメン「南伸坊」

Cl. 日清食品
W. SHINJI　M. Arr. 鈴木さえ子
Art. 鈴木さえ子、美尾洋乃

TOTO「家族」「カメ」

Cl. TOTO
M. Arr. 市川秀男

Mr.Jelmi「エスカレーター」

Cl. 日立家電販売
M. Arr. 市川秀男

オカムラのウルトラマット「エンピツ」

Cl. オカムラ
M. Arr. 樋口康雄

キヤノンミニコピア「葉書き」

Cl. キヤノン
M. Arr. 井上 鑑

グリコプッチンプリン「のど自慢の巻」

Cl. グリコ乳業
M. Arr. 若月明人

サントリー赤玉ポートワイン '83「ワインレッドの心」 P082 P084

Cl. サントリー W. 井上陽水
M. 玉置浩二 Arr. 星 勝 Art. 安全地帯

パルセブン

Cl. 小学館
M. Arr. 大島ミチル

ホットカルピス '84 冬篇・春篇

Cl. カルピス食品工業
M. Arr. 井上 鑑

西武ハビタ「にわとり」

Cl. 西武百貨店
M. Arr. 鈴木慶一
Art. 鈴木慶一、さえ子

味の素コーンサラダ油「体に良くておいしい」

Cl. 味の素
M. Arr. 市川秀男

'84 アリナミンA「モンゴル」

Cl. 武田薬品工業
M. Arr. 樋口康雄

Coke '84 A

Cl. 日本コカ・コーラ
W. 伊藤アキラ
M. Arr. 市川秀男

Coke '84 B

Cl. 日本コカ・コーラ
W. M. Arr. 井上 鑑
Art. やまがたすみこ、惣領智子

HOUSE OF SLEEPING

Cl. HOUSE OF SLEEPING
M. Arr. 惣領泰則
Art. 惣領智子

PARCO「片山」

Cl. パルコ
M. Arr. 市川秀男

キヤノンミニコピア「オッケイ」

Cl. キヤノン
M. Arr. 鈴木慶一

サントリーX·O「X·Oの夜」

Cl. サントリー
W. Marco Bruno
M. Arr. 市川秀男 Art. 与世山澄子

タケダ・ベンザエース D錠

Cl. 武田薬品工業
M. Arr. 樋口康雄

パイオニア レーザーディスク「モンスター今晩は」

Cl. パイオニア
M. Arr. 樋口康雄

パルコのクリスマス P292

Cl. パルコ
W. 佐々木克彦 M. Art. 大貫妙子
Arr. 坂本龍一

沖電気 企業篇

Cl. 沖電気
M. Arr. 若月明人

資生堂FRES-C

Cl. 資生堂
M. Arr. 井上 鑑

西武 '83冬の贈りもの「ありがとうの島」

Cl. 西武百貨店
M. Arr. 井上 鑑
Art. やまがたすみこ、惣領智子

ONKYO サウンドロゴ

Cl. ONKYO
M. Arr. 樋口康雄
Art. 小出 博、やまがたすみこ、惣領智子

キャスタースペシャル

Cl. 日本専売公社
M. Arr. 井上 鑑

タケダ・ベンザエースD錠「中村雅俊」

Cl. 武田薬品工業
W. 仲畑貴志 M. Art. 中村雅俊
Arr. 樋口康雄

君も僕もサントリー生ビール サウンドロゴ

Cl. サントリー
M. Arr. 鈴木慶一
Art. スーザン

三菱ジラフEX「21世紀」

Cl. 三菱電機
M. Arr. 市川秀男

1984

SEIKO SPORTS「イルカ」

Cl. 服部セイコー
M. Richard Wagner

SONY ダイナミクロン「果実」

Cl. ソニー
M. Arr. Art. 矢野顕子

クルクルまわってサントリー生樽 ロゴ

Cl. サントリー
M. Arr. 鈴木慶一
Art. 鈴木慶一、武川雅寛

資生堂ELIXIR '84

Cl. 資生堂
W. 矢野顕子 M. Arr. 坂本龍一
Art. 福田ポプラ

'84 西武 春・夏「うれしいねサッちゃん」

Cl. 西武百貨店 W. 糸井重里 M. Arr. 井上 鑑
Art. P.T.JOB(やまがたすみこ、惣領智子)

IBM サウンドロゴ

Cl. IBM
M. Arr. 樋口康雄

SONY Betamax-movie「野球」

Cl. ソニー
M. Arr. 樋口康雄

ティモテ「不思議の森」「ギター弾き」

Cl. 日本リーバ
M. Arr. 市川秀男

ハナマルキ サウンドロゴ

Cl. ハナマルキ
M. 矢野顕子
Art. やまがたすみこ

三ッ矢サイダー '84 P289 P293 P373

Cl. 朝日麦酒
W. M. Art. 大貫妙子
Arr. 坂本龍一

西武VARIE '84

Cl. 西武百貨店
M. Arr. 井上 鑑

オリンパス・ピカソII「人形」

Cl. オリンパス光学工業
M. Arr. 鈴木慶一

キリンビアシャトル ロゴ

Cl. 麒麟麦酒
M. 若月明人 Arr. 大島ミチル
Art. やまがたすみこ、とみたいちろう

クルクルまわってサントリー生樽

Cl. サントリー
M. Arr. 鈴木慶一
Art. 武川、阪口、野宮

サントリー「KISARA」

Cl. サントリー
W. M. Arr. かしぶち哲郎
Art. 石川セリ

サントリー「SASUKE」

Cl. サントリー
M. Arr. 坂本龍一

サントリーNCAA「山下II」「長崎I」

Cl. サントリー
M. Arr. 樋口康雄

シルキッシュ「ベースボール」/ウォーキーシエステ ロゴ

Cl. 大王製紙 M. Arr. 市川秀男
Art. チャリート、やまがたすみこ

レナウン・バサレット「コブラツイスト」

Cl. レナウン
M. Arr. 樋口康雄

三菱ミラージュ「エリマキトカゲ」 P242

Cl. 三菱自動車
M. Arr. 樋口康雄

サッポロ　生タンク「亀」

Cl. サッポロビール
W. 鈴木博文　M. Arr. 鈴木慶一
Art. ムーンライダーズ

サントリー　まる生　1.8　新発売

Cl. サントリー
M. Arr. 鈴木慶一

トヨタ安全キャンペーン「100mのランナー」

Cl. トヨタ自動車
M. Arr. 樋口康雄

資生堂ブーケドファブール

Cl. 資生堂
M. Arr. 若月明人
Art. 伊東ゆかり

静岡新聞　サウンドロゴ

Cl. 静岡新聞
M. Arr. 市川秀男

'83　サントリーカンパリソーダ「Italian Temptation」

Cl. サントリー
M. Arr. 井上　鑑　Art. 尾形道子、井上　鑑

SONY ダイナミクロン「苺」

Cl. ソニー
W. 仲畑貴志
M. Arr. Art. 矢野顕子

Wilson「ゲーリー・ホルバーグ」

Cl. ウィルソン
M. Arr. 市川秀男

アリナミンA「石引き」

Cl. 武田薬品工業
M. Arr. 樋口康雄

サントリーNCAA「山下」

Cl. サントリー
W. Marco Bruno　M. Arr. 樋口康雄
Art. 尾崎紀世彦

ナショナル「This is オーブンレンジ」

Cl. 松下電器産業
M. Arr. 大島ミチル

パティオミックス「胸さわぎ」

Cl. PEPSICO INC.JAPAN
M. Arr. 鈴木慶一
Art. スーザン、武川雅寛

ミノルタEP　450Z「フェザープレーン」

Cl. ミノルタ事務機販売
M. Arr. 樋口康雄

西武　夏のおくりもの「各人停車」

Cl. 西武百貨店
M. Arr. 井上　鑑

KENWOOD　FM用時報

Cl. トリオ
M. Arr. 鈴木慶一

PARCO　'83夏グランバザール

Cl. パルコ
M. Arr. 鈴木慶一

TDK ビデオテープ「ヘルシンキ」

Cl. TDK
M. Arr. 樋口康雄

ファミリーマート「変わり者」

Cl. ファミリーマート
M. Arr. 井上　鑑
Art. スーザン

マルハチ羊毛パッド

Cl. 丸八真綿
W. 真木　準　M. 若月明人
Art. 大島ミチル　Art. 桂　三枝

KENWOOD　FM用時報

Cl. トリオ
M. Arr. 井上　鑑
Art. バズ、やまがたすみこ

SEIKO　5 Super　海外篇

Cl. 服部セイコー
M. Arr. 市川秀男

ジョンソン綿棒「アニメ」

Cl. ジョンソン&ジョンソン
M. Arr. 市川秀男

Free & Free「小林麻美 "この音"」

Cl. ライオン
M. Arr. 市川秀男
Art. 惣領智子

NISSAN PATOL

Cl. 日産自動車
M. Arr. 樋口康雄

サントリー角「レガッタ」

Cl. サントリー
M. Arr. 樋口康雄

「シャルレ」マルチビデオ

Cl. シャルレ
M. Arr. 鈴木慶一

タケダ・ベンザエース

Cl. 武田薬品工業
M. Arr. 樋口康雄

チーズ

Cl. 雪印乳業
M. Arr. 樋口康雄

ハナマルキ「新日本人」

Cl. ハナマルキ
M. Arr. 矢野顕子
Art. 伊集加代子　Cho. 和田夏代子、鈴木宏子

西武ハビタ「新聞」「にわとり」

Cl. 西武百貨店
M. Arr. 鈴木慶一

HONDA　バラード「COME PRIMA」

Cl. 本田技研工業　W. M.Panzeri
M. Di.Paola.Taccani　Arr. 市川秀男
Art. 藤井　健、丸山美雄、伊集加代子、鈴木宏子

PARCO「スタン・ハンセン」

Cl. パルコ
M. Arr. 井上　鑑

SONY HF「アメリカ」

Cl. ソニー
M. L.Bernstein
Arr. 樋口康雄

SONY スペシャル「Billy Joel」

Cl. ソニー
M. Billy Joel

シチズン EXCEED「ご同輩」

Cl. シチズン時計
Arr. 市川秀男

チャームナップミニ「君はまだカニ」

Cl. ユニチャーム
M. Arr. 樋口康雄

トヨタスプリンターカリブ「流水」

Cl. トヨタ自動車
M. Arr. 市川秀男

フォルクスワーゲン・サンタナ

Cl. 日産自動車
W. Marco Bruno
M. Arr. Art. 井上　鑑

ボンカレーゴールド、ボンカレーファイブスター「郷ひろみ」

Cl. 大塚食品
M. Arr. 樋口康雄

レナウン・バサレット「ニュウヨークフィットブラ」

Cl. レナウン
M. Arr. 樋口康雄

資生堂「花椿カード」

Cl. 資生堂
M. Arr. 鈴木慶一

資生堂エリクシール「Mr.ニッポン」

Cl. 資生堂
M. Arr. 坂本龍一

資生堂フルフル

Cl. 資生堂
M. Arr. 樋口康雄

日立 VTR テープ「マスタックス」

Cl. 日立家電販売
M. Arr. 市川秀男
Art. やまがたすみこ

味の素クノールスープ

Cl. 味の素ゼネラルフーヅ
W. M. Arr. Art. 井上　鑑

HONDA ACTY「Show-by-han-joh」

Cl. 本田技研工業
W. 伊藤アキラ　M. Arr. 井上　鑑
Art. 植木　等　Cho. やまがたすみこ、惣領智子

キヤノンミニコピア「オッケイ」

Cl. キヤノン
M. Arr. 鈴木慶一
Art. 中森明菜

朝日新聞「同じ朝日を読んでても」

Cl. 朝日新聞
W. 糸井重里
M. Arr. Art. 矢野顕子

モアーズ・ラブ・バザール

Cl. モアーズ
M. Arr. 東海林 修
Art. 茶谷宏子

丸井「好きで、いっしょで」

Cl. 丸井
W. 伊藤アキラ M. Arr. 井上 鑑
Art. 井上鑑、やまがたすみこ

資生堂サイモンピュア「正月」

Cl. 資生堂
M. Arr. 樋口康雄

日刊アルバイトニュース「牛」

Cl. 学生援護会
M. Arr. 樋口康雄
Art. ロゴ：ザ・ブレッスン・フォー

日本信販「和泉元秀」

Cl. 日本信販
M. Arr. 市川秀男

日立 企業CM「Inter Face」

Cl. 日立製作所
M. 矢野顕子
Arr. 坂本龍一

全日空 沖縄「高気圧ガール」

Cl. 全日空
W. M. Arr. Art. 山下達郎

1983

LAKELAND「雲海」「波」

Cl. オンワード樫山
M. Arr. 樋口康雄

SKOAL「原クンと地球の間」

Cl. オンワード樫山
M. Arr. 鈴木慶一
Art. 鈴木慶一、武川雅寛

SONY AHF「Cool」

Cl. ソニー
Arr. 樋口康雄

クランベリー「みんなそろって」

Cl. キッコーマン
M. Arr. 鈴木慶一

サントリー「年がら音頭」

Cl. サントリー
W. 仲畑貴志 M. 鈴木慶一
Art. 前川 清

資生堂サイモンピュア「春」

Cl. 資生堂
M. Arr. 樋口康雄

仁丹「軽騎兵」

Cl. 森下仁丹
M. Arr. 樋口康雄

雪印イルミーナ

Cl. 雪印乳業
M. Arr. 市川秀男
Art. 木村 誠

雪印グレースノート
レギュラー、プレミアム

Cl. 雪印乳業
M. Arr. 市川秀男 Art. 惣領智子

雪印ゲータレード

Cl. 雪印乳業
M. Arr. 惣領泰則

Free & Free「姉妹」

Cl. ライオン
M. Arr. 井上 鑑
Art. やまがたすみこ

HONDA ACTY 4WD「タイガーマスク」

Cl. 本田技研工業
W. 伊藤アキラ M. Arr. 樋口康雄
Art. 福田ポプラ

キヤノン ミニコピア「葉書き」

Cl. キヤノン
M. Arr. 井上 鑑

サントリーオールド「贈る言葉」

Cl. サントリー
M. Arr. 樋口康雄
Art. タイム・ファイブ

マランツ「エジソン」

Cl. 日本マランツ
M. Arr. 井上 鑑

資生堂アクネ「ニキビが咲いた」

Cl. 資生堂
M. 矢野顕子
Arr. 坂本龍一

雪印ヨグール「蝶よ花よ」

Cl. 雪印乳業
M. Arr. 鈴木慶一
Art. 佐藤奈々子、他

POLAパーソナルユアーズ「わたくし箱」

Cl. ポーラ化粧品
M. Arr. 坂本龍一

Qtai「いとまき」(+ロゴ)

Cl. 学生援護会
M. デンマーク民謡 Arr. 大島ミチル
Art. 星野うらら ロゴ：ザ・ブレッスン・フォー

SONY PRISM G.T.「ターザン」

Cl. ソニー
M. Arr. 樋口康雄

SONY WALKMAN D.D「コント赤信号」

Cl. ソニー
M. Arr. 樋口康雄

オリンパス XA

Cl. オリンパス光学工業
M. Arr. 井上 鑑

ザ・テレビジョン「知世」

Cl. 角川書店
M. Arr. 鈴木慶一

サントリーNOANOA「酋長の提案」

Cl. サントリー
M. Arr. 樋口康雄

サントリーオールド「製造工程」

Cl. サントリー
M. Arr. 樋口康雄

サントリーリザーブ「さざえ」

Cl. サントリー
W. Art. 田中 朗
M. Arr. 鈴木慶一

チャームナップナイト
「おしゃれ」「エアロビクス」

Cl. ユニチャーム
M. Arr. 市川秀男

ヤクルトタフマン '83

Cl. ヤクルト
M. Arr. 鈴木慶一
Art. スーザン、武川雅寛

三ッ矢サイダー「クリスタルC」 P293
(サイダー '83) P372
Cl. 朝日麦酒
W. 伊藤アキラ M. Arr. 多羅尾伴内
Art. 大瀧詠一

資生堂 PERKY JEAN
「サンシェイドパクト」「サンタファンデ」

Cl. 資生堂
M. Arr. 井上 鑑

資生堂 PERKY JEAN「プール」

Cl. 資生堂
M. Arr. 井上 鑑

西武のキャッシング
「オクラホマ・ミキサー」

Cl. 西武流通グループ
M. Arr. 鈴木慶一

日刊アルバイトニュース「富士さん」

Cl. 学生援護会
W. 糸井重里 M. Arr. 樋口康雄
Art. 立教大グリークラブ

年がら年中サントリー生樽

Cl. サントリー
M. Arr. 鈴木慶一
Art. 糸井重里、スーザン

味の素 ダノンさわやかヨーグルト

Cl. 味の素ダノン
M. Arr. 市川秀男

労働金庫「愛編む」

Cl. 労働金庫
M. Arr. 惣領泰則
Art. 惣領智子、比山 清

'83 アリナミン「スペイン・バスク」

Cl. 武田薬品工業
M. Arr. 樋口康雄

PEPSI LIGHT

Cl. PEPSICO (JAPAN) Ltd.
M. Arr. 井上 鑑
Art. やまがたすみこ

ウエラHLB「バスタブ」

Cl. ウエラ化粧品
M. Arr. 樋口康雄

グスタフ・トニエ

Cl. トロイ
M. Rossini、Bellini
Art. 茶谷宏子

SONYスペシャル「永井一正」

Cl. ソニー
M. Arr. 市川秀男

SONYスペシャル「永井一正」retake

Cl. ソニー
M. Arr. 樋口康雄

SONYスペシャル「福田繁雄」

Cl. ソニー
M. Arr. 樋口康雄

SONYベータマックスJ20 「桃井かおり」

Cl. ソニー
M. Arr. 井上　鑑

WILSON　ニューヨーク「バスケット」「ランナー」

Cl. ヒットユニオン
M. Arr. 樋口康雄

サントリーアカプルコ「問答無用」

Cl. サントリー
M. Arr. Art. つのだひろ

サントリーカンパリソーダ

Cl. サントリー
W. M. Arr. Art. うじきつよし

ジョンソン　ベビー用品

Cl. ジョンソン&ジョンソン
M. Arr. 若月明人

ライオン　XTMキャンペーン

Cl. ライオン
W. Marco Bruno
M. Arr. 井上　鑑

森永クララ　ビスケットシリーズ

Cl. 森永製菓
M. Arr. 樋口康雄

FM東京　サウンドロゴ

Cl. FM東京
M. 坂本龍一
Arr. 加藤磐郎

サントリー角「レーザー」

Cl. サントリー
M. Arr. 樋口康雄

ナショナル　ビデオテープ　ロゴ

Cl. 松下電器産業
M. Arr. 井上　鑑

阪急百貨店「35周年」

Cl. 阪急百貨店
M. Arr. 井上　鑑

西武「おいしい生活。」Part.2

Cl. 西武百貨店
M. Arr. Art. 矢野顕子

日清御膳「ほんうどん」

Cl. 日清食品
M. Arr. 井上　鑑

BLENDY　'82

Cl. 味の素ゼネラルフーヅ
M. Arr. 市川秀男
Art. 福田ポプラ

SONY New BHF「緑の光線」

Cl. ソニー
M. Arr. 市川秀男
Art. 葛城ユキ

SONY WALKMAN D.D

Cl. ソニー
M. Arr. 樋口康雄
Art. 福田ポプラ　佐々木　襄

SONY　ベータマックス「F」

Cl. ソニー
M. Arr. 鈴木慶一
Art. ムーンライダーズ

サントリーNCAA「綱引き」

Cl. サントリー
M. Arr. 樋口康雄

ダスキン「お客様係」

Cl. ダスキン
M. Arr. 樋口康雄

丸井のスポーツ

Cl. 丸井
W. 仲畑貴志　M. Arr. 多羅尾伴内
Art. 大瀧詠一

西武スペシャル「たて花」

Cl. 西武流通グループ
M. Arr. 井上　鑑

西武スペシャル「大豆」

Cl. 西武流通グループ
M. Arr. 鈴木慶一

西武スペシャル「着物」

Cl. 西武流通グループ
M. Arr. 市川秀男

LIEBENDER

Cl. 雪印乳業
M. Arr. 鈴木慶一

「うまいサントリー生ビール」サウンドロゴ

Cl. サントリー
M. Arr. 鈴木慶一
Art. 糸井重里、他

「おはよう西武」のテーマ

Cl. 西武百貨店
M. Arr. 樋口康雄

キャノンミニコピア

Cl. キャノン
W. 真木　準　M. Arr. 伊藤銀次
Art. 中森明菜

旭川西武　REFRESH OPEN

Cl. 西武百貨店
M. Arr. 鈴木慶一

高島屋「ジェフリー・ビーン」

Cl. 高島屋
M. Arr. 樋口康雄

資生堂サイモンピュア「プラットホーム」

Cl. 資生堂
M. Arr. 樋口康雄

資生堂リップアミュレット

Cl. 資生堂
M. Arr. 井上　鑑

いきなりおいしいハウスククレカレー

Cl. ハウス食品
M. Arr. 伊藤銀次
Art. 近藤真彦

キヤノファクスミニ

Cl. キヤノン
M. Arr. 鈴木慶一
Art. 中森明菜

クレセント「華」

Cl. キリンシーグラム
M. Arr. 井上　鑑

「ミノルタ押すだけクォーツ」

Cl. ミノルタカメラ販売
M. Arr. 鈴木慶一
Art. 松尾清憲

西武の御歳暮とX'mas '82

Cl. 西武百貨店
M. Arr. Art. 矢野顕子

赤玉スイートワイン「かほり」

Cl. サントリー
M. Arr. 樋口康雄

グリコヨーグルト　ソフレ　ロゴ

Cl. グリコ
M. Arr. 関口直人、大島ミチル

サントリー　生ビール　Song

Cl. サントリー
W. 仲畑貴志　M. Arr. 鈴木慶一
Art. 前川　清

フジビデオカセット

Cl. 富士写真フイルム
M. Arr. 樋口康雄

ママローヤル「和田さん」「金剛さん」

Cl. ライオン
M. Arr. 若月明人

ミノルタ　X

Cl. ミノルタカメラ販売
M. Arr. 樋口康雄

リーベンデール「冬」「春」

Cl. 雪印乳業
M. Arr. 市川秀男
Art. 堀江マミ

資生堂パーキージジーン　'83

Cl. 資生堂
W. M. Arr. 井上　鑑

サントリー角「ボクシング」

Cl. サントリー
M. Arr. 樋口康雄

POLA PERBONA「誕生」

Cl. ポーラ化粧品
M. Arr. 井上 鑑

オリンパスOM

Cl. オリンパス光学工業
M. Arr. 市川秀男

ナショナル コンポーネントα「未来を見るテレビ」

Cl. 松下電器産業
M. Arr. 坂本龍一

資生堂サイモンピュア フェイシャルパック「雲」

Cl. 資生堂
M. Arr. 井上 鑑

西武「おいしい生活。」

P097 P101 P099 P109

Cl. 西武百貨店
W. 糸井重里 M. Art. 矢野顕子
Arr. 矢野顕子、坂本龍一

西友「味、顔に出る」

Cl. 西友ストアー
M. Arr. 鈴木慶一
Art. ムーンライダーズ

全農ヨープレ 正月用

Cl. 全農
M. クニ河内
Art. 沢井忠夫

風味油誕生「味の素のシェフレ」

Cl. 味の素
M. Johann Strauss
Arr. 若月明人

明星 中華三昧「桜吹雪」「黄金の都」

Cl. 明星食品
M. Arr. 坂本龍一

1982

CIVAS REGAL

Cl. キリン・シーグラム
M. Arr. 市川秀男

フジ ビデオカセット「手まり」

Cl. 富士写真フイルム
M. Wagner

SONYダイナミクロン「万華鏡」

Cl. ソニー
M. Arr. 樋口康雄

'82 サントリー生ビール

Cl. サントリー
M. Arr. 井上 鑑

サントリー「ナマ樽」ロゴ

Cl. サントリー
M. 鈴木キサブロー Arr. 加藤磐郎
Art. 伊集加代子

デビアス「Father and Son」

Cl. De Beers
M. Arr. 市川秀男
Art. 鈴木雄大

ママローヤル「シュノーケル」

Cl. ライオン
M. Arr. 若月明人
Art. 藤島 新 川島和子

丸井「フレッシャーズ・スーツ」

Cl. 丸井
M. Arr. 鈴木慶一
Art. 武川雅寛

資生堂リバイタル メイクアップ化粧品

Cl. 資生堂
M. Arr. 鈴木慶一

仙台AMS OPEN

Cl. 西武百貨店
M. Arr. 市川秀男

FM東京 サウンドロゴ

Cl. FM東京
M. Arr. 坂本龍一
Art. バズ、東郷昌和、小出博志

Man Power Japan

Cl. マン・パワー・ジャパン
M. Arr. 市川秀男

アサヒ ミニ樽 '82

Cl. 朝日麦酒
W. 床鍋剛彦 M. Arr. 鈴木慶一
Art. 床鍋剛彦

サントリーNCAA「リトル・リーグ」

Cl. サントリー
M. Arr. 樋口康雄

サントリーNOANOA

Cl. サントリー
M. Arr. 樋口康雄

タイガー アイス・クラッシャー「らくわり」

Cl. タイガー魔法瓶
M. Arr. 市川秀男

ニチイ 企業CM「あくび」

Cl. ニチイ
M. Arr. 井上 鑑
Art. やまがたすみこ

レナウン・アデンタ「夕べの夢」

Cl. レナウン
M. Arr. 市川秀男

レナウン・パサレット「セーラー」

Cl. レナウン
M. Arr. 井上 鑑

銀粒仁丹「ほどいてあげる」

Cl. 森下仁丹
M. Arr. 樋口康雄

中部電力「工事停電Ⅲ」

Cl. 中部電力
W. 伊藤アキラ
M. Arr. 越部信義

東芝OA '82

Cl. 東芝
M. Arr. 市川秀男

明星 中華三昧

Cl. 明星食品
M. Arr. 樋口康雄

KODAK DISC CAMERA

Cl. コダック
M. Arr. 東海林 修

アリナミンA '82「メキシコ」

Cl. 武田薬品工業
M. Arr. 樋口康雄

タイガー「どっしりくん」Up & Down

Cl. タイガー魔法瓶
W. 小森純夫
M. Arr. Art. 伊藤銀次

マドラス「ハラバイ」「ソファー」

Cl. マドラス
M. Arr. 市川秀男

丸井「エアコン」「スポーツウォッチ」「キャンプビバリーヒルズ」

Cl. 丸井
M. Arr. 鈴木慶一 Art. 武川雅寛、やまがたすみこ

資生堂ティアラ「髪芝居」

Cl. 資生堂
M. Arr. 井上 鑑

REGNO '82

Cl. ブリヂストン
M. Arr. 市川秀男

アリナミンA「チャリアーダ」

Cl. 武田薬品工業
M. Arr. 樋口康雄

西武スペシャル '82春「祭」

Cl. 西武流通グループ
M. Arr. 市川秀男

西武のお中元「会う贅沢」

Cl. 西武百貨店
M. Arr. 鈴木慶一
Art. ムーンライダーズ

雪印エルム「燃える想い」

Cl. 雪印乳業
M. Arr. 井上 鑑
Art. やまがたすみこ

中部電力・原子力推進「かとうかずこ」

Cl. 中部電力
W. 伊藤アキラ M. Arr. 井上 鑑
Art. やまがたすみこ

「理由はおいしさBLENDY」

Cl. 味の素ゼネラルフーヅ
M. Arr. 若月明人

SONY「050」

Cl. ソニー
W. 川崎 徹 M. Arr. 井上 鑑
Art. 三田寛子

SONYスペシャル「伊藤勝一」

Cl. ソニー
M. Arr. 樋口康雄

SONYダイナミクロン「シャボン玉」

Cl. ソニー
Arr. 樋口康雄

「テープはナショナル」

Cl. 松下電器産業 M. Arr. 樋口康雄
Art. Cho. 伊集加代子、尾形道子、
ザ・ブレッスン・フォー

ナショナル ハンディマックロード「長崎街道を撮る」

Cl. 松下電器産業
M. Arr. 広瀬量平

ニュービーズ「下駄」

Cl. 花王石鹸
W. 糸井重里 M. 矢野顕子
Arr. 鈴木慶一 Art. 斉藤哲夫

ビデオ＆オーディオテープ「いい色いい音」

Cl. 松下電器産業 W. Ned Washington
M. Leigh Harline Arr. 樋口康雄
※使用楽曲：When you wish upn a star

「ロジカ＆モンタン」

Cl. 内外
M. Arr. 井上 鑑

伊東大和館「木風呂」

Cl. 伊東大和館
M. 関口直人

丸井の高級時計

Cl. 丸井
M. Arr. 市川秀男

浜松西武「店じまい売りつくし」

Cl. 西武百貨店
M. Arr. 鈴木慶一

タイガーエアーポット アップダウン「第3の動き」

Cl. タイガー魔法瓶
M. Arr. 市川秀男

ナショナル ブライダル製品

Cl. 松下電器産業
W. S.Ronberg M. O.Hammerstein二世
Arr. 市川秀男 Art. When I grow too old to dream

マドラス「サングラス」「ハンカチ」

Cl. アジア製靴
M. Arr. 増田一郎

愛のパルシェ

Cl. 静岡ターミナル開発
W. 伊藤アキラ M. Arr. 鈴木慶一
Art. 杉田優子

資生堂シャワーコロン「ポスター」

Cl. 資生堂
M. Arr. 鈴木慶一

資生堂リバイタル「小夜子の絵」

Cl. 資生堂
M. Arr. 井上 鑑

西武「不思議、大好き。」 Part.2

Cl. 西武百貨店
M. Arr. Art. 矢野顕子

全温度チアー「アクティブ・キット」

Cl. 全温度チアー
Art. クニ河内

浜松西武「宝さがしと夢さがし」

Cl. 西武百貨店
M. Arr. 鈴木慶一
Art. ムーンライダーズ

HONDA 新型アコード

Cl. 本田技研工業
M. Arr. Alan Parsons

キヤノン ビデオ

Cl. キヤノン
M. Arr. 樋口康雄

サンシャインシティ3周年

Cl. サンシャインシティ
M. Arr. 若月明人

パルコ出版 アルール

Cl. パルコ
M. Arr. 井上 鑑

資生堂 Winter サイモンピュア P074
バランシングゼリー「A面で恋をして」 P371
Cl. 資生堂 W. 松本 隆 M. Arr. 多羅尾伴内
Art. ナイアガラトライアングル
（大瀧詠一、佐野元春、杉 真理）

西友「無印良品」

Cl. 西友
M. Arr. 市川秀男

大丸アラン・ラルー「ローター」

Cl. 大丸
M. Arr. 井上 鑑

東芝もちっ子「サザエさん」

Cl. 東芝商事
M. Arr. クニ河内

明治マクビティ「ミニチュア家具プレゼント」

Cl. 明治製菓
M. Arr. 鈴木慶一 Art. 野宮真貴、武川雅寛

JVC 海外篇

Cl. JVC
M. Arr. Gregg Moore

SONY WALKMAN「Red & Black」 P099

Cl. ソニー
W. M. Arr. Art. 佐野元春

オリンパス New OM-10「カワセミ」

Cl. オリンパス光学工業
M. Arr. 嵐野英彦

オリンパスOM

Cl. オリンパス光学工業
M. Arr. 市川秀男

オリンパスXA

Cl. オリンパス光学工業
W. Marco Bruno M. 鈴木キサブロー
Arr. 鈴木慶一 Art. 武川雅寛

グリコ・ヨーグルト「ソフレ」

Cl. グリコ協同乳業
W. 糸井重里
M. Arr. Art. 鮎川 誠

サントリーインペリアル「チェス」

Cl. サントリー
M. Arr. 井上 鑑

サントリースポーツドリンクNCAA

Cl. サントリー
M. Arr. 井上 鑑

スコッチガード「武士の嗜み」

Cl. 住友3M
M. Arr. 樋口康雄

スペクタル巨篇 明星 中華三昧 CHINA 4000

Cl. 明星食品
M. Arr. 樋口康雄

フジビデオカセット

Cl. 富士写真フイルム
M. Arr. 樋口康雄

丸井の毛皮

Cl. 丸井
M. Arr. 樋口康雄

森永「お楽しみエッグプレゼント」

Cl. 森永乳業
M. Arr. 市川秀男

大塚ファイブスター「君が好きだ」

Cl. 大塚食品
W. 糸井重里
M. Arr. Art. つのだひろ

PARCO '81 WINTER

Cl. パルコ
M. Arr. 市川秀男

進研ゼミ「好きになっちゃった」

Cl. 福武書店
M. Arr. 鈴木慶一

西武スペシャル「おもちゃの大行進」

Cl. （西武百貨店）西武流通グループ
W. 野坂昭如（補作：吉岡 治）
M. 越部信義 Arr. Art. 矢野顕子

西武スペシャル「ジャパンスタイル・水」

Cl. （西武百貨店）西武流通グループ
M. Arr. Art. 矢野顕子

西武スペシャル「人から人へ」

Cl. （西武百貨店）西武流通グループ
M. Arr. Art. 鈴木慶一

'82 サントリーナマ樽 CMソング「好き好きスコール」

Cl. サントリー W. 仲畑貴志
M. Art. 鈴木キサブロー Arr. 井上 鑑

LAKELAND「地球シリーズ」

Cl. オンワード樫山
M. Arr. 樋口康雄

キリンのアイス「ナメタロー」ロゴ

Cl. 糧友食品
M. Arr. 若月明人

ファンタ '81「おやつ」

Cl.（日本コカ・コーラ）C.C.J.C.
M. Arr. 惣領泰則
Art. 惣領智子

ファンタ '81「おやつ」
ファンタレモン「花」

Cl.（日本コカ・コーラ）C.C.J.C.
M. Arr. 惣領泰則 Art. 惣領智子、比山 清

赤玉スイートワイン「奈良岡朋子」篇

Cl. サントリー W. Marco Bruno
M. Arr. 樋口康雄
Art. 福田ポプラ Cho. タイム・ファイブ

東レ「トレカ」

Cl. 東レ
M. Arr. 坂本龍一

函館西武

Cl. 西友ストア
M. Arr. 樋口康雄

SONY ラジカセ「エナジー99」

Cl. ソニー
M. Arr. 鈴木慶一
Art. 鈴木慶一 Cho. ムーンライダーズ

アサヒタクシー

Cl. アサヒタクシー
M. Arr. 若月明人
Art. のこいのこ

オリンパス XA 2

Cl. オリンパス光学工業
W. M. Arr. 梅林 茂
Art.（Cho.）EX

ゼロックス・スペシャル

Cl. 富士ゼロックス
M. Arr. 樋口康雄
Art. 伊集加代子

丸井 赤いカード
「もらってうれしい花いちもんめ」

Cl. 丸井 W. 石丸淳一 M. Arr. 鈴木慶一
Art. 小川美潮、武川雅寛

丸井のスポーツ

Cl. 丸井
W. 仲畑貴志
M. Arr. 多羅尾伴内

丸井のスポーツ

Cl. 丸井
W. 仲畑貴志 M. Arr. 多羅尾伴内
Art. 比山 清

赤玉スイートワイン
「奈良岡朋子」篇 日本語版

Cl. サントリー W. 伊藤アキラ
M. Arr. 樋口康雄 Art. 福田ポプラ

大塚食品ファイブスター

Cl. 大塚食品
W. 糸井重里 M. Arr. 鈴木慶一
Art. 加橋かつみ Cho. 鈴木慶一、武川雅寛

HONDA こまめ

Cl. 本田技研工業
M. Arr. クニ河内

アリナミンA ケニヤ「春」「夏」「秋」

Cl. 武田薬品工業
M. Arr. 樋口康雄

ミノルタ ハイマチック

Cl. ミノルタカメラ販売
M. Arr. 鈴木慶一

資生堂シャワーコロン
「バレーボール」「マンホール」

Cl. 資生堂
M. Arr. 鈴木慶一

資生堂シャワーコロンⅢ

Cl. 資生堂
W. 伊藤アキラ M. Arr. 鈴木慶一
Art. 野宮真貴

「心にラバーズ・コンチェルト」

Cl. 二条丸八
M. Arr. 鈴木慶一

西武 八尾

Cl. 西武百貨店
M. Arr. 鈴木慶一
Art. 小川美潮、他

西友良品大市 '81春

Cl. 西友ストア
W. 日暮真三
M. Arr. Gregg Moore

東芝 OA

Cl. 東芝
M. Arr. 惣領泰則

東芝コーヒーメーカー「ミル&ドリップ」

Cl. 東芝
M. Arr. 市川秀男
Art. 福田ポプラ

東洋紡「マンハッタン」ロゴ

Cl. 東洋紡
M. 岩間南平

アリナミンA ケニヤ「夏」

Cl. 武田薬品工業
M. Arr. 樋口康雄

サントリーポップ '81
「エメラルド・シャワー」

Cl. サントリー W. 糸井重里
M. Arr. 鈴木慶一 Art. 石川ひとみ

デビアス「コーヒーショップ」

Cl. De Beers
M. Arr. 市川秀男

マックスウェル缶コーヒー

Cl. 味の素ゼネラルフーヅ
W. Art. 糸井重里 M. 鈴木キサブロー
Art. 鈴木慶一

丸井「マヌエル・カノーバス」

Cl. 丸井
M. Arr. 樋口康雄

森永クリープ「アメリカン」

Cl. 森永乳業
M. Arr. 井上大輔（忠夫）

西武スペシャル A

Cl. 西武百貨店
M. Arr. 樋口康雄

西武スペシャル B

Cl. 西武百貨店
M. Arr. 坂本龍一

JVC・P

Cl. JVC
M. Arr. 市川秀男

ケロッグコーンフレーク

Cl. 日本ケロッグ
M. Arr. 市川秀男

ミノルタ X-7 '81「夏」

Cl. ミノルタカメラ販売
W. 糸井重里、忌野清志郎
M. 忌野清志郎 Arr. Art. RC サクセション

丸井「夏の創業50年祭」

Cl. 丸井
M. Arr. 鈴木慶一

近鉄 '81 お中元

Cl. 近鉄百貨店
M. Arr. 井上 鑑
Art. 伊集加代子

森永タムタム

Cl. 森永乳業
M. Arr. 鈴木慶一
Art. 小川美潮

森永ヨーグルト「なかよし」

Cl. 森永乳業
M. Arr. 若月明人
Art. のこいのこ

森永ヨープルタウン

Cl. 森永乳業
M. Arr. 市川秀男

西友小手指店 OPEN

Cl. 西友ストア
M. Arr. 井上 鑑

河崎ラケット「キャンパス」

Cl. 河崎ラケット
W. 仲畑貴志 M. Arr. 鈴木慶一
Art. 杉田優子、武川雅寛

「生命とエネルギー」

Cl. 松下興産
M. Arr. 樋口康雄

東芝オーレックス・ジャズ・フェスティバル

Cl. 東芝
M. Arr. 前田憲男

日本ハム「Winter Morning」

Cl. 日本ハム
W. 糸井重里
M. Arr. Art. 矢野顕子

BLENDY「CALL ON HIM」

Cl. 味の素ゼネラルフーヅ
W. Art. Marco Bruno
M. 鈴木キサブロー Arr. 鈴木慶一

Blaune

Cl. 花王石鹼
M. Arr. 市川秀男

カンテイって何？　ラジオCM

Cl. 東京カンテイ
M. Arr. クニ河内

ジョンソン綿棒「家族」「耳」

Cl. ジョンソン&ジョンソン
M. Arr. 若月明人

阪急サマーギフト　'80

Cl. 阪急百貨店
W. 伊藤アキラ　M. Arr. 鈴木慶一
Art. 武川雅寛

日産ラングレー

Cl. 日産自動車
W. 松本　隆　M. Arr. 井上　鑑
Art. 宮田あや子

バンダイ「ASTROSTAR」

Cl. バンダイ
M. Gustav Mahler
Arr. 井上　鑑　Art. 安田祥子

ママローヤル「台所から見える風景」

Cl. ライオン
M. Arr. 若月明人

東レ　シルック着物「おみくじ」

Cl. 東レ
M. Arr. 飯吉　馨

アシックス「キリースキーウェア」

Cl. アシックス
M. Arr. 井上　鑑

グリコポッキー

Cl. 江崎グリコ
W. (補作) 伊藤アキラ
M. Arr. 井上　鑑

ダイヤ学生服

Cl. 丸三
M. Arr. 鈴木慶一
Art. 鈴木慶一、かしぶち哲郎

丸井フォーマルウェア「ジャンプ」

Cl. 丸井
M. Arr. 鈴木慶一
Art. ムーンライダーズ

資生堂ハンドモイスチュアクリーム

Cl. 資生堂
M. Arr. クニ河内
Art. 福田ポプラ

西武10期　Part.2「ベビースイミング」

Cl. 西武百貨店
M. Arr. 樋口康雄

朝日生命　沖縄「琉球ガラス」
和歌山「紀州へら竿」

Cl. 朝日生命
M. Arr. 市川秀男

明星チャルメラ「マドンナ」

Cl. 明星食品
W. 糸井重里
M. Arr. Art. 鈴木慶一

ダイアナ靴店「モンロー」

Cl. ダイアナ靴店
M. Arr. 市川秀男

パイオニア「LASER DISK」

Cl. パイオニア
M. Arr. 樋口康雄

ママローヤル「新聞」「松崎」「島田」

Cl. ライオン
M. Arr. 若月明人

ミノルタ　ブラック

Cl. ミノルタカメラ販売
W. 糸井重里
M. Arr. 鈴木慶一　Art. 松尾清憲

「我家のエプロン便り」ラジオCM

Cl. ライオン
M. Arr. 若月明人

三菱エテルナ「なっちゃん」

Cl. 三菱自動車
M. Arr. 市川秀男

資生堂「AUSLESE」BGM

Cl. 資生堂
M. Arr. 市川秀男

進研ゼミ

Cl. 福武書店
M. Arr. 平野　融
Art. カーティスクリークバンド

西武　スポーツ館1周年「ボルグ夫妻」
スポーツ館「ピンポン」

Cl. 西武百貨店
M. Arr. 樋口康雄

ハローこまめ

Cl. 本田技研工業
W. 池谷　清　M. Arr. クニ河内
Art. クニ河内、石黒孝子

SEIKO　クレドール

Cl. 服部時計店
M. Arr. 樋口康雄

ファンタ　レモンサイダー

Cl. 日本コカ・コーラ
M. Arr. 市川秀男

近鉄　御歳暮「ジャンプ」

Cl. 近鉄百貨店
M. Arr. 井上　鑑

赤玉パンチ

Cl. サントリー
W. 仲畑貴志　M. Arr. 鈴木慶一
Art. 福田ポプラ

SONYベータマックスJI「お見合い」

Cl. ソニー
M. Arr. 樋口康雄

アリナミンA「カナダインディアン」

Cl. 武田薬品工業
M. Arr. 樋口康雄

エリエール「BOXティシュ　納屋　教会」

Cl. 大王製紙
M. Arr. 若月明人

クライス「キング・アーサー」

Cl. 博兼商事
M. Arr. 鈴木慶一
Art. ムーンライダーズ

パイオニア「LASER DISC」

Cl. パイオニア
M. Arr. 樋口康雄

三菱ギャラン・ラムダ「TURBO」

Cl. 三菱自動車
M. Arr. 市川秀男

味の素サワコーン

Cl. 味の素
M. Arr. 樋口康雄

ISUZU　FARGO「ザ・カプセル」

Cl. いすゞ自動車
W. 島　武実　M. 宇崎竜童
Arr. 市川秀男

SEIKO CREDOR

Cl. 服部時計店
M. Arr. 樋口康雄

「くすりと日本人」

Cl. エーザイ
M. Arr. 若月明人

グリコのバレンタイン

Cl. 江崎グリコ
M. 小田裕一郎　Arr. 井上　鑑
Art. 松田聖子

レナウン　Vassarette「色の冒険」

Cl. レナウン
M. Arr. 鈴木慶一

丸井のインテリア　'81

Cl. 丸井
W. Marco Bruno
M. Arr. 市川秀男　Art. 福田ポプラ

丸井創業50周年

Cl. 丸井
M. Arr. 市川秀男

資生堂シャワーコロン

Cl. 資生堂
M. Arr. Art. 鈴木慶一

「春のウィング」

Cl. ワコール
W. 押田洋子　M. Arr. 鈴木慶一
Art. 武川雅寛

西武「不思議、大好き。」

P097 P252 P101 P253 P251

Cl. 西武百貨店
W. 糸井重里　M. Arr. 矢野顕子
Arr. 坂本龍一

1981

丸井のひな人形
Cl. 丸井
M. Arr. 矢野顕子

丸井の書斎机
Cl. 丸井
M. Arr. 若月明人

資生堂サイモンピュア「おみくじ」篇
Cl. 資生堂
M. Arr. 嵐野英彦

資生堂ゾートスサロン「Wavie Lady」
Cl. 資生堂
M. Arr. Art. 高橋ユキヒロ

集英社　日本美術絵画全集
Cl. 集英社
M. Arr. 若月明人

象印ネオサーモス「フィッシング」篇
Cl. 象印マホービン
M. Arr. 井上　鑑
Art. 福田ポプラ

1980

Laforet　冬のボンマルシェ
Cl. ラフォーレ原宿
M. Arr. グレッグ

グンゼ YANLET
Cl. グンゼ
M. Arr. 井上　鑑
Art. 比山　清、近藤敬三

サウンドセンサー　do「アニメ」
Cl. ソニー
M. Arr. 木田高介

サントリーエード「ポパイとオリーブ」
Cl. サントリー
M. Arr. 木田高介
Art. 堺　正章、研　ナオコ

ファンタレモン　'80
Cl. 日本コカ・コーラ
M. Arr. 惣領泰則

フルーティ　'80
Cl. 味の素ゼネラルフーヅ
M. Arr. 木田高介
Art. 金子マリ

資生堂サイモンピュア「春雨」篇
Cl. 資生堂
M. 樋口康雄
Arr. 坂本龍一

明治シュライト
Cl. 明治製菓
M. Arr. 鈴木慶一
Art. 福田ポプラ　Cho. 鈴木慶一、武川雅寛

'80　丸井の五月人形
Cl. 丸井
M. Arr. 鈴木慶一

SONY　ザ・セッション
Cl. ソニー
M. Arr. 市川秀男
Art. とみたいちろう

XEROX　3500　ベビーライオン　Part.3
Cl. 富士ゼロックス
M. Arr. 坂本龍一

エスパル'80「春」「夏」「ビッグバーゲン」
Cl. エスパル
M. Arr. 井上　鑑

トヨタコロナ
Cl. トヨタ自販
M. Arr. 若月明人

ナショナルクレジット「虹をかけたい」
Cl. 松下電器産業
W. M. Arr. Art. 矢野顕子

ペンタックスオート110　Kissin'
Cl. 旭光学工業
M. 鈴木キサブロー　Arr. 井上　鑑
Art. とみたいちろう

ミノルタX「今の君はピカピカに光って」
P081 P114 P137
Cl. ミノルタカメラ販売
W. 糸井重里　M. Arr. 鈴木慶一
Art. 斉藤哲夫　Cho. 鈴木慶一

レナウン・ミスピアッテリ　'80
Cl. レナウン
M. Arr. 市川秀男

旺文社ハイトップ
Cl. 旺文社
M. 井上　鑑　関口直人　Arr. 井上　鑑
Art. 榊原郁恵

花王ハイトニックシャンプー「B&B」
Cl. 花王石鹸
M. Arr. 井上　鑑
Art. やまがたすみこ

象印エアーポット「気分はTEA FOR TWO」
Cl. 象印マホービン　W. 長谷川みつみ
M. リリィ　Arr. 木田高介
Art. 福田ポプラ

静岡西武「ツインズ」
Cl. 西武百貨店
M. Arr. 樋口康雄

美光堂　'80
Cl. 美光堂
M. Arr. 井上　鑑

'80　西武　春のキャンペーン
Cl. 西武百貨店
M. Arr. 市川秀男

BIG JOHN JEANS '80
Cl. BIG JOHN JEANS
W. Chelsea　M. Arr. Bannai Tarao
Art. Eiichi Ohtaki

ケンゾーの宝石
Cl. 三貴
M. Arr. 樋口康雄

サントリーエード「夏」「秋冬」
Cl. サントリー
M. Arr. 前田憲男
Art. 堺　正章、研　ナオコ

フルーティ　ロゴ
Cl. 味の素ゼネラルフーヅ
M. 木田高介
Art. 金子マリ、木田高介

メンソレータム・ラブ'80「ダイニングルーム」
Cl. ロート製薬
M. Arr. 樋口康雄

近鉄百貨店「スタートダッシュ」
Cl. 近鉄百貨店
M. Arr. 井上　鑑

高島屋ウンガロメンズウェア
Cl. 高島屋
M. Arr. 木田高介

FUJICA AX
Cl. 富士写真フイルム
M. Arr. 坂本龍一
Art. SANDI

ドクターペッパー「ボート部」
Cl. 日本ドクターペッパー
M. Arr. 平野　融

三井グループ　企業CM「スイミー」
Cl. 三井グループ
M. Arr. 樋口康雄

三菱ギャラン　ラムダ
Cl. 三菱自動車
M. Arr. 井上　鑑

朝日生命　企業CM「親から子に伝える」
Cl. 朝日生命
M. Arr. 樋口康雄

FUJICA AX「青春」
Cl. 富士写真フイルム
M. Arr. 樋口康雄

HONDAハミング
Cl. 本田技研工業
W. 糸井重里
M. Arr. 井上　鑑

オリンパス　OM
Cl. オリンパス光学工業
M. Arr. 坂本龍一

だるまや西武
Cl. 西武百貨店
M. Arr. 市川秀男

近鉄　'80　御中元
Cl. 近鉄百貨店
M. Arr. 井上　鑑
Art. SANDI

阪急サマーギフト　'80
Cl. 阪急百貨店
W. 伊藤アキラ　M. Arr. 多羅尾伴内
Art. 大瀧詠一

SONYカセットテープ「ON AIR」

Cl. ソニー
M. Arr. 樋口康雄

オリンパスOM

Cl. オリンパス光学工業
M. Arr. 中村弘明
Art. 川崎のりひろ

デビアス '80 コレクション

Cl. De Beers
M. Arr. 樋口康雄

ニッサン473

Cl. 日産自動車
M. Arr. 樋口康雄

ハクビ「フリスビー」篇

Cl. ハクビ京都着物学院
M. Arr. 鈴木慶一

ホンダNC

Cl. 本田技研工業
M. Arr. 惣領泰則

丸井 夏の子供用品

Cl. 丸井
W. 岡部正泰 M. Arr. 国吉良一
Art. とみたいちろう

資生堂
サイモンピュアモイスチュアローション

Cl. 資生堂
M. 南こうせつ Arr. 市川秀男

女性自身「海」「森」

Cl. 光文社
M. Arr. 井上 鑑

富貴「おとこ酒」篇

Cl. 合同酒精
W. 伊藤アキラ M. Arr. 鈴木キサブロー
Art. 白季千加子

夢っ子ポッケちゃん

Cl.（タカラ玩具）エリカ
M. Arr. 若月明人
Art. のこいのこ

PARCO

Cl. パルコ
M. Arr. 広瀬量平

SONYサウンドセンサー do

Cl. ソニー
M. Arr. 木田高介

アンネシャンテ改訂版
「どこかであった娘かな」

Cl. アンネ
M. Arr. 井上 鑑

オリンパスOM「TAKE IT EASY」 P092

Cl. オリンパス光学工業
W. 糸井重里 M. 矢野顕子
Arr. 矢野顕子（CD：+坂本龍一） Art. 鈴木慶一

カネボウYoudy

Cl. カネボウ
M. Arr. 井上 鑑

グリーン仁丹「Green Morning」

Cl. 森下仁丹
W. 岡本おさみ
M. Arr. 鈴木キサブロー

コロナCX

Cl. トヨタ自販
M. Arr. 市川秀男

パラゾールノンカット

Cl. 白元
M. Arr. 井上 鑑

丸井のファッション 冬篇・秋篇

Cl. 丸井
W. 佐々木克彦 M. Arr. 梅垣達志
Art. 尾藤イサオ

資生堂サイモンピュア「水と油の物語」

Cl. 資生堂
M. Arr. 樋口康雄

FUJI BREAD「60年目の新顔」

Cl. フジパン
M. Arr. 若月明人

タチカワアコーディオンカーテン

Cl. タチカワブラインド
M. Arr. 樋口康雄

トヨタ ラストロゴサウンド

Cl. トヨタ自販
M. Arr. 神谷重徳

資生堂ウィンター「商品」篇

Cl. 資生堂
M. 樋口康雄
Arr. 若月明人

資生堂ウィンタープロモーション
「あざやかに生きて」

Cl. 資生堂 W. 岡田冨美子
M. Arr. 樋口康雄 Art. 田島裕子

西武「人間の街」

Cl. 西武百貨店
M. Arr. 木田高介

HONDA CIVIC 海外篇「熱気球」

Cl. 本田技研工業
W. Marco Bruno M. Arr. 木田高介
Art. ティナ

PARCO「カード」篇

Cl. パルコ
M. Arr. 前田憲男

SONY WALKMAN「Part 2」 P101

Cl. ソニー
M. Arr. 樋口康雄
Art. 福田ポプラ、尾形道子

アクロン「ふっくら宣言」

Cl. ライオン油脂
M. Arr. 来生たかお
Art. 田中星児

トヨタコロナ「追いつけるか」篇

Cl. トヨタ自販
M. Arr. 市川秀男

西武スポーツ館「ボルグ」「コナーズ」

Cl. 西武百貨店
M. Arr. 市川秀男

Tracy Austin

Cl. グンゼ
W. 伊藤アキラ M. Arr. 木田高介
Art. 金子マリ Cho. 木田高介、石川鷹彦

カネボウAU DEUX MILLE

Cl. カネボウ化粧品
M. Arr. 市川秀男

ニッサン セドリック

Cl. 日産自動車
M. Arr. 東海林 修

ヤマハ システムファーニチャー「風」

Cl. 日本楽器
M. Arr. 広瀬量平
Art. 松谷 翠

佐賀西友「好きな人にあえる場所は」

Cl. 西友
W. Art. 糸井重里
M. りりィ Arr. 井上 鑑

西武「御歳暮」「X'mas」'79

Cl. 西武百貨店
M. Arr. 井上 鑑

東レ「シルックきもの」

Cl. 東レ
M. Arr. 鈴木慶一

東芝 新技術紀行「アメリカ・ガイザース」「イギリス・プリマス」 P339

Cl. 東芝
M. Arr. 坂本龍一

東芝 新技術紀行「オランダ・ライデン」「フィンランド・ヘルシンキ」

Cl. 東芝
M. Arr. 嵐野英彦

SONYサウンドセンサーDo
「サッチモとモンロー」

Cl. ソニー
M. Arr. 木田高介

クォーツの探求

Cl. 諏訪精工舎
M. Arr. 市川秀男

クボタトラクター企業篇
「スーパー・サンシャイン」

Cl. クボタ
M. Arr. 井上 鑑

パイロット「ジャスタス」 P339

Cl. パイロット萬年筆
M. Arr. 坂本龍一

ライオン ママローヤル「違ってきます」

Cl. ライオン油脂
M. Arr. 若月明人
Art. 川島和子、藤島 新

丸井のインテリア

Cl. 丸井
W. Marco Bruno
M. Arr. 市川秀男 Art. 福田ポプラ

資生堂サイモンピュアスキンソフナー

Cl. 資生堂
M. 南こうせつ
Arr. 嵐野英彦

手伝える日立 P092

Cl. 日立家電
W. M. Arr. Art. 矢野顕子

象印エアーポット「春のキャンペーン」

Cl. 象印マホービン
M. Arr. 惣領泰則

西武「Shake up」

Cl. 西武百貨店
M. Arr. 中村きんたろう

東北電力「ヴィヴァルディ　春」

Cl. 東北電力
M. ヴィヴァルディ
Arr. 岡田　徹

明治トースト

Cl. 明治乳業
W. ON　M. Arr. 井上　鑑
Art. やまがたすみこ

明治フィーン「花の仲間」

Cl. 明治乳業
M. Arr. Art. 小林泉美

シルバー月桂冠「New Night」

Cl. 大倉酒造
M. Arr. 鈴木慶一

ナショナル自転車「僕の弟」篇 P092

Cl. 松下電器産業
W. 糸井重里　M. Arr. 瀬尾一三
Art. 細坪基佳

フジカシングル8　海外篇

Cl. 富士写真フイルム
M. Arr. 若月明人

フラッシュフジカ海外篇

Cl. 富士写真フイルム
M. Arr. 惣領泰則
Art. 比山　清、ティナ

丸井「ねむねむクジラ」

Cl. 丸井
M. Arr. Art. 鈴木慶一

丸井「五月人形」

Cl. 丸井
M. Arr. 鈴木慶一

資生堂サイモンピュアクレンジングフォーム「素肌清艶」

Cl. 資生堂
M. Arr. 若月明人

森永「かいじゅうチョコ」

Cl. 森永製菓
M. Arr. 中村弘明

西武スペシャル　女の時代「CAR WASH」

Cl. 西武百貨店
M. Arr. 市川秀男

西武スペシャル　女の時代「ゴーマン・ミチコ」 P339

Cl. 西武百貨店
M. Arr. 坂本龍一

明治トースト　Vo.re DB

Cl. 明治乳業
W. ON　M. Arr. 井上　鑑
Art. 小鳩くるみ

SONY メタルデッキ

Cl. ソニー
M. Arr. 樋口康雄

アンネ「あの子もシャンテかな」

Cl. アンネ
M. Arr. 井上　鑑

エメロンミンキー「髪に手をやると」篇

Cl. ライオン油脂
M. Arr. 惣領泰則
Art. ティナ

シャープリブル「ふれあいの朝」、スナックオーブンレンジ「スナックパーティー」

Cl. シャープ　M. Arr. 鈴木慶一

ドクターペッパー「青春」

Cl. 日本ドクターペッパー
W. Art. とみたいちろう
M. Arr. 関口直人

ハウス・スパイスソング

Cl. ハウス食品工業
W. 伊藤アキラ　M. Arr. 多羅尾伴内
Art. 大瀧詠一

レナウン　オフリル

Cl. レナウン
M. Arr. 市川秀男

ロッテイタリアーノ「あっさりしなきゃね」篇

Cl. ロッテ・アド
M. Arr. 鈴木慶一

丸井エアコン

Cl. 丸井
M. Arr. 鈴木慶一

黒角ニッカ「箍沢」篇

Cl. ニッカウヰスキー
M. Arr. 矢野顕子
Art. 坂本龍一、矢野顕子、他

森永玄米スナック　パリティ

Cl. 森永製菓
M. Arr. 中村弘明

A CHILD IS KING

Cl. TOMY
W. 伊藤アキラ　M. 惣領泰則
Arr. 市川秀男　Art. ティナ

MAXWELL BLENDY「翔んで流水ハイウェイ」

Cl. 味の素ゼネラルフーヅ
M. Arr. 鈴木慶一　Art. 斉藤哲夫

PARCO フェイ・ダナウェイ「夏」 P339

Cl. パルコ
M. Arr. 坂本龍一

WE LOVE CORONA

Cl. トヨタ自販
M. Arr. 鈴木慶一

エスパル「ビッグ・バーゲン」「イメージ」

Cl. エスパル
M. Arr. 鈴木慶一　Art. 大野方栄

エメロンミンキー「さらば乾きと」夏篇

Cl. ライオン油脂
M. Arr. 井上　鑑　Art. ティナ

オリンパスOM

Cl. オリンパス光学工業
M. Arr. 若月明人

セドリック

Cl. 日産自動車
W. 伊藤アキラ　M. Arr. 梅垣達志
Art. 峰　純子

トヨタ　企業CM「燃える大地」 P092 P339

Cl. トヨタ自販
M. Arr. 坂本龍一

西武の御中元　'79

Cl. 西武百貨店
M. Arr. 木田高介

EDWIN P339

Cl. EDWIN
M. Arr. 坂本龍一
Art. 芹澤廣明

SATOLEX

Cl. サトレックス
M. Arr. 梅垣達志

SONY「ウォークマン」篇

Cl. ソニー
M. Arr. 木田高介
Art. ミンツ

オメガ

Cl. シイベル
M. Arr. 坂田晃一

カルビーのポテトチップス「さわやか新じゃが」篇

Cl. カルビー
M. Arr. 中村弘明

スタンザ477

Cl. 日産自動車
M. Arr. 樋口康雄

ダイアナ靴店

Cl. ダイアナ靴店
M. Arr. 樋口康雄

ams オーブン P092 P250

Cl. 緑屋
W. 糸井重里
M. Arr. Art. 矢野顕子

SONY カセットテープ「ON AIR」

Cl. ソニー
M. Arr. 市川秀男
Art. とみたいちろう

'79 三輪そうめん山本

Cl. 三輪そうめん山本
M. Arr. 若月明人

カルビーのポテトチップス
「コンソメパンチ」

Cl. カルビー
M. Arr. 井上 鑑

サランラップ
「ミンクタッチ毛布プレゼント」

Cl. 旭ダウ
M. Arr. クニ河内

ファッションホテルOZ

Cl. オズ
M. Arr. ミッキー吉野

丸井「毛皮＆ブーツ」

Cl. 丸井広告事業社
M. Arr. 鈴木慶一
Art. 鈴木慶一、大野方栄

資生堂ガレイシィファウンデイション
「オルゴール」

Cl. 資生堂
M. 堀内孝雄 Arr. 若月明人

船橋西武「Elephant」

Cl. 西武百貨店
M. Arr. 樋口康雄

全日空1979
「SHINING SKY」「SUPER JAMBO」

Cl. 全日空 W. 伊藤アキラ
M. Arr. 惣領泰則 Art. ティナ

HAPPY TOWNテンマヤ

Cl. 天満屋
W. 伊藤アキラ M. 榊原正敏、井上 鑑
Arr. 井上 鑑 Art. ダ・カーポ

NIKKA KINGSLAND「登場」「贈り物」

Cl. ニッカウヰスキー
M. Arr. 樋口康雄

アリナミンA

Cl. 武田薬品工業
M. Arr. 若月明人
Art. 小鳩くるみ

オバルチン「木枯し」「雪ダルマ」

Cl. カルピス食品工業
M. Arr. クニ河内

グンゼ「クルージング」「サイクルサッカー」
「デッキ・テニス」

Cl. グンゼ
M. Arr. 市川秀男

ハクビ京都着物学院 生徒募集「手まり」

Cl. ハクビ京都着物学院
M. Arr. クニ河内
Art. 沢田祥子、ひばり

丸八真綿

Cl. 丸八真綿
M. Arr. 中村弘明

森永スポーツマンクラブキャラメル
「ブルトレ」

Cl. 森永製菓
M. Arr. 井上 鑑 Art. やまがたすみこ

西武「X'mas」篇「御歳暮」篇

Cl. 西武百貨店
M. Arr. 樋口康雄

'79 丸井「ひとりよりふたり」

Cl. 丸井
W. 伊藤アキラ M. Arr. 鈴木慶一
Art. 鈴木慶一、菊地真美

'79 丸井「営業と定休」

Cl. 丸井
M. Arr. 樋口康雄

ALPA '79新春「グッド・バーゲン」

Cl. ALPA
M. Arr. 市川秀男

Fuji XEROX 2300

Cl. 富士ゼロックス
M. Arr. 井上 鑑

キリンレモン

Cl. 麒麟麦酒
M. Arr. クニ河内

バルバローゼン「カプセル」篇 P339

Cl. バルバローゼン
M. Arr. Art. 坂本龍一

ポンジュース '79「レストランとお座敷」

Cl. 愛媛県青果連
M. Arr. 井上 鑑

レナウン「レリアン」

Cl. レナウン
M. Arr. 樋口康雄

レモン仁丹

Cl. 森下仁丹
M. Arr. 井上 鑑
Art. 岩崎宏美

Good Day Nissui P368

Cl. 日本水産
W. 伊藤アキラ
M. Arr. 多羅尾伴内

丸井「スキーとゲーム」

Cl. 丸井
M. Arr. 鈴木慶一
Art. 鈴木慶一、のこいのこ

丸井「ひな人形」「学習机」 P249

Cl. 丸井
M. Arr. 矢野顕子

三ツ矢サイダー '79 P367 P369 P370

Cl. 朝日麦酒
W. 伊藤アキラ M. Arr. 多羅尾伴内
Art. 大瀧詠一

資生堂4分CM「肌」

Cl. 資生堂
M. 南こうせつ
Arr. 嵐野英彦

西武「Body Trip」

Cl. 西武百貨店
M. Arr. Art. 中村きんたろう

西武「女の時代」

Cl. 西武百貨店
M. Arr. 樋口康雄

1979

スポルディングシューズ

Cl. アキレス
M. Arr. 瀬尾一三
Art. 瀬尾一三、白井良明

フルーティ '79

Cl. 味の素ゼネラルフーヅ
M. Arr. Art. 桑名正博

旭化成「シーベ」

Cl. 旭化成
M. Arr. クニ河内
Art. とみたいちろう

資生堂バスボン石鹸「ネコ」篇

Cl. 資生堂
M. Arr. クニ河内
Art. 京塚昌子

日立のおしゃれさん P367

Cl. 日立家電
M. Arr. Art. 大瀧詠一

PARCOフェイ・ダナウェイ P339
「アニマル」
Cl. パルコ
M. Arr. 坂本龍一
Art. 富岡和男

PARCOフェイ・ダナウェイ「卵」 P339

Cl. パルコ
M. Arr. 坂本龍一
Art. 中川昌三（FL）

PARCOフェイ・ダナウェイ「卵」

Cl. パルコ
M. Arr. 樋口康雄

エスパル「春のデッドヒート」

Cl. エスパル
M. Arr. 鈴木慶一

グリコサワーコロン「青春はサワー」

Cl. 江崎グリコ
W. 伊藤アキラ M. Art. 木戸やすひろ
Arr. 井上 鑑

ジュエリー三貴

Cl. 三貴
M. Arr. 市川秀男

リーガルスニーカー

Cl. 日本製靴
M. Arr. 鈴木慶一

丸井の「独立国」

Cl. 丸井
M. Arr. 矢野顕子
Art. 矢野顕子、坂本龍一 他

丸井のプレゼント

Cl. 丸井
M. Arr. 井上 鑑
Art. 比山 清

田中屋伊勢丹「御中元」'78
Cl. 田中屋伊勢丹
Arr. クニ河内

明治ホイップヨーグルト
Cl. 明治乳業
M. Arr. 惣領泰則
Art. 惣領智子

'78 資生堂ホネケーキ「御中元」
Cl. 資生堂
M. Arr. 広瀬量平

カルビーポテトチップス
Cl. カルビー
W. 及川恒平 M. 中村八大
Arr. 飯吉 馨 Art. とみたいちろう

ジョンソンカンターチハード
Cl. ジョンソン&ジョンソン
M. Arr. 若月明人

ナショナルエアコン
ホット&クール「第5の季節」
Cl. 松下電器産業
M. Arr. 広瀬量平

フラワーブロッサムストリート '78
Cl. 田中屋伊勢丹
Arr. クニ河内

メンソレータムのラブ「階段」篇
Cl. ロート製薬 M. Arr. 樋口康雄
Art. ザ・ブレッスン・フォー、和田夏代子、鈴木宏子

「ヤマハのふるさとを訪ねて」
Cl. ヤマハ発動機
M. Arr. 井上 鑑
Art. 惣領智子

丸井「ひとりよりふたり」
Cl. 丸井
W. りりィ、魚住勉 M. Art. りりィ
Arr. 国吉良一

資生堂「君のひとみは10000ボルト」 P061 P069 P114
Cl. 資生堂
W. 谷村新司 M. Art. 堀内孝雄
Arr. 石川鷹彦

資生堂 FRESURE '78
Cl. 資生堂
M. Arr. 山下達郎
Art. 山下達郎、坂本龍一

資生堂バスボン石鹸「御歳暮」篇
Cl. 資生堂
M. Art. 北 炭生
Arr. 井上 鑑

象印エアーポット「The Woman」
Cl. 象印マホービン
W. Marco Bruno M. Arr. 市川秀男
Art. 木村芳子

日清ミューズリー
Cl. 日清製粉
M. Arr. 若月明人

サロンパス「日曜大工」篇
Cl. 久光製薬
M. Arr. 中村弘明

フィニー「Lady In The Mirror」
Cl. 日本ラテックス
W. M. Arr. Art. つのだひろ

メルシャン デミ「バンザイ」篇
Cl. 三楽オーシャン
M. Arr. 鈴木慶一
Art. 鈴木慶一、大野方栄

丸井「ふたりのインテリア&ファッション」
Cl. 丸井
M. Arr. 鈴木慶一

資生堂オータムセミナー '78
Cl. 資生堂
Arr. 飯吉 馨

東芝もちっこ「デングリ音頭」篇
Cl. 東芝商事
M. Arr. クニ河内

味の素のコーンクリームスープ
Cl. 味の素
M. Arr. 若月明人

PARCO「ドミニク・サンダ」
Cl. パルコ
M. Arr. 樋口康雄

オバルチン「ガンバルジャン」
Cl. カルピス食品工業
M. Arr. クニ河内

キヤノンカード
Cl. キヤノン販売
M. Arr. 樋口康雄
Art. Cho. シンガーズ・スリー、樋口康雄

グンゼYG「Fight it out」
Cl. グンゼ
W. 島 武実 M. 宇崎竜童
Arr. 井上 鑑 Art. MOJO'78

ゼブラ ウインキー
Cl. ゼブラ
M. Arr. 若月明人

トヨタコロナ V
Cl. トヨタ自動車
M. Arr. 樋口康雄
Art. 岡崎広志、伊集加代子、槙みちる、尾形道子

レオナ66「タップダンス」「カラーボール」
Cl. 旭化成
M. Arr. 井上 鑑

ロッテガーナブラック
Cl. ロッテアド
M. Arr. 井上 鑑
Art. 大野方栄

丸井「ROPE&ブーツ」「メガネ」 ロゴ
Cl. 丸井 M. Arr. 樋口康雄
Cho. 槙みちる、尾形道子、
ザ・ブレッスン・フォー

資生堂 '78秋の化粧品デー
Cl. 資生堂
M. 堀内孝雄
Arr. 若月明人

西武「もっとイマジネーション」
Cl. 西武百貨店
W. M. Arr. 桑名正博
Art. 桑名晴子

日立スペシャル
Cl. 日立製作所
M. Arr. 広瀬量平

「ALUPA」Opening & X'mas
Cl. 新都市開発センター
M. Arr. 増田一郎

HERO「デレク・クレイトン」
Cl. ヒットユニオン
M. Arr. 市川秀男

HITACHI「Lo-D」
Cl. 日立製作所
M. Arr. Art. 山下達郎

SEIKO QUARTS「品質のブランド」 P339
Cl. 服部時計店
M. Arr. 坂本龍一

コロナ「走る新登場」
Cl. トヨタ自動車販売
M. Arr. 市川秀男

ステレオトリオ「時報」
Cl. トリオ
M. Arr. Art. 山下達郎

玉川高島屋ショッピングセンター
「ありがとうの日」
Cl. 玉川高島屋ショッピングセンター
M. Arr. 井上 鑑 Art. タイム・ファイブ

資生堂 Winter「夢一夜」 P061 P072 P063 P268
Cl. 資生堂
W. 阿木燿子 M. Art. 南こうせつ
Arr. 石川鷹彦

「床暖房なら古河電工」
Cl. 古河電工
M. Arr. クニ河内

森永チョコベーBFO
Cl. 森永製菓
M. Arr. 中村弘明

長崎屋祭
Cl. 長崎屋
W. 伊藤アキラ M. Arr. 中村弘明
Art. 津田義彦、大野方栄

田中屋伊勢丹「並んで走ろうよ」
Cl. 田中屋伊勢丹
M. Arr. クニ河内

HONDA S-110
「正義の味方 HONDA MAN」
Cl. 本田技研工業
M. Arr. 市川秀男

「精度の追求」
Cl. 第二精工社
M. Arr. 市川秀男

熱海後楽園ホテル

Cl. 熱海後楽園ホテル
M. Arr. 中村弘明

1978

資生堂　SUMMER '78「時間よ止まれ」 P061 P068 P337

Cl. 資生堂 W. 山川啓介
M. Arr. 矢沢永吉 Str. 福井 俊 Art. 矢沢永吉

アップルダイエット

Cl. アメリカンダイエット
M. Arr. 原田忠幸

キヤノン卓上計算機

Cl. キヤノン
M. Arr. 樋口康雄
Art. 西田俊行

ACTION ブラ「ヨガ」篇

Cl. フォームフィットジャパン
M. Arr. 広瀬量平

アサヒ本生「影」篇

Cl. 朝日麦酒 M. Arr. 樋口康雄
Art. ザ・ブレッスン・フォー、尾形道子、和田夏代子

カルピスソーダ

Cl. カルピス食品工業
W. 伊藤アキラ M. Arr. 山下達郎
Art. 山下達郎、鈴木宏子

「クールクール」シングル宇宙時代

Cl. 松下電器産業
W. 来留クール M. Arr. 井上 鑑
Art. 津田義彦

サンリオ　企業篇

Cl. サンリオ
W. 伊藤アキラ M. 関口直人
Arr. 樋口康雄 Art. のこいのこ

ステレオマック"ムウ"「自分で光れ」

Cl. 松下電器産業
M. Arr. 宇崎竜童
Art. 宇崎竜童、ダウン・タウン・ブギウギ・バンド

ナショナル　クールクール「宇宙」篇

Cl. 松下電器産業
M. Arr. 井上 鑑
Art. クレヨン

リーガルスニーカー「愛着」篇

Cl. 日本製靴
M. Arr. 井上 鑑

資生堂バスボン石鹸「春」篇「お中元」篇

Cl. 資生堂
M. Art. 北 炭生 Arr. 井上 鑑

森永ラムネ

Cl. 森永製菓
W. 吉見佑子 M. Arr. 若月明人
Art. 吉見佑子

Have a good time SEIKO

Cl. 服部時計店
M. Arr. 樋口康雄
Art. タイム・ファイブ

Renoun '78　Simple Life

Cl. レナウン
M. Arr. 樋口康雄

アリナミンA

Cl. 武田薬品工業
M. Arr. 若月明人
Art. のこいのこ

キヤノンNP5500「キャリアガール」篇 P338 P339

Cl. キヤノン
M. Arr. 坂本龍一

ナショナル　マックロード55

Cl. 松下電器産業 M. Arr. 樋口康雄
Art. ザ・ブレッスン・フォー、シンガーズ・スリー

ニッカ　ホワイトラベル

Cl. ニッカウヰスキー
M. Arr. 樋口康雄

丸八真綿「Jessie Angel」篇

Cl. 丸八真綿
M. Arr. 樋口康雄
Art. タイム・ファイブ

資生堂カーマインローション「沖縄」篇「台湾」篇

Cl. 資生堂
M. Arr. 中村弘明

資生堂シャワーコロン

Cl. 資生堂
Arr. 樋口康雄
Art. Pf. 上田知華

森永 Non non キャンディー

Cl. 森永製菓
M. Arr. 鈴木慶一
Art. 大野方栄

Longines Part 3

Cl. LONGINES M. Arr. 樋口康雄
Art. ザ・ブレッスン・フォー、和田夏代子、鈴木宏子

アンネタンポンob「私オクテかしら」

Cl. アンネ
M. Arr. 鈴木慶一

シルバー月桂冠「真夏の夜の夢」

Cl. 大倉酒造
Arr. 井上 鑑
Art. 中村雅俊

プリマハム

Cl. プリマハム
M. Arr. 井上 鑑

丸井「いま多感期」

Cl. 丸井
M. Arr. Art. 鈴木慶一

丸井ダイヤモンド

Cl. 丸井
M. Arr. 井上 鑑

丸井のミシン「運命」

Cl. 丸井
M. Arr. 樋口康雄
Art. 鈴木宏子

丸井フォーマル「リゾートホテル」

Cl. 丸井
M. Arr. 飯吉 馨

丸井化粧品&ファウンデーション

Cl. 丸井
M. Arr. 井上 鑑
Art. 惣領智子

西武「Good Luck」

Cl. 西武百貨店
M. Arr. 樋口康雄

「中身でえらべばサンバーグ」

Cl. 旭化成
M. Arr. 井上 鑑

朝日生命「いつまでも青春」

Cl. 朝日生命 M. Arr. 樋口康雄
Art. ザ・ブレッスン・フォー、和田夏代子、鈴木宏子

農林中金「ボーナス」篇

Cl. 農林中央金庫
M. Arr. 中村弘明

MY GIFT 天満屋

Cl. 天満屋
W. 伊藤アキラ M. Arr. チト河内
Art. トランザム

イシイのハンバーグ「コーラス」篇

Cl. 石井食品
M. Arr. 若月明人
Art. 伊集加代子

ケロッグ少年応援団

Cl. 日本ケロッグ
M. Arr. 井上 鑑
Art. とみたいちろう

ジョンソンスキンガード

Cl. ジョンソン&ジョンソン
M. Arr. 井上 鑑
Art. やまがたすみこ、とみたいちろう

ナショナルパナファックス

Cl. 松下電器産業
M. Arr. 樋口康雄
Art. ザ・ブレッスン・フォー、シンガーズ・スリー

資生堂 '78サマーローション

Cl. 資生堂
M. 矢沢永吉
Arr. 井上 鑑

資生堂 Fressy P090

Cl. 資生堂
W. 松本 隆 M. 細野晴臣
Arr. 林 立夫 Art. MANNA

森永スピン

Cl. 森永製菓
M. Arr. 井上 鑑
Art. 惣領智子、広美和子

森永スピン「グランド」篇

Cl. 森永製菓
W. 伊藤アキラ M. Arr. 中村弘明
Art. スクールメイツ

「生まれたてだねフルーティ」

Cl. 味の素ゼネラルフーヅ
W. M. Arr. Art. 小林泉美

カルピス・ファミリープレゼント

Cl. カルピス食品工業
M. Arr. 若月明人
Art. 沢田祥子、沢田泰子

サンヨー・バーバリースーツ「地球儀」篇

Cl. 三陽商会
M. Arr. 若月明人

パティオ「カンカン娘」篇

Cl. 日本ペプシコーラ
M. Arr. 中村弘明

ペプシコーラ　王セマティック

Cl. 日本ペプシコーラ
M. Arr. 樋口康雄
Art. グリーン・ハーモニー、尾形道子、槇みちる

伊勢丹テーマソング「女王陛下のお買物」篇

Cl. 伊勢丹
W. 伊藤アキラ　M. Arr. 樋口康雄
Art. マンハッタントランスファー

丸井「赤いカードが街を行く」篇

Cl. 丸井
M. Arr. 中村弘明

朝日生命「ほほえみさんとお父さん」

Cl. 朝日生命
M. Arr. 若月明人
Art. 大杉久美子

東芝もちっ子「民話」篇

Cl. 東芝商事
M. Arr. 中村弘明

HONDA CB-TWIN (Super Sports) XL-125 (Mini-Enduro) P337

Cl. 本田技研工業
M. Arr. 坂本龍一

HONDA ST-70 (Family Bike) CB125 (Super Sports)

Cl. 本田技研工業
M. Arr. 中村弘明

MAXWELL「ボトル」篇

Cl. 味の素ゼネラルフーヅ
M. Arr. 井上　鑑

オバルチン (Ovaltine)

Cl. カルピス食品工業　M. Arr. 樋口康雄
Art. 槇みちる、和田夏代子、
ザ・ブレッスン・フォー

シルバー月桂冠「中村雅俊」篇

Cl. 大倉酒造
M. Arr. 井上　鑑

ゼブラ　パスカラー

Cl. ゼブラ
M. Arr. 山下達郎

丸井　世界のブランド

Cl. 丸井
M. Arr. 中村弘明

丸井インテリア

Cl. 丸井
M. Arr. 中村弘明

丸井のファッション「バイバイボーイ」「バイバイガール」

Cl. 丸井
W. 魚住　勉　M. Arr. 鈴木慶一
Art. 鈴木慶一、大野方栄

丸井のメガネ「自転車」篇 P334 P336 P337

Cl. 丸井
M. Arr. 坂本龍一

丸井渋谷店「ミュージカル」篇

Cl. 丸井
M. Arr. 飯吉　馨

丸井池袋店「スカッシュ」篇

Cl. 丸井
M. Arr. 中村弘明
Art. 槇みちる

資生堂バスボン石鹸ピンク

Cl. 資生堂
M. Arr. 中村弘明
Art. 松本ちえ子

森永ニューチョコベー　ブーラちゃんつき

Cl. 森永製菓
W. 伊藤アキラ　M. Arr. 中村弘明
Art. 吉見裕子、クレヨン

西武秋のキャンペーン

Cl. 西武百貨店
M. Arr. 井上　鑑

不二家ハートチョコレート

Cl. 不二家
M. Arr. 鈴木慶一

"薬爽"「イーダ」篇

Cl. 太田胃酸
M. Arr. 井上　鑑

サンテS

Cl. 参天製薬
W. 伊藤アキラ　M. Arr. 中村弘明
Art. タイム・ファイブ

ペプシコーラ　Part Ⅲ「新記録」篇

Cl. 日本ペプシコーラ
M. (my way)
Arr. 市川秀男

資生堂SOURIRE P337

Cl. 資生堂
M. Arr. 坂本龍一

西武　TED LAPIDUS「重量上げ」篇

Cl. 西武百貨店
M. Arr. 樋口康雄

日立"伝統美"センサー「中村吉右衛門」篇 P091 P338 P337 P339

Cl. 日立家電販売
M. Arr. 坂本龍一

「くすりをつくる」

Cl. エーザイ
M. Arr. 嵐野英彦
Art. 沢田祥子

クロレラ工業「筑紫平野」篇

Cl. クロレラ工業
M. Arr. 樋口康雄

丸井インテリア P337

Cl. 丸井
M. Arr. 坂本龍一

丸井レジャー用品 P337

Cl. 丸井
M. Arr. Art. 坂本龍一

「ひかり＆奈良大和路」

Cl. 日本国有鉄道
M. Arr. 樋口康雄

丸井メンズカタログ、レディスカタログ

Cl. 丸井
M. Arr. 鈴木慶一
Art. 鈴木慶一、大野方栄

農林中金「大地」

Cl. 農林中央金庫
M. Arr. 若月明人

HONDA　海外篇

Cl. 本田技研工業
M. Arr. 瀬尾一三

サンリオいちご新聞「イチゴメイト」篇

Cl. サンリオ
W. 伊藤アキラ　M. Arr. 瀬尾一三
Art. ウィークエンド（山本コータロー）

西武のX'mas

Cl. 西武百貨店
M. Arr. 樋口康雄

グンゼ　トップフィールフランス「アーチェリー」篇

Cl. グンゼ
M. Arr. 井上　鑑

サッポロポテトバーベQ味「頑張れポテトズ」

Cl. カルビー
W. 伊藤アキラ　M. Arr. 井上　鑑

ニュークイントリックス

Cl. 松下電器産業
M. Arr. 樋口康雄

リクエスト

Cl. 松下電器産業
M. Arr. 樋口康雄
Art. ロイヤルナイツ

丸井　'78（定休、営業、インテリア春一、おひなさまと学習机）

Cl. 丸井　M. Arr. 樋口康雄

丸井　男女「初めての一着」

Cl. 丸井
M. Arr. 鈴木慶一
Art. 鈴木慶一、大野方栄

東レ「うわさの強さ」篇

Cl. 東レ
M. Arr. 市川秀男

東芝ビューティシリーズ「直子さん」篇

Cl. 東芝商事
M. Arr. 鈴木慶一
Art. 鈴木慶一、大野方栄

SCENE '77 P276 P277

Cl. VAN JACKET
W. 阿木燿子 M. Arr. 宇崎竜童
Art. 宇崎竜童、ダウン・タウン・ブギウギ・バンド

ペプシ300 ペプシコーラ

Cl. 日本ペプシコーラ
M. Arr. 樋口康雄
Art. ロイヤルナイツ

資生堂バスボン石鹸ピンク「チーコの五つ子」篇

Cl. 資生堂 W. 伊藤アキラ
M. Arr. 中村弘明 Art. 松本ちえ子

静岡西武「風船ガム」篇

Cl. 西武百貨店
M. Arr. 樋口康雄

朝のノグゼマ（NOXZEMA）

Cl. ライオン歯磨
M. Arr. 樋口康雄
Art. 大杉久美子

チンザノ

Cl. コールドベック・コーポレーション
M. Arr. 中村弘明

パティオ・キャッシュ「プロモーション」篇

Cl. P.C.J.
M. Arr. 井上 鑑

パロマ・ガス炊飯器「数え歌」

Cl. パロマ
M. Arr. 若月明人
Art. クラウン少女合唱団

レナウン コレット

Cl. レナウン
M. Arr. 樋口康雄

角川文庫「本格推理三代」

Cl. 角川書店
M. Arr. 市川秀男

丸井のファッション

Cl. 丸井
M. Arr. 広瀬量平

資生堂「香り」

Cl. 資生堂
M. Arr. 樋口康雄
Art. シリアポール

西武SUMMER

Cl. 西武百貨店
M. Arr. 樋口康雄
Art. タイム・ファイブ

朝日生命「ほほえみさん」

Cl. 朝日生命
M. Arr. 若月明人
Art. 大杉久美子

明治梅ドライ

Cl. 明治製菓
M. Arr. 中村弘明
Art. Jake.Concepcion

SONY CITATION

Cl. ソニー
M. Arr. 井上 鑑
Art. タイム・ファイブ

クボタ トラクターAC

Cl. 久保田鉄工
M. Arr. 中村弘明

スパーク

Cl. ライオン油脂
M. Arr. 樋口康雄

スメランド P368

Cl. 津村順天堂
W. 佐々木克彦 M. Arr. 多羅尾伴内
Art. 大瀧詠一

ニッカ アップルプレゼント

Cl. ニッカウヰスキー
M. Arr. 瀬尾一三

プリマパック

Cl. プリマハム
M. Arr. 中村弘明

プリマハム オー・フレッシュ

Cl. プリマハム
M. Arr. 若月明人

ワコール シャーリーコットン

Cl. ワコール
M. Arr. 樋口康雄
Art. 沢田泰子、シンガーズ・スリー

愛のキャッチボール

Cl. 大丸
W. 及川恒平 M. Arr. 井上 鑑
Art. やまがたすみこ Cho. タイム・ファイブ

旭化成「たまご」(「タマゴのタンゴ」) P368

Cl. 旭化成
W. 伊藤アキラ M. Arr. 多羅尾伴内
Art. 大瀧詠一

森永Vクラッカー

Cl. 森永製菓
W. M. Art. イルカ
Arr. 石川鷹彦

西武 春日井

Cl. 西武百貨店
M. Arr. 樋口康雄

西武POLO

Cl. 西武百貨店
M. Arr. 飯吉 馨

'77 岩田屋の夏

Cl. 岩田屋
W. 池 雅俊 M. Arr. 中村弘明
Art. 槙みちる

HONDA BENRY SUPER S-110

Cl. 本田技研工業
M. Arr. 市川秀男

HONDA ROAD MASTER S-185

Cl. 本田技研工業
M. Arr. 中村弘明

SONY JACKAL「バーバー」篇

Cl. ソニー
M. Arr. 井上 鑑

丸井「一級品」

Cl. 丸井
M. Arr. 山下達郎
Art. 吉田美奈子

丸井インテリア

Cl. 丸井
Arr. 井上 鑑
Art. 土屋昌己

丸八真綿「高見山」篇

Cl. 丸八真綿
M. Arr. 中村弘明

赤いシャボーの味の素「四ッ網」篇 P230

Cl. 味の素
W. 松本 隆
M. Arr. 井上 鑑

明治ミオ「ミオとボーイフレンド」

Cl. 明治製菓
M. Arr. 山下達郎
Art. 吉田美奈子、伊集加代子、山下達郎

カゴメ・ケチャップ

Cl. カゴメ
W. 島 武実 M. Arr. 樋口康雄
Art. ザ・ブレッスン・フォー、槙みちる、尾形道子

シーボン化粧品「優しい素肌」篇

Cl. シーボン化粧品
M. Arr. 若月明人

テイジン パピリオ・バリエ

Cl. 帝人パピリオ
M. Arr. 樋口康雄
Art. 槙みちる

ナビスコ ピコラ P145

Cl. ヤマザキナビスコ
M. Arr. Art. 鈴木慶一

フラワーブロッサムストリート

Cl. 田中屋伊勢丹
W. 松本 隆 M. Arr. 佐藤 健
Art. 大橋純子

メンソレータム ラブ

Cl. ロート製薬
M. Arr. 中村弘明

資生堂フェリーク

Cl. 資生堂
M. Arr. 山下達郎
Art. 山下達郎、吉田美奈子

西武のお中元

Cl. 西武百貨店
M. Arr. 樋口康雄

不二家アラレスナック「カリッポ」

Cl. 不二家
M. Arr. 中村弘明

NIKKA G&G パーティサイズ

Cl. ニッカウヰスキー
M. Arr. 市川秀男
Art. IRENE KRAL（Cho. タイム・ファイブ）

Pete & Mac

Cl. 服部時計店
M. Arr. 樋口康雄

グンゼ・ファッション・トップ・フィール

Cl. グンゼ
M. Arr. 樋口康雄

テクニクス　マジカムII
「ドーム」篇「花火」篇

Cl. 松下電器産業
M. Arr. 樋口康雄

ハウスフルーチェ

Cl. ハウス食品
M. Arr. 山下達郎
Art. 吉田美奈子、山下達郎

旭化成ジャック・ニクラウス　PartII

Cl. 旭化成
M. Arr. 樋口康雄

丸井
「メガネ」篇「ダイヤモンド」篇

Cl. 丸井
M. Arr. 樋口康雄

丸井紳士服「空手」篇

Cl. 丸井
M. Arr. 井上　鑑

渋谷西武「触れてほしい」 P243

Cl. 西武百貨店
M. Arr. 樋口康雄

新ダイヤ　改訂版

Cl. ダイヤ豆腐
M. Arr. 井上　鑑

SONY　JACKAL
「マンホール」篇「変装」篇　A

Cl. ソニー
M. Arr. 樋口康雄　Art. タイム・ファイブ

SONY　JACKAL
「マンホール」篇「変装」篇　B

Cl. ソニー
M. Arr. 市川秀男

ナショナルエアコン　ホット&クール

Cl. 松下電器産業
M. Arr. 若月明人
Art. のこいのこ

ニッカ　アメリカプレゼント

Cl. ニッカウヰスキー
M. Arr. 瀬尾一三

資生堂ハンドクリーム

Cl. 資生堂
M. Arr. 樋口康雄

住江カーペット

Cl. 国際羊毛事務局
M. Arr. 若月明人

東芝電子レンジ“アラカルト”
フレッシュキャンペーン

Cl. 東芝商事
M. Arr. 井上　鑑

ニッカ　ライタープレゼント

Cl. ニッカウヰスキー
M. Arr. 瀬尾一三

丸井「インテリア」篇

Cl. 丸井
M. Arr. 梅垣達志

丸井「時計とメガネ」篇

Cl. 丸井
M. Arr. 若月明人
Art. 沢田祥子

西武のスーツとコート

Cl. 西武百貨店
M. Arr. 樋口康雄

田村サンゴ

Cl. 田村サンゴ
M. Arr. 岩間南平
Art. 沢田祥子

シーボン化粧品「近況」篇

Cl. シーボン化粧品
M. Arr. 岩間南平

ブリヂストンスポルディング
レクスター「お歳暮」 P227

Cl. ブリヂストンスポルディング
M. Arr. 井上　鑑

伊勢丹　Starlight Christmas

Cl. 伊勢丹
M. Arr. 市川秀男
Art. 伊集加代子、タイム・ファイブ

三ツ矢サイダー　'77 P053 P368 P366 P371

Cl. 朝日麦酒
W. 伊藤アキラ
M. Arr. 多羅尾伴内

三峰ウールコート

Cl. 三峰
M. Arr. 井上　鑑

資生堂　Winter

Cl. 資生堂
W. 小野田隆雄　M. Arr. 樋口康雄
Art. 大橋純子

西武のクリスマス
「シャンペン」篇「プレゼント」篇

Cl. 西武百貨店
Arr. 樋口康雄

西武の御歳暮

Cl. 西武百貨店
M. Arr. 樋口康雄

津島人形

Cl. 津島有職堂
M. Arr. 嵐野英彦
Art. 沢田祥子

不二家チョコスナック「ピッキー」 P090

Cl. 不二家
M. Arr. 鈴木　茂
Art. 鈴木　茂、ブレッド&バター

サンヨーバーバリースーツ「ピアノ」篇

Cl. 三陽商会
M. Arr. 飯吉　馨

シチズンクォーツ「差をつけろ」篇

Cl. シチズン商事
M. Arr. 井上　鑑

ナショナルエアコン「ペンギンソング」

Cl. 松下電器産業
M. 津田義彦　W. 岩崎富士男
Arr. 井上　鑑　Vo. 津田義彦

ナショナルエアコン「クールクール来たよ」

Cl. 松下電器産業
W. 岩崎富士男　M. Arr. 津田義彦
Arr. 井上　鑑

ルイ・シャンタン春・夏

Cl. ワールド
M. Arr. 山下達郎
Art. 吉田美奈子、山下達郎

資生堂MG5　'77

Cl. 資生堂
M. Arr. 中野督夫
Art. センチメンタル・シティ・ロマンス

資生堂SUMMER '77
「サクセス、サクセス、」 P061 P065 P113
Cl. 資生堂
W. 阿木燿子　M. 宇崎竜童　Arr. 千野秀一
Art. 宇崎竜童、ダウン・タウン・ブギウギ・バンド

資生堂サブレック「うるおいあげます」

Cl. 資生堂
M. Arr. 樋口康雄

西武テッド・ラピドス

Cl. 西武百貨店
M. Arr. 樋口康雄

西武の師走

Cl. 西武百貨店
M. Arr. 樋口康雄

1977

New Suit Fair「パーティ」篇

Cl. 国際羊毛事務局
M. Arr. 中村弘明

PLAYTEX「パリとニューヨーク」篇

Cl. PLAYTEX
M. Arr. 飯吉　馨
Art. スリーグレイセス

「ダッシュ」サウンドロゴ

Cl. ライオン油脂
M. Arr. 若月明人
Art. ロイヤルナイツ

ララのナプキン

Cl. ララ
M. Arr. 若月明人
Art. 大杉久美子

西武　春のファッションキャンペーン

Cl. 西武百貨店
M. Arr. 樋口康雄

東芝カラーテレビ「海外」篇（アニメ）

Cl. 東芝
M. Arr. 中村弘明
Art. Jake.Concepcion

Good Wave（アリミノ・ウェーブパーマ）

Cl. アリミノ化粧品
M. Arr. 市川秀男
Art. Jake.Concepcion

花王ドレッサー
Cl. 花王石鹸
M. Arr. 井上　鑑

資生堂ザ・ギンザー周年「美女とピエロ」篇
Cl. 資生堂
M. Arr. 瀬尾一三

SONY ステレオ　クロツコ　ロゴ
Cl. ソニー
M. Arr. 若月明人

Wonderful Wonder Bread
Cl. 第一パン
M. Arr. 関森れい

シャンプー仮面　Vo.DB
Cl. 藤本開発センター
M. Arr. 葵まさひこ

ボルテ
Cl. ボルテ
M. Arr. 若月明人

マクドナルド「フィレオフィッシュ」
Cl. 日本マクドナルド
M. Arr. 若月明人

三ッ矢サイダー　'76
P053 P058 P054 P365 P057
Cl. 朝日麦酒
W. 伊藤アキラ
M. Arr. Art. 山下達郎

資生堂 VINTAGE
Cl. 資生堂
M. Arr. 東海林　修

資生堂おしゃれ　No.3
Cl. 資生堂
M. Arr. 坂田晃一

明治ミオ
Cl. 明治製菓
M. Arr. 井上　鑑

明治レモンドライ
Cl. 明治製菓
M. Arr. 山下達郎
Art. 吉田美奈子

明治生命「がんばれ三振君」
Cl. 明治生命
M. Arr. 若月明人

カルビーおさつクッキー
Cl. カルビー
M. Arr. 井上　鑑
Art. 大貫妙子

ナショナル楽園クールクール
Cl. 松下電器産業
M. Arr. 若月明人
Art. 藤井　健、シンガーズ・スリー

東洋紡「あいさつ」篇
Cl. 東洋紡
M. Arr. 津田義彦
Art. 津田義彦、シンガーズ・スリー

JVC NIVICO
Cl. 三成物産
M. Arr. 井上　鑑

NIKKA '76　SUMMER GIFT PARADE
Cl. ニッカウヰスキー
M. Arr. 前田憲男

カゴメちゃんのミートソース
Cl. カゴメ
M. Arr. 山下達郎
Art. 大貫妙子、シュガー・ベイブ

ナショナル楽園クールクール、「夏はクール」ロゴ
Cl. 松下電器産業
M. Arr. 若月明人　Art. のこいのこ

パティオ・コーヒー
Cl. 日本ペプシコーラ
M. Arr. 井上　鑑

マクドナルド「チーズスマイルバーガー」
Cl. 日本マクドナルド
M. Arr. 関森れい

マルマン IC ライター
Cl. マルマン
M. Arr. 若月明人

資生堂 FRESHRE
P292
Cl. 資生堂
M. Arr. 井上　鑑
Art. 大貫妙子

資生堂ホネケーキ
Cl. 資生堂
M. Arr. ミッキー吉野

青山ベルコモンズ
Cl. 鈴屋
M. Arr. 井上　鑑

SCENE '76　秋・冬
Cl. VAN JACKET
M. Arr. 細野晴臣
Art. 細野晴臣、吉田美奈子、矢野顕子

シーボン化粧品
Cl. シーボン
M. Arr. 若月明人

マルニ木工「Baby」篇
Cl. マルニ木工
M. Arr. ミッキー吉野

ワコールパンツライナー
Cl. ワコール
M. Arr. 嵐野英彦

花王ドレッサー「夏」
P335 P366
Cl. 花王石鹸　M. Arr. 多羅尾伴内
Art. アン・ルイス
Cho. 宿霧十軒（多羅尾伴内）とジャックトーンズ

不二家ハートチョコレート
Cl. 不二家　M. Arr. 山下達郎
Art. solo　山下達郎
Cho. 山下達郎、吉田美奈子

野村證券「のんびり」篇 ワリコー・ワリショー・ワリチョー
Cl. 野村證券
M. Arr. 葵まさひこ

'76　サンヨー　バーバリースーツ秋「長嶋ロビー」篇
Cl. 山陽商会
M. Arr. 井上　鑑

NIKKA　APPLE WINE
Cl. ニッカウヰスキー
M. Arr. 若月明人

NIKKA　ジーンズボトル「夏・秋」
Cl. ニッカウヰスキー
M. Arr. 井上　鑑
Art. タイム・ファイブ

グンゼ YG「コットンフィールド」
Cl. グンゼ
M. Arr. 梅垣達志
Art. 松崎しげる

テイジン・パピリオ「石川セリ」
Cl. テイジン・パピリオ化粧品
W.（訳）田中　朗
M. Arr. 菅野光亮　Art. 石川セリ

ワコールナイティ「長い夜」
Cl. ワコール
M. Arr. 市川秀男

栄電社「ゆったりおじさん」篇
Cl. 栄電社
M. Arr. 井上　鑑

丸井インテリア
Cl. 丸井
M. Arr. 若月明人

赤いシャポーの味の素
P230
Cl. 味の素
W. 松本　隆　M. Arr. 井上　鑑
Art. 太田裕美

富士電機家電　企業
Cl. 富士電機家電
M. Arr. 若月明人

JACCS「雨の散歩」篇
Cl. JACCS
W. 小野田隆雄
M. Arr. 丹羽応樹

ウールウィーク
Cl. 国際羊毛事務局
M. Arr. 若月明人
Art. 叶　正子

エメロンクリームリンス「世界の恋人 PartⅡ」
Cl. ライオン油脂
M. Arr. 梅垣達志

グリコ　ローストウィンナー
Cl. グリコ畜産
M. Arr. 若月明人

クロレラ工業　企業 CM
Cl. クロレラ
M. Arr. 井上　鑑
Art. 叶　正子

旭化成「ジャック・ニクラウス」篇 春・秋

Cl. 旭化成
M. Arr. 樋口康雄

資生堂石鹸「すこやか」

Cl. 資生堂
W. 吉岡　治　M. Arr. ミッキー吉野
Art. 田中星児

クボタ・ブルトラB500

Cl. 久保田鉄工
M. Arr. 渋谷　毅

サントネージュ・ポルカ「ポッポ」篇

Cl. 協和醗酵
M. Arr. 井上　鑑

デビアス

Cl. De Beers
M. Arr. 樋口康雄
Art. 石川セリ

マクドナルド「50円玉」篇

Cl. 日本マクドナルド
M. Arr. 葵まさひこ

マクドナルド「隣同志」

Cl. 日本マクドナルド
M. Arr. 嵐野英彦

ヤマギワ住まいの灯りフェア

Cl. ヤマギワ電気
M. Arr. 井上　鑑
Art. のこいのこ

旭化成「ジャック・ニクラウス」篇

Cl. 旭化成
M. Arr. 樋口康雄

花王「ドレッサー」

Cl. 花王石鹸
M. Arr. 中野督男
Art. センチメンタルシティロマンス

札幌東急開店2周年

Cl. 札幌東急
M. Arr. 市川秀男

全日空「剣道」篇

Cl. 全日空
M. Arr. 樋口康雄

クィントリックス　ロゴ

Cl. 松下電器産業
M. Arr. 井上　鑑

'76　資生堂　春のキャンペーン「オレンジ村から春へ」 P059 P060 P064

Cl. 資生堂
W. M. Art. りりィ　Art. 国吉良一

A-Look

Cl. 朝倉商事
M. Arr. 樋口康雄

Fusalp

Cl. (Fusalp) Goldwin
M. Arr. 井上　鑑
Art. 伊集加代子

Longines「クラフトマンシップ」篇

Cl. LONGINES
M. Arr. 樋口康雄
Art. ザ・ランプラーズ、ムーンドロップス

TWINING

Cl. 片岡物産
M. Arr. 広瀬量平
Art. 石川セリ

グロンサン「帰宅」篇

Cl. 中外製薬
M. ドヴォルザーク
Arr. 嵐野英彦

フェミニン

Cl. フェミニン
M. Arr. 樋口康雄
Art. 石川セリ

丸井　盛況ソング

Cl. 丸井
M. Arr. ミッキー吉野

三協精機「ザックス」

Cl. 三協精機
M. Arr. 井上　鑑

資生堂VINTAGE　No.2

Cl. 資生堂
M. Arr. 市川秀男

カップヌードル「アメリカ」篇

Cl. 日清食品
M. Arr. 瀬尾一三
Art. 梅垣達志　Pf. 矢野顕子

バーバートレイ&シャンプー仮面

Cl. 藤本開発センター
M. Arr. 葵まさひこ

マクドナルド「ミュージカル」篇

Cl. 日本マクドナルド
M. Arr. 若月明人

資生堂「おしゃれ」Opening Theme　No.2

Cl. 資生堂
M. Arr. 坂田晃一

資生堂MG5　'76 P054

Cl. 資生堂
M. Arr. 山下達郎
Art. 山下達郎、シュガー・ベイブ

新・ダイヤ

Cl. ダイヤ豆腐
M. Arr. 井上　鑑
Art. 沢田祥子、沢田泰子

島津人形

Cl. 島津人形&織商
M. Arr. 嵐野英彦

SCENE From VAN

Cl. VAN JACKET
M. Arr. 井上　鑑

SCENE From VAN

Cl. VAN JACKET
M. Arr. 瀬尾一三

SEIKOクォーツ「バラエティ」篇

Cl. 服部時計店
M. Arr. 東海林　修

スマイル「疲れは目にくる」篇

Cl. ライオン
M. Arr. 東海林　修

ハウス卵メン

Cl. ハウス食品
M. Arr. 瀬尾一三

マクドナルド「クォリティ」篇

Cl. 日本マクドナルド
M. Arr. 井上　鑑

マクドナルド「クォリティ」篇

Cl. 日本マクドナルド
M. Arr. 嵐野英彦

ワコールナイティ

Cl. ワコール
M. Arr. 樋口康雄
Art. 石川セリ

自動調理販売機

Cl. 川崎計量器
M. Arr. 渋谷　毅
Art. のこいのこ

相鉄ジョイナス

Cl. 相鉄ジョイナス
M. Arr. 樋口康雄

1976

ウエラ

Cl. ウエラ
M. Arr. 井上　鑑

グンゼYG

Cl. グンゼ
M. Arr. 告井延隆
Art. センチメンタルシティロマンス

ネッスルB

Cl. ネッスル日本
M. Arr. 若月明人
Art. ペギー葉山

ハウスフルーチェ

Cl. ハウス食品
M. Arr. ミッキー吉野
Art. 石川セリ

SONYトリニトロン「4つの秘密」

Cl. ソニー
M. Arr. 嵐野英彦
Art. ハイファイセット

ヤマギワ「光の中へ」

Cl. ヤマギワ電気
M. Arr. 樋口康雄

リーガル　スニーカー P090

Cl. リーガル
M. Arr. 細野晴臣

すいぜんじ

Cl. 熊本菓房
M. Arr. 井上　鑑
Art. 沢田祥子

三菱マンボ

Cl. 三菱重工
M. Arr. 市川秀男

資生堂スプリングキャンペーン'75 ナチュラルグロウ「彼女はフレッシュジュース」 P058 P059

Cl. 資生堂
W. M. Art. りりィ　Arr. 国吉良一

白雪「冬」篇　北海道

Cl. 小西酒造
M. Arr. 渋谷　毅

旭化成　TIM WEAR

Cl. 旭化成
M. Arr. 樋口康雄
Art. 石川セリ

三愛バーゲンフェスティバル P054

Cl. 三愛
M. Arr. 山下達郎
Art. シュガー・ベイブ

津島人形「ヘンな西陣」「お宮参り」

Cl. 津島人形&織商
M. Arr. 嵐野英彦

1975

サンヨー　バーバリー・スーツ

Cl. 山陽商会
M. Arr. 菅野光亮
Art. 伊集加代子

三ッ矢サイダー　'75 P053 P056 P362

Cl. 朝日麦酒
W. 伊藤アキラ　M. Arr. 多羅尾伴内
Art. 多羅尾、山下、吉田、伊集、村松

いすゞ　ELF

Cl. いすゞ自動車
W. 上田耕平　M. Arr. 瀬尾一三
Art. ハイファイセット、瀬尾一三

レイクライン「湖」「光」

Cl. フランスベッド
M. Arr. 飯吉　馨
Art. 伊集加代子

阪急百貨店

Cl. 阪急百貨店
M. Arr. 樋口康雄

「I Love Pinky」

Cl. ライオン油脂
M. Arr. 樋口康雄
Art. シンガーズ・スリー、ウイルビーズ

サントネージュ「林隆三」篇

Cl. 協和発酵
M. Arr. 飯吉　馨

マクドナルド「操り人形」篇

Cl. 日本マクドナルド
M. Arr. 若月明人

花王ドレッサー

Cl. 花王石鹸
M. 多羅尾伴内　Arr. 瀬尾一三
Art. 山下達郎、シュガー・ベイブ

札幌東急　'75

Cl. 札幌東急百貨店
M. Arr. 三沢　郷
Art. 大杉久美子

資生堂モア　'75

Cl. 資生堂
M. 葵まさひこ　Arr. 市川秀男
Art. もんたよしのり

明治ボーデンスライスチーズ「アニメ」篇

Cl. 丸紅
M. Arr. 嵐野英彦
Art. 伊集加代子

おはよう東洋紡

Cl. 東洋紡
M. Arr. 井上　鑑
Art. 中新井節子

旭化成　J・ニクラウス

Cl. 旭化成
M. Arr. 市川秀男

東洋紡トーマス・ロゴ

Cl. 東洋紡
M. Arr. 井上　鑑
Art. タイム・ファイブ

平凡社大百科事典「カスタム」

Cl. 平凡社
M. Arr. 瀬尾一三
Art. ハイファイセット

立川インテリア・ブラインド「シルキー」

Cl. 立川ブラインド
M. Arr. 渋谷　毅

LONGINES

Cl. LONGINES
M. Arr. 樋口康雄

VAN「Cap」篇 P054

Cl. VAN JACKET
M. Arr. 山下達郎
Art. センチメンタルシティロマンス、山下達郎

VAN「Tree House」篇

Cl. VAN JACKET
M. Arr. 告井延隆
Art. センチメンタルシティロマンス、山下達郎

VAN「トラック」篇

Cl. VAN JACKET
M. Arr. 瀬尾一三
Art. 吉川忠英

VAN「はしご」篇

Cl. VAN JACKET
M. Arr. 瀬尾一三
Art. 吉川忠英

サントネージュボルカ

Cl. 協和醗酵
M. Arr. 飯吉　馨

花王フェイスケーキ

Cl. 花王石鹸
M. Arr. ミッキー吉野

東芝レディシェーバー「FiFi」

Cl. 東芝
M. Arr. 樋口康雄
Art. 石川セリ

東芝電子レンジ「アラカルト」

Cl. 東芝
M. Arr. 嵐野英彦
Art. 沢田祥子

SEIKOジョイフル「花と時計」

Cl. 服部時計店
W. 伊藤アキラ　M. Arr. 渋谷　毅
Art. 白鳥英美子

プラズマン

Cl. マスダヤ
M. Arr. 樋口康雄

フランスベッド「トーションベー」

Cl. フランスベッド
M. Arr. 樋口康雄
Art. 伊集加代子

ワコールパンツライナー

Cl. ワコール
M. Arr. 嵐野英彦

新型フォワード「ザ・ビッグ」

Cl. いすゞ自動車
M. Arr. 前田憲男
Art. 伊集加代子

八王子の着物アンサンブル

Cl. 八王子織物工業組合
M. Arr. 飯吉　馨

不二家 ハートチョコレート&バレンタイン P054

Cl. 不二家　M. 山下達郎　Arr. 瀬尾一三
Art. 山下達郎&シュガー・ベイブ

ウィンク

Cl. カナダドライ
M. Arr. ミッキー吉野

ワコールボディースーツ

Cl. ワコール
M. Arr. 樋口康雄

資生堂 VINTAGE

Cl. 資生堂
M. Arr. 市川秀男

資生堂 VINTAGE

Cl. 資生堂
M. Arr. 樋口康雄

エースコック「でかてん」新発売

Cl. エースコック
M. Arr. 瀬尾一三

サンヨー　バーバリースーツ「対局」篇

Cl. 山陽商会
M. Arr. 嵐野英彦

ホームシアターS

Cl. 服部時計店
M. Arr. 市川秀男

ひがしまる「めんスープ・冷奴スープ」

Cl. ひがしまる
M. Arr. 嵐野英彦

ピンキー

Cl. ライオン油脂
W. 岡田冨美子 M. Arr. 東海林 修
Art. ウィルビーズ

三愛バーゲンフェスティバル 夏篇 P054 P287 P288

Cl. 三愛 M. Arr. 山下達郎
Art. 山下達郎、シュガー・ベイブ
(大貫妙子・村松邦男)

資生堂ビリデッセント

Cl. 資生堂
M. Arr. 嵐野英彦

白雪「夏」篇

Cl. 小西酒造
M. Arr. 広瀬量平
Art. 沢田祥子

'74 あふれる輝き SEIKO

Cl. 服部時計店
W. 伊藤アキラ M. Arr. 前田憲男
Art. 上野尊子

Brookebond From England

M. Arr. 広瀬量平
Art. オフコース

SEIKO クロック

Cl. 服部時計店
M. リスト
Arr. 嵐野英彦

VAN "WE LOVE SPORTS"

Cl. VAN JACKET
M. Arr. つのだひろ
Art. つのだひろとスペースバンド

VAN「秋」篇

Cl. VAN JACKET
M. Arr. つのだひろ
Art. つのだひろとスペースバンド

VAN「秋」篇

Cl. VAN JACKET
M. Arr. 上杉紅童

トロージャン

Cl. 大丸百貨店
W. 岡田冨美子 M. Arr. 東海林 修
Art. 塩見大治郎

ロッテ・エンペラーチョコレート

Cl. ロッテ
M. Arr. 嵐野英彦

権太カステラ&母恵夢

Cl. 菓子舗権太
M. Arr. 若月明人
Art. 沢田祥子、沢田泰子

三ッ矢フルーツソーダ P054 P289

Cl. 朝日麦酒
M. Arr. 山下達郎
Art. シュガー・ベイブ

東洋紡マンハッタン

Cl. 東洋紡
M. Arr. 岩間南平
Art. 岡村宏一

白雪 山本富士子「秋」篇

Cl. 小西酒造
M. Arr. 広瀬量平

クボタ キャッスルホワイト

Cl. クボタハウス
W. 伊藤アキラ M. Arr. 渋谷 毅
Art. 大杉久美子

花王ポスト

Cl. 花王石鹸
M. Arr. 瀬尾一三

昭和天ぷら粉「アニメ」篇

Cl. 昭和産業
W. 大森昭男
M. Arr. 瀬尾一三

新・今治水

Cl. 丹平製薬
M. Arr. 飯吉 馨

'74 あふれる輝き SEIKO「男」篇

Cl. 服部時計店
M. Arr. 渋谷 毅

SEIKO BRACERET

Cl. 服部時計店
M. Arr. 飯吉 馨

クツワの筆入れ

Cl. クツワ学習用品
M. Arr. 嵐野英彦
Art. 大杉久美子

サンテ・ド・ウ

Cl. 参天製薬
M. Arr. 飯吉 馨

サンヨー電機オープニング A「ミッキーマウス」

Cl. サンヨー電機
W. 広田静子・伊藤アキラ M. Arr. 瀬尾一三
Art. シュガー・ベイブ、ひばり児童合唱団

サンヨー電機オープニング B「七人の小人」篇

Cl. サンヨー電機
W. 広田静子、伊藤アキラ M. Arr. Art. 瀬尾一三

サンヨー電機ズバコン「チョンパ」篇

Cl. サンヨー電機
W. 広田静子、伊藤アキラ
M. Arr. Art. 瀬尾一三

伊勢丹「どんな顔するかな」(オーディション) P363 P364

Cl. 伊勢丹
M. Arr. 多羅尾伴内 Art. 多羅尾伴内、
シュガー・ベイブ、吉田美奈子、シンガーズ・スリー

三峰リンドバーグ篇

Cl. 三峰
M. Arr. 市川秀男
Art. タイム・ファイブ

資生堂バスボン P054

Cl. 資生堂
M. Arr. Art. 山下達郎

全日空ジェットファミリー

Cl. 全日空
M. Arr. 市川秀男

大和紡ラブソーラー

Cl. 大和紡
M. Arr. 飯吉 馨
Art. タイム・ファイブ

東芝セーフティヒーター

Cl. 東芝
M. Arr. 三沢 郷

不二家ハートチョコレート P054

Cl. 不二家
M. Arr. 山下達郎
Art. 山下達郎、大貫妙子、吉田美奈子

74あふれる輝き SEIKO「男」篇 retake

Cl. 服部時計店
M. Arr. 渋谷 毅

CAMAY「レストラン」篇

Cl. 不明
M. Arr. 渋谷 毅

CAMAY「レストラン」篇

Cl. 不明
M. Arr. 飯吉 馨

カゴメトマトの歌「トマトとトマト」

Cl. カゴメ W. 喜多条 忠 M. Arr. 中村八大
Art. 紙風船
Cho. ザ・ブレッスン・フォー、ムーンドロップス

シチズンTV

Cl. シチズン時計
M. Arr. クニ河内
Art. タイム・ファイブ、ブレッド&バター

ワが三つミツワ

Cl. ミツワ
M. 三木鶏郎
Arr. 東海林 修

伊勢丹「クリスマス」篇

Cl. 伊勢丹
M. Arr. 瀬尾一三

花王ドレッサー「冬」篇

Cl. 花王石鹸
M. Arr. Art. 大瀧詠一

三菱カラーテレビ「高雄」

Cl. 三菱電機
M. Arr. 飯吉 馨

東芝 冷凍冷蔵庫「北斗星」電気カミソリ「ルザー」

Cl. 東芝
M. Arr. 飯吉 馨

明治ボーデンチーズ

Cl. 明治ボーデン
M. Arr. 葵まさひこ
Art. のこいのこ

SEIKO WATCHES「ポインター」

Cl. 服部時計店
M. Arr. 前田憲男
Art. THE POINTER SISTERS 世良譲 (pf)

SEIKO 秋の草笛「冬」篇[時報]

Cl. 服部時計店
M. Arr. 前田憲男
Art. 上野尊子

フジカラー　祭

Cl. 富士写真フイルム
M. Arr. 瀬尾一三

ヤマギワ電気「ミラノ」篇

Cl. ヤマギワ電気
M. Arr. 市川秀男

ヤマギワ電気「スウェーデン」篇

Cl. ヤマギワ電気
W. Marco Bruno
M. Arr. 飯吉　馨

ヤマギワ電気「チューリッヒ」篇

Cl. ヤマギワ電気
M. Arr. 市川秀男

三ッ矢サイダー　'74

P053 P178 P055 P288 P057 P361

Cl. 朝日麦酒
M. Arr. Art. 多羅尾伴内
Cho. シンガーズ・スリー、シュガー・ベイブ

資生堂　'74　春のキャンペーン「赤い花みつけた」

Cl. 資生堂　W. 小野田隆雄　M. Paul Williams
Arr. 瀬尾一三　Art. 小坂　忠　Cho. オフコース
(小田和正、鈴木康博)

東芝アラカルト

Cl. 東芝商事
M. Arr. 広瀬量平

'74　数寄屋橋阪急

Cl. 阪急百貨店
M. Arr. 樋口康雄

Fruit of the Loom

Cl. 丸紅
M. Arr. Magical Power Mako
Art. 森本政江・あや

SEIKO「逃げる男」篇

Cl. 服部時計店
M. Arr. 市川秀男

ウンガロカルダン

P102

Cl. 高島屋
M. Arr. 井上　鑑

サイデン化学「Together with」

Cl. サイデン化学
W. 伊藤アキラ　M. Arr. 飯吉　馨
Vo. ムーンドロップス、ザ・ブレッスン・フォー

三省堂

Cl. 三省堂
M. Arr. 飯吉　馨

SEIKO Theater

Cl. 服部時計店
M. Arr. 前田憲男

キッコーマンソース「味覚のめざまし」

Cl. キッコーマン
W. 伊藤アキラ　M. Arr. 渋谷　毅
Art. ムーンドロップス

サンヨー電子レンジコックさん「チンチンルンバ」

Cl. サンヨー電機
M. 作者不明　Arr. 葵まさひこ

ブラウンボトル

Cl. 日清製油
M. Arr. 市川秀男

ミツワ　ハイミューズ

Cl. ミツワ石鹸
M. Arr. 瀬尾一三
Art. 沢田祥子

資生堂モア「浜岡砂丘」篇

Cl. 資生堂
W. 小池一子　M. 葵まさひこ
Arr. 市川秀男　Art. 河内広明

積水グループ

Cl. 積水グループ
M. Arr. 広瀬量平

明治生命「セールスマン」篇

Cl. 明治生命
W. 伊藤アキラ　M. Arr. 渋谷　毅
Art. のこいのこ

HAGGAR

M. Arr. 前田憲男

Red & Green TDA

Cl. 東亜国内航空
M. Arr. 樋口康雄

SEIKO クォーツ多機種

Cl. 服部時計店
W. 伊藤アキラ　M. Arr. 前田憲男
Art. いとうあきら

SEIKO サウンズインS [TBS]

Cl. 服部時計店
M. Arr. 前田憲男

ピケ8

Cl. マスヤ食品
W. ジョン・ブロディ　M. Arr. 嵐野英彦
Art. 沢田祥子

フリーアームリッカー

Cl. リッカーミシン
M. Arr. 市川秀男

旭化成ベンベルグ「フラワーリボン」

Cl. 旭化成
W. 伊藤アキラ
M. Arr. 瀬尾一三

花王トリートメント

P363

Cl. 花王石鹸
M. Arr. 多羅尾伴内　Art. 多羅尾伴内
Cho. ザ・ブレッスン・フォー、ムーンドロップス

銀行協会　優

Cl. 銀行協会
M. Arr. 広瀬量平

「小さな一歩」

Cl. 雪印乳業
M. Arr. 若月明人

昭和天ぷら粉

Cl. 昭和産業
M. Arr. 三沢　郷

'74 デビアスダイヤモンドサマーギャラリー

Cl. De Beers
M. Arr. 市川秀男

'74 資生堂セミナー「秋」

Cl. 資生堂
M. Arr. 嵐野英彦
Art. 沢田祥子

ASSCHER DIAMOND

Cl. 服部時計店
M. Arr. 広瀬量平
Art. 沢田祥子

SEIKO クリーンカット

Cl. 服部時計店
W. 伊藤アキラ　M. Arr. 飯吉　馨
Art. 中島　潤、宮前ユキ

SEIKO フェニックス

Cl. 服部時計店
M. Arr. 樋口康雄

VAN　sports summer

Cl. VAN JACKET
M. Arr. 市川秀男

ナショナルマリンNo.1「ロック巻」

Cl. 松下電器産業
M. 関口直人　Arr. つのだひろとスペースバンド
Art. つのだひろとスペースバンド

ニッサン　バイオレット

Cl. 日産自動車
M. Arr. 市川秀男

丸井ニュー新宿店

Cl. 丸井百貨店
M. Arr. 広瀬量平

資生堂店頭用音楽　No.110

Cl. 資生堂
M. Arr. 井上　鑑

東芝電子レンジ"アラカルト"「留守番篇」

Cl. 東芝
W. 伊藤アキラ　M. Arr. 瀬尾一三
Art. チャープス、イロハ座

不二家ルックチョコレート

Cl. 不二家
M. Arr. 瀬尾一三
Art. シュガー・ベイブ

SEIKO 私の夏サンドラ

Cl. 服部時計店
M. Arr. 樋口康雄

かめやまろうそく

Cl. カメヤマロウソク
M. Arr. 嵐野英彦

サンテ・ド・ウ

Cl. 参天製薬
M. Arr. 飯吉　馨
Art. ムーンドロップス

ニチメン企業広告

Cl. ニチメン
M. Arr. 飯吉　馨
Art. ロイヤルナイツ

高島屋ワールドギフト '73夏

Cl. 高島屋
M. Arr. 広瀬量平

資生堂「7ケ国の民族衣装」

Cl. 資生堂
M. Arr. 嵐野英彦

資生堂MG5「はじめてのもののように」

Cl. 資生堂
W. M. Arr. クニ河内
Art. 上條恒彦 Cho. ムーンドロップス

資生堂ホネケーキ

Cl. 資生堂
M. Arr. 広瀬量平

グリコ コメッコ

Cl. 江崎グリコ
M. 広瀬量平
Arr. 葵まさひこ

トヨタ New MarkⅡ

Cl. トヨタ自動車
W. マルコ・ブルーノ M. Arr. 樋口康雄
Art. 町田義人

ニッサン バイオレットの夏

Cl. 日産自動車
W. 岡田冨美子
M. Arr. 川口 真

モービルオイル

Cl. モービル石油
M. Arr. 樋口康雄
Art. トメ北川

パイロット「工場」篇

Cl. パイロット万年筆
M. Arr. 飯吉 馨

ブルボン
ココナッツコーン「ヒッチハイク」篇 P051 P358

Cl. 北日本食品
M. Arr. 多羅尾伴内 Art. 大瀧詠一

資生堂ビリデッセント・パック

Cl. 資生堂
W. 伊藤アキラ M. Arr. 広瀬量平
Art. 由紀さおり

資生堂秋の化粧品デー ロゴ

Cl. 資生堂
M. Arr. 嵐野英彦

大蔵屋 企業「街」

Cl. 大蔵屋不動産
M. Arr. 市川秀男

知床しぶき「ザザザ・パキンパキ」

Cl. 江崎グリコ
M. Arr. 葵まさひこ

JEAGAM P051 P287 P358

Cl. 三菱電機
W. 伊藤アキラ M. Arr. 多羅尾伴内
Art. 大瀧詠一&シュガー・ベイブ

SEIKO「あふれる輝き」篇

Cl. 服部時計店
M. Arr. 広瀬量平

SEIKO「馬車」篇

Cl. 服部時計店
W. 伊藤アキラ M. Arr. 飯吉 馨
Art. 新居潤子(赤い鳥)

SONY TV「テレビの正しい使い方」

Cl. ソニー
M. Arr. 嵐野英彦
Art. 熊倉一雄

グリコ クリームコロン

Cl. 江崎グリコ
M. Arr. 葵まさひこ

ニッカG&G「余市子守歌自然」篇

Cl. ニッカウヰスキー
W. 喜多条 忠 M. Arr. 広瀬量平
Art. 岸 洋子

SEIKO クォーツ

Cl. 服部時計店
M. Arr. 湯浅譲二

グロンサン

Cl. 中外製薬
W. 望田市朗 M. Arr. 瀬尾一三
Art. ヒデタ木

サッポロポテト

Cl. カルビー食品
M. Arr. 葵まさひこ

しょうざん

Cl. しょうざん
W. 伊藤アキラ M. Arr. 嵐野英彦
Art. 大杉久美子

ゼロックス「紙芝居」篇

Cl. 富士ゼロックス
M. Arr. 瀬尾一三

フジカラー P242

Cl. 富士写真フイルム
W. 別役 実
M. Arr. Art. 樋口康雄

資生堂ネイルカラー

Cl. 資生堂
M. Arr. 嵐野英彦
Art. 沢田祥子

太平洋金属

Cl. 太平洋金属
M. Arr. 樋口康雄
Art. 溝渕和雄

大蔵屋企業CM「街」

Cl. 大蔵屋不動産
M. Arr. 市川秀男
Art. 大木康子

大蔵屋企業CM「街」

Cl. 大蔵屋不動産
M. Arr. 瀬尾一三
Art. ヒデタ木、シンガーズ・スリー

サツマポテト

Cl. カルビー食品
M. Arr. 葵まさひこ

ニッケウール「ヤングスター」

Cl. 日本毛織
M. Arr. 瀬尾一三

ピチットローラー

Cl. ラッキープロダクツ
M. Arr. 嵐野英彦

三洋証券

Cl. 三洋証券
W. 伊藤アキラ M. Arr. 瀬尾一三
Art. 田中星児

資生堂 Winter '73
クインテスマイルドナイトクリーム
「おめざめいかが」
Cl. 資生堂 W. 別役 実 M. 広瀬量平
Arr. 葵まさひこ Art. 赤い鳥

資生堂ハイビューティーコース

Cl. 資生堂
M. Arr. 嵐野英彦
Art. スリーグレイセス

資生堂ホネケーキ

Cl. 資生堂
M. Arr. 市川秀男

味の素のドレッシング

Cl. 味の素
M. Arr. 嵐野英彦
Art. ムーンドロップス

味の素のドレッシング
(生野菜が恋をしました)

Cl. 味の素
M. Arr. 葵まさひこ Art. 大杉久美子

テンジンヤ「おむすび」

Cl. テンジンヤ
M. Arr. 瀬尾一三
Art. シュリークス、瀬尾一三

ピンキーステップ

Cl. ライオン油脂
M. Arr. 前田憲男
Art. シンガーズ・スリー

資生堂香水「禅」

Cl. 資生堂
M. Arr. 広瀬量平

旭化成ティムウェアー

Cl. 旭化成
M. Arr. Art. 瀬尾一三

丸井紳士服

Cl. 丸井百貨店
M. 広瀬量平
Arr. 市川秀男

三愛冬のバーゲンフェスティバル

Cl. 銀座三愛
M. Arr. 市川秀男
Art. ザ・チャープス

東芝乾燥機と洗濯機・信越版

Cl. 東芝
M. Arr. 嵐野英彦
Art. 森本政江、森本あや(スリーグレイセス)

味の素のドレッシング

Cl. 味の素
M. Arr. 嵐野英彦・瀬尾一三
Art. ムーンドロップス

1974

ダスキンSMスィーパー

Cl. ダスキン
M. Arr. 嵐野英彦

ダスキンハイモップ

Cl. ダスキン
M. Arr. 小林郁夫

ふそう大型新シリーズ登場

Cl. 三菱自動車販売
M. Arr. 市川秀男

資生堂クインテス・フェイシャルパック

Cl. 資生堂
M. Arr. 飯吉　馨

資生堂スライド「ストアナリティとは」

Cl. 資生堂
W. 伊藤アキラ　M. Arr. 嵐野英彦
Art. 加藤みどり、ムーンドロップス

資生堂ナイトクリーム「朝の光」

Cl. 資生堂
M. Arr. 飯吉　馨

日産　バイオレット

Cl. 日産自動車
M. Arr. 川口　真
Art. ヒデタ木、朝紘太郎、シンガーズ・スリー

1973

LEGO

Cl. Lego・不二商
M. Arr. 嵐野英彦
Art. のこいのこ

SEIKO　香港

Cl. 服部時計店
W. Marco Bruno　M. Arr. 飯吉　馨
Art. スリーグレイセス

SELICA LB

Cl. トヨタ自動車
W. 伊藤アキラ　M. Arr. 飯吉　馨
Art. ジェリー伊藤、ザ・ブレッスン・フォー

トワイニング紅茶

Cl. 片岡物産
M. Arr. 嵐野英彦

バッファリン

Cl. B.M.L.
M. Arr. 嵐野英彦

サンヨーカラーテレビ110S°

Cl. 三洋電機
M. Arr. 市川秀男
Art. タイム・ファイブ

ドッグビットとキャネット

Cl. ペットライン・日本農産工業
M. Arr. 飯吉　馨

ナショナル「ハンドスチーマー」

Cl. 松下電器産業
M. Arr. 瀬尾一三

三ツ矢サイダー　'73　P046 P176 P049 P304 P050 P350 P055

Cl. 朝日麦酒
W. 伊藤アキラ　M. Arr. 多羅尾伴内
Art. 大瀧詠一、シンガーズ・スリー

資生堂　'73「SUMMER BEAUTY SET」

Cl. 資生堂
W. 伊藤アキラ　M. 渋谷　毅、瀬尾一三
Arr. 瀬尾一三　シュリークス

資生堂ベネフィーク・ボディマッサージ

Cl. 資生堂
M. Arr. 嵐野英彦

出光
ガソリンラジオCM「クリーンアピール」

Cl. 出光石油
M. Arr. 市川秀男　Art. 沢田祥子

明治ボーデンチーズ

Cl. 明治ボーデン
W. 根本光晴　M. Arr. 飯吉　馨
Vo. ザ・ブレッスン・フォー、馬場こずえ

SEIKO「In The Summertime」

Cl. 服部時計店
W. Marco Bruno　M. Arr. 樋口康雄
Art. フィフスディメンション、シンガーズ・スリー

SEIKO「ルパン」篇

Cl. 服部時計店
M. Arr. 飯吉　馨

SEIKO「探偵」篇

Cl. 服部時計店
M. Arr. 市川秀男

マクドナルド　ロゴ

Cl. 日本マクドナルド
M. Arr. はやし・こば
Art. 岡本宏一、(ザ・ブレッスン・フォー)

マクドナルド子供篇「レッツゴー」

Cl. 日本マクドナルド
W. 伊藤アキラ　M. Arr. 飯吉　馨
Vo. ザ・ブレッスン・フォー、タイム・ファイブ

ライオン　ベビー

Cl. ライオン油脂
M. Arr. 市川秀男
Art. スリーグレイセス

リンレイジャック「若返り」　P051 P355

Cl. リンレイ
M. Arr. 大瀧詠一
Art. ザ・ブレッスン・フォー

資生堂MG 5「口笛」

Cl. 資生堂
M. Arr. クニ河内

マクドナルド子供篇　No.2

Cl. 日本マクドナルド
M. Arr. 高井達雄
Art. 岡村宏一、シンガーズ・スリー

モービルガソリン

Cl. モービル石油
W. 別役　実　M. 広瀬量平
Arr. 飯吉　馨　Art. 及川恒平

資生堂　Beauty Exercise

Cl. 資生堂
M. Arr. 嵐野英彦

資生堂アクエア「さりげなく」

Cl. 資生堂
W. 岡田冨美子　M. Arr. 広瀬量平
Art. 山本茉実

資生堂アクエア「ひんやりと」

Cl. 資生堂
W. 岡田冨美子　M. Arr. 広瀬量平
Art. 山本茉実

資生堂クールコール

Cl. 資生堂
M. Arr. 市川秀男
Art. 伊集加代子

資生堂コルニッシュ「傘」

Cl. 資生堂
M. Arr. 広瀬量平

資生堂ディスカラー「足」　P051 P355

Cl. 資生堂
W. 伊藤アキラ
M. Arr. Art. 大瀧詠一

資生堂サマーローション　P051 P358 P052 P371 P355

Cl. 資生堂
W. 杉山登志　M. Arr. 多羅尾伴内
Art. 大瀧詠一

資生堂サマーローション　P052 P357

Cl. 資生堂
W. 杉山登志　M. Arr. 瀬尾一三
Art. イルカ（シュリークス）

資生堂サンオイル

Cl. 資生堂
M. Arr. 市川秀男

資生堂セレックス

Cl. 資生堂
M. Arr. 樋口康雄

資生堂ブライダルファッションショー

Cl. 資生堂
M. Arr. 嵐野英彦

資生堂モア

Cl. 資生堂
W. 小池一子　M. Arr. 葵まさひこ
Art. 藤原　誠

SONYのステレオ　FM

Cl. ソニー
W. 岡田冨美子　M. Arr. 瀬尾一三
Art. トメ北川

日立キドカラー　ポンパ　丈夫な夫婦　P051 P358

Cl. 日立製作所
M. Arr. 多羅尾伴内

グリコ　コメッコ　P051 P358

Cl. 江崎グリコ
M. Arr. 多羅尾伴内
Art. 大瀧詠一、のこいのこ

トワイニング紅茶　お中元

Cl. 片岡物産
M. Arr. 嵐野英彦

ミツワ石鹸

Cl. ミツワ石鹸
M. Arr. 嵐野英彦
Art. ヴァイオレッツ

1972

秋葉原電気街「嫁さんあるか！」

Cl. 秋葉原電気街
M. Arr. 嵐野英彦

資生堂MG 5「オオ兄弟」 P045 P116 P348

Cl. 資生堂
W. M. Arr. クニ河内
Art. 上條恒彦

住友金属「夜明け」 P045

Cl. 住友金属
W. 岡田冨美子 M. Arr. 瀬尾一三
Art. オフコース（小田和正、鈴木康博）

アリナミンA

Cl. 武田薬品
M. Arr. 若月明人

'72 資生堂秋の化粧品デー P045

Cl. 資生堂
M. Arr. 嵐野英彦
Art. スリーグレイセス

アンフィーヌキャロン[INFINI de CARON]

Cl. アンフィ
M. Arr. クニ河内
Art. 沢田祥子

グロンサン

Cl. 中外製薬
M. Arr. クニ河内

サマになったかなァ

Cl. 内外衣料
M. Arr. 渋谷 毅

パルコの夏（15″スポット）

Cl. パルコ
W. M. Arr. Art. クニ河内

丸井海外旅行センター

Cl. 丸井百貨店
M. Arr. 木森敏之
Art. 町田義人

君の着ているものは君を云っているか

Cl. 内外衣料
M. Arr. クニ河内

動いても決まってもテケテケです

Cl. 内外衣料
M. Arr. 嵐野英彦

白雪・奈良漬

Cl. 白雪
M. Arr. 嵐野英彦

TIMEX「約束」 P045 P072

Cl. マルマン TIMEX
W. 及川恒平 M. 小室 等 Arr. 青木 望
Art. 南こうせつ&かぐや姫

ソニーのステレオ

Cl. ソニー
M. Arr. クニ河内

黒松白鹿

Cl. 白鹿
M. Arr. 広瀬量平

資生堂ビリデッセントパック

Cl. 資生堂
M. Arr. 八村義夫

SEIKO

Cl.（セイコー）服部時計店
W. 山上路夫 M. Arr. 市川秀男
Art. タイム・ファイブ、シンガーズ・スリー

かっぱえびせん「釣り」

Cl. カルビー製菓
M. Arr. 筒井広志
Art. ヤングフレッシュ

ネッスルチョコレート

Cl. ネッスル日本
M. Arr. 筒美京平

メルシャンワイン

Cl. 三楽オーシャン
M. Arr. 葵まさひこ
Art. のこいのこ

資生堂スライド「オータム」

Cl. 資生堂
W. 長谷川徹 M. Arr. 嵐野英彦
Art. のこいのこ

松坂屋ケネスビリーCF「雨傘」篇 P045

Cl. 松坂屋
M. Arr. 広瀬量平

大丸「VIVANT」インテリア

Cl. 大丸
M. Arr. 渋谷 毅

不二家ルックチョコレート P045 P238 P212 P241

Cl. 不二家
W. 伊藤アキラ
M. Arr. Art. 樋口康雄

グロンサン

Cl. 中外製薬
M. Arr. 津野陽二
Art. 伊集加代子

しょうざん「女」篇

Cl. しょうざん
W. ON M. Arr. 嵐野英彦
Art. 山本茉実

しょうざん「男」篇

Cl. しょうざん
M. Arr. クニ河内

ミツカン味ぽん

Cl. 中埜酢店
M. Arr. 嵐野英彦
Art. なべおさみ、のこいのこ

資生堂ベネフィーク

Cl. 資生堂
M. Arr. 嵐野英彦
Art. 根本勤子

SEIKO JOYCE「冬」篇

Cl. 服部時計店
M. Arr. 嵐野英彦

ママレモン

Cl. ライオン油脂
M. Arr. 瀬尾一三
Art. ムーンドロップス

資生堂ハンドクリーム

Cl. 資生堂
M. Arr. 嵐野英彦
Art. 天地総子

資生堂マッサージクリーム「寒道」

Cl. 資生堂
M. Arr. 広瀬量平

資生堂ミルキーローション「雨の最終列車」

Cl. 資生堂
M. Arr. 広瀬量平

資生堂ミルキーローション「朝の旅立ち」

Cl. 資生堂
M. Arr. 広瀬量平

不二家七五三

Cl. 不二家
M. Arr. 嵐野英彦

プロミス「体温計」篇

Cl. ライオンブリストルマイヤーズ
M. Arr. 渋谷 毅

資生堂フェイシャルマッサージ

Cl. 資生堂
M. Arr. 嵐野英彦

資生堂ベネフィーク BGM

Cl. 資生堂
M. Mozart Arr. 嵐野英彦
Art. 沢田祥子

資生堂ホネケーキ

Cl. 資生堂
M. Arr. 葵まさひこ

不二家クリスマスケーキファンタジー

Cl. 不二家
M. Arr. 嵐野英彦

味の素ドレッシング「僕の贈りもの」 P045

Cl. 味の素
W. M. Arr. 小田和正
Art. オフコース

'73 資生堂春の化粧品デー

Cl. 資生堂
W. 岡田冨美子 M. Arr. クニ河内
Art. 柘植章子、シュリークス

SONYのSTEREO「Listen T」

Cl. ソニー
M. Arr. 大野克夫

エアーウィック・ソリッド

Cl. ダスキン
M. Arr. 飯吉 馨

グリコソフトカレー

Cl. グリコ
W. 大阪博報堂 M. Arr. 嵐野英彦
Art. 馬場こずえ

大森昭男制作
CM全作品リスト

1972—2007

※2007年7月現在

年号は制作年を表しています。

1972

秋葉原電気街「嫁さんあるか！」 P044 P348

Cl. 秋葉原電気街
M. Arr. 嵐野英彦

【リスト表記略記号】

W.：作詞者 Words
M.：作曲者 Music
Arr.：編曲者 Arrangement
Art.：実演家 Artist
Cho.：コーラス Chorus
Cl.：提供 Client
Pf.：ピアノ Piano forte
FL.：フルート Flute
Str. Arr.：ストリングス・アレンジ（弦楽器編曲） Strings Arrange
Vo.：ヴォーカル Vocal

リスト右端に四角囲みの数字のあるものは、そのCM音楽について書かれているページを表しています。

※本書は『熱風』（編集・発行スタジオジブリ）の
２００４年１月10日号〜２００６年２月10日号までの
連載に加筆し、再構成したものです。

田家秀樹《たけ・ひでき》

1946年、千葉県船橋市生まれ。中央大法学部政治学科卒。1969年、『新宿プレイマップ』創刊編集者を皮切りに、「セイ！ヤング」などの放送作家、若者雑誌編集長を経て現在は音楽評論、ノンフィクションを執筆。放送作家、音楽番組のパーソナリティも務める。著書に『夢の絆／GLAY　2001―2002ドキュメント』『夢の地平／GLAYノンフィクション・ツアー・ストーリー』『オン・ザ・ロード・アゲイン／浜田省吾ツアーの241日』『陽のあたる場所／浜田省吾ストーリー』『ラブソングス／ユーミンとみゆきの愛のかたち』（以上角川書店）。『読むJ-POP・1945～2004』（朝日文庫）、『豊かなる日々～吉田拓郎2003年全軌跡』（ぴあ）など。「イムジン河2001」（FM NACK5）が2001年日本民間放送連盟賞「ラジオエンターテインメント部門」最優秀賞、2001年ギャラクシー賞受賞。

みんなCM音楽を歌っていた
大森昭男ともうひとつのJ-POP

2007年8月31日　初刷

著　者　田家秀樹　©2007 Hideki Take
発行人　鈴木敏夫
編集・発行　株式会社スタジオジブリ
〒184-0002
東京都小金井市梶野町1-4-25
［電話］0422-60-5630
［編集担当］田居　因

装　幀　山本　誠
川内圭介（山本誠デザイン室）

発　売　株式会社徳間書店
〒105-8055
東京都港区芝大門2-2-1
［電話］048-451-5960
［振替］00140-0-44392

印刷・製本　図書印刷株式会社

落丁、乱丁が万が一ございましたら、株式会社徳間書店宛にお送り下さい。
送料弊社負担にてお取り替え致します。

Printed in Japan
ISBN978-4-19-862355-5

JASRAC　出0708533-701